Rainer Kilb
Konflikte, Radikalisierung, Gewalt

Edition Sozial

Rainer Kilb

Konflikte, Radikalisierung, Gewalt

Hintergründe, Entwicklungen und Handlungsstrategien in Schule und Sozialer Arbeit

Der Autor

Rainer Kilb, Jg. 1952, Dr. phil., Diplompädagoge, war wissenschaftlicher Mitarbeiter des Instituts für Sozialarbeit und Sozialpädagogik (ISS) in Frankfurt a. M., 2002 bis 2003 Professor an der FH Koblenz und ist seit 2003 Professor an der Hochschule Mannheim, Dekan der Fakultät für Sozialwesen (2006–2013).

Dieses Buch ist erhältlich als:
ISBN 978-3-7799-6063-8 Print
ISBN 978-3-7799-5361-6 E-Book (PDF)

1. Auflage 2020

Herstellung: Ulrike Poppel
Satz: text plus form, Dresden
Druck und Bindung: Beltz Grafische Betriebe, Bad Langensalza
Printed in Germany

Weitere Informationen zu unseren Autor_innen und Titeln finden Sie unter: www.beltz.de

Inhalt

Einleitung – Konflikte, Radikalisierung und Gewalt als zusammenhängende Phänomene mit ähnlichen Wurzeln und Hintergründen?

Konfliktverläufe, Radikalisierungsprozesse und Gewaltanwendung sind nur schwer antizipierter, da sich in ihrer Entstehung individuelle Prädispositionen, biografische Lern- und Erfahrungsmuster mit prozessualen und situativen Ereignissen zu jeweils komplexen Phänomenen verzahnen. Dabei zeigen sich zwischen Konflikten, Radikalisierungs- und Gewaltmustern einerseits ähnliche Entstehungsabfolgen, andererseits aber auch sehr unterschiedliche Motive und Ausdrucksformen. In der Konfliktbearbeitung und der Radikalisierungs- und Gewaltprävention geht es deshalb gleichermaßen darum, sowohl sozialpädagogisch differenzierte Bearbeitungssettings einzurichten und entsprechende Verfahren anzuwenden als auch auf gesellschaftliche Risiken aufmerksam zu machen, die insbesondere Gewalt und Radikalisierungen fördern. Konflikte sollten dagegen in einer pluralen Gesellschaft sehr viel deutlicher in ihren produktiven und nicht nur in ihren destruktiven Auswirkungen thematisiert werden.

Streng wissenschaftlich betrachtet klingt es zunächst vielleicht etwas fraglich, die drei Phänomene des Konfliktes, der Radikalisierung und der Gewalt in einem Kontext zu betrachten. Die meisten Konflikte werden nicht gewaltsam ausgetragen und nicht hinter jeder Gewalttat verbergen sich Konflikte. Auch Radikalisierung muss nicht in Gewalt enden, aber Radikalisierung spielt als Prozessdimension in zahlreichen konfliktbezogenen Eskalationen eine zentrale Rolle. Ebenso kann sie im Vorfeld von Gewaltaktivitäten dazu beitragen, diese zu rechtfertigen, wenn man beispielsweise an politisch-ideologische oder an religiöse Gewalt denkt. Auch der gewaltaffine Hooliganismus zieht aus kollektiven Radikalisierungsprozessen seine Energien.

Hier soll es darum gehen, sich diesen drei Phänomenen zunächst analytisch und relativ wertneutral anzunähern, sie in ihrer Beziehung zueinander zu thematisieren und daraus einerseits Schlüsse zu ziehen zu ihren jeweiligen Einbindungen in individuelle und kollektive Sinnkonstrukte; also welcher individuelle Sinn kommt z. B. einer gewalttätigen Aktion zu oder welche gesellschaftspolitische Rolle spielen religiös-fundamentalistische Aktivitäten?

Es wäre also einerseits zu prüfen, wie man mit ihnen, im Falle des Konfliktes, auch produktiv umgeht oder, im Falle von Radikalisierung und Gewalt, auf den diversen Präventionsebenen begegnen könnte.

Aber, unter welchen Bedingungen entscheiden sich insbesondere junge Menschen für religiösen oder politischen Extremismus oder auch für eine Karriere als Hooligan? Und welche Rolle spielen in den entsprechenden individuellen und kollektiven Entwicklungs- und Entstehungszusammenhängen Konflikte? Würde man Extremismus verhindern können, wenn Konflikte nur frühzeitiger und besser zur Austragung kämen? Oder resultiert die Gefährdung eher aus der Verführung?

> „Anhänger extremistischer Gruppen können sich verführerischer Sprache schlechter erwehren. Und es eint sie, dass sie sich für einen entscheidenden Moment in ihrem Leben nicht akzeptiert fühlten. Diese emotionalen Bedürfnisse werden dann scheinbar in der extremistischen Szene befriedigt – durch den engen Zusammenhalt, der diese prägt. (...) Bei Mädchen zum Beispiel kann Missbrauch eine Rolle spielen, ein autoritäres Elternhaus und dass sie gemobbt werden. Manche haben aufgehört, eigene Entscheidungen zu treffen, weil sie meinen: Das geht eh' nicht gut aus. Dann keimt die Hoffnung, jemand anderes könne ja für sie entscheiden“ (Mücke 2017, 54).

So die Antwort des Leiters eines Präventionsprojektes gegen Extremismus auf die Frage, ob sich biografische Erfahrungen zwischen jungen Neonazis und jungen Neo-Salafisten einander ähneln. Es liege u.a. am jeweiligen lokalen Angebot und am örtlichen bzw. ortsnahen sozio-kulturellen Milieu, ob sich jemand eher zur Antifa, zum Hooliganismus, zum Rechtsextremismus oder zu einer fundamentalistischen religiösen Orientierung hin entscheide.

In der Analyse der zuletzt vornehmlich diskutierten religiös akzentuierten Radikalisierungen meist junger Männer, die im Falle kriegerischer Betätigungen auch in oftmals extreme Gewalt mündeten, deuten sich mehr und mehr Zusammenhänge an, die darauf schließen lassen, dass sich religiöse Radikalisierungsprozesse in ihren jeweiligen subjektiv-biografischen und psychosozialen Entstehungszusammenhängen ähnlich gestalten wie diejenigen, die man bei der Genese sonstiger Gewalttaten sowie hoher Konfliktaffinität und deren Ausführenden identifizieren konnte. Interessant hierbei ist, die jeweiligen situationsbezogenen (Mikroebene), individuell-biografischen (Mesoebene) und gesellschaftlichen Entstehungsprozeduren des Radikalisierungs- und des Gewaltphänomens zu betrachten und miteinander zu vergleichen.

Hierbei soll der Frage nachgegangen werden, ob es bei den einschlägigen Akteursgruppen vergleichbare Wurzeln bspw. im primären familiären Erziehungsfeld gibt, die sich schließlich je nach Milieueinbindung, nach individuellen, familienbezogenen Aspekten, nach kulturbedingten Assimilations- bzw. Integrationserfahrungen bei Migranten, oder nach lokal präsenten radikalen Agitations- bzw. Artikulationsmöglichkeiten entweder in die eine oder andere inhaltliche Richtung von Radikalisierung und Gewaltausübung hin entfalten. Existiert bspw. lokal sowohl eine aktive Hooliganszene im Umfeld eines traditionellen Fußballclubs und fänden sich ggf. ähnliche Aktionsmöglichkeiten wie etwa diejenigen im Rahmen einer neo-salafistischen Gruppe, einer rechtsextremistischen Schlägertruppe oder einem gewaltaffinen Antifa-Milieu, so wäre zu fragen, wie die entsprechenden ‚Weichenstellungen' hin zur Auswahl einer dieser Zugehörigkeitsgruppen erfolgen.

Geht man von der empirisch begründbaren Annahme aus, dass sich die meisten Gewalttaten in der adoleszenten Entwicklungsphase sowie im Rahmen einer Gruppe, bzw. ausgehend durch deren Impulse ereignen, so erscheinen die jeweiligen Gruppengelegenheiten einerseits entweder wiederum an lokale, regionale oder transnationale Möglichkeiten gebunden oder aber, zumindest in den Ballungsräumen durch ein frühzeitiges lokales Hineinwachsen in ganz spezifische Milieus geprägt.

Es wäre also zu überprüfen, welche psychosoziale Funktion der Gruppeneinbindung insbesondere in der Adoleszenzphase zukommt und wie sich aus einem zunächst nur psychosozialen Bedürfnis heraus Radikalisierung bis hin zur Gewalttätigkeit entfalten kann.

In Umkehrung zu einem solch eher „paternalistischen Herangehen" wäre aber auch zu fragen, ob nicht vielleicht auch die Folgen unserer sog. „globalen Moderne" (vgl. Koppetsch 2019, 13)[1] darin bestehen könnten, dass sich diese, relativ unabhängig von psychosozialen Entwicklungsverläufen, in Veränderungen persönlichkeitsbezogener und somit auch identitätsbezogen-individueller Merkmale niederschlagen. Eine Betrachtung der Soziogenese von Radikalisierung und Gewalttätigkeiten könnte erklären, ob „Abstiegsbewegungen" in der neoliberalen Finanzhegemonie dieser „globalen Moderne" mit Aspekten „regressiver Ent-Zivilisierung" (Nachtwey 2016) eine Verwilderung der Affektkontrolle nach sich zieht, die als Folge dann zu kollektiven Radikalisierungsformen auch von Erwachsenen führen könnte. Entwicklungspsychologisch wie zivilisationstheoretisch wäre hier von einer Regression auszugehen,

1 Cornelia Koppetschs Publikation „Die Gesellschaft des Zorns" enthält nach mehreren Recherchen verschiedener Tageszeitungen (u.a. F.A.Z vom 8.11.2019, Süddeutsche Zeitung vom 11.11.2019) eine signifikante Zahl von Plagiaten. Der transcript-Verlag hat deshalb inzwischen das Werk aus dem Verkauf genommen. Koppetsch wird nach bisherigem Stand der F.A.Z.-Recherchen nachgewiesen, vor allem aus dem Buch „Die Gesellschaft der Singularitäten" von Andreas Reckwitz Passagen ohne entsprechende Quellenhinweisen übernommen zu haben. Daneben finden sich ungekennzeichnete Übernahmen aus anderen Schriften von Reckwitz und weiteren Autoren wie Slavoj Žižek, Wendy Brown oder Sighart Neckel. Derzeit findet eine diesbzgl. Voruntersuchung der TU Darmstadt statt. Zur Zeit der Fertigstellung dieses Textes ist noch nicht klar ersichtlich, welche Passagen in Koppetschs Werk auf andere Werke zurückführbar sind, sodass hier zunächst von den in der Sache aus meiner Sicht richtigen Befunden Koppetschs ausgegangen und auf diese Bezug genommen wird.

die sich sozialpsychologisch in eher infantil-adoleszentem, soziologisch in dezivilisiertem Verhalten äußert.

Die drei Phänomene werden deshalb in der vermuteten Verzahnung sowohl ereignisbezogener gesellschaftspolitischer wie auch persönlichkeitsrelevanter Einflussfaktoren thematisiert, die sich sukzessiv erst über Anlässe und Angebote, ‚Verführungen' und Verstärker sowie letztendlich situationsbezogene Auslöser und Gelegenheiten nur sehr komplex, ähnlich der Entwicklung einer singulären Gewalttat, erfassen und erklären lassen.

Radikalisierung fungiert dabei in der individuell-biografischen Analyse generell als Prozessdimension in der Tatgenese einer auch gewaltaffinen Bereitschaft, obwohl diese nicht zwangsläufig auch in eine physische Gewaltform münden muss. Umgekehrt erscheint gewohnheitsmäßiges Gewaltverhalten häufig mit individueller Verrohung und kognitiv-mentalen Radikalisierungsprozessen im Vorfeld verbunden zu sein.

Ganz ähnliche Dynamiken der Radikalisierung findet man im Bereich der Konfliktentstehung und deren Austragung. Insofern soll hier versucht werden, die Bezüge zwischen Radikalisierungs- und damit den Eskalationsmustern bei Konflikten wie bei Gewalthandlungen herauszuarbeiten, um letztendlich bisherige Handlungsansätze und Strategien daraufhin zu begutachten, wie diese an der eigentlichen Problemanalyse ansetzen und sich auf diese beziehen können.

Einer offenen, ja sogar offensiven Form der Konfliktaustragung kommt gerade auch in den Entstehungsprozessen von Radikalisierung und Gewalt eine zentrale Rolle zu. Konflikte werden dabei in demokratisch-liberalen Gesellschaften im Sinne von Georg Simmel (1908, 186–255) als konstitutiv für Gemeinschaftsbildung, für sämtliche Formen von Vergesellschaftung betrachtet. Das Phänomen des Streits bzw. der Konfliktaustragung wird dabei auf den verschiedenen Handlungsebenen individueller, gruppenbezogener sowie gesamtgesellschaftlich-politischer Auseinandersetzungspraktiken thematisiert. „Der Streit um Normen und Institutionen (…) ist ebenso Indikator für eine Krise von Normen und Institutionen wie auch Quelle ihrer Erneuerung. Um diese Quelle anzuzapfen, müssen wir den Streit allerdings suchen und ihn nicht länger vermeiden" (Deitelhoff 2017, 1). Als Voraussetzung für gelingende Konfliktführung wird in der klassischen Konfliktforschung auf die gegenseitige Anerkennung in Anlehnung an Habermas' diskursethisches Prinzip verwiesen. Auf operativer Ebene der Konfliktarbeit in pädagogischen Settings wie in der politischen Debatte fehlt aber häufig genau diese Voraussetzung, sodass Konflikte im ‚Freund-Feind-Schema' ausgetragen werden und dadurch weder gelöst, oftmals noch nicht einmal reguliert werden können. In den in diesem Buch aufgezeigten Bearbeitungsansätzen soll es deshalb auch darum gehen, wie Prinzipien gegenseitiger Anerkennung und gegenseitigen Respektes trotz differierender Positionen erreicht werden können bzw.

wie verfahren werden könnte, wenn diese Grundlagen nicht gegeben sind, was gerade in höheren Eskalationsstufen von Konflikten häufiger der Fall ist.

Am Anfang der Ausführungen steht in Teil I eine Verständigung zu den drei Begriffen des Konfliktes, der Radikalisierung und der Gewalt. Es folgt eine Befassung mit bisherigen theoretischen Ansätzen zur Erklärung der drei Phänomene in Teil II und zu den ihnen inhärenten gegenseitigen Bezügen in Teil III, bevor im IV. Teil ausgewählte Handlungsansätze und Strategien im Umgang mit diesen betrachtet werden. Radikalisierung wird dabei als Prozessdimension der Gewaltentstehung als auch im Rahmen der Konflikteskalation thematisiert, wobei die jeweils vorgestellten Handlungsmöglichkeiten auf die diversen Prozessphasen der Radikalisierung bzw. der Eskalation bezogen werden. Ebenso wird das Radikalisierungsphänomen auf die gängigen Konflikt- und Gewaltentstehungstheorien übertragen. Letztendlich geht es um die These einer Interdependenz dieser drei Phänomene und, hieraus ableitbar, um gezieltere Ansätze ihrer Bearbeitung, also einerseits der Konfliktbeilegung, deren Einhegung, deren Regulation, deren Lösung oder auch des fairen Austragens von Konflikten, sowie der Prävention bei Radikalisierung und Gewalt.

In den einzelnen Kapiteln dieser Arbeit wird aus Gründen der besseren Lesbarkeit i. d. R. das generische Maskulinum verwendet. Weibliche und anderweitige Geschlechteridentitäten werden dabei ausdrücklich mitgemeint, soweit es für die Aussage erforderlich ist.

Teil I
Grundlagen

Kapitel 1
Grundlagen und Ausgangssituation

Die Begriffe Konflikt, Radikalisierung und Gewalt, sowie in deren Kontext auch Aggressivität und Aggression, unterliegen je für sich keiner einheitlichen Definition und lassen sich zudem nicht eindeutig voneinander abgrenzen. Insbesondere der Gewaltbegriff steht immer in einem historischen und sozialen Kontext, sowohl was sein Verständnis als auch seine jeweilige Bewertung und Eingrenzung angeht. So ist z.B. die Ausübung von Gewalt als Zuchtmittel in der Erziehung auch in unserer Gesellschaft erst seit relativ kurzer Zeit ausdrücklich untersagt (BGB § 1631, Abs. 2). In anderen kulturellen und eher patriarchalischen Erziehungsvorstellungen dagegen gilt gewaltfreier Umgang mit zu Erziehenden eher als unangemessen und als Zeichen von, vor Allem männlicher Schwäche.

Es existieren deshalb in pluralisierten, trans- und multikulturellen europäischen Gesellschaften durch solche ungleichzeitig verlaufenden gesellschaftshistorischen Entwicklungen nach wie vor ganz verschiedene Phänomene und Verständnisse von Gewalt und ein sehr unterschiedlicher Umgang mit ihr. Gewalt lässt sich dabei sowohl als eine Form von Konfliktaustragung definieren, kann aber auch als primäre interaktive Handlungsaktion eine Konfliktspirale erst auslösen. Radikalisierung wiederum kann einerseits auf Konflikte selbst zurückzuführen sein und sich im Prozess einer Konflikteskalation in Gewalt äußern. Sie kann aber umgekehrt auch darauf basieren, dass Konfliktaustragung verhindert wurde und sich das Konfliktpotenzial im Rahmen individueller Radikalisierung ihre Bahn bricht.

In der Genese dissozialer, religiöser oder ideologischer Gewalt bezeichnet Radikalisierung dagegen auch eine sich auf das Tatphänomen hin verstärkende Prozessdimension.

Da Konflikte einerseits für Radikalisierungsprozesse und für Gewaltausübung eine mögliche Ursache bzw. einen Entstehungskontext abbilden sowie andererseits als übergeordneter Zuordnungsbegriff in den Sozialwissenschaften verwendet werden, soll im Folgenden in der Reihenfolge Konflikt, Radikalisierung, Gewalt verfahren werden (vgl. Kilb 2012, 9ff.).

1.1 Definitionen und historische Implikationen zu Konflikt, Radikalisierung und Gewalt

Radikalisierung, Gewalt und Konflikt gelten als *kulturelle Zuschreibungen,* die sich jeweils an den herrschenden historisch-zivilisatorischen Idealen von Gewaltlosigkeit und an Normen legitimer Machtausübung (Groenemeyer 2016) orientieren. Hierbei kommt es häufig zu Streit und zu einem *Ringen um Definitionsmacht* sowie um Legitimität von Macht und sozialer Ungleichheit. Im Falle von Gewalt wird dabei im politisch-sozialen und wissenschaftlichen Feld symbolisch um Begriffe und Phänomene struktureller, symbolischer, psychischer, materieller, physischer Gewalt gekämpft. Dabei stehen sich in der Wissenschaft zwei grundlegende und kaum miteinander vereinbare Paradigmen gegenüber: Radikalisierung, Gewalt und Konflikte als *utilitaristische Phänomene* einer Gesellschaft vers. als „negativ“ konnotierter *Sonderereignisse.*

1.2 Konflikt

Etymologisch betrachtet bedeutet Konflikt ‚Zusammenstoß, Auseinandersetzung, innerer Zwiespalt, Widerstreit‘ und ist im 18. Jh. entlehnt aus dem lat. *cōnflīctus:* ‚das Zusammenschlagen, feindlicher Zusammenstoß, Kampf‘, einem Verbalabstraktum zum lat. *cōnflīgere (cōnflīctum):* ‚zusammenschlagen, zusammenstoßen, in Kampf geraten‘; vgl. auch lat. *flīgere:* ‚(an)schlagen, zu Boden schlagen‘ (Pfeifer 2018, 704). Bereits in dieser differenzierten Wortbedeutung stößt man auf zwei grundsätzlich verschiedene Konfliktfelder mit jeweils eigener Begriffsverwendung: der ‚innere Zwiespalt oder Widerstreit‘ steht für einen intrapersonalen Abwägungs- bzw. Entscheidungsprozess, die Bedeutung des ‚Kampfes‘ und des Zusammenstoßes zielt dagegen auf ein soziales Verhältnis mindestens zweier Personen oder Akteure, die um einen gemeinsam beanspruchten Gegenstand, um ihre subjektiven Rechtsvorstellungen, um ihre soziale Position usw. ringen, und dem jeweils anderen Akteur dies streitig machen.

Die Begriffe Konflikt und Streit werden häufig synonym zueinander verwendet. Die meist negative Konnotation von Konflikten könnte auf ein etymologisch begründetes Verständnis von Streit (aus dem mittelhochdt.: *strit*) nicht nur des Kampfes, sondern auch des Kummers zurückführbar sein. Streit soll im Folgenden als eine Form der Konfliktaustragung verstanden werden, die im Falle eines geordnet-kultivierten Ablaufs auch produktive Effekte besitzen kann.

Konflikte als solche sind je nach Verständnis und Definition entweder Begebenheiten oder Elemente an sich, die „gleichzeitig gegensätzlich oder unvereinbar sind“ (Berkel 2011, 11) wie etwa eine Abwägung mehrerer Möglichkeiten im intrapersonalen Konflikt; oder aber, wie beim „sozialen Konflikt“ (interpersonaler, Intergruppenkonflikt usw.) erst durch Kommunikation oder eine Handlung, die solche Unvereinbarkeiten von Unterschiedlichkeiten, von Positionsdifferenzen insbesondere in pluralen Gesellschaften artikulieren. Mit Hilfe konfligierender Handlungs- und Kommunikationsformen lassen sich beim „Sozialen Konflikt“ schließlich Möglichkeiten zur Verständigung und zur Entwicklung von Gemeinsamkeit, aber auch von Differenz schaffen. Soziale Konflikte können damit assoziieren, also annähern und integrieren; sie können aber auch genauso gut dissoziieren, also voneinander trennen und dadurch segmentieren und auch desintegrieren.

Soziale Konflikte, um die es hier vor allem gehen soll, artikulieren sich als kommunizierte *Positionsdifferenzen* zu einem *Streitgegenstand* durch mindestens zwei Akteure (oder Akteursgruppen). Diese Positionsdifferenzen werden in Form eines häufig komplexen Wechselspiels von Wahrnehmung, Bewertung und Verhalten (vgl. Meyer 2011, 29, 62) in angespannter Atmosphäre ausgetragen. In einem solchen Wechselspiel entstehen durch die Anspannungen, die Prozesse des Aufschaukelns im Kontext einer Eskalation meist nach einem Reiz-Reaktionsschema emotionale Verletzungen und Beeinträchtigungen (Gefühlsebene), die wiederum – Erwartungen, Vorurteile und/oder Ressentiments bestätigend – den Konflikt mit der notwendigen Energie zu seiner Weiterführung versorgen und zur gegenseitigen Dämonisierung durch einen perspektivisch eingeschränkten, den sog. „Tunnelblick“ beitragen.

Ein Konflikt kann physisch oder psychisch, gewaltlos oder gewaltsam ausgetragen werden.

Konfliktaustragung vollzieht sich dabei in einem Wechsel zwischen häufig grenzüberschreitendem Zu-Nahe-Treten bei gleichzeitiger Distanzbildung, einer für den Konfliktgegner gleichermaßen verwirrenden wie irritierenden Ambivalenz. Konflikte sind dann beendet, sobald es zu Entscheidungen gekommen ist (vgl. Simon 2015), die von den beteiligten Konfliktakteuren akzeptiert werden.

Konflikte ordnen durch ihre Entscheidungsfunktion Zugehörigkeiten zueinander oder auch Abgrenzungen voneinander. Je nach Eskalationsdynamik und Strategie wird Nähe abgebaut oder auch – etwa durch das ‚Zu-Nahe-Treten‘ – intensiviert, um Distanzen zu steigern. In der Konfliktbearbeitung geht es immer um diese spannungsgeladene Ambivalenz von Nähe und Distanz, von Verständnis und Unverständnis, von Schuldzuschreibung und Verzeihen usw. Die Spannungen zeigen sich dann am deutlichsten, wenn die Beziehungen der Konfliktakteure entweder sehr eng sind, wie etwa die Bindungen in Familie, Paarbeziehungen und persönlichen Freundschaften oder aber sehr feindselig und emotionalisiert, wie in der Fußball-Fanszene der Hooligans oder in der kriegerischen Auseinandersetzung. Bei gewalttätigen bzw. kriegerischen Konflikten ist dieser Spagat am deutlichsten: man übertritt dabei einerseits den intimen bzw. „geopolitischen“ Schutzbereich des Gegners bzw. Feindes, dringt in dessen Territorium direkt ein, um durch dessen Unterwerfung und/oder Demütigung gleichermaßen Distanz und Ablehnung zu signalisieren. Im zwischenmenschlichen Bereich ersetzt das Eindringen in die Intimsphäre das Territorium.

Der Konfliktbegriff selbst steht heute für einen breiten Korridor des Agierens im Rahmen solcher Unvereinbarkeiten, von Nichtübereinstimmungen von Wahrnehmungen, Interessen, Bedürfnissen, Werten, Gefühlen und Meinungen (vgl. auch Meyer 2011, 29) und bleibt dabei in seinen Definitionen relativ uneindeutig (Bohnacker 2005, 9). Er ist jeweils in differenzierter Weise eingebunden in die diversen Disziplinen von Psychologie, Soziologie, Pädagogik, Philosophie, Geschichts- und Politikwissenschaften sowie deren Theorien und damit weder eindeutig normativ wie auch wenig universell. Insbesondere auf der operativen Ebene der Konfliktberatung kommen weitere, meist eher problem- bzw. negativ konnotierte Konfliktverständnisse hinzu.

Allein als technisches Konstrukt lässt er sich insbesondere im Rahmen seiner praxisbezogenen und operativen Verwendung etwa in der sozialpädagogischen oder schulischen Konfliktbearbeitung mehr oder weniger eindeutig bestimmen und nach Ordnungen strukturieren.

Fritz Glasl unterscheidet etwa zwischen intra- sowie inter-personalen oder Inter-Gruppenkonflikten und definiert letztere als *Interaktion zwischen mindestens zwei „Akteuren, wobei wenigstens ein Akteur Unvereinbarkeiten im Denken, Vorstellen, Wahrnehmen und/oder Fühlen und/oder Wollen mit dem anderen Akteur in der Art erlebt“, dass es bei einer angestrebten Verständigung zu Beeinträchtigungen aus der Perspektive mindestens einer der Akteure kommt. Ein intra-personaler Konflikt wiederum sei eine internalisierte Konfrontation zweier sich widersprechender Instanzen einer Persönlichkeit* (in Anl. an Glasl 1999, 14, 15).

Glasls Konfliktdefinition ist eine recht präzise und enge im Vergleich etwa zu derjenigen von Ralf Dahrendorf (1961/1972a, 748 f.), nach der ein Konflikt jede Beziehung von Elementen bezeichnet, die sich durch objektive (latente) oder subjektive (manifeste) Gegensätzlichkeit artikuliert. An diese eher allgemeine und sehr breite soziologische Definition schließen sich insbesondere die Praktiker/innen an, die sehr stark präventiv orientiert arbeiten, also Konfliktpotenziale in den Blick nehmen, um das Austragen von Konflikten möglichst früh im Keim zu ersticken (vgl. Edmüller/Jiranek 2010).

In der Systemtheorie stellen Konflikte in ihrer sozialen Dimension „Kommunikationsprozesse“, in ihrer psychischen Dimension „Denk- bzw. Fühlprozesse“ dar, bei denen „eine Position (z. B. ein Wunsch, eine Handlungsanweisung, -option oder -wirkung, eine Sichtweise, eine Bewertung etc.) verneint wird und diese Negation ihrerseits verneint wird.“ Diese Form des Oszillierens zwischen sich gegenseitig negierenden Positionen ohne Entscheidungsfindung wird als Konflikt definiert. Konflikten kommen selbst Systemeigenschaften zu. Als eigene Systeme entwickeln sie eigene Dynamiken (vgl. Simon 2015, 11).

Auch Pfetsch (2005, 2f.) lokalisiert den, in diesem Fall politischen Konflikt ebenso auf die Handlungs- bzw. Aktionsebene: *„Gegensätze müssen, um konfliktbestimmend zu sein, in Aktion umgesetzt werden. Unterschiedliche Ansichten, Bewertungen oder Interessen können latent vorhanden sein, ohne manifest zu werden. Erst, wenn sie in politische Regie genommen werden, entstehen aus Gegensätzen Konflikte."*

Zusammenfassend lässt sich konstatieren, dass Konfliktverständnisse breiter aufgestellt sind und dabei negativer konnotiert sind, je näher die Autoren sie im Rahmen operativer unternehmerischer, institutioneller oder politischer Beratungstätigkeit verwenden. Tendenziell umgekehrt verhält es sich, je mehr die wissenschaftliche und sozialpädagogische Handlungsebene im Fokus steht.

Keine Übereinstimmung existiert auch im Verständnis der Konfliktbearbeitung (als Prozessdimension) und der Konfliktregelung (als Ergebnisaspekt einer Konfliktbearbeitung). Je nach theoretischer Einbindung reicht die Spannweite von der Annahme, Konflikte *beilegen* und *lösen* zu können, in eine *verträgliche Richtung hin zu steuern*, sie *einzuhegen* oder auch nur *regulieren* zu können. Die hier verwendeten Handlungsbegriffe der Konfliktbearbeitung als meist institutionalisierte Konfliktregelung (Imbusch/Zoll 2011, 18) und als Konfliktmanagement stehen für Interventionen, die sich ganz allgemein *„(...) hauptsächlich auf den Konfliktprozess richten, so dass die Konflikte einen guten Verlauf nehmen. Es wird mit einer Verbesserung der Vorstellungen, Einstellungen und Verhaltensweisen der Konfliktparteien versucht, die gegenseitige Aggressionssteigerung zu durchbrechen. Oft liegt dem Konfliktmanagement die Auffassung zugrunde, dass Gegensätze wesentlich Elemente des sozialen Lebens sind und deshalb die Konfliktparteien lernen sollten, mit ihnen weniger destruktiv umzugehen"* (Glasl 1999, 20).

Konfliktregelungen in ihrer institutionalisierten Form sollen Konflikte einhegen und regulieren, indem sie diese, etwa im demokratischen Rechtsstaat über Recht, Gesetz oder mit methodischen Verfahren wie z.B. der Mediation oder dem Täter-Opfer-Ausgleich in gewaltlose Bahnen einordnen helfen.

Konflikte sind kulturanthropologisch betrachtet konstitutiv für sämtliche größeren gemeinschaftlichen Lebensformen, unabhängig von zeitlichen und gesellschaftlichen Entwicklungen. Bereits Sigmund Freud weist in seiner Strukturtheorie den grundsätzlich vorhandenen Widerspruch zwischen individuellen Bedürfnissen („ES"-Funktion in seiner Triebtheorie) einerseits und gesellschaftlichen Erwartungen („ÜBER-ICH") andererseits aus, die sich im sog. ICH zur Einheit bzw. zur Identität hin verschmelzen.

Insbesondere in modernen pluralistischen und demokratischen Gesellschaften mit ausgeprägten Individualisierungstendenzen sind Konflikte ubiquitär, da hier Positionsdifferenzen sowohl zwischen Individuen als auch zwischen Gruppen und Milieus charakteristisch sind. Demokratie als *Weltanschauung* und als *Staatsform* fungiert hierbei einerseits als *Ordnungssystem*, in dessen Rahmen individuelle wie gesellschaftliche Konflikte ausgetragen werden und über Institutionen beigelegt bzw. reguliert werden können (Hacke 2018, 81). In ihrer Rolle als Lebensform (vgl. Dewey 2011) müssen ihre Prinzipien und Regeln frühzeitig bei Heranwachsenden vermittelt werden, um in einem solchen gesellschaftlichen Rahmen partizipieren zu können und damit teilhabe- und handlungsfähig zu sein. Demokratiefähigkeit entsteht somit nicht von selbst, sondern muss permanent neu vermittelt bzw. erlernt werden (vgl. Kilb 2017, 254 ff.).

Konflikte stellen also im „modernen Verständnis" Impulse für dynamische Prozesse in Sozietäten jeglicher Couleur dar. Sie können sowohl produktive Entwicklungen anstoßen, auslösen und beschleunigen; sie dienen in ihrer sozialen Form der Integration, in ihrer destruktiven Form auch der Desintegration, der Destabilisierung, der Verletzung und Zerstörung.

Für beide Optionen existieren individuelle, gemeinschaftliche wie gesellschaftliche Handlungsstrategien, teilweise in alltäglich-ritualisierten Formen, in geregelten kulturellen oder institutionalisierten bzw. politisch-organisatorischen Versionen (Protest, Demonstration) und in heutiger Zeit auch in spezifischen methodischen Herangehensweisen und -techniken. Die Anwendung von legitimer wie illegitimer Gewalt kann dabei eine Form der Entscheidungsherbeiführung in konfligierenden Situationen sein.

Vergleichsweise ähnlich wie in der Gewaltdiskussion geht man in der Konfliktforschung von der reinen Ursachenfindung zunehmend über zur Identifikation von Bedingungs-, Entstehungs- und Umfeldfaktoren und betrachtet diese wiederum im Rahmen möglicherweise divergierender Wirklichkeitskonstruktionen der einzelnen Konfliktparteien als auch in ihrer prozessualen Dimension. Auch fokussiert man stärker die Frage nach dem Sinn und der Funktion von Konflikten (vgl. Bohnacker/Imbusch 2005, 78 f.).

Da die Intensität individueller wie kollektiver Verletzungen in den meisten unteren Konfliktstufen geringer als bei Gewalttätigkeit ist, lassen sich gewaltlos ausgetragene Konflikte eher auf einer Ebene diskursiver, sich verständigender und kommunikativer Formen bearbeiten.

Weil Konflikte universelle Begleiterscheinungen menschlichen Zusammenlebens sind (vgl. Schröder/Merkle 2007, 13) überrascht es umso mehr, wie wenig bisher Konfliktbearbeitung in der pädagogischen Literatur und Forschung Gegenstand ist. Dahrendorf (1972 b) unterstellt der deutschen Gesellschaft hier eine extreme Form der Suche nach Konsensualismus und Harmonismus. In Umkehrung hierzu steht Morins geschichtsphilosophischer Be-

- Abkehr von der Annahme *grundlegender Konfliktursachen* (z. B. Widerspruch zwischen Arbeit und Kapital), hin zur differenzierten Betrachtung nach jeweiligen Handlungsfeldern
- Ent-Kausalisierung: Ursachenanalyse wird ersetzt durch Bedingungs-, Entstehungs- (Prozess-) und *Kontextanalysen;* wie manifestiert sich ein Konflikt aus einer latenten Situation heraus?
- Konflikte als *Prozesse von Wirklichkeitskonstruktionen* verschiedener Akteure
- Weg von der Annahme, Konflikte lösen zu können; hin zum Verständnis der *Konfliktregulation*

Übersicht 1: Neue theoretische Konfliktparadigmen

fund einer sog. „Dialogik“ als historisches europäisches Erbe und als Kern europäischer kultureller Identität im Zuge einer permanenten Dialognotwendigkeit europäischer Pluralität (Pfetsch, 2005, 6).

Konfliktbearbeitung(skompetenz), Konfliktmanagement(fähigkeit) und Gewaltprävention sollen deshalb hier auch als Gegenstand und als Ziele sozialer Lernprozesse verstanden werden und damit als verbindliche Inhalte schulischer und sozialpädagogischer Bildung definiert werden. Denn Konfliktfähigkeit stellt eine der zentralen Grundkompetenzen demokratischer Lebensformen und demokratischer Handlungsfähigkeit dar.

Konflikte in ihrer historischen Genese

Da Konflikte ubiquitär für das menschliche Zusammenleben sind und daher wie etwa Liebe oder auch Konsensbildung zu den normalen Alltagserfahrungen zählen, findet man am ehesten in der Romanliteratur, der Geschichtsschreibung zum alltäglichen Leben, der Kulturanthropologie und der Justizgeschichte Informationen zu den jeweils historisch relevanten konfliktbezogenen Bearbeitungsstrategien. Bei den historischen Konflikttheorien spielen im deutschsprachigen Raum insbesondere Max Weber, Georg Simmel und Karl Marx eine gewichtige Rolle. Jeweils geprägt in ihrer zeithistorischen und auch politischen Einbindung konstatieren die drei Autoren für Konflikte eine zentrale gesellschaftliche Bedeutung; wie etwa Max Weber in seiner Theorie des sozialen Handelns mit den Begriffen des ‚Kampfes‘, der ‚Konkurrenz‘ und der ‚Auslese‘ sowie Georg Simmel mit dem Befund, Konflikte seien als Form, in der sich soziale Wechselbeziehungen vollziehen, konstitutiv und integrativ für Vergesellschaftungen jeglicher Art. Marx, Weber und Simmel sehen in Konflikten erstmals auch Impulse sowohl für gesellschaftliche als auch für interaktionsbezogene und gemeinschaftsintegrierende Fortentwicklungen.

In der konfliktgeschichtlichen Betrachtung fällt auf, dass etymologisch der Begriff selbst erst im 18. Jahrhundert aus dem Lateinischen entlehnt wurde

(Duden 2001, 435). Dies weist auf einen relativ späten Gebrauch des Begriffs selbst hin und deckt sich etwa mit ersten Informationen zu Konfliktbearbeitungsformen aus dem Alltagsleben im frühen 19. Jahrhundert.

In den Epochen autoritärer vor- und feudalistischer Herrschaft, wie auch in den Übergängen zum Merkantilismus und zum Nationalstaat treten individuelle konfliktträchtige Situationen eher in Form einer Beschreibung abweichenden Verhaltens zutage, die dann durch (innerfamiliäre) Tribunale, Strafen, Aussonderungs- und Unterwerfungsrituale auf den verschiedenen institutionellen Ebenen oder aber im privaten Bereich geregelt werden. Perrot (1999, 267 ff.) beschreibt für die Familie des 19. Jahrhunderts mit dem Geld als Tauschmittel, den Verletzungen der Familienehre, erblichen Belastungen und der „sexuellen Schande" die in der damaligen französischen Gesellschaft typischen Konfliktherde. Insbesondere die Familienkonflikte wurden in dieser Zeit bereits in sehr „privatisierter" Form bearbeitet.

> „Die Anstandsregeln, die Angst vor dem, ‚was die Leute sagen', und der obsessive Wunsch nach Respektabilität sorgten dafür, dass Krisen verheimlicht und in merkwürdiger Verkehrung zum Kitt des Familienzusammenhaltes wurden. Nichts nach außen dringen lassen, die Einmischung von Dritten vermeiden oder abwenden, die ‚schmutzige Wäsche im Familienkreis waschen' – so hielten es Bauern und Bürger gleichermaßen" (Perrot 1999, 278).

Im Arbeitermilieu war es dagegen aufgrund bescheidener und räumlich enger Wohnverhältnisse schwieriger, solche Diskretion zu wahren. Dort wurden Konflikte eher gewaltsam gelöst und die Konfliktaustragung geschah in einer der Öffentlichkeit zugänglichen Weise; Schläge und Prügel waren an der Tagesordnung, um „Rechnungen zu begleichen". Häufig traf dies Frauen, die dem traditionellen Frauenbild des in der Fabrik arbeitenden Mannes nicht mehr entsprachen und sich zu emanzipieren begannen. Durch gesetzliche Regelung wurde seit 1851 die Trennung von Tisch und Bett möglich; die meisten Antragstellungen kamen von körperlich misshandelten älteren Frauen.

Das Prinzip der Rache – privat, rechtlich aber auch die so genannte „legale Rache" – waren allgegenwärtig. Letztere mündete in eine Abschiebung in Besserungsanstalten oder in geschlossene psychiatrische Einrichtungen. Insbesondere Verstöße gegen Normalitätsgrundsätze wie Maßlosigkeit und Ausschweifungen sowie „ungezügeltes sexuelles Verhalten" wurden, gerade wenn Frauen unter Verdacht gerieten, mit Einweisungen geahndet (ebd., 278 ff.). Nicht nur in der historischen Betrachtung von Gewalt, sondern auch bei der konflikthistorischen Rückschau treten immer wieder die Erziehungsmaßnahmen in den Fokus. Die Erziehungspraktiken in deutschen Schulen fielen damals aus französischer Sicht als besonders drastisch ins Auge. Eine solche aus Drill, Disziplinierung und Abrichtung zur Autoritätshörigkeit bestehende

Anpassungs- und Unterordnungspädagogik war Praxis nicht nur im entstehenden deutschen Nationalstaat, sondern verfestigte sich paradigmatisch stark über den darauf folgenden zwischenzeitlichen NS-Staat, anschließend über die Nachkriegszeit hinweg bis in die späten 1960er Jahre hinein und geriet erst dann immer häufiger in die Kritik einer ihr unterstellen Modernisierungsverhinderung. Bis dahin ging man, zumindest in den weniger aufgeklärten Gesellschaftsmilieus von klar normierten Verhaltensverständnissen aus, in denen Kritik und in diesem Zusammenhang auch daraus hervorgehende Konflikte äußerst negativ konnotiert waren und eigentlich nicht vorzukommen hatten. Zumindest öffentlicher Erziehung kam bis dahin klar die Aufgabe zu, Wissen zu vermitteln und Sekundärtugenden in der Art zu schulen, dass diese nicht in die Lage versetzten, Bestehendes kritisch zu betrachten oder gar hinterfragen zu können; denn erst dadurch konnten sich, nach damaligem Verständnis, Konflikte erst entwickeln.

Im deutschsprachigen Raum existieren seit Beginn des 19. Jahrhunderts (1808 in Preußen/1827) für soziale Konflikte außerhalb des familiären Spektrums bereits außergerichtliche Verfahren zur Streitschlichtung bzw. Streitbeilegung durch Schiedsmänner (Schiedsamt), Friedensrichter (geht auf die französische Besatzung der Rheinprovinzen zurück) oder Vermittler, mit deren Hilfe hauptsächlich Nachbarschaftskonflikte wie etwa Beleidigungen und leichte Körperverletzungsdelikte geschlichtet und etwa durch Wiedergutmachungen oder Schmerzensgeld gesühnt wurden (vgl. Lamnek 1997, 380).

Seit den 1970er Jahren ist zudem die zivilgesellschaftliche Funktion des Ombudsmanns (Ombudsperson) insbesondere als Bürgerbeauftragte/r, bei Beschwerden im Öffentlichen Dienst und in den Justizvollzuganstalten bekannt, die auf das System des ‚Mohtasib' im Osmanischen Reich und auch der heutigen islamischen Rechtsprechung zurückgehen. Beide Instanzen stehen für eine Konfliktbearbeitung durch eine neutrale dritte oder externe Person, die einen Ausgleich nach einer erfolgten Schädigung herbeiführt, in Streitangelegenheiten schlichtet oder vermittelt oder aber Beschwerden entgegennimmt, um diesen dann nachzugehen. Solche dialogischen Verfahrensformen gehen zurück auf eine, insbesondere im Bürgertum gewachsene kommunikative Kultur bei alltäglichen und familiären Auseinandersetzungen.

Fritz Glasl konstatiert allerdings erstmals, mit der Zeit der 68er-Bewegung einhergehend, ein größeres Interesse für soziale Konflikte sowohl in Gesellschaft als auch in Organisationen (Glasl 1999, 11). Über eine damals sich anschließende zwischenzeitliche Phase monokausaler, sich weitgehend an der historisch-materialistischen Gesellschaftstheorie anlehnenden Konfliktanalyse entwickelte sich unser aktuelles, an Individualisierungstheorem und dem Befund gesellschaftlicher Pluralisierung orientiertes Konfliktverständnis. Eine der handlungsleitenden Positionen stellt hier die Habermas'sche Diskursethik dar, in der als Basis der Diskurs als Austausch von Argumenten mit dem Ziel

- *„Auge um Auge, Zahn um Zahn …“:* Vergeltungsrecht in Koran und Altem Testament gleichermaßen: Blutracheprinzip, später Schiedsmänner/-gerichte (Talionsformel)

- *Götterentscheid* (in ländlichen Vorderasiatischen Gebieten): Interpretation durch Priester als Fluch, Schande, Ehrverlust (Chaniotis 2005, 233 ff.)

- *Schadensausgleich* bzw. Schadensersatz als *Verhältnisrecht* bezogen auf den angerichteten Schaden bei Gleichheit von Religion (islamisches Recht) oder bezogen auf den Status (babylonisches Klassenrecht, römisches Recht)

- *Regelnde „Institutionen“:* Rituale in Familien-/Sippen- und Stammesverbänden/Community; Entscheidungen durch Feudalherren und Herrscher, später durch Gerichte, Schiedspersonen, Methodische Verfahren (Mediation, Schlichtung)

- Regelnde Institutionen mit *Gesetzesgrundlagen:* GG, international: „Menschenrechte“, „Kinderrechte“, „Genfer Konventionen“, Völkerrecht usw.

Übersicht 2: Rechtshistorische Aspekte im Umgang mit Konflikten

der Verständigung gilt. Ihr Grundsatz lautet, „dass nur die Normen Geltung beanspruchen dürfen, die die Zustimmung aller Betroffenen als Teilnehmer eines praktischen Diskurses finden (oder finden könnten)“ (Habermas 1983, 103). Normative Voraussetzung eines solchen Diskurses ist die wechselseitige Anerkennung der Menschen als mündige Personen, zwischen denen eine vernunftgeleitete Verständigung grundsätzlich möglich ist.

In der Kritik dieses Ansatzes äußert sich eine fehlende Kontextualisierung unter Macht- und Herrschaftsaspekten, die sich auch direkt in den Konfliktbearbeitungsmethoden abbildet, etwa wenn die Aufnahme eines Mediationsprozesses an die Voraussetzungen gebunden ist, Hierarchiekonstellationen zu ignorieren.

In den modernen westlichen Demokratien existieren mittlerweile traditionelle, meist über Hinzuziehung neutraler Dritter erfolgende entscheidungsorientierte Konfliktbearbeitungsstrategien neben kommunikativen und dialogischen Verfahren. Teilweise bedienen sich auch neuere Ansätze, wie etwa das Modell des Familienrates in der Sozialpädagogischen Familienhilfe (SPFH) von Dreikurs et al. (2003), traditioneller Settings und Strukturen, wie denen des ‚Familientribunals‘ oder auch der Praxis vieler ‚Großfamilien‘ mit türkischem oder auch arabischem Migrationshintergrund, gemeinsam mit Verwandten oder Bekannten, auffälliges oder die Familienehre verletzendes Verhalten zu regulieren. Die Regelungen erfolgen hierbei in ganz unterschiedlichen Formen, angefangen von der Autoritätsentscheidung bis hin zur gemeinsam auszuhandelnden Entscheidungsfindung im „methodisch“ aufgestellten Familienratsmodell.

Je nach Konfliktgegenstand, Konfliktphasen und -intensitäten, je nach personellen Konstellationen und nach ethnisch-kultureller Einbindungen sind in pluralisierten Gesellschaften gerichtliche wie außergerichtliche und in der Methodik Entscheidungs-, Vermittlungs- oder auch stark kognitiv-kommunikative Verfahren gleichermaßen legitim.

Darüber hinaus ist es aber wichtig, die Praxen der Konfliktaustragungen im politisch-globalen Kontext zu betrachten, da die kulturell-politisch unterschiedlichen Austragungsgewohnheiten und Bewältigungsformen in Folge der Einwanderung auch in unseren Handlungsfeldern relevant werden können.

Auf der Ebene politisch-internationaler Konflikte löste die Beendigung des ‚Kalten Krieges' mit seiner, nahezu sämtliche anderen latenten Konfliktdimensionen überlagernden, bipolaren Aufrüstungsdominanz zwischenzeitlich zahllose, bis dahin unbearbeitete Konfliktherde aus, die sich in manchen Fällen regelrecht entfesselten wie bei den Pogromen zwischen verschiedenen ethnischen Gruppen im ehemaligen Jugoslawien, der ehemaligen UdSSR oder im Rahmen der Arabellion im arabischen Raum.

Neben den international neu auszutarierenden Kräfteverhältnissen haben sich unsere gesellschaftlichen Strukturen so verändert, dass sich neue Interaktionsformen und Verständigungskulturen herausbilden. Eine zentrale soziale Veränderung wird von Ulrich Beck (1986) über das Theorem der Individualisierung, der Institutionalisierung und der Standardisierung von Lebenslagen und Biografiemustern einerseits, bei gleichzeitiger Pluralisierung von Perspektivoptionen beschrieben (ebd., 303 ff.). Dadurch differenziere sich nicht nur unsere Gesellschaft weiter sozial aus (vgl. hierzu auch Simmel mit ähnlichem Befund vor ca. 110 Jahren!) sondern sie pluralisiere sich zudem in ihrem Wertekodex. Aus der industriellen Klassengesellschaft hat sich über die postfordistische Schichtungsvariante eine mittlerweile sehr heterogene und atomisierte Struktur ökonomisch sowohl industriell, dienstleistungs-, handels- und wissensbezogen geprägter Bereiche mit soziokulturell vielseitigen und vielschichtigen Milieueigenschaften entwickelt. Die damit einhergehende allmähliche Auflösung traditioneller Zuordnungsgruppen, -milieus und Klassen bedingt wiederum Prozesse des Aufbrechens kultureller, ethnischer, geschlechterbezogener, politischer und religiöser Spannungen, sodass sich allmählich aus der so genannten normierten eine Kontingenzgesellschaft mit Wertepluralismus und einer Vielfalt an Möglichkeitsperspektiven ergeben hat. Werte- wie auch normative Systeme sind somit ebenfalls vielfältiger und existieren neben den gesetzlichen Rechtsnormen parallel in Subsystemen und entsprechenden Milieus oder Communities (vgl. diverse SINUS-Milieustudien).

Korrespondierend mit diesen eher horizontalen Milieubildungen existieren auch verschiedene „Wirklichkeitsvorstellungen" oder „Realitätswelten" nebeneinander, sodass Verständigung zunehmend weniger über vertikal oder hierarchisch akzentuierte Kommunikationsprozesse, und Konflikte weniger hierarchisch als über Aushandlungspraxis, möglichst auf ‚gleicher Augenhöhe' stattfinden. Entsprechend sind auch die Bearbeitungsformen bei Konfliktlösungen sehr viel stärker kommunikativer und aushandelnder Natur. Beispiele hierfür sind nicht nur die Rituale und Aushandlungsregularien im Rahmen der Tarifauseinandersetzungen, sondern auch etwa die sogen. „Runden Tische" der Bürgerrechtsbewegungen seit Ende der DDR-Ära und zu Beginn der Vereinigung von alten und neuen Bundesländern. Ähnliche Aushandlungsrunden wurden mit den sog. ‚Kriminalpräventiven Räten' als zivilgesellschaftliche Konfliktbearbeitungsformen weiterentwickelt. Sie finden sich auch zunehmend wieder in Informations- und Vermittlungsprozessen während der Planung von Großprojekten wie den Flughafenausbauten in Berlin, im Rhein-Main-Gebiet, in München oder dem Bahnhofsumbau in Stuttgart, in zahlreichen Stadtteilentwicklungs- und Infrastrukturprojekten wie auch, methodisch strukturiert, in der professionellen Gemeinwesen- oder Quartier(s)-arbeit.

Eine weitere Phase in der Geschichte der Konfliktentstehung und -bearbeitung stellt das Phänomen zunehmender Mediatisierung weltweit dar; denn hierüber sind nicht nur „echtzeitige" Sofortinformationen sämtlicher Weltereignisse möglich geworden, die bisher nicht wahrnehmbare oder nicht wahrgenommene Konflikte erst transparent werden lassen, sondern Konflikte können auch mit fiktiven „unechten" Bildern ‚in die Welt gesetzt werden' und zu realen Konflikten mutieren, wie etwa Wahlkampfbeeinflussungsversuche in den USA, Frankreich oder Deutschland durch russische Geheimdienstaktivitäten. Die einschlägigen Prognosen in Ulrich Becks ‚Risikogesellschaft' können somit um ein weiteres Kapitel fortgeschrieben werden, wobei die Regulierung internetbasierter Konflikte noch weitgehend offen erscheint.

Zuletzt wären noch die aufgrund fortschreitender globaler Transformation durch Freihandel, Digitalisierung und Migrationsbeschleunigung zu nennenden politischen Polarisierungen zu nennen, die durch Antagonismen zwischen kosmopolitischen, interkulturellen einerseits und re-nationalistischen, meist rechtspopulistischen Tendenzen gekennzeichnet sind. Hierbei treffen zwei diametral gegenläufige Mentalitätswelten einer sogen. „Angstkultur" auf eine durch Furcht geprägte Mentalität, die sich bislang relativ unversöhnlich als vergangenheitsidealisierende illiberale und einer globalisierungsoffenen liberalen Demokratiekultur gegenüberstehen (vgl. Koppetsch 2019).

Betrachtet man die gesellschaftlich-historischen Entwicklungen des Umgangs und Zulassens von Konflikten, lässt sich mit Luhmann (1997, 465ff.) folgern, dass sowohl für entwickelte komplexe Gesellschaften als auch für größere soziale Systeme eine stärkere Konfliktfähigkeit und Konflikttoleranz die Basis für Entwicklungsfähigkeit sind. In kleinen interaktionsnah und gebildeten Gesellschaften sei dagegen eine Konfliktrepression (etwa durch Externalisierung) lebenswichtig. Dieser Befund zur konstitutiven Bedeutung von Konflikten für gesellschaftliche Entwicklung überhaupt lässt sich ebenfalls schon bei Georg Simmel finden, wenn dieser festhält, dass Konflikte nicht unbedingt die gesellschaftliche Ordnung in Gefahr brächten, sondern Konflikte seien die Gesellschaft.

> „Sie sind selbst eine spezifische Form der Vergesellschaftung, ebenso wie etwa die ‚Geselligkeit' oder die ‚Familie'. Das heißt nicht, dass Konflikte immer etwas ‚gutes' sind. Sie können Einheit zerstören, Konsens in Frage stellen, zu Krieg, Mord und Totschlag führen; aber sie sind eben auch Form sozialer Wechselwirkungen. Selbst der Krieg lässt sich so ‚formal' verstehen und bezeugt damit auch die Gemeinsamkeiten der kriegführenden Parteien. Konflikte können Gesellschaften nicht nur belasten, sie können auch zu ihrer Integration beitragen" (Dubiel 1999a, 132).

1.3 Radikalisierung

Das Adjektiv ‚radikal' bedeutet „von Grund auf, gründlich; bis auf die Wurzel, bis zum Äußersten gehend, hart, rigoros und rücksichtslos" und ist dem spätlat. *radicalis, radix* im 16. Jh., später im 18. Jh. dem franz. *radical* entlehnt. Als Substantiv ‚*Radikalismus*' stand es Anfang des 19. Jh. für extreme politisch-weltanschauliche Haltungen und diesbzgl. Verhalten (vgl. Duden 2001, 648; Pfeifer 2018, 1074). Aus historisch-materialistischer Perspektive verstand man noch in den 1970er Jahren unter dem bürgerlichen Radikalismus des 18. und 19. Jhdts. die „konsequent-demokratische Haltung der Bourgeoisie im Kampf gegen das feudal-absolutistische Gesellschaftssystem", in der späteren Arbeiterbewegung, dann aber bereits negativ konnotiert, politisches Sektierertum im politisch linken Spektrum (Klaus/Buhr 1972, 905).

Nach 1945 dominierten in der BRD zunächst die Termini ‚totalitär' und ‚radikal' für systemfeindliche Aktivitäten (Jesse 2018, 31), bevor in den 1970er Jahren in den Verfassungsschutzberichten der Radikalismus- durch den Extremismusbegriff im politischen Spektrum ersetzt wurde. Extremismus findet man hier als „Sammelbezeichnung für unterschiedliche politische Gesinnungen und Bestrebungen (...), die sich der Ablehnung des demokratischen Verfassungsstaats und seiner fundamentalen Werte und Spielregeln einig wissen" (Backes/Jesse 1996, 45).

In der politischen Linken fungierte der Begriff ‚radikal' bis etwa Ende der 1990er Jahre für ein eher wieder positives Verständnis des ursächlichen Ansetzens an der Problemwurzel im Gegensatz zum oberflächlichen Kurieren an Symptomen. Radikalität steht hier in enger Verbindung zur Überzeugung und entsprechend zur Überzeugungstäterschaft im Sinne einer persönlichen Integrität als Übereinstimmung zwischen Denken, Reden und Tun. Überzeugungstäterschaft wird in Alinskys Ansatz von Community Organization zu einer politischen Haltung, die dieser als radikal und demokratisch charakterisiert (Alinsky 1973, 21ff.). „Radikale agieren als ‚menschliche Fackeln', in Orientierung an Idealen, für deren Realisierung sie alle ihre Energien einsetzen" (Weber 2016b, 13).

Aktuell findet man beide Bewertungen gleichermaßen, in Form des Adjektivs *„radikal"* immer noch, meist positiv gewertet, als Zuschreibung einer grundlegenden problemorientierten Herangehensweise etwa im Theoriegebilde der „Radikalen Demokratie" Oliver Marchants (2018) und als Substantiv im Begriff der *„Radikalisierung"*, als eher normatives Konstrukt, welches einen Entwicklungs- bzw. Abstufungsprozess hin zu extremen bzw. extremistischen politischen Einstellungen (Anfang des 20. Jh.) sowie zu fundamentalistischen religiösen Tendenzen und entsprechenden, meist verbotenen Aktivitäten wie etwa denen des Dschihadismus, des Neo-Salafismus zu Beginn des 21. Jhts. kennzeichnet. Im Zusammenhang mit Terrorismus und Amoktaten taucht der Radikalisierungsbegriff erst seit den zahlreichen Anschlägen Anfang der 2000er Jahre auf; vor dieser Zeit dagegen eher seltener, da damals, sicherlich unter moralischen Aspekten, die individuelle psychosoziale Genese den Viktimisierungsfolgen meist untergeordnet wurde.

Der Begriff der Radikalisierung wird aber auch verwendet, um Entwicklungsprozesse hin zu extremem und gewalttätigem Fanatismus im Sport, hier besonders im sogen. Hooligan-Milieu im Umfeld des Bundesliga-Fußballs zu beschreiben. Und zu guter Letzt findet man den Begriff auch im Zusammenhang mit der individuellen Gewaltgenese.

> „Im öffentlichen Diskurs umfasst Radikalisierung so unterschiedliche Phänomene wie Fremdenfeindlichkeit auf der einen und körperliche Selbstoptimierung oder Veganismus auf der anderen Seite, die überwiegend als individuelle Reaktionen auf gesellschaftliche Ungewissheiten gedeutet werden. Zumeist wird der Begriff gegenwärtig aber auf die zunehmende Bereitschaft junger Musliminnen und Muslime verengt, sich dem Dschihadismus zuzuwenden und im Namen des Islams Terroranschläge zu verüben." (Abay Gaspar et al. 2018a, 11ff.)

Auf diese verschiedenen Phänomene angewandt steht Radikalisierung für einen *individuellen* oder auch *kollektiven Entwicklungsprozess* hin zu einem extremen Verhalten, einer extremen Haltung oder Sichtweise, die herrschende gesellschaftliche Normen und Werte nicht nur infrage stellen, sondern durch Aktivitäten auch bekämpfen.

Die kollektive Form von Radikalisierung zeigt sich im situativen Aufschaukeln z.B. bei politischen oder auch sportlichen Großereignissen, in denen Gegnerschaft bzw. Feindschaft von den verschiedenen Akteuren stilisiert und in teilweise ritualisierter Weise ausgetragen werden, wie etwa bei den Auseinandersetzungen anlässlich der G20-Proteste in Hamburg 2017.

> „Ein großer Teil der Gewalt entsteht – dies gerät allzu oft aus dem Blick – maßgeblich in Prozessen der Eskalation, in denen die Handlungen der verschiedenen Beteiligten miteinander verflochten sind, insofern sie auf Grundlage ihrer Deutung vorangegangener Erfahrungen und ihrer Wahrnehmung des Gegenübers aufeinander reagieren.“ (...) „Dies bedeutet jedoch nicht, dass die Planungen, Erwartungen, und Entscheidungen der Handelnden keine Rolle spielen würden. Die Dynamik des Geschehens verwirklicht sich im Gegenteil gerade darin, dass die Beteiligten in der Verflechtung ihrer Handlungen ihre Kalkulationen verändern und Situationsdeutungen entwickeln, welche Gewalt möglich oder notwendig erscheinen lassen“ (Hamburger Institut für Sozialforschung 2018, 1, 3).

Solche individuellen und auch kollektiven Radikalisierungsformen im politischen, religiösen oder sportbezogenen Bereich, sowie bei allgemeinen Lebenseinstellungen und -haltungen stellen sich in den jeweiligen aktuellen Situationen als meist umstritten und als gesamtgesellschaftlich häufig desintegrativ dar; in ihrer historischen Rekonstruktion wird aber insbesondere die politische Radikalität, ausgehend von der dann eingenommenen Betrachtungsperspektive zu späteren Zeitpunkten häufig neu bewertet, wenn man etwa an die französische (1789), an die russische Oktoberrevolution von 1917 oder auch aktueller, an die sog. 68er-Konflikte sowie die Anti-Atomkraft-Bewegungen in der BRD denkt. Auch im individuell biografischen Bereich wird z. B. adoleszente Radikalisierung als Jugendphänomen im Zusammenhang eines Moratoriums verstanden und aus der Erwachsenenperspektive dann relativiert und entdramatisiert. Zahlreiche Auseinandersetzungen, in deren Abläufen sich Menschen radikalisierten bzw. radikalisierte Menschen eingebunden waren, führten zu späteren, heute durchaus positiv eingestuften gesellschaftspolitischen Veränderungen. Eine Ausnahme bilden die Fälle religiöser, rechtsextremistischer oder sportbezogener Radikalisierung.

In der Extremismus- und Radikalisierungsforschung wird einerseits zwischen *kognitivem* und *gewaltbereitem Extremismus* differenziert (Neumann 2013, 3), andererseits um ein eher *allgemeineres* oder *engeres Begriffsverständnis* gerungen. Gerade in der Debatte um politischen Extremismus findet über die Zuordnung des Radikalisierungsbegriffs eine Grenzziehung zwischen systembezogenen Innen- und Außenstrukturen statt. Der sog. ‚Radikalenerlass‘ in den 1970er Jahren sollte z. B. verhindern, dass der Staat und seine Institutionen durch staatskritische und staatsablehnende Mitarbeiter unterlaufen werden. Aktuell fixiert der Verfassungsschutz die jeweilige Grenzziehung, die darüber entscheidet, welche Organisation oder Partei auf Verfassungsfeindlichkeit hin überwacht wird.

Legt man eine enge Begriffsdefinition von Radikalisierung im Rahmen etwa eines gewaltbereiten Extremismus, Fundamentalismus oder Fanatismus (Hooliganismus) zugrunde, so lässt sich die Grenzziehung strafrechtlich vollziehen. Im strafrechtsrelevanten Fall wird dann vor Allem der Terminus des ‚Extremismus' verwendet. Hält man an einem erweiterten Begriff von Radikalisierung fest, vollziehen sich je nach Perspektive einerseits Zuschreibungen über jeweils normative Orientierungen. Umgekehrt lässt ein breites Verständnis Raum für kreative und produktive Radikalisierungsformen, nämlich „als die zunehmende Infragestellung der Legitimation einer normativen Ordnung und/oder die zunehmende Bereitschaft, die institutionelle Struktur dieser Ordnung zu bekämpfen" (Abay Gaspar et al. 2018b, 6). Abay Gaspar et al. unterscheiden in ihrem Prozessverständnis der Radikalisierung zwischen „(A) Radikalisierung *in die* Gewalt, (B) Radikalisierung *in der* Gewalt und (C) Radikalisierung *ohne* Gewalt" (ebd., 7 ff.).

Hier soll der Begriff der Radikalisierung ausschließlich im Sinne einer prozessualen Dimension verwendet werden; d. h. er beschreibt Entwicklungsstufen hin zu einer extremen oder extremistischen Haltung und/oder Einstellung, die in gewalttätiges Handeln münden kann, aber nicht unbedingt münden muss. Radikalität kann sich in sämtlichen Lebensbereichen einstellen, also in politischen, in religiösen, in sportlichen (Fanatismus) wie in anderen weltanschaulichen oder auch in ernährungs- bzw. gesundheitsbezogenen Fragestellungen bzw. Bekenntnissen sowie auch in der Genese von allgemeiner Gewaltausübung. Prävention sollte dann zum Zuge kommen, sobald strafrechtliche Ausmaße oder psychosoziale bzw. gesundheitliche Beeinträchtigungen bei den potenziellen Akteuren zu erwarten sind.

Zur Beschreibung prozessualer Vorgänge findet der Terminus Radikalisierung sowohl Verwendung in der Eskalationsdynamik und dem Verhalten der Akteure in Konflikten als auch im Falle der Entstehung gewalttätigen Verhaltens. Hierbei werden jeweils in differenzierter Weise individuelle und gruppenbezogene bzw. kollektive Prozessdimensionen betrachtet.

In dieser Abhandlung geht es vor allem um die religiösen Radikalisierungsprozesse im Kontext der Kriegssituationen im Nahen Osten sowie, im Vergleich hierzu, um politisch rechtsextremistische und Radikalisierung im Hooliganmilieu. Damit sollen keine Aussagen zum Stellenwert dieser drei Bereiche im Verhältnis etwa zu Antisemitismus, Antiziganismus oder Muslimfeindlichkeit getroffen werden.

1.4 Gewalt, Aggression und Aggressivität

Der Begriff „Gewalt" hat ursprünglich eine neutrale Konnotation und bedeutet etwa: etwas bewirken können. Er geht etymologisch auf das germanische *„walten"*, das althochdeutsche *„waltan"*, das gotische *„waldan"*, das lateinische *„valere"* zurück und umfasst in den diversen Sprachräumen Bedeutungen wie „verursachen, stark sein, regieren, besitzen, (be)herrschen", in der

Präfixbildung des mittelhochdeutschen *„verwalten“* dann eine Kombination des Beherrschens und Versorgens: „in Gewalt haben, für etwas sorgen“ (vgl. Duden 2001, 909).

Im heutigen Sprachgebrauch findet man dem entsprechend einerseits in negativer Konnotation etwa eine alltagssprachlich-lexikalische Definition von Gewalt im Sinne einer Anwendung von *physischem* oder *intensivem psychischem* Zwang gegenüber Menschen oder einer rohen, gegen Sitte und Recht verstoßenden Einwirkung auf Personen, als *unrechtmäßiges Mittel* zur Durchsetzung von Macht und Herrschaft *gegen den Willen* der Opfer (lateinisch: *violentia*).

Andererseits kann sie aber auch, durchaus positiv konnotiert, als Durchsetzungsvermögen in Macht- und Herrschaftsbeziehungen (lateinisch: *potestas*) verstanden werden. Gewalt wird dabei im gesellschaftlichen und politischen Kontext auch als legitimes Zwangsmittel zur Sicherung von Recht und Ordnung verstanden (vgl. Brockhaus Multimedial 2003); sie ist in diesem Fall auch struktureller Natur, obwohl dieser Begriff von Galtung (1969) anders verstanden wird.

In der Alltagssprache entfällt allerdings ein solches Gewaltverständnis von staatlicher Machtausübung, da in den heutigen (westlichen) Demokratien das staatliche Gewaltmonopol als Voraussetzung von Rechtstaatlichkeit gilt.

Möller et al. (2016) erweitern das bisherige Gewaltverständnis um das der „Gewaltakzeptanz“. Gewalt wird dabei nicht mehr nur als die intendierte physische und materielle Schädigung von Personen oder Sachen verstanden. Eingeschlossen ist auch der Aspekt psychischer Schädigung, die auch bei verbal-gestischer Gewalt oder durch Verhalten von Vernachlässigung, Demütigung und Erniedrigung ausgelöst werden kann, nämlich in den fünf Gewaltformen „eigener Gewalttätigkeit, einer Bereitschaft zu eigener Gewalttätigkeit, der Drohung mit Gewalt, der Propagierung, Stimulation, Billigung oder Duldung fremdausgeübter Gewalt in konkreten Situationen, sowie genereller, d. h. auch: nicht nur die eigene Person betreffender Befürwortung von Gewalt als Verhaltens- bzw. Handlungsoption“ (vgl. auch Möller et al. 2016, 2).

Allgemein wird zwischen einem engen Gewaltbegriff (im Sinne einer stark schädigenden eher physischen Aktion), psychischer Gewalt (häufig als Vorstufe körperlicher Gewalt) und struktureller und/oder institutioneller Gewalt differenziert.

Galtung (1969) prägte in Anlehnung an Marx den Begriff der „strukturellen Gewalt“ im Sinne eigentlich „vermeidbarer“ Lebensbeeinträchtigungen.

> „Strukturelle Gewalt ist die vermeidbare Beeinträchtigung grundlegender menschlicher *Bedürfnisse* oder, allgemeiner ausgedrückt, des Lebens, die den realen Grad der Bedürfnisbefriedigung unter das herabsetzt, was potentiell möglich ist“ (Galtung 1969, 167 ff.).

Eine solche Begriffsauslegung erscheint mir den eigentlichen Begriffssinn zu verwässern, da hier Hintergründe, Ursachen, Begleitumstände als solche schon für eine Gewalttatbegründung herhalten, obwohl der tatbezogene Transformationsprozess sehr viel komplexer verläuft. Eine individuelle Gewalthandlung wäre demzufolge tendenziell immer nur als „legitime" Gegengewalt oder als reine Reaktion gegen eine erfahrene Bedürfniseinschränkung zu werten. Der handelnden Persönlichkeit würden dadurch gleichermaßen Autonomie und Verantwortungsfähigkeit abgesprochen.

Unter institutioneller Gewalt wären schließlich sämtliche, auf das staatliche Gewaltmonopol zurückführbaren Eingriffe zu verstehen, welche auf rechtsstaatlicher Grundlage regulationsspezifischer Verfasstheit von Sozietäten gegen den Willen einzelner durchgeführt werden. Dies bedeutet selbstverständlich nicht, dass institutionelle Gewaltanwendung nicht auch unrechtmäßig erfolgen würde.

In Zusammenfassung dieser negativen wie auch positiven Konnotationen ließe sich Gewalt etwa wie folgt definieren: *Gewalt bezeichnet historisch in jeweils spezifischer Form eine physische oder auch eine stark einschränkende psychische Einwirkung oder Einflussnahme eines ausübenden Akteurs (bzw. einer ausübenden Gruppe oder Institution) auf einen anderen Akteur, die gegen dessen augenblicklichen Willen oder dessen augenblickliches Interesse erfolgt.*

In der Soziologie wird Gewalt als Form von Machtausübung gesehen (vgl. Weber, Popitz), die als fundamentales Moment jeder Vergesellschaftung gilt und entweder individuell als illegitime Ausübung von Zwang verstanden wird, im Sinne körperlicher (physischer) und/oder seelischer (psychischer) Schädigung anderer, eine Interaktion, „(...) die zur absichtlichen körperlichen Verletzung anderer führt" (Popitz 1986, 76).

Popitz definiert ähnlich wie Sofsky Gewalt als besondere Form der Machtausübung:

> „Der Mensch muss nie, kann aber immer gewaltsam handeln, er muss nie, kann aber immer töten (...) – jedermann. Gewalt überhaupt und Gewalt des Tötens im besonderen ist (...) kein bloßer Betriebsunfall sozialer Beziehungen, keine Randerscheinung sozialer Ordnungen und nicht lediglich ein Extremfall oder eine *ultima ratio* (von der nicht so viel Wesens gemacht werden sollte). Gewalt ist in der Tat (...) eine Option menschlichen Handelns, die ständig präsent ist. Keine umfassende soziale Ordnung beruht auf der Prämisse der Gewaltlosigkeit. Die Macht zu töten und die Ohnmacht des Opfers sind latent oder manifest Bestimmungsgründe der Struktur sozialen Zusammenlebens" (Popitz 1986, 82 f.).

Popitz ist für Reemtsma (2009, 465) der einzige Vertreter der Soziologie, der das Gewaltphänomen auch in zweckunabhängiger Form betrachtet und damit die Tür öffne, nicht nur Konflikte sondern auch Gewaltaktivitäten als soziales Handeln zu betrachten.

Reemtsma (2009, 108ff.) differenziert in seiner Studie „Vertrauen und Gewalt" drei Typen von physischer Gewalt, nämlich *lozierende Gewalt,* die auf eine „Verschiebung" anderer Körper zielt, die bspw. im Krieg oder bei Aneignung fremden Eigentums eigenen Interessen im Wege stehen, *raptive Gewalt,* die sich anderer Körper bemächtigt, um diese für eigene Interessen zu benutzen wie bspw. sexuelle Gewalt sowie *autotelische Gewalt,* die auf die Vernichtung oder Zerstörung des Körpers zielt und ausschließlich dem Selbstzweck wie etwa persönlichem Lustgewinn dient.

Wolfgang Sofsky (2005/1999) betrachtet insbesondere diese letzten Selbstzweckdimensionen von Gewalttaten und analysiert hierbei die spezifische Täter-Opfer-Interaktion in den u.a. auch zeithistorischen Erscheinungsformen des Rituals, des Blutrausches, des Furors, der Tortur, der Folter, des Quälens, des Massakers, des Attentats und der Amoktat.

In den Verhaltenswissenschaften wird Gewalt zumeist in Anlehnung an den Aggressionsbegriff definiert. „Gewalt ist Aggression in ihrer extremen und sozial nicht akzeptablen Form". Zimbardo und Gerrig definieren dagegen Aggression „als körperliches oder verbales Handeln, das mit der Absicht ausgeführt wird, zu verletzen oder zu zerstören. (...) Während der Begriff der Aggression direkt auf ein Verhalten abzielt, bezieht sich Aggressivität auf eine Disposition oder Persönlichkeitseigenschaft" (Zimbardo/Gerrig 2003, 334).

Unter *Aggressivität* versteht man somit das *Potenzial,* jemand anderen zu schädigen, ohne dass es unmittelbar zu einer Handlung kommen muss. Sie ist nach dieser Definition eine Eigenschaft, die eine vorhandene oder auch eine andauernde Bereitschaft zu aggressivem Verhalten bedeutet.

In Ergänzung, aber auch in partiellem Gegensatz hierzu, schließt Selgs *Aggressionsverständnis* sowohl verschiedene Aggressionsformen als auch diverse Bewertungsmaßstäbe von Aggression ein.

> „Eine Aggression besteht in einem gegen einen Organismus oder ein Organismussurrogat gerichteten Austeilen schädigender Reize (‚schädigen' meint beschädigen, verletzen, zerstören und vernichten; es impliziert aber auch wie ‚iniuriam facere' oder ‚to injure' Schmerz zufügende, störende, Ärger erregende und beleidigende Verhaltensweisen, welche der direkten Verhaltensbeobachtung schwerer zugänglich sind); eine Aggression kann offen (körperlich, verbal) oder verdeckt (phantasiert), sie kann positiv (von der Kultur gebilligt) oder negativ (missbilligt) sein" (Selg 1974, 14).

Wahl betrachtet Aggression eher in einer anthropologischen Dimension als „in der Evolution entwickelter individueller und sozialer Mechanismen zur Sicherung oder Selbstbehauptung der eigenen Person oder Gruppe und ihres

Wohlergehens bzw. zur Gefahrenabwehr und Ressourcengewinnung durch schädigende Mittel gegenüber anderen. Diese Mechanismen werden durch psychische und soziale Bedürfnisse, Emotionen und sonstige Faktoren aktiviert oder gehemmt" (Wahl 2018, 45).

Petermann et al. unterscheiden zusätzlich nach verbaler und körperlicher, nach aktiv-ausübender und nach passiv-erfahrender, nach direkter und indirekter sowie nach außen-gewandter und nach innen-gewandter Aggression (Petermann/Petermann 1992/1997, 5).

Zu ergänzen wäre noch eine Unterscheidung kollektiven und individuellen Agierens.

Jan Philipp Reemtsma versucht eine Verbindung zwischen dem verhaltenswissenschaftlichen Aggressivitätsverständnis und dessen jeweiliger kulturhistorischen Einbettung herzustellen.

> „Die Frage, die die Kulturen als Zivilisationsformen stellen, ist, in welcher Weise aggressive Äußerungen als Gewalt angesehen und als erlaubte, verbotene oder gebotene Gewalt akzeptiert oder nicht akzeptiert werden" (Reemtsma 2009, 324).

Im weiten Feld der Gewaltforschung und Gewaltdiskussion stehen meist die Tat/en oder der/die Täter im Zentrum, während die Perspektive der von Gewalt direkt Betroffenen sowie die Rolle zuschauender Akteure eher im Hintergrund bleiben. Lediglich in der Kriminologie existiert mit der Viktimologie eine Wissenschaftsrichtung, die sich mit Auswirkungen auf der Ebene der Gewalterleidenden bzw. der Gewaltopfer befasst.

In der kriminologisch orientierten Stadtforschung wird zudem der Aspekt des Gewalterleidens stärker betont und hierüber ebenfalls auch die Opferperspektive thematisiert. Gewalt wird dabei einerseits auf ihre Wirkungen hin betrachtet, wie etwa Formen physischer wie psychischer Destruktion, Vandalismus oder die Auslösung von Ängsten; in deren Folge ist das Interesse dann gezielt auf Gewaltkontrolle und den Schutz vor Gewalterleiden bzw. vor Ängsten orientiert (Keim 2000, 69).

Letztendlich bleibt es Luhmann sowie Reemtsma vorbehalten, dass über die ‚Figur' von ‚Gewalt als soziales Handeln' eine theoretische Basis dafür entsteht, die verschiedenen Gewaltphänomene als jeweils gesellschaftlich-historisch zu wertende Interaktionen zu verstehen. Gewalt offenbare sich aber erst als soziales Handeln, wenn aus einer gewaltaffinen Dyade über Dritte eine triadische Kommunikation entstehe.

> „In Kriegen gilt eine Kugel zwei Soldaten: dem, den sie trifft, um ihn zu töten, und dem, den sie nicht trifft, um ihm zu sagen, dass er der nächste ist, wenn er nicht kapituliert. (...) Der Schuss stiftet also die Triade Schütze-Getroffener-Nebenmann. Ist dieser nicht vorhanden, findet eine isolierte Gewalttat statt (...) und der Mord hat kei-

> ne soziale Bedeutung. Das mag sich ändern, wenn ein Dritter hinzutritt, der die einsame Leiche findet“ (Reemtsma 2009, 473).

Da kein einheitliches Begriffsverständnis existiert, sollen hier die Definitionen von Zimbardo/Gerrig (2003) in Verbindung mit Reemtsmas Verständnis zu Grunde gelegt werden. Der Gewaltbegriff wird also im Sinne eines extremen, auf eine Verletzung und Willensbrechung anderer Personen hin bzw. eines auf Sprengung geltender sozialer Regeln zielenden Angriffsverhaltens benutzt (Aggression/aggressives Verhalten), welches jeweils gesellschaftlich-historischen Bewertungsmustern unterliegt.

> „Gewalt stellt vor allem eine physische, in bestimmten Fällen auch psychische Form von Willensbrechung eines anderen Menschen/einer anderen Gruppe dar, die entweder in illegalen Formen, oder aber auch in gesellschaftlich und vom Rechtssystem tolerierten, und von diesem selbst ausgeführten Formen stattfinden kann. Gewalt kann dabei als extreme Form der Konfliktbearbeitung/-eskalation, als instrumentelle Gewalt oder als Übertragungshandeln in diffuser Form auftreten und geht hierbei auf unterschiedliche Motive und Ursachen zurück“ (Kilb 2012, 21 f.).

- *Aggressivität* als Verhaltensimpuls und/oder als Gefühl
- *Aggression* als eine, Person oder einen Gegenstand schädigende/s Angriffsverhalten/Tat
- *Gewalt* als gesellschaftlich-historisch entweder verbotenes, erlaubtes oder gebotenes Angriffsverhalten
- *Gewalt* als körperliche/r, sachbezogene/r, psychische/r Beschädigung oder Angriff, bzw. als strukturelle oder im Sinne staatlichen Machtmonopols erfolgter Einschränkung

Übersicht 3: Verständnisse des Gewalt- und Aggressivitätsbegriffs

Das staatliche Gewaltmonopol soll hier eher als zivilisatorische Errungenschaft und damit als notwendige, aber demokratisch zu kontrollierende Gewaltaktivität einer großen Sozietät vorausgesetzt werden. Galtungs breitem Verständnis von struktureller Gewalt möchte ich mich nicht anschließen, gerade auch deshalb nicht, um Optionen individueller Wahlmöglichkeiten auch unter Gesichtspunkten des Erlernen-Könnens nicht auszuschließen.

1.4.1 Gewaltebenen und Gewaltformen

Neben den Gewaltformen als gesellschaftlich auffälligem und nicht erwünschtem Verhalten auf privater Ebene und/oder im öffentlichen Raum finden wir abseits von Marcuses Sublimierungstheorem (vgl. Marcuse 1971) gesellschaftlich eingebundene Sonderformen gewalttätiger Aktivitäten, meist im Rahmen sportlicher Wettkämpfe wie etwa dem Zweikampf beim Boxen, Ringen, Fechten und Judo als olympischen Disziplinen oder im Mannschaftssport wie dem Fuß- und Handball, dem Eishockey, dem American Football oder dem Rugby. Hier existieren jeweils eigene Regelsysteme mit unterschiedlichen Schwellen des Regelverstoßes bzw. verschiedener Toleranzdimensionen dessen, was unter regelwidrig – und damit auch gewalttätig – zu verstehen ist. Gerade die Sportspiele stehen kulturanthropologisch betrachtet für eine, in die jeweils herrschenden Kulturformen eingebundene Fortentwicklung wettkämpferisch-kriegerischer Artikulationsformen. Gewisse gewalttätige Aktivitäten sind dabei im jeweiligen sportartspezifischen Regulationsrahmen ‚geschützt' und fungieren im rechtsstaatlich geprägten Kontext existierender staatlicher, institutioneller und ‚struktureller Gewalt' sowie hiermit einhergehender internalisierter individueller Selbstdisziplinierungsapparaturen (vgl. Elias 1977) sicherlich auch als Ventil.

Eher symbolischer Natur sind die auch heute noch existenten Gesichtsverletzungsrituale des ‚Schmisses' in den schlagenden, meist männlich dominierten studentischen Verbindungen. Solche, an archaischen Männerbildern von Ehrenhaftig- und Ritterlichkeit sich orientierende Gewaltformen gehören zum habituellen Inventar feudalistisch anmutender hegemonialer Männlichkeitsbünde mit gewissen Ähnlichkeiten zur militärischen Hierarchiestruktur und männerbündischen Trink- und Kameradschaftsritualen.

- Gewaltausübung im privaten Bereich
- Gewaltausübung im öffentlichen Bereich
- Anthropologisch-kulturelle Raumnischen von Gewalttätigkeit (Sportkampfspiele, Wettkämpfe) in selbst regulierten Systemen
- ‚Institutionelle Gewaltausübung' in gesellschaftlich externalisierten institutionellen Räumen (JVA, Psychiatrie, Maßregelvollzug)
- Sonstige staatlich legitimierte Gewaltausübung ‚struktureller' Art

Übersicht 4: Gesellschaftliche Gewaltebenen

Der Begriff ‚institutioneller Gewalt' kann im Sinne einer Aktion im Rahmen des staatlichen Gewaltmonopols als positiv besetzte Gewalthandlung betrachtet werden, da zumindest in rechtsstaatlich orientierten Demokratien die gesetzlichen Normierungen und deren Repressionssysteme der Regeleinhaltung dienen, auf die man sich im Rahmen der Gewaltenteilung gesellschaftlich verständigte. In Diktaturen oder anderen autoritären Staatsformen erscheint der Begriff dagegen ambivalent und damit auch negativ besetzt.

In der Gewaltforschung findet man zahlreiche Gewaltformen und Gewaltdimensionen, die i. d. R. auf teilweise sehr unterschiedliche Entstehungskontexte wie etwa Hintergründe, Motive, Anlässe, Begleitumstände und Beschleuniger zurückzuführen sind (vgl. Übersicht 5).

- Physische Gewalt (lozierend, raptiv, autotelisch)
- Psychische Gewalt
- Vandalismus
- Häusliche, innerfamiliäre Gewalt, Kindesmissbrauch/Kindeswohlgefährdung
- Sexuelle Gewalt
- Institutionelle Gewalt
- Strukturelle Gewalt (in Anl. an J. Galtung)
- Kulturelle Gewalt (z. B. „Zwangsheirat", Gewalt im Sinne der Ehre, der Blutrache, „eheliche Gewalt" usw.)
- Religiöse bzw. rituelle Gewalt (Neo-Salafismus, Dschihadismus, Satanismus, Teufelsaustreibung, Opferkult)
- Kriegerische Gewalt (Terror)
- Amok
- Hedonistische und gruppenbezogene Gewalt
- Adoleszente Gewalt
- Mediale Gewalt
- Algorithmische Gewalt durch KI-Effekte

Übersicht 5: Gewaltformen/Gewaltdimensionen

Einige Formen, nämlich Häusliche Gewalt, Missbrauch und Kindeswohlgefährdung sowie Gewalt zur Wiederherstellung familiärer und persönlicher Ehre sollen nicht nur aus aktuellem Anlass nachfolgend kurz erläutert werden. Diese drei Gewaltphänomene stehen auch deshalb im Blickpunkt, da innerfamiliärer Gewalt in den bisherigen Forschungsbefunden die zentrale Bedeutung in der Reproduktionsspirale von Gewalt zukommt.

1.4.2 „Häusliche Gewalt“

Der Begriff „Häusliche Gewalt“ wird i.d.R. für Gewalt unter Partnern einer Lebensgemeinschaft verwendet. Meistens wird diese von Männern gegen Frauen ausgeübt. Gewalt gegen Kinder fällt nicht unter den Begriff der häuslichen Gewalt, obwohl Kinder häufig direkt oder indirekt von häuslicher Gewalt mitbetroffen sind.

> „Der Begriff der häuslichen Gewalt umfasst die Formen der physischen, sexuellen, psychischen, sozialen und emotionalen Gewalt, die zwischen erwachsenen Menschen stattfindet, die in nahen Beziehungen zueinander stehen oder gestanden haben. Das sind in erster Linie Erwachsene in ehelichen und nichtehelichen Lebensgemeinschaften, aber auch in anderen Verwandtschaftsbeziehungen“ (Kaveman 2013).

Nach einer Repräsentativstudie zur Lebenssituation, Sicherheit und Gesundheit von Frauen hat ein Viertel der in Deutschland lebenden Frauen bereits Gewalt durch einen (Ex-)Partner erlebt.

> „Bei Gewalt im sozialen Nahraum sind überwiegend Männer die Täter und Frauen sowie Kinder Opfer. Es gibt signifikante geschlechtsspezifische Unterschiede hinsichtlich der Täterschaft. Das bedeutet: Gewaltausübung erfolgt nicht zufällig, sondern es gibt eine geschlechtsbestimmte Struktur sowohl für die Gewaltausübung als auch für das Erleiden von Gewalt.
>
> Für viele Frauen ist Gewalt durch ihren Partner alltägliche Realität. Die Gewalt ist oftmals kein einmaliges Erlebnis, sondern wiederholt sich, und die Häufigkeit und Intensität kann in der weiteren Entwicklung eskalieren“ (vgl. Frauen gegen Gewalt e.V.).

1.4.3 Missbrauch und „Kindeswohlgefährdung“

> „Eine Kindeswohlgefährdung liegt vor, wenn eine erhebliche Schädigung des körperlichen, geistigen oder seelischen Wohls des Kindes droht oder bereits vorliegt. Erhält das Jugendamt Kenntnis davon, so hat es im Rahmen seines Schutzauftrags Gefährdungsrisiko und Hilfebedarf unter Beteiligung verschiedener Fachkräfte abzuschätzen“ (§ 8a SGB VIII).

Im BGB und SGB VIII ist der Begriff der Kindeswohlgefährdung zwar als Rechtsnorm verankert, allerdings ist die „Kindeswohlgefährdung“ ein unbestimmter Rechtsbegriff, welcher im Einzelfall betrachtet und immer in Bezug zur Situation bewertet und definiert werden muss: „Was in einer Gesellschaft, zu einer bestimmten Zeit, in einer bestimmten Schicht, unter bestimmten Umständen im Umgang mit Kindern als normal oder gefährdend angesehen

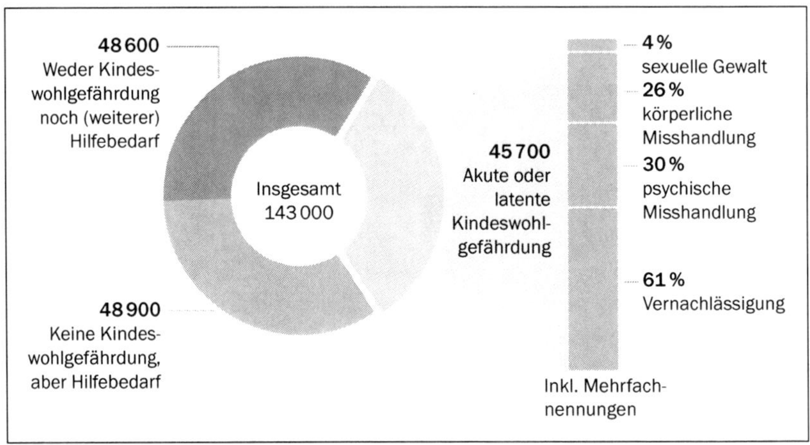

Abb. 1: Verfahren zur Kindeswohlgefährdung 2017 – nach Art und Ergebnis (Quelle: Statistisches Bundesamt [Destatis], 2018)

wird und was nicht, ist Wandlung unterworfen, ist grundsätzlich kontrovers und gilt nicht absolut" (Kohaupt 2019).

Die Jugendämter führen jährlich etwa 150 000 Verfahren zur Einschätzung einer Kindeswohlgefährdung durch (2017: 143 300 Verfahren/Destatis 2018). Etwa ein Drittel (2018: 50 400 Fälle/2017: 45 700 Fälle) erweisen sich als nachweisbare Kindeswohlgefährdungen, davon knapp die Hälfte als eindeutige „akute Kindeswohlgefährdung" (21 700 Fälle). Knapp 24 100 Verfahren (KOMDAT 2018, 6) wurden als „latente Kindeswohlgefährdung" eingestuft; was bedeutet, dass eine Gefährdung des Kindes nicht ausgeschlossen werden konnte.

Die Jugendämter sind verpflichtet, bei akuten und latenten Kindeswohlgefährdungen einzugreifen. Meist geschieht dies zunächst mit Unterstützung und Hilfeangeboten. Sind die Eltern nicht in der Lage oder bereit zu kooperieren, entscheidet das Familiengericht.

Bei knapp 50 000 weiteren Fällen identifizierten Fachkräfte der Jugendämter zwar keine Kindeswohlgefährdung, aber einen weiteren Hilfe- oder Unterstützungsbedarf.

In nahezu zwei Drittel der Fälle (60,8 %), bei denen eine akute oder latente Kindeswohlgefährdung vorlag, gab es Anzeichen von Vernachlässigung, in ca. einem Drittel der Fälle (29,6 %) Anzeichen für psychische Misshandlungen wie etwa Demütigungen, Einschüchterung, Isolierung und emotionale Kälte. Etwas seltener (26,0 %) wiesen die Kinder Anzeichen für körperliche Misshandlung auf. Anzeichen sexueller Gewalt wurden in 4,5 % der Fälle von Kindeswohlgefährdung festgestellt.

Geschlechtsspezifische Unterschiede bei den Gefährdungseinschätzungen gab es kaum.

Von der Altersstruktur her waren Kleinkinder bei den Verfahren besonders betroffen (23,2 % unter Dreijährige). Es folgten die Drei- bis Fünfjährigen mit 19,2 % der Verfahren und die Sechs- bis Neunjährigen mit 22,6 %.

Mit zunehmendem Alter nehmen die Gefährdungseinschätzungen leicht ab. 10- bis 13-jährige hatten einen Anteil von 19,3 %, Jugendliche zwischen 14 und 17 Jahren einen Anteil von 15,7 %.

Die Meldungen gingen mit knapp einem Viertel der Fälle von Polizei, Gerichten oder Staatsanwaltschaften an die Jugendämter, in 13,5 % der Fälle von Schulen oder Kindertageseinrichtungen, in 11,2 % von Bekannten oder Nachbarn. Jeder zehnte Hinweis (10,6 %) erfolgte anonym.

1.4.4 Gewalt zur Wiederherstellung familiärer und persönlicher Ehre

So genannte Ehrenmorde unter Migranten verweisen immer wieder auf die Existenz sehr traditioneller Regulationsprinzipien auch in der zweiten und dritten Auswanderergeneration vor allem in ehemals rural geprägten türkisch-, afghanisch-, albanisch-, iranisch- und arabischstämmigen Familien. Historisch lässt sich das Ehre-Prinzip aber auch im keltischen Sozialsystem im frühmittelalterlichen Irland verorten (Graeber 2014, 216 f.). David Graeber wie auch Sayime Erben (2013) sehen solche Muster sozialer Kontrolle nicht religiös, etwa durch den Islam begründet, sondern führen diese auf traditionelle patriarchale, patrilinear verlaufende moralische Kontrollinstanzen zurück. Erben sieht diese explizit gegen Mädchen und Frauen gerichtet, um Maskulinität, Macht- und Selbstwirksamkeit von Männern insbesondere dann zu restabilisieren, wenn diese bzw. deren Familien Zugangsmöglichkeiten zu allgemeinen gesellschaftlichen und ökonomischen Gütern verwehrt bleiben. Dies kann selbstverständlich gerade auch über die Migration in der Aufnahmegesellschaft bei fehlender Integration relevant werden. Elçin Kürşat (2002, 3 ff.) betrachtet den Ehrenkodex als „typische Selbsthilfeinstitution", die in „einer ständigen Konkurrenz zum rechtlich festgelegten Gewaltmonopol des Staates" stehe. „Häufig werden junge, unverheiratete Männer aus der Familie als Vollstrecker des Todesurteils ausgewählt, damit sie keine Frau und Kinder während ihrer Haftstrafe zurücklassen. Alle Beteiligten wissen, dass sie rechtlich eine strafbare Handlung durchführen; sie nehmen lange, manchmal lebenslängliche Haftstrafen in Kauf, um die verletzte Ehre der Gesamtfamilie wiederherzustellen. Migration ändert nichts an dieser absoluten Geltung des Ehrenkanons" (Kürşat 2002, 4).

Im türkischen Raum existieren drei miteinander korrespondierende Verständnisse von *Ehre:*

- *Saygi* steht im Sinne von Achtung für den Respekt und die Anerkennung von formellen, alters- und geschlechtsbezogenen Autoritäten innerhalb hierarchischer Strukturen in Familien und Community (Dorf, Migrationsgemeinde, Stadtteil, Quartier). Respekt und Achtung werden über spezifische Verhaltensregeln kommuniziert: z. B. nennen Ältere Jüngere beim Namen, umgekehrt erfolgt die Ansprach der Älteren bzw. formell Statushöheren mit entsprechenden Verwandtschafts- bzw. Statusbezeichnungen. Prinzipiell sind männliche Familienmitglieder weiblichen übergeordnet (Schiffauer 1983, 67).
- *Seref* im Sinne von Ansehen und Würde erlangt man im Kollektiv der Familie, Dorfgemeinschaft, Migrationscommunity über großzügiges Verhalten, Freundlichkeit, Hilfsbereitschaft und Mut (männl.), gute Haushaltsführung, gut über andere zu sprechen bzw. Unterordnung im Sinne von Namus (weibl.).
- *Namus* ist die Voraussetzung für Seref. Über die Ehre im Sinne von Namus werden vor allem geschlechtsspezifische Rollenmuster festgelegt; als „männlich" gelten Stärke, Macht und Aggressivität (Erben 2012, 29); positives weibliches Rollenverhalten umfasst Unterordnungsbereitschaft, Scham, Keuschheit vor der Eheschließung und sexuelle Treue in der Ehe.

Ehre ist somit ein komplexes Wertgefüge mit spezifischen Verhaltenskodizes und sozialen Kontrollaufgaben zwischen Geschlechtern, Altersgruppen, in Familien, nach Statusdimensionen, die einerseits traditionelle patriarchalische und patrilineare Hierarchiegefüge stabilisieren und andererseits das Verhalten ihrer Mitglieder zueinander regeln und regulieren. Das Kollektiv der Familie, der Verwandtschaftsbezüge, der Dorfgemeinschaft, der Migrationscommunity übernimmt dabei die soziale Kontrolle und wacht bzw. reagiert auf Ehrverletzungen. Dem männlichen Familienoberhaupt bzw. dessen Vertreter kommt dabei die Aufgabe zu, bei Ehrverletzungen, die Ehre des Mannes oder der Familie wiederherzustellen. Er hat darauf zu achten, dass die sexuelle Enthaltsamkeit aller unverheirateter weiblicher Familienmitglieder sowie die sexuelle Treue der patrilinearen Ehefrauen aufrecht erhalten bleibt. Bleibt der männliche Wächter über die Ehreinhaltung bei Ehrverletzungen passiv, so verliert er selbst seine Ehre. Er wird dann ggf. von seiner Umgebung missachtet, isoliert und sozial diskriminiert. Ergil spricht vom „sozialen Tod ehrloser Männer" (Ergil 1980, 132). Die Wächterrolle setzt die zuständigen Männer einerseits gewaltig unter Druck, auf alle Fälle – selbst bei Verdachtsäußerungen – reagieren zu müssen, verschafft ihnen andererseits aber die mit der Maskulinitätskonstruktion einhergehende Dominanz und Übermacht gegenüber Frauen. Insbesondere fehlende Virginität bei der Heirat, Vergewaltigung bzw. außereheliche Partnerschaften stehen für Unehrenhaftigkeit bzw. für Ehrverletzungen im Sinne von Namus. Frauen „beschmutzen“ dadurch die Ehre ihres Mannes oder ihrer Familie. Selbst wenn sie für Vergewaltigungen nicht selbst verantwortlich waren gilt ihre Ehre als beschmutzt: „Nicht derjenige, der schändet, sondern der, der geschändet wird, ist mit Schande behaftet“ (Guttandin 1989, 9). Frauen sind allein durch ihre biologische Existenz eine Verführungsgefahr des Mannes (Erben 2012, 79) und sollen nach den traditionellen ruralen Ehrenkodizes etwa durch Verschleierung Männer davor schützen, ihnen Blicke zuwerfen zu können.

Die Ehre gilt ebenfalls als beschmutzt, wenn jemand Externes die eigene Familie bzw. agnatische Verwandtschaft beleidigt, belästigt oder angreift bzw. wenn Grenzen des Besitzes überschritten werden. Männer sind als „Beschützer“ dafür verantwortlich, wenn es zu Annäherungen an die ihnen zugehörigen Frauen kommt, aber umgekehrt auch, wenn sich Frauen aus der eigenen Familie unkonventionell verhalten oder kleiden, sich unehrenhaft mit anderen Männern verhalten.

Um die Ehre wieder herstellen zu können existieren zahlreiche Möglichkeiten der Aushandlung. Je öffentlicher eine Ehrverletzung ist, umso deutlicher wird eine Reaktion erwartet. Ansonsten werden Reaktionen auch ausgehandelt und können bspw. eine Heirat (bei Vergewaltigung Unverheirateter), Zahlungen, gewaltsames Disziplinieren, Ausstoßung oder gar einen Mord nach sich ziehen.

Ehrenmorde oder gewalttätige Disziplinierung fungieren aus der Perspektive von Tätern als moralische Pflicht und nicht als Gewalt. Mit Hilfe so genannter Neutralisierungstechniken (vgl. Sykes/Matza 1957) gelingen im Umfeld einer Tatverarbeitung bei den Tätern Relativierung, moralische Rechtfertigung, Entdramatisierung oder eine Umkehrung des Täter-Opfer-Prinzips. Bei letzterem fühlt sich der Täter als Opfer, da sein weibliches Opfer Ursache seines Ehrverlustes war.

In ihrer Untersuchung mit in der Türkei verurteilten Tätern, die Gewaltdelikte zur Wiederherstellung ihrer Ehre begingen, identifiziert Erben (2012) einerseits deren archaisch-patriarchalische, auf männliche Dominanz und Überwachung ausgerichtete Aspekte des Ehre-Verständnisses und stellt andererseits das stringente Festhalten an diesen Konventionen in einen Kontext gesellschaftlicher Spaltung und moderner Entwicklungen. Die Täter stammen nahezu ausschließlich aus ruralen bildungsbenachteiligten Schichten ohne Zugänge zu kulturellem, ökonomischem und symbolischem Kapital. Sie halten deshalb umso stärker an traditionellen Ehre-Vorstellungen fest, je mehr „Ehre das einzige ist, was der Mensch hat“ (Erben 2012, 74).

Unter den Bedingungen der Migration ergeben sich zwei, dieses Prinzip möglicherweise verstärkende Impulse: zum einen sind viele Migranten nicht soweit integriert, dass sie ausreichend ökonomisch, sozial, kulturell und auch symbolisch partizipieren könnten und zweitens dann möglicherweise umso mehr an vermeintlich traditionellen moralischen und kulturellen Vorstellungen des Herkunftslandes festhalten oder diese gar re-idealisieren (vgl. Pfluger-Schindelbeck 1989, Schiffauer 1983). Gewaltdelikte im Namen der Ehre stehen dann oft für innerfamiliäre Bruchlinien zwischen re-idealisierten ruralen Traditionskodizes und an die Moderne angepasstes sexuelles und moralisches Verhalten, welches in den Augen der traditionellen Familienmitglieder unehrenhaft ist. Die Opfer solcher Situationen sind in erster Linie weiblich. Je nach konventionaler Verletzung werden Mädchen und Frauen aus ihrer Herkunftsfamilie ausgestoßen, (ggf. mit Vergewaltigern) gegen ihren Willen verheiratet, gedemütigt oder gar gewalttätig attackiert.

In den „aufgeklärten Gesellschaften" tritt das Konzept der Anerkennung mittlerweile an die Stelle des historisch auf die Ständeordnung zurückgehenden „Ehre-Konzeptes". Es umfasst nach Honneth (2003, 165) die drei Dimensionen der „Liebe" in Partnerschaften, in Freundschaften und in der Familie, der „rechtlichen Anerkennung" im Sinne einer rechtlichen Gleichstellung, der menschlichen Würde, Achtung und der Autonomie sowie das der „Wertschätzung durch individuelle Leistung" z. B. in der Erwerbsarbeit, in der Freiwilligentätigkeit zum Gemeinwohl oder über Spendentätigkeit.

Teil II
Grundlagen- und handlungstheoretische Aspekte zu Konflikten, Radikalisierung und Gewalt

In diesem theoriebezogenen Teil soll es darum gehen, die bislang vorliegenden Erkenntnisse und auch historischen Modelle vorzustellen, mit denen sowohl in den Theoriedebatten als auch auf den diversen Handlungsebenen gearbeitet wurde. Die Erkenntnisse werden im III. Teil dann über Schwerpunktbildungen und in ihrer Verzahnung zueinander um aktuelle Expertisen und Hypothesen vertieft. Hierbei ist es möglich, dass es zu geringen Redundanzen dann kommt, wenn der separat gelesene Text ansonsten nicht nachvollziehbar wäre.

Kapitel 2 Konflikttheorien – Typologien, Hintergründe und Kontexte ihrer Entstehung, Konfliktverläufe, Konfliktdynamik, Konfliktakteure[2]

Konflikte und ihre Verlaufsprozesse erscheinen retrospektiv betrachtet durch ihre meist große Komplexität nahezu *kontingent,* also abhängig von Einzelereignissen, Zufälligem, Ungleichzeitigkeiten von Entwicklungen, persönlichen Eigenschaften der beteiligten Akteure, zeithistorischen Wahrnehmungen usw., sodass ein anderer Verlauf immer auch durch kleinste Einflussfaktoren möglich erscheint. Aus diesem komplexen Kontext heraus betrachtet erscheint es nahezu unmöglich, ihre Ursachen und ihre Verlaufsprozesse eindeutig identifizieren und erklären zu können. So gilt bspw. der „Prager Fenstersturz" als Auslöser des 30-jährigen Krieges, nicht aber als dessen Ursache. Als Ursache ließen sich vielleicht eher die zahlreichen Einzelkonflikte im Vorfeld identifizieren, wie etwa der Hegemonialkonflikt zwischen Habsburg, Spanischer und Niederländischer Krone, die Kleinstaatenpositionierung und deren Erbfolgekriege, die Glaubenskriege von katholischer Liga und protestantischer Union sowie die allgemeinen Ablösungstendenzen von den damals herrschenden Feudalsystemen. In diesem Konglomerat diverser Einzelkonflikte verschachtelten sich regionale Identitäten, Werte, Machtambitionen, Verpflichtungen, Machtgier, religiöse Solidarität und kalkül-rationale Aspekte ineinander, sodass es einerseits ständig Anlässe gab, den Krieg weiterzuführen. Andererseits entzogen sich die plündernden und brandschatzenden Kriegsheere selbst ihrer Fähigkeit, den Krieg weiterzuführen, da sie sich ihrer eigenen „Versorgungsgrundlagen" durch Plünderungen der ausgelaugten oder bereits vernichteten Zivilbevölkerung beraubten. Erst die totale Abnutzung, die Ermattung und Erschöpfung führten im sog. „Westfälischen Frieden" zu einer Entflechtung und zu einem Übergang eines damals anachronistischen hierarchischen Feudalsystems, über den anarchistisch hybriden Krieg hin zu einem neuen politischen Ordnungssystem im Sinne einer Hegemonialstruktur (Münkler 2017, 23, 24). Vergleichsweise ähnlich verschachtelt stellen sich

2 Teile des Textes und der Übersichten und Abbildungen gründen auf den Ausführungen in der Monografie „Konfliktmanagement und Gewaltprävention" (2012, 105 ff.)

die Auseinandersetzungen der postsowjetischen Länder (Tschetschenien, Ost-Ukraine), des ehemaligen Jugoslawiens, der Arabellion oder die neokolonialen Kriege im Irak und Syrien dar. Aber auch innerfamiliäre oder innerbetriebliche Konflikte können so komplex strukturiert sein, dass deren jeweils aktuelle Analysen eher schwierig oder gar unmöglich erscheinen und man, wenn überhaupt erst in der retrospektiven Perspektive Klarheit über die meist vielschichtigen Zusammenhänge erhält. Genau deshalb ist es bei der Bearbeitung von Konflikten präziser, sich zunächst auf explorierende Verfahren der Konfliktbegleitung im Sinne einer Beobachtung und Reflexion zu stützen, um hierüber schließlich Strategien für beilegende bzw. regulierende Ziele zu erschließen.

Konflikte entstehen und entwickeln sich vor dem Hintergrund äußerst unterschiedlicher Streitgegenstände, Anlässe und Situationen; sie formen sich darüber hinaus durch Persönlichkeitsmerkmale der streitenden Akteure jeweils individuell aus, sind zudem diversen externen Einflüssen ausgesetzt und entwickeln durch die Vielfalt einwirkender und mitwirkender Faktoren meist eigene Dynamiken, sodass sich zusammenfassend feststellen lässt, dass sie, als jeweils eigene Systeme nahezu immer singulären Charakter entfalten. Dadurch fällt es schwer, verallgemeinerbare Strukturierungen zu finden, denn diese bleiben dann eher unfertig-oberflächlich und weitgehend technischer Natur. Strukturierungen können somit höchstens als Orientierungsmerkmale in Analysen dienen, gaukeln ggf. Handlungsfähigkeit vor, taugen aber in Wirklichkeit nur eingeschränkt als präzise bzw. als allgemein gültige Zuordnungsmuster.

In der Konfliktforschung finden sich auf allgemeiner struktureller Ebene zunächst Typisierungen bzw. Differenzierungen nach *Streitgegenstand,* nach den *Erscheinungs- und Ausdrucksformen* oder auch nach *Merkmalen der Konfliktparteien* (vgl. Glasl, Nunner-Winkler, Montada/Kals u. a.).

Man kann diese Typologien noch um die Merkmale von *„kalten“* und *„heißen“ Ausdrucksformen,* nach der historischen Variante Simmels noch um *„echte“* (Soziale Interaktionen) und *„unechte Konflikte“* (Aggressionsentladung gegen wechselnde Objekte) (vgl. Simmel 1908 und Coser 2009/1956, 57 ff.) sowie bei gewaltaffinen Konflikten nach Körper- und Funktionalisierungsbezug in lozierende, raptive, autotelische Gewaltziele (Reemtsma 2009) ergänzen (vgl. Übersicht 6). Letztere werden unter den Gewalttheorien genauer thematisiert.

Ihrer Beurteilung liegen jeweils normative bzw. auch politische Ausrichtungen zugrunde, die sich bei den sozialwissenschaftlichen Konflikttheorien im Antagonismus von Konsens- und Konflikttheorien abbilden (vgl. Bohnacker 2005, 9).

In den größeren pädagogischen und sozialpädagogischen Handlungskontexten kommt Konflikten ganz unterschiedliche Bedeutung zu. So gehen in der Sozialen Arbeit die zu bearbeitenden Probleme häufig auf Konflikte zu-

- Nach Streitgegenstand: Strukturkonflikt, Friktionen (Reibungen), Issue-Konflikte
- Nach Erscheinungsform der Auseinandersetzung: Kampf (Gewinnstreben/Vernichtung), Debatte (Überzeugung), Spiel (Regeln),
- Nach „kalten" und „heißen" Ausdrucksformen,
- Nach „echten" (Soziale Interaktionen) und „unechten Konflikten" (Aggressionsentladung gegen wechselnde Objekte) (vgl. Simmel 1908 und Coser 2009/1956, 57 ff., Schwarz 2010, 36 f.)
- Nach Konfliktarten (Wahrnehmungs-, Rollen-, Macht-, Werte-, Verteilungskonflikt usw.)
- Nach Merkmalen der Konfliktparteien: intra-personaler, inter-personaler, Intergruppen-Konflikt, Gruppen-Institutionen-Konflikt, Personen-Institutionen-Konflikt
- Nach Körper- und Funktionalisierungsbezug: lozierende, raptive, autotelische Gewaltdimensionen (Reemtsma 2009)

Übersicht 6: Konflikttypologien

rück, oder Konflikte sind selbst ihr Bearbeitungsgegenstand (vgl. Staub-Bernasconi 1995). In Schule und Bildungsarbeit eröffnen sich über das Lernen, mit Konflikten umzugehen erst die Chancen zur Mitgestaltungsfähigkeit in sozialen Gruppen und im Gemeinwesen. Im schulischen Unterrichtsbetrieb stellen sie wiederum meist einen Störfaktor dar, der nach Möglichkeit direkt vor Ort ausgeschlossen werden soll. Und in der Pädagogik des Jugendalters und hier speziell in der Arbeit mit Adoleszenten stellen Konflikte zu Eltern und Erwachsenenwelt die Ausgangsbasis der Identitätsentwicklung und zur Selbstpositionierung, zur Selbstfindung, zur Selbstdefinition und damit zur persönlichen Identität dar. Ohne adoleszente Konflikte käme keine ‚Reifung' zur autonomen Persönlichkeit zustande. Trotz alledem ist in der Pädagogik ebenfalls eher eine Konfliktvermeidungskultur anzutreffen.

Verhältnis von Konflikt und Gewalt

Konflikte und Gewalttätigkeit können miteinander in Verbindung stehen. Insbesondere in den historischen ‚Konflikttheorien' ist gewaltsames Handeln nahezu immer auch eine Form des Streitens bzw. des Konfliktes gewesen; in einigen sozialpsychologischen Konflikttheorien werden Konflikte als soziales Handeln (Weber 2010, 27 f.) im Sinne einer Interaktion mehrerer streitender, konkurrierender Akteure von Gewalthandeln als individueller Aggressionsabfuhr unterschieden (Coser 1973, Herrmann 2006). Böhnisch (2003) differenziert ebenfalls im Sinne Simmels und Cosers nach Sozialen Konflikten („echte Konflikte") und Gewalthandeln („unechte Konflikte").

> „Gewalt, wenn sie sich gegen andere Menschen richtet, ist zwar auch eine Form sozialer Beziehung, die sich aber vom echten Konflikt durch drei wesentliche Merkmale

> unterscheidet: Gewalt zielt nicht auf Widerstreit der Interessen, sie kennt keine Anerkennung gemeinsamer Grundwerte und sie negiert die persönliche Integrität des Anderen. Gewalt kennt also keine Partner (wie im Falle der Konfliktpartner), sondern nur Gewaltopfer" (Böhnisch 2003, 272) oder Gegner.

Eine solche Trennung mag theoretisch zunächst plausibel erscheinen, lässt sich aber praxeologisch kaum durchhalten, da Konflikte häufig in Gewalthandlungen enden, in bestimmten Entwicklungsphasen auch körperlich-gewaltsam ausgetragen werden und in dieser Form die meist höheren Eskalationsstufen von Konfliktprozessen bilden. Auch Coser sieht hier Verwandlungsmöglichkeiten „echter" hin zu „unechten Konflikten", also auch zur Gewalt (1956/2009, 127). Umgekehrt können natürlich auch Konfliktakteure die von Böhnisch aufgelisteten Eigenschaften von „sozialen" Interaktionskonflikten verletzen, ohne dabei Gewalt anzuwenden. Und: nicht vermittelte bzw. vermittelbare Gewalt(taten) können den Beginn einer Konfliktspirale einleiten.

Es soll deshalb in dieser Abhandlung von einer „doppelten" Definition der beiden Begrifflichkeiten ausgegangen werden.

- *Konflikte* sind im Sinne von Glasl Interaktionen zwischen Akteuren oder Gruppen oder Institutionen mit Unvereinbarkeiten im Denken/im Vorstellen/im Wahrnehmen und/oder im Fühlen und im Wollen in einer Form, dass im Prozess des Durchsetzens in der Interaktion der beteiligten Parteien gegenseitige Beeinträchtigungen entstehen, die selbst wiederum den Konflikt mit zu seiner Weiterführung notwendiger Energie versorgen. Ein Konflikt kann physisch wie psychisch gewaltlos, aber auch gewaltsam ausgetragen werden.
- *Gewalt* stellt vor allem eine physische, in bestimmten Fällen auch psychische Form von Willensbrechung eines anderen Menschen/einer anderen Gruppe dar, die entweder in illegalen Formen, oder aber auch in gesellschaftlich und vom Rechtssystem tolerierten oder selbst durchgesetzten Formen stattfinden kann. Gewalt kann dabei als extreme Form der Konfliktbearbeitung/-eskalation, als instrumentelle Gewalt oder als Übertragungshandeln in diffuser Form auftreten. Gewalthandlungen können auf völlig unterschiedliche Motive zurückgehen.
- Konflikte sind im Sinne Max Webers als soziale Handlungen konstitutiv und im Sinne Georg Simmels und Lewis A. Cosers als „Soziale Konflikte" auch integrativ für gesellschaftliche Entwicklungen. Dissoziale Gewalt zerstört dagegen bestehende Sozialformen und hinterlässt hierbei mögliche Leerstellen.

Übersicht 7: Definitionsvergleich zwischen Konflikt und Gewalt

Da Gewaltausübung eine von vielen Varianten der Konfliktaustragung ist, stellt sich das Verhältnis zwischen Gewalt und Konflikt so dar, dass Gewaltanwendung entweder eine fortgeschrittene und intensive Prozessstufe in der Eskalationsspirale eines Konfliktes ist oder aber eine eher diffuse, mit Aggressionsabbau verbundene persönliche oder auch kollektive Aktivität, die auf einen inneren bzw. auf ein in der Biografie, im intimeren biografischen Verbundsystem der gewalttätigen Person liegendes Ereignis zurückgeht und entweder willkürlich oder auch gezielt nach Spannungsabfuhr bzw. -ableitung sucht (vgl. Abb. 2).

KONFLIKTVORFELD	*KONFLIKT-AUSTRAGUNGSEBENEN*		
1 *Vorstufe*	*2 a* *Sozialer Konflikt und regelgeleitete Austragung*	*2 b* *Sozialer Konflikt mit ungeregelter gewaltsamer Konfliktaustragung*	*3* *dissoziale Gewalt*
Probleme aus Widersprüchen, Konkurrenzen, Macht/Herrschaft, Unterdrückung, Ausschluss, Unrechtsempfinden, Ungleichheit, Ungerechtigkeit usw.	Debatte, Rechtsstreit, (Wett-)Kampf, Konkurrenz, demokratische Auseinandersetzung (faire Machtausübung, Debatte, Opposition, Kritik, Streik, Mehrheitsentscheidung usw.)	Einsatz von Gewalt in einer Konfliktaufschaukelung: Kampf, Krieg, Schlägerei, körperliche Bedrohung, Erpressung, Nötigung, psych. Terror usw.	unvermittelte Gewalt: Terror, Überfall, Amoktat, Spontantat, (Sach-)Beschädigung, instrumentelle Gewalt usw.

Abb. 2: Konflikt und Gewalt im Verhältnis zueinander (Konfliktstufen und Austragungsebenen) (In Anl. an Kilb 2012, 22)

In einem solchen Eskalationszusammenhang spielt das hier betrachtete dritte Phänomen, die Radikalisierung, eine Rolle. Radikalisierung kann sich sowohl im Rahmen einer Konflikteskalation bei den beteiligten Akteuren ebenso einstellen wie auch im Falle von systematischer politisch-ideologischer, religiöser oder intrinsischer Gewaltanwendungen. Hierzu erfolgt Näheres im Kapitel Radikalisierung.

In Simmels Verständnis wären dann die „Sozialen Konflikte“ (Spalte 2a) und die Varianten des Kampfes sowie des Krieges (Spalte 2b/„gewaltsame Konflikte“) den so genannten „echten Konflikten“ zuzuordnen, während etwa Terror, Schlägereien und sonstige Gewaltexzesse wie auch die „dissozialen Gewalttaten“ (Spalte 3) seiner Definition von „unechten Konflikten“ entsprechen.

Die in Abb. 2 dargestellte Vierteilung besitzt strukturell den Vorteil, erstens zwischen „Sozialen Konflikten“ und „dissozialer Gewalt“, zweitens zwischen einem Konflikten und Gewalthandlungen vorgelagerten Vorfeld und der eigentlichen Aktionsebene sowie drittens zwischen Gewalt als Mittel einer Konfliktaustragung und dissozialer, rein destruktiver Gewalt differenzieren zu können. Nicht berücksichtigt sind in diesem Schema die Gewaltformen, die sich aus religiösen, ideologischen oder sportartfanatischen Zusammenhängen herausbilden, da sie sich nicht eindeutig zuordnen lassen. Sie können auf sämtlichen der drei Austragungsebenen 2a, 2b und 3 in Erscheinung treten.

Konflikthintergrund oder schon Konfliktinhalt und Gegenstand?

Konflikte werden in den diversen Theorien je nach Hintergrundanalysen unterschiedlich breit eingegrenzt, als auch verschieden in ihren jeweiligen Entstehungs- und Bearbeitungsformen dargestellt. Die hier zu betrachtenden Sozialen Konflikte sind dabei Theorie übergreifend in sozialen Zusammenhängen, also in sozialen Handlungen (Weber), sozialen Beziehungen (Simmel) oder sozialer Kommunikation (Luhmann, Meyer) verortet. Als soziale Zusammenhänge, soziale Handlungen, Beziehungen oder Kommunikationsformen weisen sie selbst entweder Verschiedenheiten, Unvereinbarkeiten oder gar Widersprüche in ihren Grundstrukturen auf und entfalten sich dadurch erst als Konfliktpotentiale. Soziale Konflikte sind innerhalb solcher Bezüge aber auch konstitutiv, indem sie zur Verständigung, zum Arrangement, zur Auseinandersetzung und zur Lösung von Dissonanzen und damit zum Erhalt ihrer jeweiligen Bezugssysteme beitragen können. Konflikte halten nach Pfetsch (2005, 1 ff.) Gesellschaften zusammen, wenn sie identitätsstiftend sind oder sprengen diese, wenn sie Feindbilder evozieren, Ressentiments befördern und diese „kultivieren".

Solche systeminhärenten Divergenzen finden sich in den theoretischen Modellen, die bspw. in antagonistischen Widersprüchen eines ganzen Gesellschaftssystems (Historischer Materialismus), in gesellschaftlicher Anomie (Durkheim/K. A. Merton), im Modell der Kontingenzgesellschaft, in divergierenden Rollenzusammenhängen (T. Parsons), in der Widersprüchlichkeit kommunikativ transportierter Erwartungen (Luhmann) oder generell zwischen Individuum und Gesellschaft bzw. auch intrapsychisch zwischen verschiedenen psychischen Instanzen des Es, Über-Ichs und Ichs (S. Freud) Konfliktimpulse lokalisieren.

Die jeweiligen Divergenzen können horizontaler Art z. B. zwischen Akteuren/Gruppen auf einer der verschiedenen gesellschaftlichen Organisationsebenen (Makro-, Meso-, Mikroebene), oder auch vertikaler Art zwischen diesen verschiedenen Ebenen oder Hierarchien als Kampf um Herrschaft und Macht oder aber intrapersonaler Art sein, wenn sie sich auf internalisierte konfligierende Instanzen einer einzelnen Person beziehen lassen. Teilweise schließen einzelne Modelle sämtliche oder auch nur mehrere andere Bezugsebenen mit ein, wie etwa die historisch-materialistische Gesellschaftstheorie, in der persönliche oder personenbezogene Konflikte als subjektiver Ausdruck objektiver Widersprüche gelten. Luhmann nimmt hierauf Bezug und fokussiert das eigentliche Konfliktgeschehen allein auf das Interaktionsgeschehen: „Ein Konflikt ist die operative Verselbständigung eines Widerspruchs durch Kommunikation" (Luhmann 1984, 530). Der Konflikt wird hier zur Verständigungsagentur von Widersprüchen. Er bedürfe einer verbalen Kommunikation; ein Widerspruch könne dagegen auch ohne Kommunikation festgestellt werden. Würden Konflikte nicht kommuniziert, seien sie nicht Bestandteil des Gesellschaftlichen, sie seien dann entweder psychische Konflikte oder gar keine (Bohnacker 2005, 273).

Es soll hier zunächst an dem Modell Luhmanns angesetzt werden und zwischen Konfliktvorfeld und Formen der Austragung von Konflikten (vgl. Abb. 2) differenziert werden. Mit Hilfe einer solchen Differenzierung lassen sich präventive Bearbeitungsformen eindeutiger abgrenzen von Ansatzmöglichkeiten in den Situationen der eigentlichen Konfliktaktion sowie der Arbeit im Anschluss an bereits vorgefallene Konflikte bzw. Gewalttaten.

Konfliktebenen und deren Bearbeitbarkeit

In der Arbeit mit Konflikten ist es deshalb wichtig, das Konfliktfeld und die Konfliktbearbeitung auf das wirklich zu Erfassende und das Bearbeitbare einzugrenzen und darauf zu achten, dass die jeweils in das Konfliktgeschehen involvierten Personen, Gruppen und Institutionen auch erreichbar und zugänglich sind. Außerdem sollten die Akteure sowohl bei der Analyse der Konfliktentwicklung als auch bei der eigentlichen Bearbeitung einbezogen werden können, in beiden Stadien nach Möglichkeit also gestaltend und kommunikativ mitwirken können. Wenn bspw. ein persönlicher Konflikt auch mit strukturellen Gegebenheiten einer Institution zu tun hätte, müsste man beides, nämlich die ‚Privatheit' der persönlichen Konfliktanteile mit der ‚Teilöffentlichkeit' der institutionellen Dimension in einen Bezug setzen können. Wäre das aber, aus welchen Gründen auch immer, nicht möglich, müsste man entweder das Konfliktfeld weiter eingrenzen oder der Konflikt wäre auf der vorgesehenen Ebene ggf. *nicht* zu bearbeiten.

- Individuelle Konfliktebene
- Paarbeziehungskonflikte
- Trianguläre Konfliktstrukturen (z. B. in Familien)
- Gruppenbezogene Konflikte
- Organisation als Konfliktebene
- Institution als Konfliktebene
- Gesellschaft (und ihre politischen und sozialräumlichen Subsysteme) als Konfliktebenen

Übersicht 8: Interaktionsebenen von Konflikten (In Anl. an Glasl 1999, 62 ff.; Krainz 2005, 35 ff.; Schwarz 2010, 97 ff.)

Krainz (2005, 35 ff.) unterscheidet generell nach sechs Konfliktebenen, die beginnend mit der individuellen bis hin zur institutionellen Ebene reichen und durch diejenige der gesellschaftlichen Konflikte noch ergänzt werden könnte (vgl. Ü 8). Im Sinne einer historisch-materialistischen Konflikttheorie würden sich dann bspw. die Widersprüche auf der gesellschaftlichen Ebene über Konfliktkonstellationen zumindest auf einige der in der Übersicht vorgelagerten Stufen bis hin zur individuellen Ebene transformieren lassen. In anderen Theorien könnte man sich die Ebenen z. B. im Sinne jeweils geschlossener Systeme auch unabhängig voneinander vorstellen.

Eine solche Betrachtung nach Interaktions- bzw. Organisationsebenen lässt noch keine Schlüsse auf den Konfliktgegenstand, das Konfliktthema, die Konfliktentstehung zu. Hierzu bedarf es weiterer Informationen, die sich entweder aus dem jeweiligen Feld, in dem sich der Konflikt entwickelt oder aus einer Situationsbetrachtung, die Aufschluss über den Anlass gibt, ergeben können.

2.1 Historische und aktuelle Konflikttheorien

Die klassischen und neueren Konflikttheorien sind größtenteils ätiologische Ansätze, die aber nicht auf sämtliche Gegenstände Sozialer Konflikte zu beziehen sind. Bohnacker (2005) kommt mit seiner Differenzierung sozialwissenschaftlicher Konflikttheorien der hiesigen Thematik am nächsten, wenn er zwischen den klassischen Positionen von Hobbes, Marx, Weber und Simmel, derer aus den Theorien internationaler Beziehungen, um die es hier aber weniger gehen soll, derer aus den soziologischen Gesellschaftstheorien und zuletzt derer aus den sozialwissenschaftlichen Akteurstheorien unterscheidet (vgl. Ü 9), um hierdurch präziser auf ihre jeweiligen Anwendbarkeitsmöglichkeiten zu verweisen.

- *Klassische Positionen* gesellschaftlicher Konflikte: Hobbes, Marx, Weber, Simmel
- Konflikttheorien *soziologischer Gesellschaftstheorien:* Hegemonietheorie, Systemtheorie, Honneths Anerkennungstheorie, Bourdieus Habitus-Feld-Theorie
- Konflikttheorien *sozialwissenschaftlicher Akteurstheorien:* Desintegrationstheorem, Identitätstheorem, Interaktionstheorie, Psychoanalyse, Rational-Choice-Theorie, Aggressionstheorie, Lerntheorie und andere kriminologische Theorieansätze
- *Theorien „Neuer Kriege“* (Münkler): innerstaatliche tw. hybride Auseinandersetzungen, die von außen befeuert und funktionalisiert werden; Referenzrahmen: Religion, ethnische Motive, Sport
- *Transnationale Verteilungskonflikte* in der „globalen Moderne“ (Koppetsch)
- Anlässe: (Postkolonialistische) Ausbeutung, Ressourcenkampf und/oder Unterdrückung

Übersicht 9: Konflikttheorien (In Anl. an Bohnacker 2005/mit eigenen Ergänzungen)

Von den historischen Theorien kommt – aus meiner Sicht – für die Konflikt- und Gewaltbearbeitung in Sozialer Arbeit und Pädagogik derjenigen von Georg Simmel eine herausgehobene Bedeutung zu, da sein Ordnungsmodell bereits eine höchst moderne Gesellschaftsanalyse antizipiert und gleichzeitig an den damals wie heute relevanten historischen Bearbeitungstraditionen ansetzt und letztere für die moderne Konfliktbearbeitung transformiert. So stellt Simmel (1908/1992) bereits Ende des 19. Jahrhunderts eine starke Ausdifferenzierung in der damals entstehenden industriellen Klassengesellschaft bei einer sich gleichzeitig vollziehenden Entwicklung hin zur Individualisierung der Menschen fest. Er leitet hieraus eine sehr viel größere Konfliktentstehungswahrscheinlichkeit ab; ein Befund, der im Wesentlichen bereits 100 Jahre vor Ulrich Becks, in diesem Sinne erneuerter Expertise nahezu dieselben zentralen Eckpunkte erfasst. Simmels Konflikttheorie bildet wiederum die Grundlage für eine auch heute noch gültige und in Teilen sehr positiv konnotierte Betrachtung von Konflikten an sich; in Anlehnung an Simmel leitet Coser (1965, 22 ff.) hieraus etwa ab:

> „Der Konflikt führt zur Anpassung bzw. Neuschaffung sozialer Normen und Regeln, dadurch entstehen neue soziale Strukturen, und im Konfliktgeschehen werden sich die Beteiligten dieser Regeln bewusst. Konflikt hat demnach auch eine sozialisierende Funktion und ist Bedingung für sozialen Wandel" (Coser 1965; zitiert in Bohnacker 2005, 78).

An diese dynamische Konfliktfunktion schließt auch Luhmann an, der in Konflikten die Bedingung von Möglichkeiten von Systembildung schlechthin sieht (Bohnacker 2005, 273).

Simmel unterscheidet in seiner soziologischen Konflikttheorie Konflikte in einem Breitenspektrum zwischen dem einen Extrempol der „persönlichen Sache zwischen zwei Menschen", die dann entsprechend auch in hohem Maße von der Persönlichkeit dieser Konfliktpartner her bestimmt seien, bis hin zum entgegen gesetzten Pol einer „unpersönlichen, gesellschaftlich funktionalen Sache" (Stark 2005, 84), die deutlich struktureller Art und damit eher weniger durch einzelne Persönlichkeitsfaktoren geprägt sei. In einer von ihm so genannten ‚Formanalyse' von Konflikten differenziert Simmel zwischen *Kampf, Streit und Konkurrenz* und setzt diese schließlich auch in Verbindung mit Möglichkeiten der Konfliktbeendigung bzw. -beilegung. Eine Konfliktbeilegung sieht er dann gegeben, wenn etwa der Konfliktgegenstand wegfällt, durch den Sieg einer einzelnen Konfliktpartei, durch Versöhnung oder durch einen Kompromiss. Diese Beendigungs- bzw. Bearbeitungsmöglichkeiten ließen sich dann ggf. den jeweiligen Konfliktformen zuordnen (vgl. Ü 10).

Konfliktform	Lösungsmöglichkeiten
Kampf	Sieg; Niederlage; Versöhnung; Aufgabe
Streit (Rechtsstreit)	Wegfall des Streitgegenstandes; Kompromiss; Ausgleich; Entscheidung
Konkurrenz	Gewinn für beide Seiten; Kartellbildung; Kompromiss; einseitiger Gewinn mit Übernahme

Übersicht 10: Historische Konfliktformen und deren Lösungsmöglichkeiten (In Anl. an Simmel 2008/1992)

Georg Simmel führt sehr präzise aus, was auch heute noch unter alltäglichen Umgangsformen bei Konflikten an Verhaltens- und Verfahrensgewohnheiten üblich ist. Er liefert zudem erste Ideen zum methodischen Vorgehen bei ihrer Lösung. In Anlehnung an die von Hobbes eruierten drei Hauptursachen für Konflikte, nämlich Konkurrenz, Unsicherheit und Ruhmsucht (Pinker 2011, 69) und in Übereinstimmung mit Max Weber stellt der *Kampf* für ihn eine grundlegende Konfliktform dar, in dem sich zwei Kontrahenten in ihren Positionen gegenüberstehen, die eigenen Interessen gegen die des anderen durchzusetzen und letztendlich auch körperliche Gewalt als Mittel in Kauf nehmen, was sicherlich zeithistorisch zu relativieren wäre. Der Kampf gehe auf Hass und Neid, Not und Begier zurück (Simmel 1908, 186). Er stellt nach Simmel eigentlich eine Möglichkeit dar, gegen einen auseinanderführenden Dualismus vorzugehen. Gleichzeitig weist er einen Weg, um zu irgendeiner Art von Einheit zu gelangen. Gewaltanwendung – Vernichtung durch Töten ausgeschlossen – sei hierbei kein Selbstzweck, sondern Mittel zum Sieg oder zum Erlangen einer Überlegenheitsposition. Im Zusammenspiel der Kontrahenten eines Kampfes als Sieger und Verlierer vergesellschafte sich der Konflikt und sei somit strukturbildend. Im Kampf zwischen Gruppen gehe es auch um die Auflösung und Einverleibung der Unterlegenen in die eigene Gruppe (Stark 2005, 86).

Im *Streit,* und hier insbesondere im *Rechtsstreit* geht es nach Simmel weder um eine *Schädigung* des anderen oder um persönliche oder familiär begründete *Rache,* sondern die Kontrahenten oder Parteien ringen, beim Streit in einer sachlichen Form um einen formalen Zweck. Im Streit, in der Debatte geht es darum, den eigenen Standpunkt zu verteidigen und das Gegenüber zu überzeugen. Der Rechtsstreit ist eingebettet in ein normatives Rechtssystem. Er ist darüber hinaus durch bestimmte Verfahren geregelt. Im für moderne Gesellschaften äußerst relevanten Rechtsstreit bzw. Streit um das Richtige und Rechtmäßige erkennen die streitenden Parteien eine urteilsfähige dritte Instanz oder eine gesellschaftlich gängige Argumentations- und Beweisführung an. Im Rechtsstreit werde das Persönliche durch die Institutionalisierung der Rechtsprechung zurückgedrängt.

Bei der *Konkurrenz* liegt ein indirekter Kampf vor. Das Konkurrenzverhältnis artikuliert sich so, „als ob kein Gegner, sondern nur das Ziel auf der Welt wäre" (Simmel 1908/1992, 324).

> „Auch die vergesellschaftende Wirkung der Konkurrenz ist daher größer als die der anderen Konfliktformen, denn die Konkurrenz zwingt die Bewerber, sich miteinander zu befassen, ohne dass eine direkte Gegnerschaft die Grundlage dazu bildet. Konkurrenten sind auch Mitstreiter um die Gunst eines Dritten oder um die Erreichung eines bestimmten Zieles und nicht lediglich Gegner" (Stark 2005, 88).

Konkurrenz bewirkt die Steigerung der Leistungsfähigkeit eines einzelnen oder einer ganzen Gruppe, nicht durch das Gegeneinander, sondern durch den Vergleich miteinander, verbunden mit dem Ziel, die ‚besseren Karten' für sich zu haben, selbst mehr zu profitieren. Das Konkurrenzprinzip wirke ebenfalls stark vergesellschaftend, indem es bspw. im sportlichen Wettkampf die konkurrierenden Mitglieder einer Disziplin zur eigenen Bezugsgruppe zusammenbinde oder aber im Konkurrenzkampf zwischen Gruppen die Verbundenheit der Mitglieder in ihrer jeweiligen Gruppe fördere (ebd. und auch Coser 2009).

Da Konkurrenz heute zum Wettbewerbsprinzip der modernen kapitalistischen Ökonomie zählt, konnte sie sich mittlerweile auch zur gewohnten Interaktionsform in sozialen Beziehungen entwickeln, aus der nur dann die eigentliche Konfliktform des Streits oder des Kampfes entstehen kann, wenn bestimmte Regeln ihrer Austragung verletzt werden. Auch hierbei würde erst die entsprechende Kommunikation über Konkurrenz und nicht die Konkurrenz selbst den eigentlichen Konflikt ausmachen. Es soll an dieser Stelle zunächst offenbleiben, ob Konkurrenz überhaupt eine Konfliktform darstellt oder eher als eine Vorstufe bzw. eine mögliche Ausgangssituation für Konflikte zu sehen ist.

Nach Luhmann sind Konflikte ein eigenes System von „parasitärer Existenz", da sie auf soziale Systeme angewiesen seien, in denen sie entstehen. Wie sämtliche anderen Systeme versuchten sie sich selbst zu reproduzieren und zu erhalten.

> „Konflikte (…) sind integrierende Sozialsysteme, weil die Tendenz besteht, alles Handeln im Kontext einer Gegnerschaft unter diesen Gesichtspunkt der Gegnerschaft zu bringen" (Luhmann 1984, 532).

Konflikte besitzen hier in der Solidarisierung gegen einen Gegner sowohl integrierend wirkende Funktionen für die austragenden Gruppen selbst als auch Vergesellschaftungsaufgaben durch die Auseinandersetzung mit und das Sich-Beziehen auf eine andere Gruppe.

„Es scheint (...) wahrscheinlich, dass Konfliktparteien sich und ihre Umwelt nur noch hinsichtlich der Möglichkeit, den Konflikt fortzusetzen, beobachten. Die Umwelt von Konfliktsystemen (...) fungiert, vom System her gesehen, als permanente Anregung, als Informationsquelle und Materialsammlung, die genutzt wird, um sich weiter zu streiten. Ein materieller und dauerhafter Konsens ist unter diesen Umständen nicht zu erwarten, weil er die Autopoiesis des Systems gerade gefährden würde" (Bohnacker 2005, 274).

Luhmann unterscheidet bei den Konfliktsystemen nach drei Sinndimensionen, die das Erleben und Erfahren von Konflikten strukturieren:

1. in der *Sachdimension* tendieren sie dazu, „dass immer mehr Themen, Sachverhalte und Merkmale der Konfliktparteien in den Konflikt gezogen werden.
2. Zweitens strukturiert ein Konflikt in der *Sozialdimension* das Ego-alter-Verhältnis als Freund-Feind-Beziehung, so dass ‚wer seinen Feind verliert, eine eigentümliche Leere fühlen (wird); ihm fehlen die Handlungsmotive, auf die er sich selbst verpflichtet hatte' (zit. aus Luhmann 1984, 533).
3. Drittens schließlich neigen Konflikte in der *Zeitdimension* dazu, nicht enden zu wollen und Vergangenes (...) immer wieder in die Gegenwart zu ziehen. So gesehen kommt es zu einer Generalisierung des Konflikts" (Bohnacker 2005, 275), „zur Ausdehnung auf alle Eigenschaften, Lagen, Beziehungen und Mittel der Gegner" (Luhmann 1989, 101).

Der den modernen pluralistischen Gesellschaften inhärenten Konfliktanfälligkeit entspricht eine, durch ein jeweiliges Rechtssystem kontrollierte Einschränkung der Mittel der Konfliktaustragung. Die Praxis der Konfliktaustragung verläuft mit Hilfe rechtlicher Verfahren, außergerichtlichen Methoden oder alltäglichen Interaktionsgewohnheiten sozialer Regulierung (vgl. Luhmann 1997, 467 f.).

Konflikte sind deshalb kommunikative strategische Bestandteile der Interessendurchsetzung in pluralen, demokratischen ‚Aushandlungs-Gesellschaften'. Strategisch eingesetzte „Konfliktproduktion" bspw. in Form einer Drohung findet dabei auf sämtlichen Interaktionsebenen statt, von der persönlichen Beziehungsebene („entweder Du machst das so, oder ich werde...!"), über die betriebliche Personalführung bis hin zur politischen Ebene oder gar einer kriegerischen Auseinandersetzung (Ultimatum, Erstschlagdrohung usw.). Teilweise geschieht Konfliktproduktion in ritualisierter Form, wenn man an Bundestagsdebatten, an Tarifauseinandersetzungen oder an zivilgesellschaftliche Aktionen (Demonstrationen) oder auch an die modernen Kleinkriegs- bzw. kriegsähnlichen Formate des Hooliganismus und des Dschihadismus denkt. Im Rahmen solcher ritualisierter bzw. Form gebundener Konflikte (vgl. Glasl 1999, 67) existieren meist ebensolche ritualisierten und klaren Verfahren zur Lösung, zur Eindämmung, zur Regelung bzw. zur Entscheidungsfindung. Ritualisierte Konfliktproduktion kann selbst dann stattfinden, wenn sie kaum einen Einfluss auf Entscheidungen besitzt, wie etwa in den parlamentarischen Zusammenhängen, in denen oft nach Parteienproporz unabhängig vorgelagerter Debatten abgestimmt wird. Den hier im Rahmen der parlamentarischen Debatten inszenierten Konflikten kommen dann eher symbolische Funktionen zu, die entweder Erwartungen bzw. Selbstverständnisse bedienen sollen oder Unterschiedlichkeit anzeigen soll. Sie besitzen nach Simmel (1908, 247 ff.) und Coser (2009, 103 ff.) stabilisierende und somit integrierende Eigenschaften für die vermeintlich ‚konfligierenden Gruppen' und ihre Akteure und jeweiligen Wählergruppen.

Gewalt stellt in diesem Rahmen zum einen die intensivere Form der Konfliktaustragung dar, kann aber andererseits nach Simmels Verständnis des „unechten Konfliktes" auch zum Ausgangspunkt eines entstehenden „sozialen Konfliktes" werden (vgl. Abb. 3). Einer sozial unvermittelt geäußerten Gewaltausübung kann wiederum ein inkorporierter sozialer oder auch psychischer Konflikt zugrunde liegen. Konflikt und Gewalt *können* somit in dieser kausalen Abfolge, müssen aber nicht zwangsläufig interdependent sein.

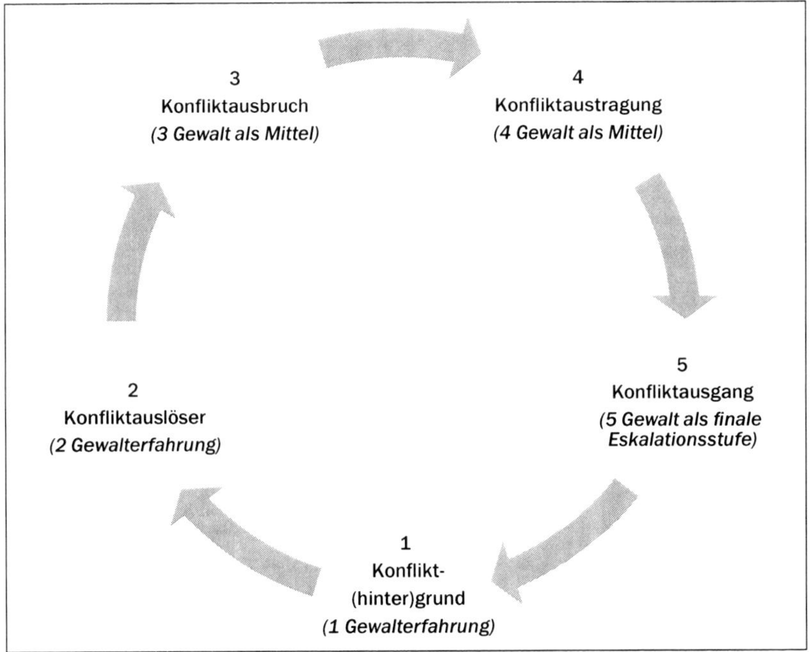

Abb. 3: Entstehungs- und Verlaufsdynamik von Gewalt als Eskalationsstufe in Konflikten und als intrinsische Gewalt und Konfliktauslöser (In Anl. an Kilb 2012, 144)

Aufgrund dieser Verzahnungen der beiden Phänomene Konflikt und Gewalt soll es im Folgenden um die Skizzierung gesellschaftlicher und subjektiv-individueller Bestimmungsfaktoren gehen. Im Kap. ‚Gewalttheorien' wird die Dimension von Gewalt als intensive Form einer Eskalationsabfolge wieder aufgenommen und in Differenzierung zur intrinsischen Gewalt beleuchtet.

2.2 Gesellschaftliche Konfliktprädikatoren

Erkenntnisse aus einem historisch-kulturellen Rekurs (vgl. Kilb 2012) lassen es sinnvoll erscheinen, die gesellschaftliche Metaebene daraufhin zu beleuchten, in wie weit sich ökonomisch und kulturell hervorgerufene Veränderungen zunächst auf strukturell-hierarchische und in der Folge dann auch auf soziale Gruppierungs- und Interaktionsformen auswirken können. Individuelles und kollektives Konfliktverhalten ließe sich adäquat der historisch-kulturellen Analyse dann auch als zeitgemäßer subjektiv-individueller bzw. als durch Gruppen artikulierter Ausdruck gesellschaftlicher und lebenslagenbezogener Befindlichkeit ableiten bzw. deuten.

Während gruppenbezogenes wie auch individuelles Gewaltverhalten als ubiquitäres und historisch-transformatives Gesellschaftsphänomen in jeweils zeithistorischen Ausformungen gelten, kommen Sozialen Konflikten nach der hier vorgenommenen Definition Simmels und Cosers erst vor dem Hintergrund der französischen Revolution 1789 und der Aufklärung in den sich Mitte des 19. Jahrhunderts entwickelnden Industrie- und den nachfolgenden republikanischen Gesellschaftsmodellen eine gewisse Relevanz zu.

> „Während vormoderne Gesellschaften in Bezug auf ihre Selbstauslegung und politische Legitimierung noch über im Voraus feststehende Antworten verfügten, begründen sich moderne demokratische Gesellschaften durch eine institutionell auf Dauer gestellte Infragestellung ihrer selbst. Moderne demokratische Systeme und die ihr korrespondierende politische Kultur müssen damit fertig werden, dass es auf ein unabschließbares Potential von Fragen immer gegensätzlichere Antworten gibt. Unabschließbar ist dieses Potential, weil mit der Ablösung der staatlichen Macht von einer traditionsdefinierten Sittlichkeit alle politischen Entscheidungen kontingent, d. h. potentieller Streitgegenstand sind. Und immer gegensätzlicher sind die Antworten auf diese Fragen, weil sich der öffentliche Dauerstreit über die politische Selbsteinwirkung der Gesellschaft aus deren ökonomischen und kulturellen Spannungen speist" (Dubiel 1999 b, 666).

Dubiel konstatiert im Kontext dieses Befunds eine „Erosion überpolitischer, streittranszendenter Autoritätsquellen" (ebd., 665), die zunächst das religiöse, später das politische, das System der Institutionen, der Wissenschaften und parallel hierzu sämtliche Lebensbereiche wie etwa diejenigen der Familie oder

der Geschlechterverhältnisse zueinander erfasse. In Anlehnung an Dahrendorf spricht Dubiel auch von „gehegten Konflikten“ als Kitt oder auch als Bindungsferment moderner Gesellschaften und ihrer sozialen Räume. Konflikte erhalten nach diesem Konzept integrative Funktionen für plurale und transformative Gesellschaften und deren normatives Kapital erwächst geradezu aus Ketten von Konflikten, die aber nach Regeln ausgefochten werden sollten, um nicht destruktive Wirkungen hervorzurufen (ebd., 666).

Die aktuellen Debatten über die Infragestellung liberaler Demokratie (vgl. Hacke 2018, Koppetsch 2019) wie auch neuere Forschungsvorhaben der Konflikt- und Friedensforschung (vgl. Deitelhoff 2018) nehmen diesen Befund wieder auf. Auf dieser Metaebene liefert die aktuelle sozio-ökonomische Gesellschaftsstruktur des postmodernen globalen Kapitalismus, des Neoliberalismus bzw. der „globalen Moderne“ (Koppetsch 2019), die sich durch mehrere miteinander korrespondierende Entwicklungen auszeichnet, reichlich Konfliktanlässe und -potentiale. Ökonomisch führten bis etwa 2011 Deregulierungsprozesse auf nationaler Ebene zusammen mit wachsenden Dominanzen globaler Marktstrukturen auf die deregulierten Nationalökonomien zu neuen supra-, inter- und intranationalen Konkurrenzen sowie ökonomisch-sozialen Polarisierungen. Während im politischen Liberalismus und der Sozialen Marktwirtschaft der Staat eher den Markt rahmte und regulierte, drehte sich dieses Verhältnis mit dem Neoliberalismus um, sodass der Markt tendenziell Politik und die Gesellschaft reguliert und formt. Auf nationaler Ebene artikuliert sich diese Entwicklung in einer heftigen Debatte über Verteilungsgerechtigkeit(en) einerseits sowie ‚Absicherungs-‘ bzw. ‚Versorgungscharakter‘ der sozialstaatlichen Aufgabenpraxis andererseits. Hinzu kommen seit etwa 2010 gravierende, in die Wirtschaft direkt einwirkende politische Vorgaben insbesondere in der Klimapolitik sowie technologische Erneuerungen wie die Digitalisierung der Arbeits- und allgemeinen Lebenswelten (u.a. auch durch die sog. „Künstliche Intelligenz“) und damit einhergehenden generellen Verunsicherungen hinsichtlich zukunftsaffiner Arbeit. Die starke Einwanderung von Flüchtlingen seit etwa 2013 verstärkt diesen Verunsicherungsprozess bei größeren Bevölkerungsteilen, sodass parallel hierzu populistische Politiktendenzen mit teilweise rassistischen, minderheitenfeindlichen und renationalistischen Tönen diese Debatte begleiten. Konflikte werden dabei in einer härteren und argumentativ oftmals bedenklichen Form (Fake News, mediales Bashing usw.) ausgetragen. Rechtsstaat und diskursive liberale Demokratie stehen damit vor großen Herausforderungen und müssen sich im Rahmen einer sich fortlaufend verändernden neuen Konfliktkultur selbst regulieren und im Rahmen dieser allgemeinen und übergreifenden Veränderungen ihre Balance systemisch neu austarieren.

Einher geht diese Entwicklung mit weiteren Milieuauflösungen und Entsolidarisierungstendenzen, die wiederum zunehmende Individualisierung und Pluralisierungsdimensionen bedingen, aber auch zu neuen Formen von auf der einen Seite eher kosmopolitisch-transnationalen „Diaspora"-Communities, andererseits zu eher lokalen und territorial gebundenen Vergemeinschaftungen führen. Dieser Prozess vollzieht sich als dialektischer Vorgang in antagonistischer Dynamik von Innen und Außen, von Ein- und Ausschluss, von Individualisierung und neuer Vergemeinschaftung und stellt sich zunehmend als „Kulturkonflikt" oder auch als „mentaler" Konflikt dar (Koppetsch 2019, 29, 255). Gesellschaftliche Integration verläuft in dieser Zeit ökonomisch-sozialen und soziokulturellen Wandels eher weniger über den Arbeitsmarkt oder durch klassische Organisationen wie Kirche/Religion, Parteien oder Gewerkschaften, sondern – wenn überhaupt – immer häufiger durch neue Kommunikations- und Vergemeinschaftungsformen (z.B. Social Media). Kommunikation erfolgt dabei in einer Vielfalt heterogener Diskurse, deren Eigenregeln nicht ohne gegenseitige Impulse, im Sinne von Einflussnahme, einander vermittelbar sind. Vereinheitlichende Metadiskurse werden dadurch schwieriger, Differenz und weniger eindeutige Identität bestimmen postmodernes bzw. neoliberales Denken.

Die neue Technologieentwicklung lässt unsere Ära darüber hinaus als ein digitales Zeitalter erscheinen, welches sich als breit ausdifferenzierte Kombination einer Industrie-, Dienstleistungs- und Wissensgesellschaft mit postmateriellen Werten (vgl. Vester et al. 2001, 201 f.) ausweist. Oben angeführte Pluralisierungstendenzen und zunehmend inter- bzw. transkulturelle Bevölkerungsstrukturen führen zu einer Häufung parallel zueinander verlaufender, oftmals ungleichzeitiger Entwicklungen einzelner Bevölkerungsgruppen und Milieus, deren jeweilige gesellschaftliche Teilhabechance zudem extrem unterschiedlich ausfällt. Koppetsch spricht in diesem Zusammenhang in ihrem Ansatz „globaler Moderne" (Koppetsch 2019) von einer linksliberalen Hegemonialstruktur, gebildet aus sämtlichen Parteien außerhalb des rechtspopulistischen Spektrums, die gesellschaftliche Abstiegsperspektiven diverser Schichten ignorierten.

Die strukturelle Heterogenität der „globalen Moderne" produziert eine gleichermaßen große Breite von Alltagskulturen mit jeweils eigenen normativen Mustern, jeweils eigenen Formen und Verfahren sozialer Kontrolle und diesen entsprechender Prozesse der Enkulturation bzw. Sozialisation. Vergemeinschaftungsprozesse verändern sich somit fortlaufend zwischen „moralischer Infrastrukturbildung in kleinen Gemeinschaften" (Meyer 2009, 729) als moderne Formen bei gleichzeitiger fortlaufender Auflösung traditioneller Milieueinbindungen.

Waren in den früher eher statischen Gesellschaftsphasen die Normen und die Verfahren sozialer Kontrolle mehr formalisiert und über Organisationen wie Schule und Kirche oder über gemeinwesenbezogene Einbindungen vermittelt, so bleibt es heute relativ offen, auf welche Weise und ob sich diese überhaupt über entsprechende Institutionen oder informell über Netzwerke vermitteln. Dementsprechend sind Normen heute sehr viel offener, nicht eindeutig festgelegt, vielfältiger, relativ unübersichtlich und auch stark individuell und situationsbezogen geprägt. Dies trifft gleichermaßen auf Verständigungs- und Handlungsregeln wie auch auf die Formen sozialer Sanktionierung bei Verletzung des jeweiligen Verständigungsgefüges zu. Während in den auch in modernen Gesellschaften existenten, eher statischen bzw. re-orientiert ausgerichteten Milieus noch jeweils eigene traditionelle normative Muster aufrechterhalten werden und sich häufig milieuintern reproduzieren, wächst in veränderungsoffenen Milieus die Anforderung an die jeweiligen Mitglieder, sich permanent neu auszurichten und normative Orientierungen in diskursiver Form und meist nur mit temporärer Gültigkeit zu generieren. So findet man in den diversen Milieus unserer Gesellschaft (vgl. SINUS-Milieustudien) eine Vielfalt kommunikativer, habitueller, auch formalisierter Orientierungsmuster und Gewohnheitsstrukturen und jeweils spezifische Formen des Umgangs mit Verletzungen sozialer Normen (vgl. Kilb 2012, 116ff.).

In einer solchen Phase gesellschaftlicher Konkurrenzen und Kontingenz, einhergehend mit sozioökonomischer Ent- und Neustrukturierung, die sich in Pluralisierungen von Lebensformen und -möglichkeiten sowie Individualisierungsprozessen von Verantwortungsanforderungen und Risikobewältigung artikuliert, stellen sich für das Zusammenleben Fähigkeiten und Kompetenzen, Konflikte auszutragen und mit ihnen fair umzugehen als essenziell heraus. Konfliktfähigkeit bildet sich dabei nicht von allein heraus, sondern erfordert adäquate Lernsettings und Lernmöglichkeiten.

Insbesondere in der Phase des Aufwachsens sollte es für Kinder und Jugendliche deshalb darum gehen, solche Kompetenzen zu erwerben, sich selbst in sich ständig verändernden normativen Räumen orientieren zu lernen, mit ‚Fremdem' und damit einhergehenden Friktionen in den wechselnden Räumen umgehen und mit dazu beitragen zu können, diese zu regulieren und letztendlich diese Räume in zivilisierter Form mit ausgestalten zu können.

Ein nicht geringer Teil von Kindern und Jugendlichen nachwachsender Generationen verfügt heute aber nicht über diese Kompetenzen und zeigt sich mit den damit verbundenen Selbststeuerungsanforderungen überfordert. Hieraus ergeben sich zwei Notwendigkeiten für Situationen und Settings, in denen sich Mitglieder verschiedener Milieugruppen mischen: zum einen sollte es zumindest in den gesellschaftlichen Institutionen sekundärer Sozialisation (Kindertagesbetreuung, Schule) generelle Verfahren geben, die „im Alltag den Ablauf streitbarer Diskussionen und die Rechte der Beteiligten oder das weitere Vorgehen in schwierigem Gelände (...)" regulieren (Hassemer 2009, 45) und zum anderen sollten natürlich Selbststeuerungskompetenzen für Mitglieder unterschiedlicher gesellschaftlicher Subsysteme und Gruppen besser und situationsadäquater in den Institutionen erlernbar werden.

In extremeren Konfliktsituationen, in denen z.B. Gewalt ausgeübt wird, sind beide Varianten von Bedeutung. Hier sollten in institutionellen wie auch in gruppenbezogenen Settings Regelungsverfahren für normative Orientierung im Sinne „moralischer Infrastrukturbildung" wie für Normverletzungen ausgebaut werden und darüber hinaus Lern-, Trainings- oder Therapieangebote zur Verfügung stehen, die nachsozialisierende Wirkungen hinsichtlich eines solchen Kompetenzerwerbs entfalten können.

Individualisierung, Bindungsverlust und „Reconversation"

Vester (2001, 204) leitet aus den ökonomischen und soziokulturellen Veränderungen für die sozialen Beziehungen zwar ebenfalls Individualisierungsfolgen ab, die sich einerseits auf zwei Tendenzannahmen Ulrich Becks (1986) beziehen lassen, nämlich die (1) *Heterogenisierung* durch Vervielfältigung sozialer Lagen (entstandardisierte Lebenslaufmuster, Ungleichheiten durch Geschlecht, Alter und Ethnie) und einen (2) *Bindungsverlust* durch Enttraditionalisierung der Herkunftsmilieus, durch bildungsbezogene, berufliche und örtliche Mobilität, die in Anlehnung an Bourdieu (1985) andererseits aber dazu führten, dass sich ausgehend von den Herkunftsmilieus – insbesondere über die jeweils neuen Jugendkulturen transportiert – auch neue Ausformungen und Ausgestaltungen dieser Milieus und somit deren „Umstellungen" *(„Reconversation")* (3) entwickeln. Die sich verändernden Milieus seien einerseits gewissermaßen „Nachfahren der früheren Stände, Klassen und Schichten und ihrer Untergruppen (…). Andererseits haben sie auch gemeinsame Züge (…), in der jüngeren Generation vor allem in den Werten der Selbstbestimmung, der Selbstverwirklichung und – da es sich um Vergemeinschaftungen von (Alters-)Gleichen, um Peergroups handelte – auch der sozialen Mitverantwortung" (Vester 2001, 205).

Diese drei neuen Phänomene erfordern eine permanente Verständigung über, allein schon durch die Vielfalt begründbaren Konfliktpotentiale im Sinne einer neu zu gewinnenden „normativen" Handlungskompetenz (vgl. Kilb 2012, 119).

Nach Koppetsch (2019, 162ff.) beschreibt der Individualisierungsansatz allerdings nicht mehr ausreichend die aktuellen gesellschaftlichen Milieu- bzw. Klassenstrukturen.

> „Für das (verunsicherte) Subjekt erfüllen Neogemeinschaften nicht nur Entlastungs-, sondern auch Solidaritäts- und Vergemeinschaftungsfunktionen. (…) Sie bringen Gemeinschaften hervor, die dem individualistischen Regime der transnationalen Markt- und Selbstverwirklichungskultur diametral entgegengesetzt sind" (ebd., 162, 163).

Solche neuen Vergemeinschaftungsformen stellen nach Koppetsch „Re-Kollektivierungen" und „Re-Souveränisierungen" dar. Dadurch gelinge es, „persönliche Niederlagen und Kränkungserfahrungen" in ein Gruppenschicksal zu verwandeln und „durch gruppenspezifische Solidaritäten und Deutungsmuster" abzufedern (ebd., 160).

Eigentlich stehen Becks Individualisierungsansatz und Koppetschs Re-Kollektivierungstheorem in keinem Gegensatz zueinander, sondern korrespondieren in dialektischer Weise miteinander, denn letzteres gründet genau auf Ersterem. Die Individualisierungslasten suchen geradezu nach entlastenden, gemeinschaftsfähigen Einbindungen, die Sicherheiten versprechen oder auch gewähren.

Neben den bekannten neuen Vergemeinschaftungsformen digitaler Kommunikation wären hier neben Vesters entwicklungspsychologischer Variante der Gruppe von Altersgleichen oder Peers (1) drei weitere aktuelle Formate zu nennen, nämlich religiös-fundamentalistische Gruppen (2), politische Gruppen im rechtspopulistischen Spektrum (3) sowie die eher unpolitische Fankultur-Bewegung (4). Sämtliche vier Formate verbinden in ihrer radikalisierten Form kollektive Einbindungswünsche mit kämpferischen Möglichkeiten gegen vermeintliche subjektive Deklassierung, Entwürdigung und Verunsicherung. In dieser kämpferischen Form bringen die vier Formate einen gesellschaftlichen Konflikt zum Augenschein, der lange Zeit eher im Verborgenen platziert war und sich aktuell in den Gewändern von Rechtspopulismus, Rechtsextremismus, religiösem Fundamentalismus und gezielter wie diffuser Gewalt offenbart.

Kultur- und migrationsrelevante Konfliktdimensionen

Gesellschaftlich ungleichzeitig stattfindende Entwicklungen wurden in der BRD nach 1945 zunächst durch sehr unterschiedliche regional-ökonomische Entwicklungsimpulse (Gefälle zwischen Ballungsräumen und ländlichen Strukturen/Nord-Süd-, später Süd-Nord-, nach der Wiedervereinigung auch West-Ost-Gefälle), ab 1970 insbesondere auch durch die Wechselhaftigkeit in der Migrationspolitik befördert und verfestigt. Unter migrations- und integrationspolitischen Gesichtspunkten betrachtet, zeigt sich die soziale Struktur unserer Gesellschaft stark durch den Widerspruch einer de facto längst vorhandenen Einwanderungsgesellschaft und ihrer, gerade durch eine langjährig stattgefundene Leugnung derselben auch hervorgerufenen, an zahlreichen Stellen eher erschwerten oder gar missratenen Integration bestimmt. Gerade in Zeiten großer Verunsicherung evoziert eine solch eher diffuse Integrationsbasis eine starke soziale und in wirtschaftlichen Krisenzeiten auch ökonomische Exklusion ganzer, durch Migration betroffener Bevölkerungsgruppen. Die durch eine „Hin-und-Her-Bewegung" gekennzeichnete Einwanderungspolitik, die von der Arbeitskräfteanwerbung über die Familienzusammenführung, die materiellen Prämien für eine Rückkehrbereitschaft in die Herkunftsländer bis zur staatsbürgerschaftlich einigermaßen vollzogenen Gleichstellung heute reicht, hat breite Teile der Migrantenbevölkerung in große Unsicherheiten gehievt. Diese artikulieren sich in einer größeren Bandbreite unklarer Zukunfts- und Identitätsentwürfe mit selbst wiederum stark ausgeprägten individuell-biografischen ‚Hin-und-Her-Bewegungen'. Die von Dubet und Lapeyronnie (1994, 97) unterschiedenen fünf gesellschaftlichen Integrations- bzw. Isolationsphänomene – einer Integration als „Zwischenetappe" mit Rückkehrplänen, als durch Elternwillen hervorgerufener äußerer Zwang („Hineingeborene", „Umgezogene"), als durch Scheitern hervorgerufener Rückzug, als „Zwischenidentitäten" von Herkunfts- und „Aufnahmekultur" sowie als übermäßige Identifikation mit der „aufnehmenden" Kultur bei gleichzeitig stattfindender Distanzierung zur oder Verdrängung der Herkunftskultur – führen auf verschiedensten Ebenen zu gravierenden sozialen Konflikten und zu gewalttätigen Konfliktformen:

- intrapersönlich ggf. durch eine Zerrissenheit zwischen internalisierten herkunftstraditionellen Verhaltensmodi und entgegenstehenden zukunftsorientierten Wünschen und Interessen;
- auf familialer Ebene durch die diversen damit verbundenen Rollendiffusitäten;
- in der Herkunftscommunity als Ebene traditioneller sozialer Kontrolle;
- in den Institutionen der ‚Aufnahmegesellschaft' durch ebensolche Rollendiffusitäten usw. (vgl. Kilb 2012, 120).

Die Folgen gescheiterter oder unvollständiger Integration spielen offensichtlich auch eine nicht zu vernachlässigende Rolle bei Radikalisierungstendenzen insbesondere junger Männer mit Migrationshintergrund. Die migrationsspezifischen Konflikte stehen in ihrer ethnischen Dimension allerdings ebenso für transnationale materielle, kulturelle und soziale Verteilungs-, Positions- und Statuskonflikte, nämlich in Form eines Aufschaukelns wechselseitiger Fremd- und Selbstethnisierung. „Die Wut unterprivilegierter autochthoner Bevölkerungsgruppen über die schwindende postkoloniale Dividende trifft auf Tendenzen ‚trotziger' Re-Ethnisierung in der dritten Generation von Einwanderern, die plötzlich eine muslimische Identität betonen, die für viele vorher eher eine Nebensache war" (Koppetsch, 2019, 201).

In den theoretischen und praxisbezogenen Fachdiskursen zur interkulturellen Konfliktbearbeitung existieren zwei konträre Pole. Einerseits finden sich zahlreiche Ansätze, die sich, ausgehend von der Analyse kultureller Differenzen, eher auf fremdkulturelle Verhaltens- und Konfliktbearbeitungsmuster konzentrieren. Dem entgegen stehen Ansätze, die im Sinne eines *„Doing Culture"* eher „Kulturalisierung" und „Ethnisierung" von Konflikten als Strategie identifizieren, um Macht-, Verteilungs-, Beziehungs- und Statuskonflikte für sich zu entscheiden (vgl. Fechler 2008, 182).

Integrationsmodi in einer Gesellschaft der „Konflikt-Konsens-Balance“

Ausgehend von Heitmeyers Konzept einer dynamischen gesellschaftlichen Ambivalenz zwischen Integrations- und Desintegrationsimpulsen und -möglichkeiten (ebd., (1997)/2008, 721 ff.) kommen Konflikten, ähnlich wie bereits bei den Klassikern Weber, Simmel, Coser und Dahrendorf eine zentrale Funktion zu, nämlich gesellschaftliche Subsysteme und Divergenzen aufeinander zu beziehen, in einem ständigen Prozess (vgl. Luhmann 1987) auszutarieren und damit zu „vergesellschaften“. Verschiedenheiten und Gegensätze werden dadurch als gesellschaftlich Ganzes überhaupt erst erfahrbar und ggf. auch integrierbar. Heitmeyer folgert hieraus, dass sich die Bindung moderner Gesellschaften nicht mehr daran bemesse, „wie Konflikte harmonisiert, sondern wie sie reguliert bzw. zivilisiert werden“ (Sander/Heitmeyer 2008, 723).

Voraussetzung solcher integrierenden Impulse ist aber gleichermaßen ein zusammenhaltendes Grundreservoir an Gemeinsamkeiten, an konsensualen Absichten und Bestrebungen. Beide Elemente, Konsens wie Konflikt, stehen dabei in einem dialektischen Verhältnis zueinander und produzieren in Form einer jeweils situationsadäquaten Ausbalanciertheit Weiterentwicklungen und Fortschritte, oder aber in Form eines Ungleichgewichtes alternativ entweder harmonisch-selbstreferentielle Stagnation oder auch Destruktivität. Dabei liegen die Grenzen einer eher vorherrschenden Konsensorientierung in real fortschreitender Säkularisierung, in der Individualisierung biografischer Entwürfe und in der Pluralisierung normativer Geltungsgrundlagen (vgl. Dubiel 1999 b: 667). Umgekehrt erscheint die „eigentümliche Gemeinschaftlichkeit, die im gesellschaftlichen Streit entsteht, an sehr anspruchsvolle zivilisatorische Bedingungen geknüpft“ zu sein und es gilt die Grenzen zu bedenken, jenseits derer Konflikte nur noch desintegrierend wirken (vgl. ebd., 672/667). Mit den in der „globalen Moderne“ einhergehenden rechtspopulistischen Entwicklungen geht es genau um diese Frage.

Mit fortlaufender Pluralisierung von Lebensmustern und gleichzeitiger Individualisierung entstehen spezifische milieutypische Systemrationalitäten, die nicht nur selbst Konflikt generierend wirken können, sondern es auch erschweren, manifeste Konflikte über gemeinsame Spielregeln bzw. ein gemeinsames Rationalitätsmuster wirkungsvoll zu bearbeiten. In der aktuellen Phase „globaler Moderne“ dominieren allerdings stark Gruppenpartikularismus und Gruppenidentitäten, die sich oftmals über die Nichtanerkennung anderer Gruppenidentitäten definieren (Lambers 2013, 324). In einer solchen gesellschaftlichen Polarisierung verlaufen Konflikte eher desintegrativ.

Heitmeyer geht zudem davon aus, dass Konfliktbegriff und -verständnis relational sind, also aus der Perspektive einzelner gesellschaftlicher Teilgruppen heraus noch einmal differenziert betrachtet werden müssen.

1. Gesellschaftliche Ambivalenzstruktur von Konsens und Konflikt
2. Konflikte als Formen der Vergesellschaftung
3. Gesellschaftliche Bindung durch Konfliktregulation
4. Relationaler Konfliktbegriff und Verständnis mit eigenen Systemrationalitäten in gesellschaftlichen Teilgruppen
5. Jeder Konflikt bildet im Regulations- bzw. Deregulationsprozess eigene Regeln und Umgangsformen heraus
6. Regulierbare Konflikte sind konstitutiv für dynamische Entwicklungen in modernen Gesellschaften und ihre Teilgruppen
7. Konfliktregulation durch permanentes Austarieren von Divergenzen als gesellschaftlicher Normalzustand
8. Diskursethisches Prinzip der Anerkennung als Voraussetzung gelingender Regulation
9. Konfliktregulation als gesellschaftlicher Integrationsmodus

Übersicht 11: Gesellschaftliche Funktion von Konflikten (In Anlehnung an Simmel, Coser, Habermas, Heitmeyer)

Weiterhin produziere jeder Konflikt in seinem jeweiligen (gesellschaftlichen) Kontext seine eigenen Regelungen, ohne „dass damit ein Automatismus einer ‚sozialverträglichen Konfliktregulierung' verbunden ist" (Heitmeyer 2008, 726). Wegen der jeweils eigenen Systemrationalitäten in den diversen Konflikten zwischen verschiedenen Akteuren und Akteursgruppen wird das Anerkennungsprinzip zur Voraussetzung von Regulierung: „Die Beteiligung an einer Kommunikationsgemeinschaft setzt als ethische Basisnorm die prinzipielle Anerkennung aller argumentativ rechtfertigbaren Ansprüche voraus" (Heitmeyer 2008, 723).

Zwischenfazit

Orientierend für die weiteren Ausführungen soll auch auf der gesellschaftswissenschaftlichen Betrachtungsebene einerseits das positive Konfliktverständnis Simmels mit der Funktion einer *Vergesellschaftung von Differenzen* sein, allerdings mit dem Zusatz, dass ein *Mindestmaß an gemeinsamer Verständigungsbasis* auch im Sinne von *gegenseitiger Anerkennung* vorhanden sein muss, um in zivilen Formen *Regulationsprozesse* einleiten zu können.

Da aber in zahlreichen Konflikten eine solche Verständigungsbasis fehlt, müsste es zukünftig in den institutionellen Erziehungsfeldern darum gehen, Basics für eine *Verständigungsbasis* zu vermitteln (vgl. Kilb 2012, 121).

2.3 Individuelle subjektive und soziale Dimensionen von Konflikten

Individuelle Dimensionen

In der Betrachtung individueller bzw. subjektiver Aspekte in Konflikten gilt es zunächst zwischen intrapersonalen und sozialen Konflikten zu differenzieren. Die hier eher weniger fokussierte intrapersonale Konfliktanalyse lehnt sich einerseits stark am sog. triebtheoretischen Modell Freuds an, in welchem die Antipoden zwischen Trieb und Kultur, zwischen Individuum und Gesellschaft im Verlaufe frühkindlicher und biografisch später der adoleszenten Entwicklungsphasen in seiner Strukturtheorie des „Es" (Triebe, innere Impulse) in seinem Konflikt mit dem „Über-Ich" (normative und kulturelle Internalisierung) und deren Integration im „Ich" beleuchtet werden.

Hier setzt auch Schwarz (2010, 102ff.) an, wenn er zwischen vier Persönlichkeitstypen unterscheidet, die jeweils zu bestimmtem Konfliktverhalten neigen würden. Schwarz verortet dabei vier sog. „Grundkonflikte" (Urvertrauen vs. Urmisstrauen, Zugehörigkeit vs. Trennung, Selbst- vs. Fremdbestimmung, männliches vers. weibliches Prinzip) in den frühkindlichen oralen, analen und genitalen Entwicklungsphasen; aus den jeweiligen Bewältigungserfahrungen leitet er schließlich jeweils zugehörige „Konfliktprägungen" ab, die in etwa denen von Korn/Mücke (2000, 36ff.) ähneln. Scheerer sieht, vergleichsweise ähnlich wie Schwarz, das zweite und dritte Lebensjahr als die Entwicklungsphase, in der beim Kleinkind Aggressionslust am ausgeprägtesten zur Geltung komme und in der sich entscheide, wie der Mensch perspektivisch Selbstbeherrschung und Zielhemmungen behutsam einsetzen könne, oder aber lebenslange Rachsucht entstehe. Eine Tabuisierung frühkindlicher Aggressivität komme einer Nichtbeachtung und einer „Verleugnung des kindlichen ICHs" und seiner Willensäußerung und Selbstbehauptung gleich. Aggressionstabuisierung führe deshalb zur Konfliktunfähigkeit und verhindere die Integration leidenschaftlicher Aggression in die Persönlichkeitsentwicklung (Scheerer, 2017, 38f.).

Was die strukturelle Unterscheidung in intrapersonalen Konflikten angeht, zeigt sich das Modell der Entscheidungskonflikte nach Kurt Lewin (1935) als relevant, in welchem zwischen den drei Strukturtypen von „Annäherungs-Annäherungskonflikt" (als Wahl mehrerer positiver Varianten), dem „Vermeidungs-Vermeidungskonflikt" (als Entscheidung zwischen verschiedenen negativen Varianten) und dem Annäherungs-Vermeidungskonflikt (als Abwägungsentscheidung zwischen verschiedenen negativen und positiven Varianten: Vor- und Nachteile/Sowohl-als-auch-Möglichkeiten) unterschieden wird.

Bei den sozialen Konflikten werden individuelle Konflikteinflüsse eher im Zusammenhang der Konfliktaustragung und weniger als für den Konflikt ursächliche persönliche Dimension betrachtet. Lediglich aus der Familien- und Geschwisterforschung ergeben sich ‚zarte' Hinweise auf Konfliktmuster, die im Rahmen des elterlichen Umgangs mit Konflikten sowie aus Geschwisterkonstellationen heraus resultieren könnten. Die empirischen Befunde sind aber uneindeutig. Allerdings spricht einiges dafür, dass elterliches Konfliktverhalten in der Erwachsenenbeziehung eine Lernorientierung für Kinder bietet und dass eine lebensaltersgemäße elterliche Begleitung in der Konfliktbeilegung zwischen Geschwistern bedeutsam für deren spätere Konfliktkompetenz ist (Walper et al. 2009, 29).

Fritz Glasl thematisiert die seelischen Faktoren, die sich in der Dynamisierungsspirale von Konflikten auf unsere Perzeptionen (Wahrnehmungen, Vorstellungen, Gedanken), auf die Gefühle (Emotionen, Stimmungen, Einstellungen, Haltungen, Neigungen) sowie auf unseren Willen (Ziele, Absichten, Motive, Antriebe) auswirken (Glasl 1999, 35 f.). Auf diesen drei Ebenen kommt es nach Glasl zu Verzerrungen etwa in Form einer Einengung der Raum- und Zeitperspektive, zu selektiver Aufmerksamkeit („kognitive Kurzsichtigkeit", „sozialer Autismus") sowie zur Monovalenz auf der Gefühlsebene. Persönliche Verhaltensmuster orientieren sich unter der Konfliktanspannung dann häufig zunehmend regressiv und verstärken die Konfliktintensität. Die Gefühlsebene tritt zunehmend an die Stelle der Sachebene. Rationales Abwägen wird durch aggressives Durchsetzen-Wollen abgelöst. Konfliktgegner werden dämonisiert, das eigene Verhalten als Reaktion auf die vermeintliche gegnerische Aggression legitimiert. Es kommt sukzessive zu Diskrepanzen zwischen „unserem Wollen und den Wirkungen unseres Tuns" (Glasl 1999, 45).

Korn/Mücke (2000, 36 ff.) beschäftigen sich im Zusammenhang mit dem Interventionsverhalten in Konflikten ebenfalls mit den diversen Persönlichkeitsstrukturen von Konfliktakteuren und unterscheiden zwischen „Kampftypus", „Fluchttypus" „Schrecktypus", kommunikativem und ideenreichen Typus mit jeweils möglichst authentischer individueller Ressourcennutzung als persönlicher Konfliktkompetenz.

Soziale Dimensionen

Die unterschiedlichen Erscheinungsformen sozialer Konflikte, angefangen von leichten inneren Spannungen durch einen Rollenkonflikt bis hin zur bürgerkriegsähnlichen Auseinandersetzung erfordern nach Dahrendorf (1972 a, 748, 749) im Vorfeld einer Theorie eine Gliederung nach charakteristischen Konfliktzusammenhängen und nach deren Ausdrucksformen. Dahrendorf (1972, 748 ff.) unterscheidet Konflikte nach drei Ebenen:

1. nach Konfliktzusammenhängen und Konfliktformen wie Rollen-, Proporz-, industriellem Konflikt, Klassen- oder internationalen Konflikten;

2. nach Ausdrucksformen (bei Simmel wären das der Streit, der Kampf, die Konkurrenz), nach Intensität und Gewaltsamkeit;
3. nach Erscheinungsformen als manifester, latenter oder umgeleiteter Konflikt („unechter" Konflikt).

Dahrendorfs Strukturierungsansatz lässt sich gut mit der interaktionsbezogenen Konflikttheorie Georg Simmels und mit Max Webers Theorem des Sozialen Wandels durch Konflikte (vgl. Bohnacker 2005, 77) verbinden. Simmel wie auch Weber postulieren jeweils für die verschiedenen Vergesellschaftungs- bzw. Gemeinwesen- und Gruppenstrukturen annähernd ähnliche dynamische Impulse, die von Konflikten ausgehen oder mit diesen verbunden sein können. Konflikte gehören demnach zu Sozialen Systemen dazu, sind für diese konstitutiv, können aber andererseits auch desintegrativ für einzelne Personen oder Teilgruppen, auch spaltend und sogar auflösend wirken, sobald sie rein destruktive Züge annehmen oder die Gruppengrundlage selbst infrage gestellt wird. Coser (2009) nimmt 1956 diese historischen Ansätze Max Webers und vor allem Georg Simmels wieder auf, um damit der bis zu seiner Zeit zunehmend negativ konnotierten Verwendung des Konfliktbegriffs zu begegnen. Nach seiner Auffassung orientierten sich die historisch üblichen Konflikttheorien von Park (1941), Lundberg (1939), Parson (1949) oder Lewin (1947) an individuellen oder gruppenbezogenen Anpassungsfragen statischer Gesellschafts-, Gemeinwesen- bzw. Gruppenmodellen. Dementsprechend erschöpfen sich seiner Auffassung nach Konfliktbearbeitung und Konfliktmanagement in Verfahren zur Konfliktvermeidung oder in Anpassungsstrategien. Im Rückgriff insbesondere auf Simmels Abhandlung „Der Streit" versucht Coser Simmels Thesen in eine moderne Konflikttheorie zu transformieren, ohne dass es dadurch bisher besser gelungen wäre, dem Konfliktbegriff positivere Verständnisakzente hinzufügen zu können. Nach wie vor gelten Konflikte eher als störend, als lästig, als destruktiv und als desintegrierend, vermutlich weil sie in ihrer dynamischen Funktion Gewohntes und scheinbar Bewährtes infrage stellen. Es ist nicht untypisch, dass die Konfliktkonnotationen dabei nach Lebensalter und nach biografischen Entwicklungs- und Reifestadien differieren; so verbinden adoleszente Jugendliche mit Konflikten nicht nur negativen sondern auch positiven Stress, den gewissen ‚Kick' im Zusammenhang etwa mit ablösungsorientierter, provokativer und konfrontativer Abarbeitung an erwachsenen Personen oder bei riskanten Grenzüberschreitungen.

Die Betrachtung von Konflikten im Rahmen einer solch adoleszenztypischen Generationendynamik gilt, wie Gewalt auch, zwar als ubiquitär, wird aber trotzdem in nahezu jeder neuen Erwachsenengeneration als „neues" oder im historischen Vergleich als „problematisches Phänomen" jeweils nachfolgender Generationen dramatisiert, welches man entweder (repressiv) bekämpft oder in neu entstehenden Institutionen mit neuen Methoden zu regulieren versucht wie bspw. derjenigen der Offenen Kinder- und Jugendarbeit in den 1970er, Streetwork und der aufsuchenden und mobilen Jugendarbeit in den 1990er Jahren oder der Schulsozialarbeit nach der Jahrtausendwende.

Ziel soll hier sein, sowohl Konflikte, genauso wie Kooperation, in Anlehnung an Simmel als Gruppen und Gemeinwesen konstituierende Parameter zu verstehen und Handlungsansätze dahingehend zu untersuchen bzw. zu entwickeln, wie diese helfen können, Konflikte zu begleiten und zu bearbeiten, um damit entweder Entwicklungen anzustoßen und zu dynamisieren oder aber destruktive und zerstörende Verläufe und Ausformungen zu verhindern. Konfliktarbeit im letzteren Sinne wäre dann häufig auch mit Gewaltprävention gleichzusetzen, wenn es um die extremeren Erscheinungsformen in Konfliktspiralen oder Eskalationsstufenmodellen (vgl. Glasl 1999, 215 ff.) geht.

Dahrendorfs Konfliktverständnis (1972 a, 748 ff.) würde dagegen nahezu sämtliche Konfliktebenen, Vorstufen und auch Konflikthintergründe und deren Potenziale umfassen. Nimmt man ein solch breites Konfliktverständnis als Grundlage ihrer Bearbeitung, so impliziert dies eine immense Überforderung bei den kurz- bis mittelfristigen Handlungsmöglichkeiten. Es soll deshalb als Grundlage für Bearbeitungsstrategien hier keine Berücksichtigung finden.

2.4 Theorie zur Funktion Sozialer Konflikte in modernen Gesellschaften

Lewis A. Coser (1956/2009, 1973) übernahm Mitte des letzten Jahrhunderts die Aufgabe, hauptsächlich aus den konfliktspezifisch relevanten Befunden in Georg Simmels Schrift „Der Streit“ (1901) eine auch für moderne Situationen und Zwecke geeignete Theorie zur Funktion Sozialer Konflikte zu entfalten. Im Zentrum dieses Ansatzes steht dabei das Verhältnis von Kooperation und „sozialem Konflikt“.

Coser versteht dabei neben der *„Kooperation“* den *„Sozialen Konflikt“* als zweite Form der Vergesellschaftung, die einerseits dazu diene, rationale Lösungen bei gegensätzlicher Interessenlage zu ermöglichen und andererseits zahlreiche stabilisierende Funktionen für soziale Gruppenkontexte ausübe.

Coser orientiert sich in seiner Theoriestruktur sowohl an Simmels Differenzierung zwischen den Konfliktformen des *Kampfes, des Rechtstreits* und der *Konkurrenz* als auch an seiner Unterscheidung zwischen *„echten“* und *„unechten Konflikten“*. Aus Simmels Verständnis, Konflikte seien zu großen Teilen Instrumente der Vergesellschaftung prägt Coser den Terminus des „Sozialen Konfliktes“. Der Ansatz Simmels, die meisten Konflikte seien Vergesellschaftungsformen soll hier allerdings nicht so verstanden werden, dass „dissoziale Konflikte" oder Gewalt an sich außerhalb der Gesellschaft stehen könnten.

Letztere können selbstverständlich ebenfalls, selbst in ihrer höchst individualisierten und dissozialen Form ebenfalls Produkte gesellschaftlicher Strukturen sein.

Simmel differenziert in seinen Abhandlungen über die so genannten Streitformen eigentlich zwischen drei grundsätzlichen Typengruppen des Kampfes, des Streiks und der Konkurrenz, die aber unter den Aspekten „Sozialer" und „dissozialer Konflikte" neu zugeordnet werden sollen (siehe Ü 12), da ersteren konstruktive, letzteren (zunächst) aber destruktive Funktionen zukommen, die in ihrer jeweiligen Bearbeitung unterschiedliche Herangehensweisen erfordern.

1. *Dissozialer Konflikt*

1.1 als *Dissozialer Kampf:* offener Kampf mit Vernichtungsabsicht „um des Kampfes Willen" aus ‚primärem Feindseligkeitstrieb'

1.2 als *Kampfspiel* um einen Siegespreis nach dem Gewinner/Verlierer-Prinzip und „um des Kampfes Willen" oder aus purer Lust am Kampf

2. *Sozialer Konflikt*

2.1 als *Kampf im Sinne einer sozialen Beziehung:* als Ringen um einen formalen Zweck in einem Regelkorridor (Rechtsstreit, Streit um das Richtige, das Gerechte)

2.2 als *Arbeitskampf* (oder Streik) im Sinne einer entpersönlichten Vergesellschaftungsform

2.3 als *Konkurrenz:* indirekter Kampf ohne Vernichtungsabsicht als Besiegen eines Konkurrenten zur Verbesserung der eigenen Situation

2.4 als *spezifische (alltägliche) Streitformen* in Familie, Gemeinwesen und in religiösen und politischen Gruppen.

Übersicht 12: Soziale und dissoziale Streitformen (Coser in Anlehnung an Simmel, 1908/Kilb 2012, 146)

Dissoziale Konflikte fungieren bei Simmel (1908, 198) als solche, die mehr über „primäre menschliche Energien", also über psychische als über soziologische Dimensionen bedingt seien.

Coser betrachtet die „Sozialen Konflikte" aber hinsichtlich ihrer konstitutiven Dimensionen für diverse Vergesellschaftungsformen. Er legt dar, wie Konflikte etwa dazu dienen können, große Systeme (wie bspw. Staaten) mit hohen Ausdifferenzierungen im Sinne eines ständigen Kampfes um Ausgleich und Gerechtigkeit zusammenzubinden, oder um Gruppenbildung und

Gruppenentwicklungen durch Grenzziehungen zu anderen Gruppen anzustoßen. Er betrachtet, welche Rolle gruppeninterne Konflikte oder Konflikte mit Fremdgruppen für die jeweils eigene Gruppenstruktur spielen oder wie sich Feindseligkeit und Spannungen in Konfliktbeziehungen artikulieren. Diese gruppenbezogenen Konfliktfunktionen sollen im Folgenden dargestellt werden (vgl. Kilb 2012, 145 ff.).

Konflikte festigen System- und Gruppenstrukturen

Simmel benennt zunächst zwei konfliktaffine Phänomene, die Gruppenstrukturen festigen helfen, wenn Gruppen Konflikte mit anderen Gruppen eines größeren Systems (Schule, Gemeinwesen, Staat) austragen. Coser reflektiert dies wie folgt:

> „Er sagt erstens, der Konflikt setze Grenzen zwischen Gruppen innerhalb eines sozialen Systems, in dem er das Gruppenbewusstsein und das Gefühl der Absonderung stärke und so die Gruppenidentität innerhalb des Systems schaffe. Zweitens bemerkt er, gegenseitige ‚Repulsionen' erhielten das ganze soziale System, weil sie ein Gleichgewicht zwischen seinen verschiedenen Gruppen herstellten" (Coser 2009/1956, 37).

Konflikte durchziehen danach ganze Gesellschaften, ordnen diese immer wieder neu und halten sie dadurch entwicklungsoffen und zugleich zukunftsfähig. Allerdings ist in einem solch permanenten Prozess gesellschaftlichen Ausgleichs durch Positionierungskämpfe ein gewisser Minimalkonsens vonnöten, um Polarisierungen und damit ggf. einhergehende interne Vernichtungskämpfe auszuschließen. Dies gilt auch für kleinere Systeme wie Kommunen, für Institutionen wie Schulen genauso wie für informelle Organisationsformen wie die Peergroup.

Die Befunde Simmels gilt es nach Coser zeithistorisch zu relativieren. In Zeiten aufkommenden Klassenkampfes zur vorletzten Jahrhundertwende stehen der Kampf gegeneinander und die Abgrenzungen der damaligen Klassen voneinander für deren binnenbezogene interne Verbundenheit und Integration als auch für die jeweilige Identitätskonstruktion.

In unserer heutigen Kontingenzgesellschaft erscheinen die individuellen Bedürfnisse nach kollektiver Verortung zumindest ebenso wichtig für die bindenden Binnenkräfte in Gruppen zu sein. Gruppen können sich heute auch vergleichend und aneinander orientierend gegenüberstehen und daraus Impulse für die jeweils eigene Kohärenz ableiten. Trotzdem finden wir auch in der modernen Gruppe die Abgrenzungsbemühungen als Stabilitätsfaktoren wieder, die neben der Identität auch das Wertebewusstsein und die Energien zum Engagement anheben.

Sind die Konflikte zwischen verschiedenen Gruppen sehr intensiv oder für diese gar von existenzieller Bedrohung, verstärkt sich deren Zwang zur (scheinbaren) internen Geschlossenheit. In kriegsähnlichen Auseinandersetzungen tolerieren die unter Hochspannung stehenden Kriegsgegner eher innere Abweichungen recht lange, um ihre Stärke bzw. Größe nicht einzubüßen, stoßen Dissidenten oder Abweichler dann aber mit umso größerer Energie ab (Coser 2009/1956, 114).

Moderne Konfliktformen dieser Art sind teilweise in betrieblichen Mobbingstrukturen oder auch in unter großer Spannung stehender Gruppen im politischen Sektor sowie in den Peergroups adoleszenter männlicher Jugendlicher zu finden. Inszenierungen und Ausschlüsse von ‚Verrätern' fördern die innere Kohäsion, fungieren häufig aber auch als ‚Blitzableiter' für andere Konflikte und besitzen dadurch gruppenhygienische Funktionen.

Aktuelle Beispiele stellen Aussteiger insbesondere aus rechtsextremistischen und neo-salafistischen Gruppen dar. Die o. a. Mechanismen sind insbesondere für die Aussteigerprogramme wichtig, in denen mit religiös oder politisch Radikalisierten gearbeitet wird.

Ein zu großer innerer Zusammenhalt kann aber auch zu Konzentrationsprozessen und zur Machtanhäufung führen.

Gruppen mit defizitärer Kohäsion, mit Unsicherheiten bzgl. eigener Ziele, Bestimmungen und Aufgaben, können dazu neigen, innere wie äußere Feinde zu erfinden, um den internen Solidaritätsfaktor zu steigern (ebd., 123). Für Gruppen in totalitären und autoritären Strukturen und Milieus kann ein solches Muster konstitutiv sein, wenn etwa Minoritäten, Außenseiter oder Verfolgte in diesem Sinne funktionalisiert werden, wie dies im populistischen Politikzeitalter offensichtlich wird.

In totalitären Gruppen wird dabei der „innere Zusammenhalt" zur Pflicht definiert (wie etwa das Unter-Strafe-Stellen des Ausbleibens von Tränen während des Traueraktes um Kim Jong Il in Nordkorea) oder durch externe Bedrohungsszenarien aufrechterhalten (ebd., 113). Gruppen mit ständigen Friktionen zu Externem bilden durch solche Bedrohungsphantasien und den permanenten Spannungslevel mehr Intoleranz in ihrer Binnenstruktur aus (vgl. Kilb 2012, 147 f.).

Wirkungen gruppeninterner Konflikte

Die in engeren Beziehungen vorzufindende affektive Ambivalenz von Hass und Liebe, von Nähe und Distanz ist auch für Gruppen relevant.

Je mehr Gruppenkontexte durch intime persönliche Beziehungen oder durch Persönlichkeitsfaktoren einzelner Mitglieder geprägt sind, umso intensiver wird die Art und Weise, wie interne Konflikte entweder ausgetragen oder aber vermieden bzw. verdrängt bleiben.

> „Das Zusammen von Einigkeit und Gegnerschaft in solchen Beziehungen macht die besondere Schärfe des Konflikts aus. Feindschaft ruft tiefere und heftigere Reaktio-

> nen hervor, je mehr die Parteien, zwischen denen der Streit entsteht, aneinandergebunden sind. In Konflikten innerhalb einer engen Beziehung hasst die eine Seite die andere umso stärker, je mehr sie als Bedrohung der Einheit und der Gruppenidentität erscheint" (Coser 2009/1956, 85).

Gruppen mit geringerer persönlicher Kohäsion sind daher offener für „echte Konflikte", also für sachlich ausgetragenen Streit. Umgekehrt scheint die Wahrscheinlichkeit größer, dass in kleineren und in Gruppen mit persönlicherem Setting „unechte Konflikte" im Sinne von Übertragungen und Projektionen zutage treten oder aus „echten Konflikten" heraus entstehen und Lösungen erschweren können.

Gruppeninterne Konflikte können des Weiteren dazu dienen, „auflösende Elemente aus einer Beziehung zu entfernen und die Einheit wiederherzustellen" (ebd., 96). Sie können umgekehrt aber auch die Gruppenziele durch Ausgliederung einzelner Mitglieder „bereinigen". Ausgliederungen dieser Art machen für den gesellschaftlichen Differenzierungs- und Organisationsprozess dann Sinn, wenn diese zu neuer Gruppenbildung oder zum Übergang ausgeschlossener Mitglieder zu anderen Gruppen führen.

Mehrere gleichzeitig und parallel zueinander stattfindende Konflikte können kumulativ wirken und sind dann durch die große Unzufriedenheit der Akteure eher desintegrativ. Ansonsten neutralisieren sich die Parallelkonflikte häufig auch gegenseitig, sodass sie die Gruppe weniger destabilisieren als ein polarisierter und damit die Gruppe ggf. spaltender Konflikt. So genannte „duale Systeme" fördern solche Spaltungen durch Konflikte, während sich multiple, arbeitsteilige, delegationsorientierte Systeme gegen Spaltungen eher resistent zeigen.

Ist eine Gruppe stärker ideologisch oder religiös-fundamentalistisch geprägt, werden Konflikte eher entpersönlicht „im Sinne der Sache" bzw. „für die Sache" ausgetragen, wie es bspw. im internen Disput politischer Parteien häufiger der Fall ist. Hier kann es darum gehen, die kollektive „Ehre" zu verteidigen und sich persönlich dem kollektiven Gedanken unterzuordnen. Die Intensität der Konfliktaustragung ist dann im angenommenen Regulationskontext der Gruppennorm und weniger in der Einzelverantwortung begründet.

Allerdings dürfen die Konflikte den Grundkonsens der Gruppe selbst nicht bedrohen.

Simmel und Coser liegen in ihren Auffassungen erwartungsgemäß zusammen, wenn es um die Beurteilung der Gruppen- bzw. Beziehungsstabilität unter Konfliktkriterien geht. Danach sind Gruppen nicht in sich stabiler, wenn sie konfliktarm sind. Ihre Stabilität liege dagegen im Ausbalancieren zwischen dem Zulassen von Konflikten, die keine Bedrohung der gemeinsamen Grundlage darstellen, und der Konfliktvermeidung bei zerbrechlichen Anlässen. Bei Letzteren müsste ergänzt werden, dass es hier einer Bearbeitung mit ggf. externer Hilfestellung bedarf, um längerfristig die Gruppenstabilität nicht erneut zu gefährden (vgl. Kilb 2012, 148).

Eine besondere Gruppensituation stellt sich in der Familie dar. Hier können die Konflikte eine intensivere Form ausprägen, weil in der Familie einerseits ggf. deutlichere Macht-, teilweise Herrschaftsverhältnisse existieren und andererseits Ausschlussprozesse durch ihre Institutionalität deutlich erschwert sind. Intensivierend kommt hinzu, dass sie als private Institution nach außen hin abgeschlossen sein kann und externe soziale Kontrolle nur eingeschränkt möglich ist.

Konflikte schaffen Verbündete und Koalitionen

Konfliktoffene gesellschaftliche Entwicklungsprozesse führen im Zusammenhang mit Kämpfen und Auseinandersetzungen um Herrschaft, Macht, Anerkennung, Sicherheit, Teilhabemöglichkeiten und Akzeptanz zu Koalitionen, Bündnissen und Kooperationen zwischen verschiedenen Teilsystemen und Gruppen, die im Falle etwa von „antagonistischen Kooperationen" ansonsten nichts miteinander zu tun haben müssten (z. B. „Burgfrieden" der Parteien und Bewegungen im Kontext der Militarisierung im 1. Weltkrieg). Solche Bündnisse verhindern *dann* Desintegration und Atomisierung, wenn sämtliche Gruppen in irgendeiner Form koalitionsfähig bleiben. Im anderen Fall droht Marginalisierung und auch Segregation.

Solche Bezüge findet man in der Moderne gleichermaßen auf parteipolitischer wie auf der Ebene von um Anerkennung ringenden adoleszenten Jugendlichen (vgl. Kilb 2012, 149 f.). Intensiviert werden bzw. gezwungenermaßen entstehen solche ‚Bündnisse' durch reale oder vermeintliche externe Bedrohungen oder Gegner.

Durchsetzungsstrategien in Konflikten

In der Austragung sozialer Konflikte existieren nach Simmel (1989/1992) mehrere Arten von Durchsetzungs- und Bearbeitungsstrategien (vgl. Abb. 2 und Ü 10). Im Falle des Kampfes endet dieser mit *Sieg oder Niederlage*, mit einer *Aussöhnung bzw. Versöhnung* oder durch *Aufgabe* oder *Ausscheiden*, beim Streit (Rechtsstreit) durch *Wegfall des Streitgegenstandes*, durch einen *Kompromiss*, einen *Ausgleich* oder aber durch eine *Entscheidung* (Richter, Schiedsperson, höhere Autorität).

In einem durch Konkurrenz formatierten Konflikt existieren als Lösungen ein *Gewinn für beide Seiten*, es kann zur *Kartellbildung* kommen, zu einem *Kompromiss* oder zu einem *einseitigen Gewinn mit Übernahme* bspw. in ökonomischen Auseinandersetzungen.

Bei den diversen Konfliktinhalten, angefangen von Macht, über Interessen, Werten bis hin zu Beziehungsaspekten (Anerkennung und Akzeptanzproblematik), die sich in einer längerfristigen und komplexen Konfliktstruktur häufig miteinander verschränken können, wird bei den Austragungsformen zwischen direkten (Debatte, Streit, Mobbing/Bullying etc.), indirekten (Streik, Boykott etc.) und vermittelnden Formen (Koalitionen, Bündnisse, Einbeziehung dritter Personen zur Vermittlung etc.) unterschieden.

Auch solche, zunächst einmal historisch akzentuierte Durchsetzungsstrategien waren in Simmels Zeit eher positiv konnotiert, da die Begriffe des Konflikts oder des Streits zu Beginn des 20. Jahrhunderts mehr unter dem politischen Aktivierungsverständnis fungierten, an den damals sehr ungleichen und ungerechten Verhältnissen einer Klassengesellschaft durch eigene bzw. kollektive Aktivitäten etwas zu verändern (vgl. Kilb 2012, 150).

Konflikte sozialisieren, indem sie Ordnungen sowie Regel- und normative Systeme schaffen

Das Austragen von Konflikten in den frühen Eskalationsstufen ist ein wirksames Mittel, um letztendlich Gewalt als Kampfmittel zu verhindern.

Konflikte lodern insbesondere dann auf und mutieren zum offenen Kampf, um über eine direkte Vergleichbarkeit zwischen Gegnern die jeweils eigene Position, den jeweiligen „Stärkeindex“ festzustellen. Nach Coser benötigen nichtökonomische Machtkämpfe und Interessenkonflikte eher den Wettstreit oder den Kampf, um Gegensätze auszutragen (ebd., 160). Ökonomische Konflikte tun sich als solche in der Form des Kampfes kaum auf, da Geld hier als Tauschmittel einen objektiven Vergleichsmaßstab darstellt. Der Konflikt wird deshalb eher in Konkurrenz zueinander ausgetragen.

Konflikte können ausgelöst werden durch subjektiv empfundene Veränderungen einer bestehenden Machtarithmetik. Durch Kämpfe werden die Machtverhältnisse neu ausgelegt und ein neues bzw. neu austariertes Gleichgewicht hergestellt; älter werdende Kinder rebellieren spätestens in der Adoleszenz gegen die Eltern und schaffen sich hierüber mehr Macht und mehr Rechte. Der Konflikt ist in diesem Fall Mittel des Ausgleichs und hält die Ungleichheiten und Ungerechtigkeiten einer Gesellschaft in kommunikativer Form in einer Verbindung zueinander.

> „Indem der Konflikt zeitweilige Vereinigungen entstehen lässt, vermag er die verschiedenen Elemente der Gesellschaft aneinander zu binden. (...) Zweckgerichtete Verbände machen in der modernen Gesellschaft aus Kampf Ordnung, bringen Form in das, was sonst Chaos wäre und sozialisieren Individuen, indem sie ihnen durch den Konflikt die Regeln der sozialen Ordnung beibringen“ (Coser 2009/1956, 169).

Konfliktgegner haben dabei oftmals ein eigenes Interesse an einer geordneten Organisation auch beim Gegner, da hierdurch Spielregeln der Auseinandersetzung eher eingehalten werden können, auf die man sich entsprechend einstellen kann (ebd., 159).

Konflikte schaffen somit *Regelsysteme* und *Normen.* Sie führen zudem durch ihre Neuauflage zur Vergewisserung derselben oder zu Veränderungen. Durkheim (1893, 70) weist in diesem Zusammenhang darauf hin, dass selbst ein Verbrechen hierbei im Sinne eines Mediums zur Vergewisserung einer aufrechten Haltung beitragen könne.

Konflikte produzieren neue Interaktionsformen, neue Regeln und Gesetze und helfen den Konfliktakteuren dabei, sich an neue Bedingungen anzupassen (Coser 2009/1956, 154).

Werden Konflikte systematisch vermieden, verhindert oder verschoben, kommt es nach Coser zu neuen, wieder entstehenden oder auch Ersatzkonflikten. Das Vermeiden von Konflikten liegt in einer Angst oder Befürchtung vor Auflösung auf der Beziehungsebene, vor dem Ausschluss auf Gruppenebene und vor Nicht-Integration auf gesellschaftlicher Ebene (vgl. Kilb 2012, 150f.).

2.5 Eingrenzung des Konfliktverständnisses und der Konfliktbearbeitung

Im Gegensatz zu Ralf Dahrendorf und dessen Konfliktverständnis und Konfliktrahmungen soll hier ein eingegrenztes, engeres Konfliktverständnis zugrunde gelegt werden wie etwa dasjenige von Luhmann, Glasl oder Imbusch (2010, 152), in dem nur dann von einem Konflikt gesprochen wird, sobald Unvereinbarkeiten zwischen Konfliktbeteiligten wirklich auch so kommuniziert werden, dass es hierdurch zu wirklichen Friktionen und Einschränkungen zumindest einer der Konfliktparteien kommt und damit jemand wahrnehmbar beeinträchtigt wird.

Nur mit Hilfe einer solchen Engführung in der Definition lassen sich Konflikte überhaupt in einer überschaubaren Art als bearbeitbar oder als regulierbar darstellen. Je mehr man dagegen den Konfliktbegriff auch auf allgemeine Ursachenebenen wie etwa derjenigen gesellschaftlicher Widersprüche ausweitet, umso deutlicher verringern sich die situations-, kurz- und mittelfristigen Bearbeitungsmöglichkeiten, die aber gerade in bestehenden praktischen Konfliktarenen von Familie, Schulen, Betrieben und im Gemeinwesen bedeutsam sind.

Dies soll keinesfalls bedeuten, gesellschaftliche Widersprüche nicht auch als mögliche Hintergrundkontexte von Konflikten zu identifizieren. Der hieraus ggf. auch hervorgehende, sich aber erst durch aktuelles Handeln artikulierende eigentliche Soziale Konflikt lässt sich aber in seiner multifaktoriellen Genese nicht monokausal und auch nicht linear auf solche allgemeinen Hintergründe zurückführen; denn umgekehrt verfügen viele, ebenfalls solchen Hintergründen ausgesetzten Personen über meist andere, und auch häufig weniger konfligierende Bewältigungsstrategien. Gesellschaftliche Widersprüche generieren für sich genommen eben noch keinen Sozialen Konflikt; sie bilden höchstens das Potential, um aus ihnen heraus gewachsene Konfliktimpulse zu forcieren und ggf. eher aufbrechen zu lassen.

Das hier praktizierte Konfliktverständnis basiert dagegen auf der Annahme *kommunizierender Interdependenz,* wonach sich Veränderungen auf den sozialen Mikroebenen – also etwa eine Konfliktbearbeitung in einer Schule – auch verändernd auf die Meso- und Makrobereiche auswirken können und dies nicht nur in umgekehrter Reihenfolge geschehen muss.

Darüber hinaus wird davon ausgegangen, dass Konflikte zwar häufig in meist sehr komplexen und umfassenden Kontexten entstanden sind und sich in einer ganz spezifischen ‚Dramaturgie' entwickelt haben. Daraus lässt sich aber nicht unbedingt ableiten, dass auch deren Bearbeitung nur dann gelingt, wenn diese gesamte komplexe Struktur und deren genaue Schrittabfolge so auch wieder zum Gegenstand der Bearbeitung gemacht werden können. Ein Konflikt kann sich auch von seiner Ausgangssituation entkoppelt haben und sich – sukzessive mit einer Eigendynamik ausgestattet – verselbständigen, ein eigenes autopoietisches System bilden (vgl. Simon 2015, 12).

Es wird hier davon ausgegangen, dass die Arbeit an Konflikten bzw. am gewaltaffinen Handeln zunächst schichtweise von der individuellen Akteurs-Ebene, von den betroffenen Personen aus (Mikroebene) auf die wirklich auch erreichbaren weiteren Co-Akteure, Felder und Strukturen hin ausgeweitet wird. Es sollten aber dann Grenzen gesetzt werden, sobald die Einflussmöglichkeiten abnehmen oder gar nicht mehr bestehen. Natürlich sind bei einer solchen Eingrenzung Abstriche bzgl. der ‚ursächlichen Bearbeitung' zu machen. Die Bearbeitungsmodi und/oder -hilfen liegen schlussendlich dann eher in strategischen Umgangsformen mit nach wie vor konfliktfördernden Gegebenheiten.

Diesen Ausgangsannahmen entsprechend, lassen sich Konflikte und auch Gewalt in ihrer Analyse bis hin zu ihrer Bearbeitung nach drei Ebenen differenzieren, nämlich nach konflikt- und gewaltaffinen Vorstufen (1), nach der ‚Konfliktarena' mit entsprechender Konfliktartikulation und Formen des Konfliktausbruchs, also nach Konflikt- und Gewalttypologien (2) und nach Regulationsmöglichkeiten (3) in den jeweiligen Arenen bzw. im Rahmen nachgelagerter Bearbeitung (vgl. Ü 13) (vgl. Kilb 2012, 142).

Auf der ersten Ebene der Konfliktvorstufe finden sich die Hintergrund- und Ausgangsdispositionen, die konfliktverursachend, fördernd bzw. konfliktintensivierend wirken, die aber nicht sämtlich und nicht zwangsläufig auch zum Gegenstand der eigentlichen Konfliktbearbeitung zählen müssen. Sollten etwa nicht mehr zugängliche oder nicht mehr erreichbare Ebenen oder Personen wie etwa ein kündigender Betriebschef als Impulsgeber eines nachfolgenden, in die eigene Familie ‚verlagerten' Konfliktes zählen, so kann

1. *Konflikt- und gewaltaffine Vorstufe(n)*

1.1 Vorfeld, Umfeld

1.2 Hintergründe

1.3 Auslöser

1.4 Risikokontexte wie etwa gesellschaftliche, politische Widersprüche,

1.5 unvermittelte (intrinsische) Gewaltaktionen

2. *Analyse der Konfliktarena mit Konfliktartikulation/Konfliktausbruch: Konflikt und Gewalttypologien*

2.1 Sozialer („echter") Konflikt, „teilbarer Konflikt", Konflikte und Gewalt als „soziales Handeln" (Hirschmann/Dubiel, Reemtsma)

2.2 Dissoziale/r Konflikt/Gewalt, „unteilbarer Konflikt", „isolierte Gewalt"

2.3 Latente/r bzw. verdrängte/r Gewalt/Konflikt

2.4 Verlaufsformen und Eskalationsstufen

3. *Konfliktregulation/Konfliktbearbeitung*

3.1 Kulturell-informelle Selbst-Regulation: Konfliktvermeidung durch Aufgabe/Flucht/Absenz, Verdrängung, Aushandlung, Vermittlung, Schlichtung, Entscheidung durch Neutrale oder Autoritätspersonen

3.2 Rechtsprechung

3.3 Methodische Bearbeitung: Deeskalation, Aushandlung, Vermittlung, Schlichtung, Ausgleich, Konfrontation, Machtentscheid

3.4 Gewaltprävention

3.5 Situative Intervention in akuten Fällen

Übersicht 13: Ebenen der Gewalt- und Konfliktbearbeitung

es sein, dass es bei der Bearbeitung lediglich darum gehen muss, dass sich der viktimisierte Konfliktakteur damit auseinanderzusetzen hat, wie er zukünftig mit solchen, von Dritten ausgelösten Frustrationen für sich verträglicher und ohne erneute Verletzungen zurecht kommen kann.

Umgekehrt kann sich bspw. durch eine spontane Gewalttätigkeit, ausgelöst vielleicht aufgrund einer rein subjektiven Provokationsempfindung auf Täterseite, ein Konflikt in der gerade entstandenen „Beziehung" zweier Akteure (Täter und Opfer) erst entwickeln, der ggf. im nachfolgenden Rechtsstreit zwar ‚geregelt', aber nicht unbedingt beigelegt werden kann und sich dann als jeweils internalisiertes Konfliktmuster bei Täter wie Opfer reproduziert. Wenn sich das Opfer jetzt aus traumapsychologischen Gründen nicht mehr in der Lage sieht, als aktiver Akteur in einem Resozialisierungsprozess des Täters mitzuwirken, müsste mit dem Täter ggf. eine „Opferinteraktion“ in fiktiver Form inszeniert werden, um die durch den Täter produzierten Konfliktauswirkungen trotzdem täterbezogen bearbeiten zu können (vgl. etwa das entsprechende Modul im Täter-Opfer-Ausgleich oder im Antiaggressivitätstraining).

Auf der zweiten Ebene, der Analyse der Konfliktarena geht es zuerst um eine rekonstruierende Situationsanalyse. Bei sehr intensiv ausgetragenen Konflikten in höheren Eskalationsstufen mit umfangreichen Zeitkorridoren kann die Rekonstruktion sehr viel Zeit in Anspruch nehmen oder auch in ihrer Vollständigkeit und ihren Ablaufstufen durch nachträgliche Wahrnehmungsverzerrungen unvollständig bleiben oder den Konflikt sogar ungenau kausalisieren. Steht die Aufarbeitung von ihrem Aufwand her in keinem adäquaten Verhältnis mehr zu den avisierten Zielen, so kann es sinnvoll sein, die perspektivische Regulation an einer vergleichbaren Situation anzudocken oder einen ‚historischer Schnitt‘ durchzuführen, um sich ganz auf eine regulierbare zukünftige Situation zu konzentrieren. Ein solcher Schnitt ist dann machbar, wenn die Verletzungen oder Schädigungen entweder nicht zu groß waren oder wenn diese zukünftig keine Rolle mehr spielen.

Die Arbeit auf der dritten Ebene ist schließlich entscheidend dadurch geprägt, inwieweit sich die Regulation bzw. die Konfliktnachbearbeitung an vorhandenem Wissen aus den ersten beiden Bearbeitungsstufen orientieren lassen. Je geringer die Kenntnisse und Gemeinsamkeiten in den Wahrnehmungen der Akteure ausfallen, umso unspezifischer kann auf dieser Ebene gearbeitet werden.

In situationsspezifischen Interventionen, bei Gefahr im Verzug, entfallen häufig ganz die ersten beiden Ebenen. Hier können zunächst deeskalierende und schützende Maßnahmen angesagt sein, unabhängig von der jeweils vorausgegangenen Konfliktdramaturgie.

Entstehungsabfolge sozialer Konflikte

Soziale Konflikte resultieren aus einem Zusammenwirken meist sehr verschiedener Prädikatoren. Meist erst durch eine komplexe Weise eines dramaturgischen Zusammenspiels dieser Faktoren ergibt sich schließlich der eigentliche Konflikt. Hierbei korrespondieren psychische, soziale und gesellschaftliche Einflüsse miteinander, sodass kausale Bezüge zwischen einem bestimmten, in der eigentlichen Konfliktaustragung artikuliertem Verhalten und einem dieser Einflüsse nur schwer abzuleiten sind. So stellt sich der Konflikthintergrund (vgl. Abb. 4: (1)) oft als vergangener oder bestenfalls gegenwartsbezogener Rahmen dar. Dies kann, je nach Konfliktform eine historische, selbst erlebte biografische Situation oder auch eine aktuelle Unvereinbarkeitssituation zweier oder mehrerer Akteure sein, die ausgelöst wiederum durch ein

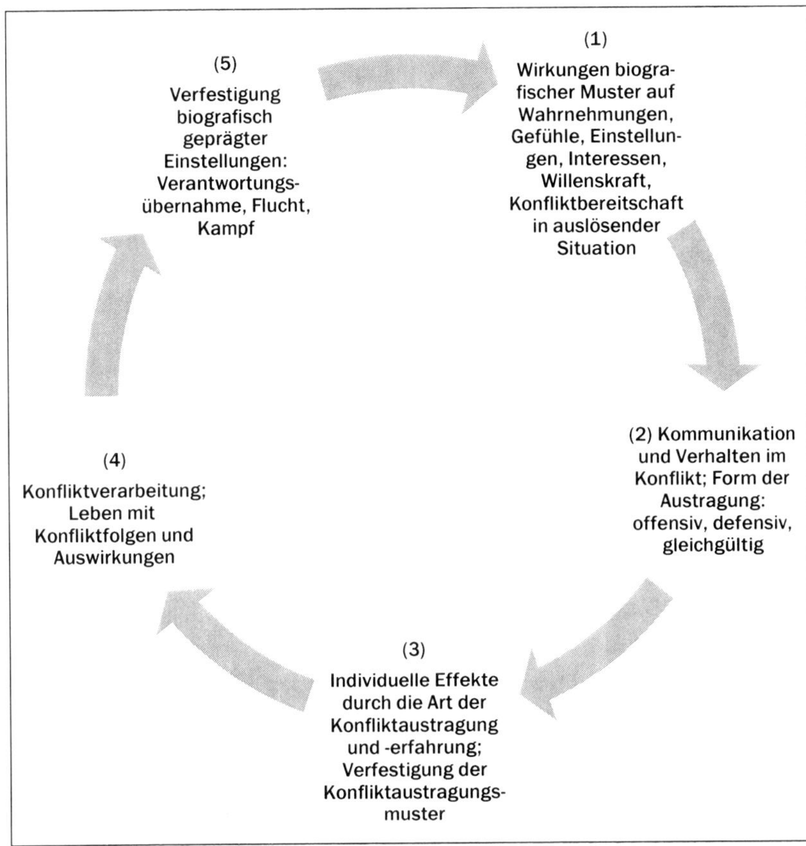

Abb. 4: Entstehungs- und Verlaufsdynamik von Konflikten

ganz spezifisches Ereignis (vgl. Abb. 4: (2)) einen latenten Konfliktimpuls erst zum Ausbruch bringt. Hierbei können spezifische individuelle Austragungsmuster der Akteure relevant sein, die wiederum biografische Wurzeln haben können (vgl. Abb. 4: (3)). Der dann offene Konflikt verläuft schließlich nach diversen Mustern und/oder Phasen bzw. Eskalationsstufen (vgl. Abb. 4: (3)) bis er sich (als ‚eigenes System') entweder „institutionalisiert" (vgl. Abb. 4: (4)) und damit zum individuell verfestigten Muster der Interaktion wird oder aber zu einem Abschluss kommt (vgl. Abb. 4: (5)).

Sollte eine gewalttätige Aktivität im Sinne einer finalen Konflikteskalationsstufe den vorläufigen Abschluss bilden, kann sich die Konfliktspirale unter „verschärften" Bedingungen weiterdrehen und in intensiveren Eskalationsstufen enden, die dann nur noch durch massive Machtintervention zu beenden ist.

Im Verlaufe einer Eskalationsspirale entwickeln sich Feindseligkeit oder gar Hass in diametral entgegen gesetztem Verhältnis zum Vertrauensabbau und Misstrauensaufbau zwischen den Parteien. Je geringer aber die gegenseitige Vertrauensbasis ist, umso aufwändiger wird ein Umsteuern hin zur Beilegung des Konfliktes.

Gewalt kann in einer solchen Ablaufspirale, aber auch bereits in der Hintergrundsituation bspw. als ‚innerer Impuls' eigener traumatischer Erfahrungen eine Rolle spielen (vgl. auch Abb. 2) oder in den sich darauf aufbauenden Ebenen als Mittel der Konfliktaustragung benutzt werden. Da gewaltaffines Handeln in der Konfliktspirale verletzende, entwürdigende und entwertende Spuren hinterlässt, ist in der professionellen Konfliktbearbeitung darauf zu achten, Gewaltauswirkungen entweder präzise zu thematisieren oder aber, in begleitender Funktion je nach Setting, Alter und Entwicklungsstand der beteiligten Akteure, die gewaltaffinen in andere zivilisiertere Austragungsformen zu überführen (vgl. Kilb 2012, 143 f.). Dieser Transformationsprozess sollte rechtzeitig in der Kindheit und frühen Adoleszenz erfolgen, damit sich gewaltaffine Konfliktlösungsmuster nicht verfestigen.

Fazit: Konflikte austragen, um Gewalt zu verhindern!

Georg Simmels Abhandlung zu Konflikten Anfang das 20. Jahrhunderts und die darauf aufbauenden Transferarbeiten Cosers unter dem Terminus des „Sozialen Konfliktes" in der Zeitspanne der 1950er Jahre stellen eine recht fundierte historische Grundlage für die Konfliktarbeit auch heute dar. Zahlreiche moderne methodische Ansätze orientieren sich genau an diesen beiden Befunden, docken dort kulturell an und sind in ihren Inhalten auf die damaligen analytischen Strukturelemente zurück zu führen. Wenn Simmel etwa feststellt, „der Vermittler wird die Vereinigung nur zustande bringen, wenn nach dem Glauben jeder Partei das Verhältnis der Feindseligkeitsgründe zu dem Vorteil des Friedens, kurz: wenn die reale Sachlage...es rechtfertigt" (ebd., 104), so bildet sich hier bereits die zentrale Rahmung moderner Mediationsverfahren ab.

Der heute vielleicht etwas zu euphemistisch klingende damalige Umgang mit der Produktivität von Konflikten sollte aber in den zeitnahen aktuellen Konfliktbearbeitungsprozessen wieder eine Renaissance erfahren dürfen, da die Thematik unzweifelhaft nicht nur zu den so genannten Soft-Skills kompetenter Schüler, Eltern und Erwerbstätiger, sondern auch zum Ferment moderner Gesellschaften zählt, in denen man sich bewegen können sollte, in denen man seine Interessen und Wünsche mit denen anderer auszuhandeln hat. Frey weist in seiner historischen Analyse gewaltsam ausgetragener, politischer Konflikte auf die Radikalisierungsgefahr hin, wenn Konflikte nicht ausgetragen werden (Frey 2005, 334). Demokratie als staatliches Ordnungssystem bildet dabei die institutionelle Grundlage gesellschaftlichen Konfliktumgangs auf der Metaebene; Voraussetzung hierzu scheint aber Demokratie als Lebensform zu sein, um auf sämtlichen sozialen und politischen Ebenen handlungsfähig zu werden. Die repräsentative Ausformung der Demokratie auf nationaler Ebene scheint aber den Konflikten des globalisierten neoliberalen Zeitgeistes nicht mehr ganz adäquat zu entsprechen, da es zunehmend zu zivilgesellschaftlichen Protesten einzelner gesellschaftlicher Gruppen kommt, die sich im bestehenden politisch-parlamentarischen System offensichtlich nicht mehr ausreichend vertreten fühlen. Die internationale Attac-Bewegung, ‚Pegida' in Ostdeutschland oder die Demonstrationen von ‚Fridays for Future' sind hierfür Beispiele der auslaufenden 2010er und beginnenden 2020er Jahre.

Die weiteren Ausführungen im methodischen Teil des Buches orientieren sich deshalb auch an einer ambivalenten positiven wie auch problemorientierten Konnotation des Konfliktbegriffs, etwa nach dem Leitsatz: *Konflikte austragen, um Gewalt und Desintegration zu verhindern!*

Kapitel 3
Theorien zur Radikalisierung

Radikalisierung bzw. Radikalität sollen hier, wie bereits in Kap. 1.3 angedeutet, vor allem als Phänomene im Prozess des Heranwachsens, eingeschränkt aber auch als verfestigtes Handlungsschema im Erwachsenenalter betrachtet werden. Radikalisierungen können sich in extremen Weltanschauungen vollziehen oder auch in verschiedenen Lebensbereichen einstellen, also in politischen, in religiösen, in sportlichen (Fanatismus) wie in ernährungs- bzw. gesundheits- und tierwohlbezogenen Fragestellungen, Bekenntnissen und Aktivitäten. Insbesondere soll aber auf die derzeit öffentlich stark diskutierte religiöse, politische, und hier vor allem rechtsextremistische, sowie zuletzt auf die Radikalisierung im Hooligan-Bereich des Bundesligafußballs eingegangen werden. Sämtliche dieser Phänomene bewegen sich in gewissen Ausmaßen auch im strafrechtlichen Bereich und sind deshalb mit teils dramatischen Auswirkungen für die jeweils Handelnden, sowie die von ihnen Viktimisierten verbunden.

Radikalisierung mit ernährungs- bzw. gesundheits- und tierwohlbezogenen Zielen und Bekenntnissen sind dagegen, bis auf Ausnahmen, eher Bestandteil legaler Interessenartikulation; sie sollen lediglich in ihrer individuell entwicklungspsychologischen Dimension vergleichend zu den anderen drei Phänomenen eingestuft werden.

Der Begriff ‚radikal' steht, wie bereits in Kap. 1 ausgeführt, zunächst unabhängig von Entstehungskontexten des Phänomens selbst für i. d. R. „politische und religiöse Einstellungen, Haltungen und teilweise Bestrebungen, die eine kompromisslose und konsequente Herangehensweise an Probleme und Fragestellungen beinhalten, ohne dass dabei die freiheitlich demokratische Grundordnung abgelehnt wird" (Friedmann/Phla 2017, 220; Jesse 2018, 31). Trifft letzteres aber zu, spricht man von Extremismus, bei religiösen Phänomenen auch von extremistischem Fundamentalismus, im Falle des Hooliganismus von gewalttätigem Fanatismus. Phänomene, die unter dem u. a. auch positiv konnotierten Label ‚radikal' firmieren, sollen hier ebenfalls mit betrachtet werden, da sie als Einstiegsstufe in den eher negativ konnotierten sog. Radikalisierungsprozessen eine Rolle spielen können.

Differenziert bzw. getrennt voneinander betrachtet werden einerseits die kognitiven und psychosozialen Vorgänge, die grundsätzlich zu einer extremistischen Radikalisierung im Rahmen politischer oder religiöser Einstellungen führen und andererseits die biografisch, meist in der Adoleszenz verorteten und somit als psychosozialer Entwicklungsfaktor fungierenden Entwicklungen. Beide Versionen können sich allerdings bei den hier näher beleuchteten Zielgruppen der jüngeren Neo-Salafisten/Dschihadisten, der jüngeren Rechtsextremisten und auch der jüngeren Hooligans miteinander verzahnen.

Generell lassen sich Radikalisierungsprozesse über mehrere Entwicklungsstufen rekonstruieren, die in meist folgender Reihenfolge verlaufen.

1. Zugrunde liegt bei einem *Einstieg in Radikalisierungsprozesse* eine motivationale Ausgangssituation in Form einer Koppelung biografisch-psychosozialer Impulse und/oder gesellschaftlich bedingter Frustrations- oder Risikoerfahrungen.
2. Hieraus resultiert ein Bedürfnis bzw. Interesse nach aktivem und vermeintlich lösungsorientiertem und *bewältigendem Handeln,* welches in eine Suche nach sinnergebenden Handlungsmöglichkeiten mündet. Dies können Angebote in den Bereichen Politik (Ideologien), Religion (Sinnsuche) oder Fußballfanatismus (diffuse Aggressionsabfuhr) sein.
3. In den Rollen des Fans (Fußball), des Gläubigen, des Glaubenskriegers (Religiöser Fundamentalismus) oder des Anhängers oder Mitglieds (Politischer Extremismus) können sich schließlich *Fanatismus, Gegnerschaft,* begleitet von psychischen Affekten der Wut, der Antipathie, des Ressentiments entwickeln, die sich im Zusammenspiel mit grundlegender Angst bzw. geschürten Ängsten

4a. zu *Hass* auswachsen können, was wiederum einen Einstieg in kognitive gewaltorientierte Projektionen (etwa in religiöse oder autokratische Führer, autoritäre Programme, gehasste gegnerische Mannschaften) oder

4b. eigene direkte Gewaltausübung fördern kann; letztere kann sich in kriegerischen, kriegsähnlichen oder terroristischen Aktionen bzw. Anschlägen artikulieren.

Die jeweiligen Artikulationsformen auf diesen verschiedenen Stufen der Radikalisierung sind sehr verschieden und reichen von der sprachlichen Verrohung über die Sprachgewalt, die sich im Hass ausdrückt bis hin zur Gewaltanwendung körperlicher wie psychischer Art.

Um präzise Aussagen über das Zusammenwirken vermuteter diverser Entwicklungseinflüsse treffen zu können, soll von zwei empirischen Basisfaktoren ausgegangen werden, nämlich von einer stark maskulin geprägten Dominanz in der Zielgruppe und von hohen Anteilen meist jugendlicher bis jung-erwachsener, also adoleszenter und spätadoleszenter Altersgruppen. Diese beiden Fakten werden in einen Bezug gesetzt zu den jeweiligen inhaltlichen bzw. Aktivitätsgegenständen von Religion, Politik und Fußball bezogenem Fanatismus. Das Radikalisierungsphänomen wird dabei auf der Makro-, Meso- und Mikroebene und im Kontext individueller Verlaufsprozesse auch im Chronosystem (in Anlehnung an Uri Bronfenbrenner 1976) erklärt. Eine zweite, eher soziologische Perspektive wird über die Betrachtung kollektiver Radikalisierungsformen hinzugezogen. Es soll in dieser Abhandlung davon ausgegangen werden, dass verschiedene, der hier thematisierten Modelle als Erklärungen relevant sein können, da die einzelnen biografischen Verläufe der Psycho- und Soziogenese sehr individuellen, wenn nicht sogar singulären Charakter besitzen.

Zwei gegensätzliche Tendenzen in *Studien zu Selbstmordattentätern:*

1. Mixtur aus religiös motivierter Eingebung zur Verteidigung sakraler Güter (Gebäude, Regionen, Werte usw.), befeuert durch Gefühle kollektiver Demütigung und Fremdbestimmung (Scott Atran 2014)
2. Suizidale Prädispositionen: der eigene Tod als kleineres Übel gegenüber z. B. dem Ehrverlust im Weiterleben (z. B. bei vergewaltigten muslimischen Frauen) (Adam Lankford 2014)

Weitere Hypothesen:

3. Neo-Salafismus als „jugendkulturelles Phänomen“: Die *Entwicklungsphase der Adoleszenz* bzw. die darin stattfindende Identitätsgenese insbesondere bei jungen männlichen Migranten als Schlüsselerfahrung;
4. *Dramatische bzw. traumatisierende individuelle biografische Erfahrungen* als finaler Impulsgeber (innerfamiliäre Gewalt; gesellschaftliche Diskriminierung usw.);
5. Eine *verspätete Integrationspolitik* und dementsprechend eine fehlende Integrationspädagogik und Willkommenskultur als verstärkender Rahmen;
6. Huntingtons *These des kulturellen Clashs* (Huntington 2002) zwischen islamisch geprägter Lebenshaltung und säkularem Staats- und Religionsverständnis als Erklärungsmodell;
7. Re-Idealisierungsform bei intergenerationellem familiären Statusverlust im Kontext gescheiterter Integrationsbemühungen.

Übersicht 14: Optionale bzw. korrespondierende Hypothesen zu Radikalisierungskontexten in fundamentalistisch-religiösen Milieus

Als zentrale Frage stellt sich dabei die nach dem Verhältnis zwischen *Ideologisierung* (Einstellungsebene) und *Radikalisierung* (Verhaltensebene).

3.1 Religiöse Radikalisierung als Bewältigungsstrategie adoleszenter Widersprüche und gesellschaftlicher Versagungen?[3]

Spätestens mit Beginn der Salafismusdebatte 2012 (Rosenfelder 2012, 4) und den mörderischen Exzessen der für den „Islamischen Staat" agierenden Krieger in der Levante und im Nordirak 2014 stellt sich in den westeuropäischen Ländern die Frage, weshalb sich ‚herkunftsdeutsche', zum Islam konvertierte, aber vor allem Jugendliche mit Migrationshintergrund und islamischer Religionszugehörigkeit in nicht geringer Anzahl aktiv in ein, zumindest nach außen hin religiös begründetes Kriegsgeschehen begeben.

In Deutschland geht der Verfassungsschutz bei neo-salafistischen Gruppierungen von 11 200 Personen (Stand: Juni 2018) und damit anhaltend steigenden Anhängerzahlen aus (2017: 10 800, 2016: 9 700, 2015: 8 350; 2014: 7 000), von denen sich immerhin ca. 5 Prozent entschieden, das eigene Leben in einer an einen kriegerischen Ort verlagerten biografischen Epoche aufs Spiel zu setzen. Dies führte zu erheblichen öffentlichen Debatten und trug letztendlich auch dazu bei, dass über zahlreiche wissenschaftliche Studien nach Erkenntnissen und Erklärungen geforscht wurde, um einen Zugang zu den individuellen Motiven dieser vor allem kriegsaffinen Zielgruppen zu erschließen.

> „Wer vom Dschihad besessen ist, hat bemerkenswerte Macht. Er kann in orgiastischem Fieber vergewaltigen, töten und Beute machen. (...) Er weiß (...) dieses Vorgehen von seiner Religion legitimiert. Und wenn er stirbt, kommt er direkt in den Himmel, wo zweimal siebzig Jungfrauen nur darauf warten, ihm in aller Ewigkeit zu Diensten zu sein. Die IS-Kämpfer verkörpern all das, was im Laufe der Zivilisation kanalisiert wurde: die sexuellen und destruktiven Energien junger Männer. Der Dschihad kann, wie wir jetzt sehen, diesen Prozess umkehren und die Energien und Bedürfnisse, die junge Männer in einer zivilisierten Gesellschaft unterdrücken müssen, neu fokussieren" (de Winter 2014).

Als relativ neu in diesem Zusammenhang juveniler Kriegsaktivitäten stellt sich die Tatsache einer religiösen Einbettung dar. Dabei müssen die im Na-

3 Der Text von Kap. 3.1 baut u. a. auf drei Publikationen auf: a.) dem Kapitel „Konflikte und Grenzüberschreitungen im Kindes- und Jugendalter als Lernerfahrungen und Selbstorientierungsmöglichkeiten" in: Kilb (2012): Konfliktmanagement und Gewaltprävention (123–137); b.) dem Artikel „Weshalb kann der kriegerische Islam so faszinierend für Heranwachsende sein?" in: SozialExtra, Heft 6/2014, 12–14 und c.) „Religiöse Radikalisierung als Bewältigungsstrategie adoleszenter Widersprüche und gesellschaftlicher Versagungen" in: Interventionen, Heft 2015

men einer Religion agierenden jungen Menschen weder selbst religiös sein, noch ist es notwendig, die Lehren bzw. deren Auslegungen näher zu kennen. Die Religion bietet für die sich omnipotent entladende Aggression lediglich einen Referenzrahmen. Im Namen des Religiösen, ob häretisch oder orthodox, lassen sich Gewalttaten im Rahmen einer Eingebung legitimieren, keinesfalls aber erklären.

Über diverse Gespräche und Interviews (vgl. Gajevic, Ata 2014) erschließen sich aber erste Hypothesen zur Begründung solcher Aktivitäten. Um hinreichende Erklärungen zu finden, genügt es allerdings nicht, allein psychosoziale Kontexte aus den jeweiligen Biografien heranzuziehen, denn diese weisen zunächst einmal wenig auf einschlägige verdächtige Auffälligkeiten hin. Umso problematischer wird es, wenn man sich vergegenwärtigt, wie nahezu utilitaristisch und weitgehend im bestenfalls gering erweiterten Spektrum des soziokulturellen Normalitätskorridors mögliche Erklärungsmuster zu finden sind. Es bleiben eigentlich nur zwei, recht gewöhnlich anmutende defizitäre Risikolagen identifizierbar, die sich in ihrem Zusammenwirken aber äußerst eskalierend über extreme Verhaltensweisen entfalten können. Zum einen ist es die mit der männlichen Rolle in der Adoleszenz häufig einhergehende Allmachtsphantasie und die in diesem Kontext große Wahrscheinlichkeit, bei Nichterfüllung dieses Selbstanspruchs, großer narzisstischer Kränkbarkeit ausgesetzt zu sein. Spätestens mit dem Eintreten schlechter Schulleistungen und sich andeutender fehlender oder subjektiv wenig zufrieden stellender beruflicher Perspektiven wird eine solche Kränkung virulent. Männliche Jugendliche und junge Erwachsene kompensieren individuelle Kränkungen häufig durch martialisch anmutendes Agieren, teilweise über individuelle Gewaltexzesse, häufiger aber durch gemeinsames mächtigkeitsaffines Auftreten in Gruppen. Ob dies dann in den bisher gängigen Formen des Hooliganismus, einer Straßengang oder durch Eintritt in kriegerisches bzw. religiös begründetes kriegerisches Geschehen erfolgt, ist dann oftmals nur ein gradueller Unterschied (vgl. Mücke 2017, 54). Von der psychosozialen Struktur her erscheinen die verschiedenen Phänomene aber durchaus vergleichbar. Die Gruppe, ob in Form einer meist männerbündischen Fangemeinschaft, einer religiösen oder gar kriegerischen Aktions-Gemeinschaft steht dann für eine Verbundstruktur, die sowohl Solidarität, Zugehörigkeit, klare soziale Ordnungs- und Zuordnungselemente als auch Absicherung und damit Sicherheit verkörpern kann und somit Sinn stiftenden Charakter besitzt. Solche Erfahrungen intensivieren sich noch einmal deutlicher im subjektiv erlebten Bedrohungsszenario einer kriegerischen Handlung.

Zum zweiten kann die auch rekonstruktiv reflektierte Erfahrung eigener Demütigung und/oder Misshandlung in der eigenen Familie oder aber stellvertretend die statusbezogene Erniedrigung naher orientierender Personen wie bspw. des eigenen Vaters oder einer ethnischen Community ein starkes individuelles Kompensationsbedürfnis auslösen, die sich in Ergänzung des Ersteren verstärkend entfalten kann.

In Verbindung mikro-, meso- und makrosoziologischer Ebenen dürfte sich als grundlegend verstärkendes Radikalisierungspotenzial auch die Weite des Spagates zwischen dem aus einer individuellen Biographie ableitbaren und subjektiv geprägten Selbstentwurf einerseits und dessen Nichtrealisierbarkeit andererseits, bedingt meist durch gruppenbezogene oder gesellschaftliche Marginalisierungen und Versagungen, erweisen.

Potenzierend auf mikrosoziologischer Ebene könnten sich auf einer solchen Grundlage schließlich die Erfahrungen persönlicher Erniedrigungen, des Missbrauchs oder der Misshandlung, insbesondere wenn diese im primären Sozialisationsbereich oder aber auch in der Peergroup stattfanden, auswirken. Weiterhin existieren Vermutungen, die betreffenden Jugendlichen und jungen männlichen Erwachsenen seien häufig ohne Väter aufgewachsen und deshalb insbesondere von charismatischen männlichen Leitfiguren ansprechbar (vgl. Lohse 2015, 2).

Sroweg und Zick (2018) gehen in ihren Befunden ebenfalls von einer Wechselwirkung individueller und gesellschaftlicher Faktoren aus. Um Radikalisierungen zu erklären, müsse man den Blick auf den Lebensverlauf, die Biografie von Menschen in bestimmten sozialen Umwelten richten, nämlich darauf, in welchen Umwelten Personen so aufwachsen, dass sie anfällig für extremistische Ideologien und Gruppen werden (vgl. Sroweg/Zick 2018, 52). Über ihre bisherigen biografischen Analysen einzelner Täterinnen und Täter und ihre Auswertungen von Gruppen, die Anschläge verüben wollten oder verübt haben, zeigen sich in deren Gruppendynamiken und Biografien folgende Wechselwirkungen:

> „Erstens können wir keine eindeutige Persönlichkeitsstruktur identifizieren, die hinreichend die Radikalisierung erklärt. Es gibt Täterinnen und Täter mit psychischen Erkrankungen und gutachterlich festgestellten Pathologien, aber selbst diese verweisen darauf, wie sehr die Persönlichkeitsentwicklung von sozialen Umwelten geprägt ist.
>
> Zweitens werden selbst Täterinnen und Täter, die alleine extremistische Taten beabsichtigen oder begehen, von ihren sozialen Umwelten geprägt und beeinflusst. Die Prägung findet statt, indem sie im Vor- oder Umfeld extremistischer Gruppen ihre sozialen Bedürfnisse besser befriedigen als in ihren sozialen Herkunftsumwelten, wie die Familie, Bekannten- und Freundeskreise. Viele terroristische Biografien weisen belastende und unverarbeitete Krisenerfahrungen auf, die sie durch die Hinwendung zu ideologisch extremen Gruppen und Versprechungen der Gruppen zu bewältigen suchen.
>
> Drittens stellen wir immer wieder fest, wie sehr soziale Netzwerke die Persönlichkeit und Identität der Täterinnen und Täter der frühen Vergangenheit, die in Europa einen Anschlag verüben wollten oder verübt haben, prägten. Auch die Dschihadisten,

die ausgereist sind nach Syrien oder Waziristan, reisten häufig in Kleingruppen von zwei bis vier Personen. Während der Ausreise haben sich die Gruppen massiv beeinflusst, ebenso wie viele von außen gesteuert wurden.

Viertens ist Radikalisierung als ein Prozess der Hinwendung zu einem ideologisierten und terroristischen sozialen Umfeld zu verstehen. Er führt durch eine von den Bezugsgruppen geforderte und individuell vollzogene Distanzierung von Familie und Freunden zu einer Veränderung der Persönlichkeit. Die Terrorgruppe und ihre Ideologie verändern die Individuen. Damit wird die Frage, wie sich Persönlichkeiten in extremistischen Milieus verändern, viel entscheidender als die Frage nach Persönlichkeitsfaktoren.

Fünftens heißt das nicht, Persönlichkeitsfaktoren spielten im Vorfeld keine Rolle. Gewalterfahrungen, kritische Lebensereignisse, wie der Tod von wichtigen Familienmitgliedern, Missachtungserfahrungen und Situationen, in denen Personen scheitern und dies nicht erklären können, öffnen die Tür für den sozialen Einfluss. Terroristische Gruppen sind erfolgreich darin, anfällige Personen aufzuspüren." (Sroweg/Zick 2018, 52f.).

Radikalisierung sei ein sukzessiver Prozess des Identitätswechsels, der bewusst, aber auch unbewusst stattfinden könne (vgl. ebd., 56).

Dass Radikalisierungsprozesse sehr individuell verlaufen, stellt ebenfalls Neumann (2013, 5) fest, der allein drei verbindende Merkmale in den untersuchten Karrieren identifiziert, nämlich individuell-persönliche Aspekte von Unmut, Konflikterfahrungen und Identitätsproblemen (1), die Bereitschaft extremistische Ideologien anzunehmen (2) sowie die Suche nach sozialer, gruppenbezogener Einbindung (3).

Insgesamt stellt sich die kontextuelle wissenschaftsorientierte Analyse als eine Verbindung integrations-, sozialisations- und adoleszenztheoretischer, entwicklungspsychologischer, radikalisierungstheoretischer, politisch-kultureller, kulturanthropologischer, theologisch-historischer und verführungstheoretischer Ansätze und Aspekte dar. Im Folgenden wird insbesondere den Prozessen nachgegangen, die sich aus den bisher angedeuteten adoleszenztypischen Verschränkungen mit gesellschaftlichen Versagungen ergeben.

3.2 Adoleszenztypische Verunsicherung als Einstiegsmuster

Fakten zur Struktur religiös radikalisierter Gruppen

Von den 2018 vom Verfassungsschutz angegebenen ca. 11 200 Anhängern des Salafismus waren 1 800 junge Deutsche bis Ende 2014 als Kriegsteilnehmer im Irak und in Syrien aktiv, davon ca. 10 % junge Frauen; letztere seitdem mit steigenden Anteilen. Das Zugangsalter zu neo-salafistischen Gruppen liegt vor allem zwischen 16 und 19 Jahren mit einer Tendenz zu noch jüngeren Jahrgängen hin.

Die numerisch größte Gruppe besteht aus den mittigen 20-jährigen: das Durchschnittsalter liegt hier bei 26 Jahren, 18- bis 29-jährige machen 80 % der Gesamtgruppe aus. Ihr Radikalisierungsbeginn liegt im Mittel bei 22 Jahren. Das Phänomen einer verfestigten Radikalität ist demnach kein spezifisches Adoleszenzphänomen, sondern zeichnet eher die Phase der Postadoleszenz oder des frühen Erwachsenseins aus. Nichtsdestotrotz gilt die Adoleszenz als eine Phase, in der es eine gewisse Offenheit für radikale dualistische Identifikationsmuster gibt, die sich aber erst später verfestigen (vgl. Günter 2017, 91 ff.). Die entscheidende Einstiegsphase liegt aber im biografischen Bereich des Übergangs von der Schule/Ausbildung/Studium zum Beruf und der eigenen Familiengründung hin. In diesem entwicklungspsychologischen Korridor geht es um die entscheidenden Stellschrauben zur erwachsenen Lebensperspektive. Hierüber wiederum definiert sich individueller Lebenssinn.

60 % der Betroffenen sind in Deutschland geboren und stammen zu 80 % aus der ersten und zweiten Migrationsgeneration. Die so genannten „Homegrown-Jugendlichen“ der zweiten und dritten Migrantengeneration werden dagegen häufiger und in ihrem Engagement aktionsbetonter.

Charakteristisch für die Gruppenmitglieder seien die „vier Ms: männlich, muslimisch, Migrationshintergrund, Misserfolge in der Pubertät, der Schule oder in der sozialen Gruppe“. 60 % verfügen über nur geringere kulturelle Ressourcen, besitzen nur eine relativ niedrige Schulbildung (Haupt-, Realschule, ohne Abschluss) oder gelten als Abbrecher bzw. sind arbeitslos (20 %). 60 % waren „polizeibekannt“, davon 80 % als Mehrfachtäter meist bei Gewalt- und Eigentumsdelikten.

Ihre Rekrutierung findet größtenteils über 13 sog. Hotspots (Orte, an denen sich Szenen im neo-salafistischen Milieu konzentrieren) mit jeweils über zehn rekrutierten Personen statt.

In der BKA-Studie wird konstatiert, dass die nach Syrien und in den Irak ausgereisten jungen Islamisten sich zu einer Avantgarde gehörig fühlten.

Zu deren *Radikalisierungsverläufen* findet man folgende Angaben:

Die sozialen, religiösen oder medialen Kontexte zum *Radikalisierungsbeginn* bilden

- Freunde: 54 %
- Moscheen: 48 %
- Internet: 44 %
- Islamseminare: 27 %
- „Lies“-Kampagne: 24 %
- die eigene Familie: 21 % (BKA-Fortschreibung 2016).

Als Motive bzw. *zeitliche Einstiegsfenster* gelten die Zeiträume, beginnend mit den Anschlägen 9/11-2001 bis zum Beginn des Syrienkriegs 2012 bei 32 % der Ausgereisten, die Ausrufung des IS-Kalifats (2012–2014) bei 55 %, die Zeit bis 2016 bei 12 %; seit diesem Zeitpunkt gibt es kaum noch Ausreisende.

Der *Radikalisierungszeitraum* bis zur Ausreise lag in 50 % der Fälle bei 6–12 Monaten, also einer relativ kurzen Zeitspanne (BKA-Fortschreibung 2016).

Zu den *Ausreisemotiven* konnten folgende Befunde festgestellt werden:

- Salafistisch-dschihadistische (kriegerische) Motive bei 54 % der Ausgereisten,
- Wunsch, sich in dem damals existierenden „Islamischen Staat" niederzulassen als Motiv bei 27 %,
- Humanitäre Gründe bei 18 %,
- Revolutionäre Motive bei 8 %,
- der Heiratswunsch bei 6 %.

Bei der Ausreise begleitet wurden 46 % von Freunden und 33 % von Familienmitgliedern. 31 % reisten allein aus (BKA-Fortschreibung 2016).

Über die *Radikalisierungsverläufe in den Kriegsgebieten* in Syrien und im Irak sind folgende Fakten bekannt:

Zu einem Gruppenanschluss an den „IS" kam es bei 80 % der Ausgereisten. Zu ihren Tätigkeiten in Syrien zählten

- die Teilnahme an Kampfhandlungen bei 46 %,
- eine Kampfausbildung bei 53 %,
- Propagandatätigkeiten bei 12 %,
- ein humanitärer Einsatz bei 11 %.

Zu den *Rückkehrern* zählten 2016 etwa ein Drittel (35 %). Deren *Rückkehrmotive* waren Desillusionierung bei 10 % sowie der Druck von Eltern und/oder des persönlichen Umfelds ebenfalls bei 10 % der Ausgereisten.

Als für 2016 aktuelle Trends wurden vom BKA angemerkt, dass eher jüngere und weniger gut integrierte Männer zu den Ausreisenden zählen. (BKA-Studie, Ende 2014; Verfassungsschutzbericht 3/2015, Fortschreibung 2016).

Geht man zunächst von dieser empirischen Basis aus, so macht es Sinn, sich die Strukturen und Anforderungen der entwicklungspsychologischen Phasen der *mittleren* und vor allem der *späten Adoleszenz* zu betrachten, also den bei den meisten Ausreisenden relevanten Alters- bzw. Entwicklungsphasen. Weiterhin sollen die Einbindungskontexte in diverse Gruppenkonstellationen näher betrachtet werden, bevor auf bestimmte Verlaufsphasen und deren psychosoziale Wirkungsfaktoren im Radikalisierungsprozess geschaut wird.

Struktur und klassische Bewältigungsformen in der Adoleszenz

Die adoleszente Lebensphase stellt sich als Transformationsprozess im Übergang von Kindheit über die Jugend zum Erwachsensein dar. In ihrem ethnopsychoanalytischen Modell definieren Devereux und Erdheim (1988) die Adoleszenz als Prozess einer Entscheidung in Form einer Balance zwischen Individuation und Sozialvertragsfähigkeit; sie sei ein Prozess der Revitalisierung „frühkindlicher Erfahrung“ im Sinne einer Verschmelzung von Erinnerung und Erwartung zu einem Ganzen.

In dieser Phase bilden durch das Zusammentreffen körperlichen Wachstums in der Pubertät und partiell regressiver psychischer Dynamiken die Beschäftigung mit dem sich permanent verändernden eigenen Körper, mit den neuen sexuellen Bedürfnissen und die Aggressivität eine Thementrias. Durch psychisch-körperliche Disparitäten in der Entwicklung ist gleichzeitig die individuelle Integrationsfähigkeit der diversen Wachstumsaspekte eingeschränkt. Zentrale Aufgabe ist die Verzahnung zwischen Kindheitserfahrungen und Erwachsensein-Phantasien hin zur Konstruktion und Realisierung eines „Selbst-Seins“ oder einer Identität (vgl. Winnicott 1974).

Nach dem Anpassungsprozess in der Familie findet in der Adoleszenz ein zweiter Aushandlungs- und Positionierungsprozess zur Kultur bei gleichzeitiger Distanzierung zur Herkunftsfamilie statt. Zusammen mit der disparaten biopsychosozialen Entwicklung kann es unter ungünstigen Bedingungen zur „Ent-Fesselung“, zur „Ent-Ordnung“, zur völligen „Ent-Strukturierung“ kommen.

In dieser Zeit der Bruchstellen, Ungereimtheiten und Unvereinbarkeiten benötigen Jugendliche und junge Erwachsene also einigermaßen verlässliche und geordnete Strukturen im Umfeld, um die Identitätsentwicklung hin zum ‚Selbst-Sein‘ erfolgreich vollziehen zu können. Dieser individuelle Prozess kann lokal, regional oder auch kulturspezifisch, vor dem jeweiligen inter- bzw. transkulturellen gesellschaftlichen Einbindungskontext sehr unterschiedliche und manchmal auch diffuse und damit erschwerende Formen annehmen und sich zu weiteren Risikostellen auswachsen.

Unser gesellschaftlicher Umgang mit dieser Lebensphase changiert in Form eines widersprüchlichen Prozesses des Zulassens und gleichzeitigen Kanalisierens sowie intensiven Abblockens adoleszenter Dynamik. Die spätkapitalistisch-globalisierte Gesellschaft ist hierbei gleichermaßen sowohl auf die Unterwerfungs- bzw. Anpassungsbereitschaft der jüngeren Generationen als auch auf deren Innovationsfähigkeit angewiesen, die wiederum gerade nicht mit der Anpassungsleistung kompatibel ist.

Zur Bewältigung dieser impulsiv-widersprüchlichen Situation existierten je nach historisch-gesellschaftlicher Entwicklung Angebote wie etwa das eines „Vertragsrahmens“ (Erdheim 1988), das einer „gestreckten Pubertät“ (Bernfeld 1925/2000), das eines „psycho-sozialen Moratoriums“ (Zinnecker 1991) oder das eines Möglichkeitsraumes, Entwicklungsraumes und Bildungsprozesses (King 2002). Solche ‚Angebote' umfassen dann jeweils Räume und Zeitkorridore für Selbstentwürfe, zur Reaktivierung kindlicher Größenphantasien oder für eine Ich-bezogene Entfaltung der Sexualität. Sie eröffnen damit Chancen zur Erprobung der Fähigkeit, Phantasien in kulturelle Möglichkeiten umzusetzen. Sie bieten darüber hinaus Gelegenheiten, etwas zu bewirken oder auch erlittene Kränkungen zu verarbeiten, gewissermaßen als Arbeit an einem realitätstüchtigen Ich-Ideal.

Mario Erdheim unterscheidet zwischen drei typischen Adoleszenzverläufen, der *„eingefrorenen"*, der *„zerbrochenen"* und der *„ausgebrannten Adoleszenz"*. Im ersten Typus generieren die Anfechtungen der sozialen Ordnung zur Bedrohung der eigenen psychischen Struktur. Bei der „zerbrochenen Adoleszenz" ermöglicht ein hedonistisch-defizitäres Ich-Ideal eine hohe Identifikation mit wechselnden sozialen Rollen. Adoleszente Allmachtsgefühle werden hier nicht durch Abwehrmechanismen unterdrückt; die Folge seien fremd gesteuerte Befriedigungsmöglichkeiten. Beim letzten Typus der „ausgebrannten Adoleszenz brennen die Größenphantasien durch"; es eröffnet sich aber eine „zweite Chance" als Erwachsener, Kultur und Arbeit selbst mit zu gestalten.

Vera King sieht in der Adoleszenz einen Individuationsprozess, in dem Jugendliche einerseits um Anerkennung ringen, sich aber gleichzeitig von der Anerkennung anderer befreien müssten. Individuation gelinge in dem Maße, wie es Adoleszente aushalten können, gerade in ein Anerkennungsvakuum einzutreten, die damit verbundenen Schmerz-, Einsamkeits- und Verlustempfindungen zu ertragen und diese Erfahrungen produktiv zu wenden (vgl. King 2002).

Lothar Böhnisch (2001, 202 ff.) positioniert demzufolge die Adoleszenz als „Zwischenexistenz", in der es um ein Austarieren zwischen Größenselbst und Realität hin zu einem realistischen Selbst gehe. Dabei gelte es, vier riskante Bewältigungsleistungen zu erbringen:

- die positive Erfahrung von Selbstwertigkeit,
- die erfolgreiche Suche nach sozialer Orientierung,
- die erfolgreiche Organisation sozialen Rückhalts
- und eine gelingende soziale Integration (Böhnisch 2001, 46 ff.).

Dies seien selbst zu erbringende Leistungen eines jeden Einzelnen. Als entscheidend für das Gelingen dieser Anforderungen gelten positive, also sichere und belastbare Beziehungserfahrungen in der primären, also der familialen Sozialisation, stützende und orientierende Einbindungen in die Communities vorschulischer und schulischer Institutionen sowie in Freundeskreise und Peers. Fehlen solche, das Aufwachsen rahmenden Bedingungen, kann die adoleszente Entwicklungsphase zu einer riskanten Übergangsphase werden (vgl. Kilb 2012, 123ff.). Die zu erbringenden Bewältigungsleistungen können dann durch problematische Ausgestaltungsmuster bestimmt sein.

Nachfolgend sollen solche problematischen Muster, ausgehend von riskanten Rahmenbedingungen als „kompensierende Bedürfnisse" herausgearbeitet werden. Darüber lassen sich verschiedene Zugänge zu Radikalisierungsprozessen herstellen.

- Adoleszente Lebensphase als *Transformationsprozess* von Kindheit über die Jugend zum Erwachsensein hin mit *Verunsicherungen und Rollenwechsel;*
- als Verzahnung zwischen Kindheitserfahrungen und Erwachsensein-Phantasien hin zur Konstruktion des *„Selbst-Seins"* oder einer *Identität* (in Anl. an Winnicott 1971);
- als zweiter Aushandlungs- und Positionierungsprozess zur Kultur bei gleichzeitiger Distanzierung zur Familie mit Umbrüchen, Krisen, Gefahren und kreativen Lösungen (Erdheim 1998);
- als Austarieren zwischen Größenselbst und Realität zu einem *realistischen Selbst;*
- mit fünf riskanten Bewältigungsleistungen: Erfahrung von *Selbstwertigkeit, sozialer Orientierung, sozialem Rückhalt, sozialer Integration* (Böhnisch 1998) und *Sinnfindung;*
- je nach historischer Phase Verständnis als: „Vertragsrahmen" (Erdheim 1988), „gestreckte Pubertät" (Bernfeld 1925), „psycho-soziales Moratorium" (Zinnecker 1991), Entwicklungsraum und Bildungsprozess (King 2002), Übergangszeit und „Zwischenexistenz" (Böhnisch 1998) mit *ökonomisch orientierter Karriere- oder Option des Scheiterns.*

Übersicht 15: Struktur und klassische Bewältigungsformen der Adoleszenz

Biografische familiale Kontexte und kompensierende Bedürfnisse

Die Befunde der Verfassungsschutzrecherchen deuten auf vergleichsweise ähnliche Risiken und Bruchstellen in den Biografien wie bei sonstigen extrem gewaltaffinen Jugendlichen hin. Sutterlüty (2003) identifiziert in seiner qualitativen Gewaltstudie mit arabischen und türkischen Jugendlichen deren familiale Erfahrungen gewaltaffiner Erniedrigung, der Missachtung und elterlichen Gleichgültigkeit, direkter und indirekter Gewalterfahrungen, einem „erzieherischen Ausgeliefertsein" als zentrale Ausgangsbasis für die Entstehung so genannter „negativer Selbstkonzepte", in die gewaltaffine Allmachtsphantasien eingelagert seien, um die eigenen negativen biografischen Selbstwerterfahrungen zu kompensieren (vgl. Kap. 4.3.2). Solche negativen Selbstkonzepte evozieren entweder fortlaufende Gewalttätigkeit oder wären auch kompatibel mit o.a. gewaltaffinen Phantasien.

Zudem diffundieren deren meist autoritär-patriarchalische, am Erhalt der Ehre orientierten kollektiven Familienkonzepte mit individualisierten „westlichen" Werten der Selbstorientierung und Selbstverantwortlichkeit zu identitätsantagonistischen Mustern.

Aus diesen beiden Risikobefunden lassen sich zweierlei Kompensationsbedürfnisse ableiten, die sich im ersten Fall in einer regelrechten Gier nach Achtung, Anerkennung und Respekt sowie des Genusses, andere erniedrigt zu sehen und projektiv in ihnen das frühere eigene kindliche „Opfer-Selbst" zu zerstören, ausdrücken. Diese extreme Variante des projektiven Zerstörens passt strukturell zu kriegerischen Handlungssettings.

In scheinbarer Umkehrung hierzu steht die u.a. aus Mückes (2017) und Tischners (2005) Befunden der „Vaterlosigkeit" ableitbare Hypothese eines Bedürfnisses nach einer, dieses Defizit kompensierenden, starken, regulativen und orientierenden väterlichen Instanz. Einer solch projektiven Phantasie könnte die Angst entgegenstehen, der grenzenlosen Leere in der eigenen adoleszenten Vaterablösung ohne realen Vater begegnen zu müssen.

In beiden Fällen versucht man, dieser Entwicklungsdiffusität durch radikale soziale Orientierungssuche etwa in totalitären Persönlichkeitsmustern, Ordnungssystemen oder über streng dualistische Denksysteme zu begegnen. Letztere findet man leicht im Neo-Salafismus oder anderen, insbesondere religiösen oder nationalistisch-rassistischen Ideologiemustern, erstere eher in populistisch-autoritären oder auch religiösen Führungspersonen.

Gesellschaftliche Wirklichkeiten, Erfahrungen und „Angebote"

Plurale gesellschaftliche Anforderungen hin zur selbstverantwortlichen, individuellen Lebensplanung basieren auf o.a. positiven Sozialisationserfahrungen im primären und sekundären Bereich. Insbesondere in bildungsbenachteiligten, migrationsbetroffenen und interkulturellen Familiensystemen sind diese überproportional erschwert und deshalb eingeschränkter verfügbar. Entsprechend stellen sich hier häufiger Scheiter-, Missachtungserfahrungen und Brüche in den Biografien ein, begründet über Erniedrigungserfahrungen in Familie, Anerkennungs- und Leistungsdefizite in den Institutionen von Kindertagesstätten und Schulen, Erfolglosigkeit bei der Ausbildungsplatzsuche und später ggf. in Job-Center und Sozialbehörden. Aber nicht nur die selbst erfahrene Erniedrigung, sondern auch diejenige der eigenen Eltern, der oft auf ihre Herkunftssprache eingeschränkten Mütter und der Väter, deren traditionsbehafteter patriarchalischer Impetus sich als wenig kompatibel mit niedrig bezahlter Hilfsarbeit darstellt, helfen dabei, die eigene fehlende Anerkennung nicht nur negativ zu steigern, sondern befähigt auch viele Väter eher darin, ihre eigenen Söhne bzw. Kinder selbst ebenfalls zu erniedrigen oder – in Umkehrung hierzu – nicht zu ermächtigen (vgl. Ata 2015).

Mit diesen Phänomenen korrelierende Unterschichtungs- und Marginalisierungserfahrungen können sich zu einer kollektiven (Selbst-)Stigmatisierung als „Nicht-dazu-Gehörend" ausformen und zusammen mit dem herkunftsorientierten kollektiven Identitätsmerkmal des Islams als „rückständiger Religion" zum eigenen zentralen Identitätsinhalt verfestigen. Ggf. parallel verlaufende kriminelle Karrieren mit repressiven Erfahrungen verstärken solche Prozesse noch. An dieser Stelle verbinden sich biografisch erfahrene persönliche Virulenz und adoleszent-narzisstische Kränkbarbeit mit der Phantasie und realen Option, sich im kollektiven Kriegsrausch nicht nur an „dem Westlichen" zu rächen, sondern für eine ‚gerechte' und noch dazu ‚große Sache' in sinnvoller und werthaftiger Form tätig zu sein, ja sich für diese große Sache auch zu opfern.

3.3 Was bieten gewaltaffine Radikalisierungsmuster religiöser und politischer Ideologien?

Religiöse Radikalisierungsformate wie dasjenige des Neo-Salafismus oder religiös begründeter Kriegseinsatz bieten in ihren verschiedenen Einstiegsstufen und ihrer unterschiedlichen Aktivitätsintensität Gelegenheiten kurz- und mittelfristig nachhaltiger Kompensation der bisher beleuchteten persönlichen Kränkungen, Verletzungen und Traumatisierungen. Der Islam als verbindendes Element einer Suche nach gemeinsamen biografisch-kulturellen Wurzeln bietet für gesellschaftlich-migrationsbezogene Degradierungserfahrungen (vgl. Kanbicak 2014) gleich mehrere Bewältigungs- und Kompensationsmöglichkeiten an:

- die Zugänge zu einer Religionsgemeinschaft sind zunächst nur an Gläubigkeit und weniger an Leistungen gebunden;
- man befindet sich in einer Glaubensgemeinschaft, einer Bruderschaft mit einer klaren (göttlichen) Ordnung, daraus ableitbaren orientierenden Strukturen, Geschlechtsrollen-, Verhaltenserwartungen und dualistischen Paradigmen, nach denen Gut und Böse, Freund- und Feindschaften, Gläubigkeit und Ungläubigkeit definiert sind;
- man kann in kollektiver Form in einer übergeordneten göttlichen Sache tätig sein und über andere im Sinne dieser Sache richten.

Hinzu kommt ggf. die Attraktivität einer Hingabe- und Anvertrauens-Möglichkeit gegenüber einer charismatischen religiösen Leitfigur, die ihre Autorität aus ihrer „göttlichen" und damit „Allmächtigkeit" und „Überweltlichkeit" verkörpernden Repräsentanz bezieht; eine Antwort auch auf das von Mücke angeführte projektive vaterbezogene Identifikationsbedürfnis, ausgehend von der „Vaterlosigkeit" inhaftierter junger männlicher Salafisten (Lohse 2015, 2). Diesen identifikationspsychologischen Befund bestätigt der französische Soziologe Gilles Kepel für junge französische Neo-Salafisten (Bopp 2015, 9).

Die adoleszenten Bewältigungsrisiken nach Böhnischs Ansatz lassen sich bei den von Kanbicak angeführten Angebotswirkungen nahezu komplett „abarbeiten", wenn man etwa an die „Willkommenskultur" (Selbstwertigkeitserfahrung) bei der Anwerbung, die Zugehörigkeitserfahrung (soziale Integration und sozialer Rückhalt) in einer Gruppe, die gemeinsame Kampferfahrung in einer Solidargemeinschaft unter existenzbedrohenden Bedingungen (Risiko-Kick, sozialer Rückhalt, soziale Sicherheit, Solidarität) oder auch an die Initiationsriten und klaren Regeln (soziale Orientierung) bis hin zu den Omnipotenzerfahrungen (Selbstwert-Rausch, „Superman-Syndrom") (Kanbıçak 2014) im kriegerischen Akt des Tötens oder des Hinrichtens denkt. Dabei kann die ideologisch-religiöse Einbettung, als Teil einer ‚großen' und ‚gerechten Sache' tätig zu sein (interethnische und internationale Sunna-Gemeinschaft) den destruktiven Akt legitimieren. Durch die Grausamkeit des Geschehens, durch den Tabubruch in ihrer brutalen kriegerischen Form erscheint dieser Kampf der säkularisierten, individualistischen, konsumorientierten westlichen Lebensweise überlegen (vgl. Übersicht 16).

- Orientierung am Modell einer *gottgewollten und sozial gerechten Gesellschaft* (Touhid)
- *Umma* als Glaubensgemeinschaft steht *über* der tribalen Gemeinschaft (oder auch dem „Staatlichen")
- vergangenheitsorientierte wahabitische und neosalafistische Koranauslegung von *religiösen Utopien* nach *zeitlicher Nähe zum Propheten, in buchstabengetreuer Exegese* („Steinzeit-Islam")
- Das *kriegerische Verständnis* als Lebensrisikohaltung ist in der Entstehungsphase des Korans (ab 622 n. Chr./Auswanderung der Mekkaner nach Medina) diesem immanent.

Übersicht 16: Religiös-neosalafistische Bezugsmuster (In Anl. an Ceylan/Kiefer 2013)

Über einen solchen Transformationsakt vollzieht sich letztendlich der Prozess einer Verwandlung aus der persönlichen Opferrolle in ein subjektiv nun überlegenes Täterkollektiv mit all den Eigenschaften, die die westliche offene Gesellschaft bisher nicht anbieten konnte. Die Rolle des im vermeintlichen Sinne des Korans bzw. der Sunna agierenden Kriegers verbindet somit für die Adoleszenzentwicklung relevante Entwicklungsbedürfnisse mit Fantasien einer revanchistisch-kollektiven Reaktion auf diffuse individuelle wie kollektive Kränkungen, Demütigungen, Überforderungen, Benachteiligungen und Degradierungen sowie kolonialistisch-imperialistische Dominanz westlicher Gesellschaften gegenüber den als rückständig eingestuften islamischen Gesellschaften. „Kollektive Opfererzählungen bilden somit die Folien, vor denen ganz persönliche Erfahrungen gedeutet werden" (Buschbom 2015, 4).

Im Kampf, im Krieg, im Aufbau eines Islamischen Staates, durch die Brutalität, die Inszenierung von Macht über Leben und Tod (vgl. Utz 2015) verschaffen sich die Teilnehmenden Zugänge zu Halt gebenden, im Kampf überlegenen Gemeinschaften und balancieren damit psychische Schräglagen neu aus.

Die von Böhnisch angesetzten vier Bewältigungsparameter auf Adoleszenzrisiken müssten deshalb um denjenigen der Sinnfindung (als Lebenssinn) ergänzt werden. Dies erscheint gerade für die späte bzw. die Post-Adoleszenzphase dann besonders wichtig zu werden, wenn es bei den anderen vier Bewältigungsparametern negative Erfahrungen gegeben hat. Eine erfolgreiche Bewältigung dieser fünf Anforderungen scheint, zumindest nach maskulinem Geschlechtsrollenverständnis, die Voraussetzung zu sein, in eine gelingende erwachsene Lebensphase eintreten zu können.

3.4 Radikalisierungsprozesse im Verhältnis zu adoleszenten Ritualisierungsbedürfnissen

Radikalisierungsprozesse verlaufen, wie bereits angedeutet, in diversen, meist aufeinander aufbauenden Schrittfolgen. In der Radikalisierungsforschung existieren mehrere Expertisen zu Radikalisierungsverläufen, die sich jeweils auf meist wissenschaftliche Modelle stützen und in denen einzelne Phasen und Stufen der Radikalisierung aufgeführt werden. Ein weniger detailliertes und damit recht allgemeines Modell ist das des New Yorker Police Departments (NYPD), in welchem eine vierstufige Unterteilung in die Phasen der „Pre-Radicalization", der „Self-Identification", von „Indoctrination" sowie zuletzt der „Jihadization" erfolgt (vgl. Nischler, 2009). Ein solch nur sehr schematisches und aus der Strafverfolgungsperspektive heraus entwickeltes Modell kann nur eingeschränkt das meist sehr komplex verlaufende Gesamtprozedere erfassen.

Etwas ausdifferenzierter ist Horgans siebenstufiges Prozessmodell (vgl. Abb. 5), dessen Schrittfolge nicht zwingend bei jedem Extremisten vorhanden sein müsse.

Abb. 5: Prozessmodell: Vor-Radikalisierung bis Deradikalisierung nach Horgan (2009)

Andere Modelle, wie etwa das von Fathali Moghdam (2005, 160) vergleichen den Radikalisierungsprozess etwa mit einem *Treppenhaus*, bestehend aus fünf

Etagen, die vom „Erdgeschoss" aus, in ähnlichen Phasen wie das NYPD-Modell, bis zur letzten Stufe des „Extremisten" reichen.

> „The staircase to terrorism is conceived as having a ground floor and five higher floors, with behavior on each floor characterized by particular psychological processes. On the ground floor, perceptions of fairness and feelings of relative deprivation dominate. In conditions in which the millions of people who occupy the ground floor perceive in justice and feel relatively deprived, some individuals from among the disgruntled population will climb to the first floor in search of solutions. Those who reach the first floor seek ways in which to improve their situation and achieve greater justice. But if they do not see possibilities for individual mobility and do not feel that they can adequately influence the procedures through which decisionsare made, they are more likely to keep climbing" (Moghdam 2005, 161, 162).

Auf jeder weiteren Stufe entwickelt sich nach Moghdam ein Wechsel zwischen individueller Radikalisierungsbereitschaft und Angeboten von Seiten des Terrorismus. Dabei verfestigen sich sukzessiv individuelle Unrechts- und Benachteiligungsempfindungen hin zu einem dualistischen Freund-Feindschema, zu einer kognitiven Beschäftigung mit terroristischen Ideologien und Grundsätzen, zur Bereitschaft einer Projektion der eigenen Aggressivität auf den vermeintlichen Feind und zuletzt hin zur eigenen Desensibilisierung:

> „On the last floor – the fifth – specific individuals are selected and trained to sidestep inhibitory mechanisms that could prevent them from injuring and killing both others and themselves, and those selected are equipped and sent to carry out terrorist acts" (Moghdam 2005, 162).

Zusammenfassend beschreibt er diese Dynamik wie folgt:

> „Although the vast majority of people, even when feeling deprived and unfairly treated, remain on the ground floor, some individuals climb up and are eventually recruited into terrorist organizations. These individuals believe they have no effective voice in society, are encouraged by leaders to displace aggression onto out-groups, and become socialized to see terrorist organizations as legitimate and out-group members as evil" (Moghdam 2005, 161).

Für Baran (2005, 6) verläuft dieser Prozess dagegen eher wie der Mechanismus eines *Fließbands*, auf dem verschiedene Elemente und Einflüsse Schritt für Schritt hinzukommen. McCauley und Moskalenko (2008, 3) arbeiten mit dem Bild einer *Pyramide* mit abnehmender Anzahl der Radikalisierten, je extremer die Verhaltens- und Denkformen ausgeprägt sind.

Sowohl qualitative biografische Radikalisierungsstudien als auch beraterische Praxiserfahrungen in Deutschland weisen auf eine Instrumentalisierung von jungen Menschen in Identitätskrisen und prekären Lebensverhältnissen durch fundamentalistische Gruppen hin (Hasche 2018, 412).

> „Die Religion wird in Phasen der Verunsicherung zu einer Größe, die Sicherheit verheißt und Orientierung schenkt. Je pluralistischer Gesellschaften werden, desto mehr steigt das Bedürfnis nach einfachen Antworten auf komplexe Fragen" (Mansour 2015, 96 f.).

Im Folgenden wird nun eine aus der de-radikalisierenden Praxistätigkeit her abgeleitete differenziertere Kontur eines nicht untypischen Radikalisierungsprozesses dargestellt. Den einzelnen Prozessstufen werden dabei die der Adoleszenz inhärenten typischen Ritualisierungen und die in dieser Entwicklungsphase zu erbringenden Bewältigungsleistungen zugeordnet.

Am Anfang steht eine individuelle, für die Adoleszenz nicht untypische psychosoziale Situation mit einer kognitiven Diffusität sowie einem gewissen, aus der individuellen Biografie ableitbaren aggressiven Potenzial, welches sich aus Divergenzen zwischen Selbstanspruch *(Größenphantasien)* und den realen Wirklichkeiten und Möglichkeiten speist.

I. In einer ersten Phase vor der eigentlichen Radikalisierung entstehen Interessen an bzw. Neigungen zu einschlägigen psychosozial kompensierenden Mustern gewaltaffiner, dualistischer, totalitärer, patriarchalischer, unterdrückender, kriegerischer Kontur, die auf o. a. revanchistisch akzentuierte Größenfantasien zurückführbar sind.

II. In einer sich anschließenden Phase erfolgen Zugänge durch Selbstaneignung *(soziale Orientierungssuche)* oder durch Anwerbung (meist über Gruppen und Social-Media) zu einschlägigen Angeboten *(Erfahrung eigener Wertigkeit)*. Beispielhaft für die auf das Internet gestützten Selbstradikalisierungsphasen stellt sich dieser Prozess über die folgenden Schritte dar:

a) Suche nach alternativen Informationen zu (militärischen) Konflikten,
b) Betrachten von Kriegsvideos – Visualisierung von Toten und Verletzten,
c) Erstellung eines Facebook- oder YouTube-Accounts,
d) Interaktion mit Jugendlichen, die ebenfalls auf Facebook oder YouTube neo-salafistische Beiträge anschauen oder veröffentlichen,
e) Eigene Verbreitung von (dschihadistischen) Videos auf YouTube,
f) Kontakte zu salafistischen Aktivisten/Gruppen, die im Internet Propaganda betreiben,
g) Mitgliedschaft in salafistischen/jihadistischen Webforen,
h) Gründung eigener dschihadistischer Webseiten.
(Alevitische Gemeinde Deutschland 2013, 21).

In dieser Zugangsphase spielen die von Böhnisch angesprochenen Bewältigungsdimensionen der sozialen Orientierungssuche und der Erfahrung eigener Wertigkeit eine große Rolle. Das Faktum, dass um einen geworben wurde, kann hier den „natürlichen adoleszenten Narzissmus" bedienen und konterkariert gewissermaßen die für die neoliberale Wende maßgebliche Anspruchserwartung des: „Jeder ist seines eigenen Glückes Schmied".

III. In einer dritten Phase erfolgt eine Aufnahme in Gruppenkontexte mit Willkommenserfahrungen und dadurch vermittelter *Selbstwerterfahrung.*

IV. Im Zusammenhang einer Initiation als (Voll-)Mitglied einer religiösen bzw. kriegerischen „Kampfgemeinschaft" werden *soziale Orientierung, soziale Absicherung, Integration,* die Erfahrung, ein anderer sein zu können und hierdurch in eine neue, selbst definierte *Erwachsenenrolle* hineinwachsen zu können, erlebbar.

V. Die kollektive Vorbereitung auf die religiösen wie kriegerischen Ziele helfen bei der Einstimmung in die *neue Rolle,* in die *Gruppengemeinschaft* und bedient erneut kollektive Größenphantasien im „Ernst-Spiel-Charakter" der Vorbereitung. Durch Erfahrungen dieser Einbindung in eine kollektive Risiko-, Solidar- und Sicherheitsgemeinschaft im Vorfeld kriegerischer Einsätze lassen sich Neues und neue Sicherheit testen.

VI. Exzessive Allmachts- und Grenzüberschreitungserfahrungen wechseln schließlich in kriegerischen Einsätzen mit angstbesetzten und traumatisierenden Wirkungen. Erlebbar werden hierüber sowohl Omnipotenzwünsche der Macht, je nach Erfahrungen aber auch in Umkehr hierzu Ausstiegsphantasien. Im ersteren Falle realisiert sich das Neue ggf. als *Lebensinhalt* und als *Lebenssinn.*

VII. Alternativ ergeben sich dadurch unterschiedliche Optionen:

a) von *Verfestigung* des Musters zum *Lebenskonzept,*
b) einer *Verunsicherung* durch Traumatisierung mit Ausstiegsphantasien und mit dem Ausstieg verbundenen *Ängsten vor „Rache",*
c) oder intrinsisch motiviertem *Ausstieg* durch eigene kognitive Prozesse oder alternative Angebote.

Als Fazit lässt sich zunächst festhalten, dass neo-salafistische Gruppen offen sind für ganz unterschiedliche Einstiegsmotive ihrer Interessenten bzw. Mitglieder. Zum einen sind es eher kognitiv Radikalisierte (z. B. über die „Lies-Kampagne" und die 13 lokalen „Hot-Spots"), zum anderen stellt individueller Hass als tiefe affektive Verankerung ein Grund der Gewaltaffinität mit späterer Ideologisierung bzw. Neigungen zum fundamentalistischen Extremismus dar (vgl. Buschbom 2015, 2). Erst im gruppendynamischen Zusammenspiel können sich die unterschiedlichen Motive schließlich in Form kollektiver Radikalisierung zu homogenem Gewalthandeln aufschaukeln.

- „Willkommenskultur“ *(Selbstwert)*
- Dazugehörigkeitserfahrung *(soziale Integration)*
- Gemeinsame Kampferfahrung in Solidargemeinschaft unter existenzbedrohenden Bedingungen *(sozialer Rückhalt, soziale Sicherheit)*
- Initiationsriten und klare Regeln *(soziale Orientierung)*
- Omnipotenzerfahrungen *(Selbstwert-Rausch)*
- Teil einer großen Sache zu sein (interethnische und internationale *Sunna-Gemeinschaft*), die in ihrer brutalen kriegerischen Form der säkularisierten, individualistischen, konsumorientierten westlichen Lebensweise überlegen erscheint *(Opfer-Täter-Transformation, Selbstwert, Integration, Sinnfindung von Lebensführung)*

Übersicht 17: Psycho-soziale Angebote gewaltaffiner Radikalisierungsmuster religiöser und politischer Ideologien

Dass sich in diesem Prozess einer Radikalisierung die Persönlichkeitsstrukturen, wie von Srowig/Zick (2018) herausgearbeitet, deutlicher verändern wie in der Anwerbephase könnte auf den kompakten Effekt subjektiv empfundenen Gelingens in den Bewältigungsanstrengungen zurückführbar sein. Dies hätte natürlich Folgen auch für sich ggf. später anschließende De-Radikalisierungsmaßnahmen, da hierbei ein inhaltliches und mentales Äquivalent vorzuhalten wäre.

3.5 Transformationen individueller persönlicher Erniedrigung in Opferbereitschaft zu kollektiver Heroisierung

Die Anwerbung zu männerbündischen Vergesellschaftungsformen setzt in der Regel an dieser gerade im adoleszenten Entwicklungsalter häufig kränkenden Selbstreflexion an. Bei muslimischen Jugendlichen geschieht dies vor allem über eine historisch akzentuierte Rekonstruktion des Islams als einer in der westlichen Hemisphäre unterdrückten Religion; dieser gilt es, im Sinne einer göttlichen Fügung durch die handelnde Aktion zu begegnen. Für einige Jugendliche ohne Migrationshintergrund eröffnen sich über religiös-kriegerische Betätigungen darüber hinaus exzessive Möglichkeiten, ihren bisherigen narzisstisch-adoleszenten Kränkungen in kathartisch-kompensierender Form zu begegnen. Für beide Varianten biografisch jeweils spezifischer Kränkungspotentiale bieten kriegerische Optionen Transfermöglichkeiten aus der bisherigen, subjektiv erlebten Opfersituation hinein in die Rolle einer, sich im Sinne eines höheren Ziels verstehenden Selbstopferung, einhergehend mit der Wiederherstellung individueller ‚Ehre‘ oder Wertigkeitsempfindung bei gleichzeitiger heroisch überhöhter Gemeinschaftserfahrung in der revanchistisch akzentuierten Aktion. Der Historiker Herfried Münkler weist in seiner Abhandlung über die Kriegsbegeisterung der in den ersten Weltkrieg eingebundenen Staaten auf dieses Transformationsphänomen ebenso hin wie der Psychoanalytiker Ferdinand Sutterlüty in seinem Befund zur „intrinsischen Gewalttätigkeit" vornehmlich türkischer und arabischer Jugendlicher, wenn diese, ausgehend von der eigenen Opfererfahrung, ihr subjektives Leid durch Gewaltübertragungen auf andere kompensierten. Münkler geht im Zusammenhang seiner psychosozialen Erklärung zur Kriegsbegeisterung vor 1914 zunächst von der großen Relevanz einer Bereitschaft insbesondere junger Menschen aus, das eigene Leben für das Vaterland zu opfern bzw. diese Opferbereitschaft als ehrenhaft zu empfinden.

> „Die Menschenmassen hatten in dieser Situation nicht ihre materiellen Vorteile im Sinn, sondern orientierten sich an Vorstellungen von Ehre, Anerkennung und Prestige" (Münkler 2014, 225).

Münkler beschreibt dabei die Gefühlslage vieler Menschen in dieser Zeit als diejenige eines „passiven, schicksalhaften Zum-Opfer-Werdens, und die des Sich-Opferns, des ‚Mit-dem-eigenen-Leben-Eintretens für andere', der um jeden Preis zu erringenden rettenden Tat", mit der sich zunächst individuell und dann in kollektiver Form der Volksgemeinschaft eine Selbstverwandlung der ‚victima' – also des Opfers – in die ‚sacrificia', die Opferung für etwas Herausgehobenes bzw. Göttliches abspiele (ebd.). Eine solche ‚Opferung' für das Vaterland, der damals national akzentuierten Gemeinschaft, beförderten die subjektiv empfundene individuelle Ich-Schwäche zu einer kollektiv erfahrbaren Ich-Stärke, die sich gerade durch die in das Kriegsgeschehen eingebundene Gewalttat, des darin erlebten Furors zu weiterer intrinsischer Gewalt auswachse. Heutige asynchrone Kriege bieten – und dies wird sowohl in der Ostukraine, wie in Palästina oder auch in der Levante deutlich – die Möglichkeit, auch adoleszent akzentuierte extreme, aus individuellen Kränkungen und des Ausgeschlossen-Seins ableitbare Bedürfnisse, in den mit der Rolle des ‚religiösen Kriegers' einhergehenden Ritualen exzessiv auszuagieren. Die Option, im Sinne einer „Bestimmung" oder eines historischen oder religiösen Auftrags in omnipotenter Form per Knopfdruck oder Gewehrabzug über das Leben anderer entscheiden zu können, geriert hier zur kathartischen subjektiven Ausbalancierung meist selbst erfahrener eigener Demütigungen und Anerkennungsverweigerung. Und hierzu eröffnet gerade ein im religiösen Sinne legitimierter Aktionismus ein wahres Reich an gewaltaffinen Optionen. Die Tötung der so genannten Gegner kann nach entsprechendem Koranverständnis (vgl. Ceylan/Kiefer, 2013, 71 ff.) dann sowohl aus Wahrheits- und Gerechtigkeitsgründen, aus Motiven der Ahndung von Gesetzesverstößen, des Abweichlertums oder aufgrund von Unglauben und Apostasie oder eines dekadenten Lebensstils erfolgen (vgl. Finger u.a. 2014, 56).

Hass und Menschenmenge als Transformationsbeschleuniger

Eine große Bedeutung im Transformationsprozess von der ‚Victima' zur radikalisierten Täterschaft kommen emotional-affektiven Aspekten zu, also Gefühlen wie dem Neid, den eigenen Ängsten, des Ungerecht-behandelt-worden-Seins oder der Antipathie, die sich zunächst diffus in Wut und Groll, dann zielgerichtet in Zorn verwandeln und schließlich in Affekte wie den Hass übergehen. Hass, als Mixtur gefühlsbegründeter und zunächst sprachlich-rhetorischer Gestalt der Gewalt kippt final recht leicht in tätliche Gewalt über. Interaktional artikuliert sich Hass zunächst sprachlich als Hate-Speech (Hass-Wort, Hass-Rede), als Hass-Metapher, Hass-Formel, Hass-Mail oder im Hass-Dialog nach außen hin. Diese gefühls-sprachliche Artikulationsform changiert dabei zwischen Affekt und sprachlichem Effekt, ergötzt sich emotional an letzterem und berauscht sich dabei sukzessiv-affektiv ins Unermessliche hinein. Baudelaire spricht metaphorisch auch vom „Fass des Hasses", auf dessen Grund sich der Hass als unerschöpflicher „Säufer" beständig erneuert (Wagner-Engelhaaf 2019, 12). Die sprachliche Formung als formgebende Kraft des Hasses erzeugt wiederum die Energie zur Reproduktion bzw. zur Steigerung.

Diese Steigerung der Gefühle hin zum Hass und zuletzt hin zur hasserfüllten Tat verläuft nicht nur ungebremster, sondern auch in gegenseitiger „Ansteckung" in der Menschenmenge exzessiver als in der Selbstradikalisierung. Freud konstatiert, dass die „Masse der wahrhaft magischen Macht von Worten" unterliegt, „die in der Massenseele die furchtbersten Stürme hervorrufen (…) können" (Freud 1940/1969, 85). Die Masse sei impulsiv, wandelbar und reizbar. „Sie wird fast ausschließlich vom Unbewussten geleitet (…), verträgt keinen Aufschub zwischen ihrem Begehren und der Verwirklichung des Begehrten. Sie hat das Gefühl der Allmacht, für das Individuum in der Masse schwindet der Begriff des Unmöglichen" (ebd., 82).

Diese affektiven wie rahmenbezogenen Transformationsmechanismen des Hasses in der Masse spielen bei sämtlichen drei Phänomenen des Hooliganismus, des rechtsextremistischen und der religiös-fundamentalistischen Radikalisierung eine ausschlaggebende Rolle. Die jeweiligen Affektstufen der Radikalisierung in zunächst sprachlicher, dann tätlicher Gewalt verlaufen dabei in jeweils unterschiedlichen Ritualisierungsformen und unterschiedlichen Zeitkorridoren; sie sind aber strukturell in ihrer psychosozialen Dynamik vergleichbar.

In den internetbasierten Kommunikationsformen können sich Hass-Botschaften in den jeweiligen Echogruppen nicht nur sehr viel schneller hochschaukeln, sondern hierüber entsteht auch subjektiv der Eindruck, einer großen homogenen ‚Hate-Community' anzugehören, deren Emotionalisierungsspirale zum Bestandteil einer individuellen Radikalisierung und intern kaum infrage gestellt wird. Eine solche Echogruppenkommunikation besitzt als monothematische und monoaffektive Interaktion ausschließlich selbstreferentiellen Charakter. Wandern Hate-Speechs dagegen in die offenen internetbasierten Diskurse, so können sie die Vielfalt im Internet gefährden, weil sie Menschen einschüchtern und dadurch verdrängen. So gibt etwa die Hälfte der Internetnutzer an, sich in Reaktion auf Hassreden seltener zu ihrer politischen Meinung zu bekennen und sich seitdem auch seltener an Diskussionen im Netz zu beteiligen, was wiederum Auswirkungen auf Meinungspluralismus im Netz und somit auch auf die demokratische Diskurskultur hat (Geschke et al. 2019).

Zwischenfazit

Was uns vor diesem Hintergrund einer aktuell religiösen wie politischen Gewaltkonnotation besonders beunruhigen sollte ist aber die Botschaft, dass durch Exklusion, Marginalisierung, meist schlechte individuelle Bildung und daraus ableitbarer fehlender beruflicher Perspektiven sich nicht nur die klassischen Integrationsanforderungen für viele junge Menschen als problematisch in ihrem Zugang und ihrer Bewältigung erweisen. Es scheint hinzuzukommen, dass es ohne diese Teilhabevoraussetzungen subjektiv auch weniger gelingen kann, für das eigene Leben eine Sinnhaftigkeit zu entfalten, so wie man sie im religiösen, fußballfanatischen oder auch politischen Konstrukt offenbar zu finden glaubt.

Integrationspolitik und Integrationspraxis sind hier mehr denn je zentraler Ausgangspunkt jeglicher Prävention. Soziale Arbeit und schulische Sozialisation sind insbesondere gefragt, bei den typischen adoleszenten Bewältigungsanforderungen der Sinnsuche, der sozialen Orientierung, der sozialen Absicherung und Einbindung sowie der Frage der persönlichen Anerkennung geeignete Angebote vorzuhalten. Aber auch die Phase des Übergangs zu Beruf und Familiengründung wären stärker in den Fokus zu nehmen, wenngleich hier die Interventionsmöglichkeiten geringer erscheinen.

3.6 Vergleich religiöser und rechtsextremistischer Radikalisierungsphänomene („Brücken-Dispositive" und „Brücken-Narrative")

Gewalttaten, die dem rechten politischen Spektrum zuzuordnen sind, liegen laut Bericht des BKA im Jahr 2018 bei ca. 20000 von insgesamt ca. 38000 politischen Deliktformen und machen damit mehr als die Hälfte der politisch motivierten Straftaten aus. Hinzu kommen noch, ebenfalls teilweise rechtsorientierte Straftaten, die durch „ausländische Ideologie" begründet seien (BKA 2019).

Obwohl es augenscheinlich, bis auf einzelne Überläufer, von einem zum anderen Lager kaum inhaltliche Berührungspunkte, im Gegenteil teilweise feindliche Gegenattacken wie etwa bei der Zusammenrottung rechtsextremistischer „Hooligans gegen Salafisten" gibt, lassen sich bei genauerer analytischer Betrachtung diverse gemeinsame Merkmale, sog. „Brücken-Dispositive" oder Ideologeme in mehreren Bereichen ausmachen. Baaken/Ruf (2018, 35 ff.) sowie Meiering (2018, 27 ff.) arbeiten hier drei Aspekte heraus, die in rechtsextremistischen wie religiös-neosalafistischen Gruppierungen gleichermaßen ideologiestiftenden Charakter besitzen, nämlich jeweils eindeutige Feindbilder, eine spezifische Frauenrolle sowie Verschwörungstheorien, die sich letztendlich in beiden Gruppen in Antisemitismus explizieren. Zu differenzieren wären dagegen, „dass Rechtsextreme mit dem Überleben der Rasse oder der Nation argumentieren", während sich Islamisten mit ihrer Interpretation des „Willen Gottes" rechtfertigen (Baaken/Ruf 2018, 35).

Als *Feindbild* stehen für beide Gruppen der gesellschaftliche wie politische Status quo, den es zu bekämpfen gilt. Beide pflegen sie den Opfermythos und legitimieren hierüber ihre Aktivitäten:

> „Die Islamistinnen und Islamisten stellen die Rechtsextremistinnen und Rechtsextremisten als einen repräsentativen Teil der Gesamtgesellschaft dar, welcher den Islam ablehnt, während die Rechtsextremistinnen und Rechtsextremisten die Islamistinnen und Islamisten als repräsentativ für alle Muslime betrachten" (ebd., 36).

Diese ideologischen Interdependenzen münden nach deren Verständnis zwangsläufig in einen Kampf der Kulturen (vgl. Huntington 1996). „Dieser Endkonflikt führt für die überlegene Partei in der Logik der Extremistinnen und Extremisten zu einer utopischen Version der Welt, da das identifizierte Übel beseitigt worden wäre und eine vollkommen völkische oder islamische Welt kein Böses mehr kennen und somit ein Paradies auf Erden darstellen würde" (ebd., 36).

Das *Frauenbild* ist in beiden Gruppen ein konservatives, nämlich dasjenige, welches Frauen auf häusliche und dem Männlichen untergeordnete Tätigkeiten festlegt, begleitet von Sexismus (insbes. bei Rechtsextremisten) und Homophobie; die aktive Rolle der Frau im jeweiligen gruppenbezogenen Handlungskontext unterscheidet sich aber voneinander: „Der physische Kampf fällt, bis auf wenige Ausnahmen, den Männern zu, jedoch werden Propaganda, Unterstützung und ideologische Aufgaben zunehmend von Frauen übernommen" (ebd., 37). Dies hat auch damit zu tun, dass insbes. islamistisch orientierte Frauen religiös-ideologischer als die Männer aufgestellt seien, sich in Geschlechtergruppen über Social-Media sozialisierten und aufgrund ihrer sozialen Kompetenzen häufig in die Anwerbungsaufgaben eingebunden wären. Das Mitwirken in islamistischen Gruppierungen eröffnet für Frauen wohl auch emanzipatorische Optionen:

> „Für einige ist bspw. eine Ausreise nach Syrien ein Akt des Feminismus und der Selbstbestimmung, um sich gegen die zugewiesenen, stark traditionellen Rollenbilder in den eigenen Familien zu Wehr zu setzen und der als unmoralisch wahrgenommenen westlichen Wertewelt zu entfliehen. Sie sehen in der Vollverschleierung eine Art Befreiung von einer sexuell geprägten, hedonistischen Lebensrealität" (ebd., 38).

Das dritte Ideologem stellen *Verschwörungstheorien* dar, die sich in der rechtsextremistischen Agitation in Fremdenfeindlichkeit („Überfremdung", „Volksaustausch"), des Rassismus (Überlegenheitsphantasie, „Vermischungsphobien"), in Antisemitismus und im Geschichtsrevisionismus sowie in einer grundsätzlichen Demokratiefeindschaft äußern. Im Islamismus wie im Rechtsextremismus spielt das Narrativ der „jüdischen Weltverschwörung" eine große Rolle, welches mit immer neuen Impulsen durch den fortlaufenden Nahostkonflikt versehen ist. Der Antisemitismus fungiert somit ebenfalls als „Brücken-Narrativ".

Unbedingt ergänzt gehören diese Befunde von Baaken, Ruf und Meiering durch eine vierte Kategorie, nämlich diejenige *restaurativer Männlichkeitsvorstellungen.* In beiden Radikalisierungsgruppen spielen hegemoniale Männlichkeitsvorstellungen sowie individuelle habituelle Männlichkeitspraktiken eine wesentliche Rolle. Diese reichen bspw. in der rechten „Identitären Bewegung" bis hin zum „Siezen" des „väterlichen Familienoberhauptes" durch Ehefrau und Kinder (z. B. in der Familie des Verlegers, Publizisten und politischen Aktivisten der Neuen Rechten, Götz Kubitschek). In den kämpferischen Kontexten beider Gruppen inszenieren sich Männer als Frontkämpfer bei den Rechtsextremisten oder als Krieger bei den Dschihadisten. Beide dominanten Männerrollen sind jeweils ideologisch bzw. religiös fundamentiert und gehen für die jeweiligen Rollenträger mit offensichtlich erheblichen individuellen Statusgewinnen einher. Interessant bei diesem Phänomen ist die Tatsache, dass sich hierüber für beide Geschlechter offenbar Orientierungen, Sicherheiten, Sinngebung in Verbindung mit sozialer Eingebundenheit in außerfamiliale Zusammenhänge eröffnen, die für ihre Anhänger(innen) so gefahrvoll wie attraktiv sind, dass sie dafür bereit sind, ihre traditionellen Sozietäten aufzugeben.

Eckert (2013, 11 ff.) differenziert bei Radikalisierungsverläufen in rechtsextremistischen Milieus zwischen individuell und kollektiv verlaufenden Prozessen. *Individuell* verliefen Stufen der Radikalisierung über Fremdheits- bzw. Entfremdungserfahrungen, über das Bewusstsein einer einschlägigen Zugehörigkeit (Ethnie, Nationalität, Religion usw.) bei gleichzeitiger Definition von Nicht-Zugehörigkeit anderer. In einer dritten Stufe komme es dann zu Feindseligkeiten gegenüber dieser Anderen, wenn es starke Konkurrenzen z.B. auf dem Arbeits- oder Wohnungsmarkt gibt; im Kontext dieser Feindseligkeit erfolge schließlich Abwertung der „Anderen" bei gleichzeitiger Aufwertung und Verabsolutierung eigener Zugehörigkeitseigenschaften. Die letzte Stufe bildet dann der Aktionismus gegen die „Anderen".

Ähnlich verlaufe die *kollektive Radikalisierung*, zunächst über vermeintliche oder auch reale Benachteiligung, Demütigungen, Ungerechtigkeiten, Fremdherrschaft, Bedrohungen usw., und in einer sich anschließenden Phase über das Heranziehen einer scheinbar „problemlösenden Ideologie", in der sich der Einzelne als Subjekt kollektiver Bedrohung empfinden kann, sich im Kollektiv verteidigt und hierüber Solidarität und Brüderlichkeit erfährt. Der dabei erlebte Enthusiasmus werde auf die zu erkämpfende Zukunftsvision (der „befreiten Nation", der „Umma des Kalifats" usw.) projiziert.

> „Aktivisten ziehen aus ihrem Auftrag das Wissen, auserwählt zu sein. Der überindividuelle und überzeitliche Sinn ihres Handelns verändert ihre subjektiven Präferenzen und Wertigkeiten grundlegend: Er macht Leiden wertvoll, Sterben würdig und überhöht den Alltag durch die Emphase der Sendung. Insofern ist anzunehmen, dass solche Generalisierungen immer wieder als attraktive Angebote auf dem Markt der Sinngebungen auftauchen und nachgefragt werden" (Eckert 2013, 13).

Eckert betont in seinen Befunden, dass erst subjektive Deprivationserfahrungen („Fraternale relative Deprivation") zusammen mit dem kognitiv akzentuierten Narrativ eines Kulturkonfliktes (in Anl. an Huntingtons „Clash of Civilizations") die Konfliktlagen so beschleunigten, dass diese auch in Gewalt münden können (ebd., 11).

Radikalisierungsprozesse verlaufen im rechtsextremistischen Milieu also vergleichsweise ähnlich wie bei den Neo-Salafisten. Die Altersstrukturen sind aber breiter, sodass es individualpsychologisch vermutlich noch einmal stärker um regressives Verhalten im Erwachsenenalter geht. Juvenile Radikalität verwandelt sich in diesem Milieu biografisch weiter in, auf meist erhebliche Frustrationen zurückgehenden Neid und Hass auf vermeintlich bevorteilte Andere. Rechtsextremistische Ideologeme bieten für solche „ent-zivilisierenden Affekte" (vgl. Nachtwey 2016) schließlich legitimatorische Aktionsberechtigung.

3.7 Radikalisierungsformen im Fußball-Milieu des Hooliganismus

Parallel zur politischen und religiösen Radikalisierung entfaltet sich schon länger und immer deutlicher der Hooliganismus (zunächst in England und in Italien, später auch in Polen und Deutschland) insbesondere in den Ballungsräumen als gruppenspezifisches Gewaltphänomen. Der Hooliganismus bietet in meist ritualisierten Formen fortdauernd Foren und Möglichkeiten sowohl organisierter („Ultras") als auch nahezu völlig entgrenzter Aggressionsabfuhr, letzteres unter dem Label der sog. „Hools". Örtliche Schwerpunkte liegen hier in den Anhängermilieus der traditionellen Fußballclubs wie bspw. in Berlin, Köln, Frankfurt a. M., Hamburg, Nürnberg, Karlsruhe, Offenbach, Mannheim-Waldhof, Kaiserslautern, den Ruhrgebietsstandorten von ehemaligen und aktuellen Fußball-Bundesligavereinen in Gelsenkirchen, Essen, Oberhausen, Duisburg und Dortmund, aber auch den ostdeutschen Traditionsvereinen in Berlin (Ost), Dresden, Halle, Rostock, Magdeburg, Cottbus, Chemnitz und Leipzig. Der Profifußball nimmt in seiner Massendimension von wöchentlich durchschnittlich 300 000 bis 600 000 Stadionbesuchern in drei Profi-Ligen eine in der gesamtgesellschaftlichen Ventilfunktion dominante Position ein. Er verkörpert in der Kombination der Formate antiker Gladiatorenkämpfe und wettkampforientierter Spieldramaturgie und dem manchmal kriegsähnlichen Geschehen im Umfeld der modernen Arenen (als solche werden auch die modernen Großstadien mittlerweile bezeichnet) eine archaisch anmutende Form männlich-heroischen Kampfkultes.

Der Fanforscher Gunter Pilz (1992, 4) differenziert zwischen drei Fangruppentypen, nämlich konsumorientierten, fußballzentrierten und erlebnisorientierten Fans, den sog. Hooligans und ging Anfang der 1990er Jahre von einem biografischen Übergang, beginnend mit dem Fußballzentrismus über die Erlebnisorientierung hin zum Konsumismus aus. Die aktuelle Altersstruktur der „Ultrakultur" liegt im Durchschnitt bei 22 Jahren und umfasst in der stark männlich dominierten Kerngruppe die Altersspanne zwischen 16 und 25 Jahren (Pilz 2010, 4).

Fußball zwischen Lifestyle, kriegsähnlichem Kampfspiel und ‚modernisiertem Männlichkeitskult'

Fußball und hier vor allem das Umfeld des Profifußballs in den verschiedenen Profiligen europäischer Länder verbindet in seiner heutigen Form verschiedene Elemente sublimiert-kanalisierter, rituell-archaisch anmutender Aggressionsabfuhr und bedient hierdurch auch modernere Formen des Männlichkeitskultes. Als Indikatoren stehen zahllose bekannte Zitate und andere Aktionen aus dem Kreis international hoch reputierten Spitzenpersonals, die insbesondere unter motivationalen Aspekten von den Protagonisten, meist in der Trainerfunktion verwendet wurden. So sind etwa Sprüche wie „Fußball ist kein Mädchenpensionat“ oder „Fußball ist eben Männersport“ (Fußballtrainer Rehagel) als geläufige Floskeln in der Satzfolge hinter Debatten über ein vermeintlich „zu hartes Spiel“ oder eine „zu harte Gangart“. In der Sprache auf dem Sportplatz, im Stadion, in der Umkleidekabine, vor dem Fernseher, in der Kneipe, an der Würstchenbude, im Reisebus zum Auswärtsspiel mischen sich in diesen maskulin dominierten Milieus dann häufig sexistische, frauenfeindliche, homophobe, antisemitische, männlichkeitskultige Sequenzen in die Sprache, ergänzt durch immergleiche Anekdoten oder Sprüche:

„Eier, wir brauchen Eier“, forderte einst Ex-Bayern- und Nationalmannschafts-Keeper Oliver Kahn nach einer schwachen Serie seiner Mannschaft.

Oder: *„Ich hatte vor der Saison ein Angebot aus England. Wäre ich bloß hingegangen. In England ist Fußball wenigstens noch Männersport und nichts für Tunten“* (der ehemalige Berliner Bundesligaspieler Axel Kruse im Sportmagazin „Kicker“).

Oder: *„Einige Leute halten Fußball für einen Kampf um Leben und Tod. Ich mag diese Einstellung nicht. Ich versichere Ihnen, dass es viel ernster ist!“* – Bill Shankly in den 70er Jahren (11 Freunde, 11.07.2010)

Der Profifußball ist deshalb ein Massenphänomen, weil er einerseits sämtliche traditionellen, männlich akzentuierten Konfliktaspekte des Kampfes, der Feindschaft, des Streits und der Konkurrenz (vgl. Simmel 1901) in einer gesellschaftlich partiell regulierten Arena, entweder in kriegsassoziierender Form oder eben als Spiel, auf dessen Ausgang sich auch wetten lässt (als Version des modernen „Kasinokapitalismus“ des so genannten ‚kleinen Mannes‘), anbieten kann.

Andererseits entspricht ein solches Massenangebot den Bedürfnissen nach Vergemeinschaftung, eröffnet durch die Unterstützungskultur Identifikationsmöglichkeiten jeglicher Intensität, vom Ehre- und Stolz-Gefühl, dem ‚Anfeuern‘ (mit pyrotechnischen Mitteln) des eigenen Vereins in den „Ultra-Gruppen“, dem Mitgerissen-Werden in der Masse bis hin zum kriegsähnlichen Aufmarsch der Hooligans vor oder nach dem Spiel; in ganz exzessiver Form zuletzt Anfang 2012 im arabellionischen Konflikt in Ägypten mit mehr als 70 Todesopfern. Man kann im Fußball aufgehen, „Fußball kann Leben sein“, Fußballer und seine Anhänger/innen „leben den Fußball“. Die Selbstopferungsbereitschaft für den Verein mutet an wie die entsprechende religiöse Hingabeform.

Fußball bietet sich auch als Lifestyle allein schon durch seine Ereignisfähigkeit, seine habituellen und ritualisierten Codes an. Ein Fußballspiel bietet die Möglichkeiten des exzessiven Auslebens von als besonders oder als typisch männlich definierten Ritualen, semantischen Codes, des vermeintlich männlichen Habitus in kollektiv erlebbaren und entgrenzten Räumen. Man kann im Fußballspiel selbst mit ‚in den Krieg ziehen' und an diesem teilnehmen, man kann diesem als Voyeur beiwohnen oder man kann die Wirkmächtigkeit von einpeitschenden, choreographierten Fanaktivitäten auf die „eigene" Mannschaft genießen (vgl. Horeni 2011, 34).

Radikalisierungsprozesse im Fußballfanbereich in Form der Ultra-Fans und des Hooliganismus sind stark an Ritualisierungen gebunden, die sich im Out-Fit, in gemeinsamen Anfeuerungsgesängen, in den die Anfeuerungsgesänge begleitenden Choreografien, dem Abbrennen von Leuchtmunition, in Trinkritualen vor, während und nach den Spielen zeigen. Über diese meist rhythmischen Rituale schaukelt sich die Stimmung in der Fangemeinschaft häufig bis zum Exzessiven auf, um sich schließlich entweder im Torjubel orgiastisch, in Pfiffen gegen eine unerwünschte Schiedsrichterentscheidung oder gegen das Foulspiel eines gegnerischen Spielers aggressiv zu entladen.

Der affektiv-mentale Stellenwert des Vereins wird durch den Vergleich des nahezu erotisch anmutenden Bezugs deutlich: *„Der Eine liebt sein Mädchen, und der Andre liebt den Sport. Wir schwören auf die Eintracht auch mit unserm Ehrenwort (…)"* (Passage aus dem Lied von Eintracht Frankfurt) (https://lyricstranslate.com/de/eintracht-frankfurt-im-herzen-von-europa-lyrics.html).

Hier tritt eine Verbundenheit zutage, die einerseits hohen emotionalen Vergemeinschaftungscharakter besitzt, und die sich andererseits in projektiver Form auf die Erfolgsfähigkeit der Mannschaft stützt.

> „‚Ultra sein' bedeutet für sie, eine neue Lebenseinstellung – ihre Ultra-Identität – zu besitzen, ‚extrem' zu sein, Spaß zu haben, Teil einer eigenständigen neuen Fußballfan- und Jugendkultur zu sein. Im Gegensatz zu anderen Fan-Club-Aktivitäten ist man Ultra nicht nur am Wochenende bei einem Spiel, sondern auch während der gesamten Woche. Alles andere wird bei ihnen dem Fußball bzw. der Fanbewegung untergeordnet" (Pilz 2010, 5).

Der situative Zusammenhalt in der Fangemeinschaft entsteht nicht allein über diese kollektiven Ritualisierungspraktiken, sondern auch durch die jeweils spezifisch inszenierten Abgrenzungen zur gegnerischen Mannschaft und deren Fans, den „Schlachtrufen" gegen diese „Gegner", aber auch gegen alle, die sich dem eigenen Ansinnen in den Weg stellen, wie ggf. die Polizei.

Während sich die sog. „Ultras" meist auf die Unterstützung der eigenen Mannschaft im Umfeld eines „Pflichtspiels" (Punkt- oder Pokalspiele) konzentrieren, nutzen die Hooligans solche emotional aufgeheizten Gelegenheiten, um sich in einer Art Kriegsspiel, bis hin zum Ernstcharakter von Massenschlägereien, mit gegnerischen Fangruppen oder der Polizei in kollektiver Form zu duellieren.

> „Im Gegensatz zu den Hooligans, deren Gewaltanwendung eine affektive, expressive und lustvoll betonte Form ist, kann die der Ultras eher als eine emotional reaktive und instrumentelle Gewalt verstanden werden. Reaktiv in dem Sinne, weil die Ultras damit z. B. auf staatliche Gewalt reagieren, und instrumentell, weil sie sie auch als ‚Mittel zum Zweck' z. B. zum ‚Revier markieren' benutzen" (Pilz 2010, 18).

Der Radikalisierungsprozess einzelner Mitglieder findet auf kognitiver Ebene über die Dämonisierung oder Stigmatisierung der gegnerischen Mannschaft und deren Fans statt. Das eigentliche Fußballereignis wird dazu genutzt, in häufig sehr komplex verlaufender Form, alles Gegnerische zu provozieren und zu bekämpfen. Dies beginnt beim Empfang der gegnerischen Fans und reicht bis hin zu untereinander abgesprochenen Kämpfen außerhalb der Stadien oder dem Klauen der Fahne eines gegnerischen Fanclubs.

Die eigene Gruppe fungiert dabei als Kampfgemeinschaft mit dem übergeordneten Ziel der Demütigung bzw. „Vernichtung" des Gegners. Die Aufschaukelungsprozesse starten ähnlich einem archaisch anmutenden kriegerischen Ritual mit Drohgebärden und Provokationen (etwa dem Verbrennen oder Diebstahl gegnerischer Symbole), auf dass der „Gegner" eine „rote Linie" überschreitet, die die eigene Aggression rechtfertigen soll (vgl. Kilb 2013, 38 f.).

Fazit

Als vorläufiges Fazit bleibt festzuhalten, dass sich einerseits Radikalisierungsprozesse auf sehr unterschiedliche Zugangsmotivationen zurückführen lassen, die als äußeres Format bei dem Salafismus-Phänomen zwar ideologisch-religiösen Charakter aufweisen, deren Ausgangsimpulse sich aber über das gruppenbezogene Zugehörigkeitsgefühl und den martialisch anmutenden Habitus in der kriegerischen Aktion auf subjektiv erfahrene Missachtung, Anerkennungs- und Selbstwertdefizite auch im Zusammenhang einer ausgebliebenen Integrationsprogrammatik beschreiben und begründen lassen.

Letztendlich muss unklar bleiben, ob sich durch Prävention allein die wirklich „Gläubigen" bekehren bzw. die in ihrer Rolle verfestigten Kriegssöldner in ihrem kriegerischen Tun als „aktive Schwerkriminelle" überhaupt erreichen lassen.

Im Falle politisch-ideologischer wie auch sportbezogener Radikalisierung können ebenfalls innerfamiliale Erfahrungen eine Rolle spielen, die sich in einer komplexen Verflechtung mit Ablösungstendenzen in Form adoleszenter Eltern- und Erwachsenendistanzierung zu radikalen dualistischen Einstellungen auswachsen und in meist gruppenbezogener Aktivität ausagiert werden. Im Falle politischer Radikalisierung existieren starke Grenzziehungen beim Eintritt in den extremistischen Bereich. Im Fan-Radikalismus werden diese Grenzen nicht so eindeutig gezogen, da es in den Massen-Settings des Bundesligafußballs allgemein um exzessive emotionale Erregung und entsprechendes Verhalten im Stadion geht, in dem noch dazu meist sämtliche gesellschaftlichen Schichten vertreten sind. In einem solchen Großereignis-Setting sind gewisse Radikalisierungsformen nicht nur gewöhnlich, sondern meist nicht auszuschließen und damit gesellschaftlich mitunter toleriert. Das an Orte gebundene Massenphänomen des Fußballfanatismus kann auch als lokaler ‚Bekenntnis-Pol' im Gegensatz zur sozial verunsichernden globalen Offenheit gesehen werden.

Sämtliche Felder dieser drei Radikalisierungsformen bieten Darstellungsrahmungen für maskulin-heroische Habitus-Inszenierungen in der eigentlich postheroischen Wissens- und Dienstleistungsgesellschaft an. Durch die heroischen Ritualisierungsformen können sich auch Persönlichkeitsveränderungen vollziehen, die dann aber von den jeweiligen Akteuren nur in diesen einschlägigen kollektiven Settings zur Geltung kommen.

Kapitel 4
Theorien zur Entstehung von Gewalt

Das dritte hier diskutierte Phänomen, die Gewalt war teilweise bereits Bestandteil in den Konflikt-, wie auch den Theorien zur Radikalisierung. Gewalt kann eine *hohe Eskalationsstufe* in der Genese von Konflikten sein. Der Militärtheoretiker Clausewitz sieht beispielsweise in der kriegerischen Gewalt aus seiner damaligen historischen Perspektive „eine bloße Fortsetzung der Politik mit anderen Mittel" (Clausewitz 2008/1832, 44), was so viel bedeutet wie, dass wenn man über Verhandlungen und Diplomatie zu keinem Ergebnis kommt, die gewaltsame Auseinandersetzung das dann folgerichtige Mittel sei, einen Konflikt zu entscheiden. Um einen Krieg zu vermeiden bedürfe es der Abschreckung durch ein möglichst starkes Heer, eine sog. Drohkulisse, die nur dann funktioniere, wenn der Gegner von deren Stärke überzeugt werden könne.

Gewalt kann neben dieser Eskalationsfolgestufe zweitens auch die *Stufe* eines *Radikalisierungsprozesses* sein. Während eine Konflikteskalation eine Interaktion zwischen mehreren Akteuren voraussetzt, kann ein Radikalisierungsprozess individuell, kollektiv in einer Gruppe oder ebenfalls auch im Rahmen einer Konfliktaufschaukelung mehrerer beteiligter Akteure stattfinden. In letzterem Fall ist sie mit der Eskalation insofern identisch, als sich auch eine Konflikteskalation selbst radikalisieren kann, nämlich in ihren Mitteln, mit denen der Konflikt ausgetragen wird, also der inneren Haltung der Akteure, den Austragungsformen und der Intensität und Ausgestaltung dieser.

Gewalt kann drittens *intrinsischer* Natur sein, also von einer Person oder einer Gruppe ausgehen und dabei aus sich selbst heraus begründet sein. Der oder die Gewalterleidende(n) fungieren hierbei lediglich als Objekt, ohne dass der Aktion eine Interaktion bzw. Kommunikation vorausgegangen sein muss.

Gewalt ist in ihrer Definition jeweils historisch und kulturell geprägt. Auch im wissenschaftlichen Diskurs existiert kein einheitliches Verständnis (vgl. Kap. 1.4).

Gewalttätigkeiten artikulieren sich in unterschiedlichen *Formen* und können auf völlig verschiedenen Hintergründen und Motiven beruhen, sodass sich – hieraus jeweils ableitbar – ganz verschiedene Handlungsstrategien ergeben. Reemtsma (2009) geht in seiner phänomenologischen Kategorisierung zunächst vom rein körperlichen Bezug von Gewalt aus und differenziert nach den drei Dimensionen von

- *„lozierender Gewalt"*, die sich nicht auf den Körper richtet, sondern den Körper (anderer) – weil dieser einem anvisierten Ziel im Wege steht – bewegt oder auch beseitigt (Reemtsma 2009, 109),
- *„raptiver Gewalt"*, deren Ziel der Körper (anderer) ist, der für die eigenen Bedürfnisse und Interessen funktionalisiert wird (ebd., 113) und von
- *„autotelischer Gewalt"*, die auf eine Zerstörung des Körpers (anderer) zielt (ebd., 116).

Eine körperbezogene Kategorisierung ist vor allem relevant für Arbeitsansätze, die sich auf die Gewalt erleidenden Opfer beziehen. Denn die drei Gewaltformen können bei ihnen nicht nur zu ganz unterschiedlichen Verletzungen führen und verschiedene Leidensfolgen hinterlassen. In der selbstreflektierenden Auseinandersetzungen der Opfer mit den drei Varianten von Tätermotiven, kann die jeweilige Objektfunktion der Viktimisierten zu sehr verschiedenen Traumatisierungen führen, abhängig von der Zufälligkeit, der gezielten Körperausbeutung oder der reinen Zerstörungsabsicht.

Die körperbezogene Handlung stellt zudem zunächst die physische Schnittstelle zwischen den initiierenden Akteuren und Betroffenen einer Gewalttat dar. Von Reemtsmas Typologie ausgehend lassen sich dann täterseitig Absichten, Ziele, Motive und energetische Impulse, opferseitig die körperlichen wie psychischen Verletzungen und deren psychosozialen und ggf. ökonomischen Folgen thematisieren. In manchen Ansätzen, wie etwa dem Anti-Aggressivitätstraining oder auch dem Täter-Opfer-Ausgleich werden diese einzelnen Ebenen und Faktoren in der Täter-Opfer-Kommunikation angesprochen und aufeinander bezogen.

Die Differenzierungsvariante Reemtsmas klammert zunächst einmal Hintergründe und Motive des als Täter agierenden aus und ermöglicht dadurch eher eine Herangehensweise, die gleichermaßen Gewalt als soziale Interaktion, *als Tat <u>und</u> als Erleiden* erfahrbar und bearbeitbar werden lässt (Reemtsma 2009, 124). Hierdurch wird auch die aus der Sicht des Erleidenden vom Täter häufig erzwungene *„Beziehung"* sichtbar, der auch in der Tatbearbeitung eine große Bedeutung zukommt (vgl. Kilb, Weidner 2013).

Gewaltmotive

Eine zweite Betrachtungsebene in der Analyse von Gewalt ist die der Motive von Tätern. Nunner-Winkler (2004, 49ff.) spricht in ihrer Differenzierung von so genannten täterbezogenen Sinn- bzw. Motivkontexten, nach denen Gewalt in folgenden Formen auftritt:

1. als *zweckorientierte* Gewalt wie z. B. bei Raubdelikten,

2. als *wertrationaler* Gewalteinsatz z.B. aufgrund milieutypischer „Ehrverständnisse“ oder aus religiösen Werten oder diesbezüglicher Abgrenzungen heraus,
3. als *affektuelles Reagieren* auf nicht alltägliche Reize („neuronale Entgleisung“) wie z.B. eine traumatische Blitzreaktion, z.B. auf den „falschen Blick“ im Rahmen *adoleszenter Identitätsfindung* mit leichter narzisstischer Kränkbarkeit,
4. als *kompensierende* Gewalt im Rahmen einer Projektion, einer Übertragung eigener „Traumata“ oder fehlender Anerkennung.

Eine solche Differenzierung sollte noch durch einen weiteren Aspekt ergänzt werden, nämlich

5. als Gewalt im Sinne eines „*Eigenwertes*“, als Lust an körperlicher Selbsterfahrung durch Kampf, oder an der Intensität von Anspannung („Kick“), der Erregung und von Risikolust (Kilb 2012; 2013).

Die Motive können miteinander korrespondieren; teilweise werden einzelne Motive von den Tätern auch zur Legitimation herangezogen und für ein anderes funktionalisiert. So stößt man insbesondere bei aggressiven Jugendlichen nicht selten auf Erklärungsnachlieferungen im Anschluss an eine Tat oder diese identifizieren einen Gewalt legitimierenden Anlass bei ihren Opfern, um sich damit eine Tatbegründung zu verschaffen (Sutterlüty 2003, 72ff.).

Motivbetrachtung und Reflexion über den subjektiven Sinn von Gewalttaten helfen über eine personenbezogene biografische Rekonstruktion dabei, die Zusammenhänge im Entstehungsprozess einer Tat zu erschließen und diese mit zum Gegenstand der Bearbeitung zu machen.

Gewalt als Eskalationsstufe von Konflikten und als dissoziale Gewalt

Simmel weist in seiner Abhandlung zum Streit (1908) auf zwei grundsätzlich verschiedene Grundformen der Gewalt hin. Zum einen sei Gewalt eine kulturell gängige, intensive Form der Machtausübung und Machtdurchsetzung in „sozialen Konflikten“. Gewalt fungiert hier im Rahmen einer interaktiven Eskalationsdynamik, abhängig von agierenden Personen, Umfeld und Setting, als Mittel, einen im Eigeninteresse erwünschten Konfliktausgang herbeizuführen. Eine solche Form der Gewalt ist Teil eines „sozialen“ Entstehungsprozesses, in dessen Verlauf die beteiligten Akteure eine meist aktive Rolle einnehmen.

Im Unterschied hierzu existiert Gewalt als eruptive, überfallartige und nicht vermittelte Handlung gegen jemanden, zu dem der Täter bisher in keinem Bezug stand. Solche „dissoziale Gewalt“ geht in der Regel von einer Person oder von einer Personengruppe aus und benutzt eine andere Person (oder

Gruppe) gegen deren Willen. Die Gewaltanwendung erscheint für den oder die Gewalterleidende(n) als eine kommunikativ nicht vermittelte Handlung.

4.1 Klassische Theorien zur Entstehung von Gewalt

Die theoretischen Modelle und Befunde, die es zur Erklärung von Gewalt gibt, sind häufig kaum miteinander vergleichbar, da sie Gewalt unter verschiedenen Prämissen, aus verschiedenen Perspektiven heraus oder aber nur selektiv auf einzelne Gewaltaspekte hin fokussieren.

Es soll deshalb hier unterschieden werden zwischen den klassischen ätiologischen Theorien, die Gewalt weitgehend als individuelle Aggression oder als erlerntes Verhalten thematisieren, Theorien, die Gewalt als Produkt der durch sozialisatorische Prozesse vermittelten Lebenserfahrungen definieren und solchen Theorien, die gewalttätiges Handeln als Aspekt gesellschaftlicher Verwerfungen und Ungleichheit betrachten.

Eine umfassende Handlungstheorie zu Gewalt und Aggression beinhaltet aber generelle Annahmen und Grundlagenergebnisse darüber, wie der individuelle biografische Aneignungsprozess hinsichtlich des Entstehens gewaltaffiner Verhaltensweisen stattfindet (dem sog. Chronosystem) und auf welche Art dieser Prozess durch mikrosoziale und gesellschaftliche Faktoren gerahmt wird. Makrosoziologische Theorien fokussieren Gesellschaft, Biografische Hintergründe, Umfeld, mikrosoziologische Theorien dagegen die situative Tatentstehung, die Anlässe und Gelegenheiten, die Auslöser, innerpsychische Schemata bzw. Muster, eintrainierte bzw. auf Erfahrung beruhende Aktionshandlungen.

So lassen sich mit Hilfe der vier Disziplinen von Psychologie, hier insbesondere auch der Entwicklungspsychologie, von Soziologie, Erziehungswissenschaften und Kriminologie jeweils meist mehrere Erklärungsvarianten herausfiltern, die unterschiedliche Aneignungs- und Erlernungszusammenhänge erhellen können: In der Psychologie sind es die Lerntheorie, die psychoanalytische Triebtheorie, die Ansätze der Kognitions- und Moralentwicklungspsychologie sowie die Frustrations-Aggressions-These, die auf unterschiedliche Art und aus verschiedenen Blickwinkeln heraus die Entstehung individueller Potenziale von Aggression und Gewalt erklären können. Aus dem soziologischen Spektrum kennt man normative, milieu- oder kulturspezifische, organisationsorientierte, spieltheoretische, handlungsrationale Ansätze oder auch das Desintegrationstheorem, aus dem kriminologischen Kontext die Theorie des Labeling-Approach, die Kontroll- und Anomietheorie und aus der Erziehungswissenschaft adoleszenz- und bewältigungstheoretische Sozialisationstheorien als Ansätze, mit denen sich „soziale Vermittler", verstärkende Hintergründe und Begleiterscheinungen, Anlässe und auslösende Situationen identifizieren lassen. Neurowissenschaftliche Befunde bestätigen letztendlich durch ihre „Materialisierungsfähigkeit" zahlreiche Erkenntnisse aus Geistes- und Sozialwissenschaften.

Es sind vor allem drei ätiologisch-psychologische Aggressionstheorien, die als grundlegende Erklärungsmuster am Anfang stehen sollen: die tiefenpsychologischen Theorien, die von Dollard und seinen Mitarbeitern (1939) erarbeitete Frustrations-Aggressions-Hypothese sowie die Lerntheorien.

Nach heutigen Erkenntnissen erfassen die einzelnen Theorien Aggression und Gewalttätigkeit als individuelle, biografisch beeinflusste und sozial-interaktive Tätigkeiten jeweils nicht in ihrer gesamten Komplexität. Ergänzend hierzu soll deshalb der kognitionspsychologische Ansatz von Piaget mit Kohlbergs Theorie der Moralentwicklung in Kombination zueinander hinzugezogen werden. Der Moralentwicklung kommt beim Gewaltphänomen erfahrungsgemäß eine hemmend-(ver)hindernde Funktion während eines Tatentstehungsprozesses zu. Sie alle sind richtungweisend für eine weiterführende kontextuelle Theoriebildung und letztendlich für praktische Überlegungen, die zur Entwicklung gezielter Präventionsmaßnahmen und Bearbeitungskonzepten führen.

4.1.1 Mikrosoziologische Theorien

Mikrosoziologische Theorien betrachten die Tatvorgänge in konkreten gewaltaffinen Situationen, ausgehend von der Physiologie bei Gewalt Ausübenden; hier komme es in der gewaltaffinen Situationsanspannung zu extremer Herzschlagfrequenz (160/min), zu Cortisol- und Adrenalinschüben bzw. -flutungen, dem Verlust der feinmotorischen Koordinationsfähigkeiten, zu einem Kontrollverlust der Körperfunktionen und zu teilweise extremen Wahrnehmungsverzerrungen. Neben der Anspannung, den Ängsten gehe ein Verlust der Impulskontrolle damit einher (Collins 2016, 17 f.).

Gewaltentstehung ist mit einer *Konfrontationsanspannung* und *Konfrontationsangst* verbunden und mündet deshalb meist *nicht* in eine Tat, denn Konfrontationsangst muss beim Übergang in eine Tat überwunden werden. Gewalt sei aber ein Weg der Umgehung dieser Konfrontationsanspannung und der damit einhergehenden Ängste (ebd., 20).

Collins unterscheidet nach drei interaktionalen Settings, nämlich nach kurzen situativen Anspannungen wie etwa bei einer Schlägerei oder einem Raubüberfall, mittleren Anspannungssituationen (Fußball-Hooliganismus) und langen Situationsanspannungen, etwa beim Mobbing, in Aufständen, Amoktaten oder Kriegen. Diese Zeitdynamiken veränderten Zustände des „Gewaltbewusstseins" (ebd., 22 f.). Der jeweilige „Gewalttunnel" sei mit jeweils spezifischen Interaktionsritualen in drei Formen von der

1. Selbstverstrickung (z. B. bei häuslicher Gewalt),
2. wechselseitiger Verstrickungen körperlicher Rhythmen von Gewaltgegnern (Schlägerei) sowie
3. von Verstrickungen des Täters mit einem Publikum oder einer Gruppe verbunden (z. B. beim Hooliganismus).

Publikum oder Gruppen können auf die Länge und Intensität der Konfrontationsanspannung und der Gewaltausübung einwirken.

Gewaltausübung wird in direkter Nähe (Auge in Auge) eher unwahrscheinlicher, aus größerer Distanz, wie etwa bei der computergesteuerten, technischen Kriegsführung wahrscheinlicher. In intimeren Beziehungssituationen kann die körperliche Nähe aber auch umgekehrt eine höhere Wahrscheinlichkeit der Gewalttätigkeit einschließen, wie etwa bei Häuslicher Gewalt.

Im Zusammenhang kognitiver Radikalisierung gilt dieses Prinzip eingeschränkt auch für das jeweils relevante gedankliche Durchspielen bzw. die Antizipation der jeweils zu erwartenden gegnerischen Aktionen. In der erhitzten Stadionatmosphäre eines Fußballspiels oder extremistischen Aktionen während einer Demonstration wie z. B. während des G-20-Treffens in HH 2017 erfolgen dieselben körperlichen Situationsanspannungen mit den entsprechenden psychosozialen Auswirkungen.

Der Ansatz Collins gibt Informationen zu inneren psychischen Befindlichkeiten und feinmotorischen Einschränkungen der in Konflikte oder in Gewalthandlungen involvierten Akteure, die sich auf deren veränderte Wahrnehmungsfähigkeit („Tunnelperspektive"), deren Dramatisierungsempfindungen aber auch auf die individuellen Aggressionsausführungssperren auswirken. Aus diesen Erkenntnissen speisen sich Hinweise im persönlichen Umgang mit der Impulskontrolle.

4.1.2 Psychologische Erklärungsmodelle von Gewalt

Aggression als erlerntes Verhalten

Die lerntheoretischen Erklärungsansätze gehen davon aus, dass Aggressionsverhalten sowohl erlernt als auch wieder verlernt werden kann, also durchaus veränderbar ist. Es werden dabei drei Lernformen unterschieden: das Modelllernen, das Lernen über Verstärkung und das kognitive Lernen, wie es etwa durch die von Bandura entdeckte Selbstwirksamkeitserfahrung erfolgt.

Petermann differenziert beim Verstärkungslernvorgang zwischen positiver, negativer Verstärkung und Duldung, als heimlicher Zustimmung (Petermann/Petermann 1997, 4). Melzer u. a. ergänzen diese Modelle noch um die Variante der differentiellen Verstärkung, durch die nicht erwünschtes, also

z. B. aggressives Verhalten ignoriert und erwünschtes Verhalten verstärkt werde (Melzer/Schubarth/Ehninger 2011, 61).

Beim Modelllernen orientiert sich der lernende Akteur an durch Erwachsene, Gleichaltrige oder auch fiktive Figuren vorgelebtem Verhalten.

> „Ein wesentlicher Unterschied zum Verstärkungslernen besteht darin, dass beim Modelllernen nicht jeder Teilschritt getrennt gelernt werden muss, sondern dass Verhalten in komplexen Strukturen durch stellvertretende Erfahrung und Verstärkung übernommen werden kann" (Petermann/Petermann 1997, 6).

So findet man in den Biografien zahlreicher Gewalttäter sowohl die Erfahrung, selbst als direktes oder indirektes Opfer der Gewalt z. B. des eigenen Vaters oder des älteren Bruders ausgesetzt gewesen zu sein. Indirekte Viktimisierung kann durch das Mit-Ansehen-Müssen etwa von innerfamiliärer Gewalt gegen andere Familienmitglieder erfolgen. Über beide Versionen lassen sich solche ‚Handlungsmuster' nicht nur für den späteren eigenen Gebrauch erlernen, sondern man erfährt gleichzeitig auch ihre Durchsetzungswirkmacht.

Was über die Lerntheorie dagegen nicht erklärbar erscheint, ist die psychisch-emotionale ‚Kollateralwirkung' einer solchen persönlichen Demütigung etwa als Trauma.

Petermann u. a. fanden in ihren Untersuchungen heraus, dass über die beiden ersten Lernformen des Verstärkungs- und Modelllernens hinaus andere Einflussfaktoren und Bedingungen letztendlich darüber entscheiden, wie häufig und wie wahrscheinlich aggressiv-gewalttätiges Verhalten ist. U. a. weisen sie dabei auf Mängel in der Wahrnehmung sozialer Geschehnisse und im Sozialverhalten hin.

Wichtige Erkenntnisse aus der Praxisforschung liefern Petermann u. a. auch zur Systematisierung letztendlich auslösender Faktoren im unbewusst verlaufenden Entscheidungsprozess hin zur Ausführung einer Gewalttat. Dieser verlaufe in einer aufeinander aufbauenden Folgekette von *Wahrnehmung, Handlungsauswahl, Aktivierung von Hemmungspotenzialen* und einer *Bewertung von Konsequenzen.* Analog dieser Prozessstufen können dann nach dem lerntheoretisch-behavioralen Konzept gezielte Interventionen eingesetzt werden.

Eine Erweiterung zum klassischen Stimulus-Response-Schema bilden die sozial-kognitiven Lerntheorien, mit denen z. B. erklärt werden kann, wie sich soziale Ereignisse in Form von kognitiven Schemata, von Skripten, Stereotypen und Anwendungsroutinen im Gedächtnis speichern. Danach werden „(...) Verhaltensänderungen in erster Linie nicht nur durch Kontingenzen oder Bekräftigungen induziert (...), sondern auch bereits durch die vorausgehenden Kognitionen des Individuums, seine Erwartungen über solche

Kontingenzen, durch Bewertungen (seiner selbst und der Situation), Einstellungen, Zielsetzungen etc." (Wagner 2003, 46).

Hieraus folgen dann sehr subjektive, auf Assoziationen beruhende, verzerrte Wahrnehmungen, Einordnungen und Interpretationen.

„Die Konsequenzen, die mit einem aggressiven Verhalten verknüpft sind, führen auch bei Kindern und Jugendlichen zu internalen Repräsentationen hinsichtlich ‚richtiger' (angemessener) und ‚falscher' (unangemessener) Verhaltensregulation in sozialen Situationen. Mit der Zeit werden diese Repräsentationen zu kognitiven Skripten (…)" (Scheithauer et al. 2008, 25), die sich allmählich unreflektiert selbst verstärken können. Wenn dann aggressives Verhalten in konfligierenden Situationen häufiger gezeigt wird, erhöht sich die Wahrscheinlichkeit ähnlicher Reaktionen in vergleichbaren Situationen.

Zahlreiche Gewalttäter ‚ticken' nach diesem Muster. Offen bleibt dabei, ob dessen Verfestigung auf Banduras Selbstwirksamkeitsprinzip oder eben auf solche kognitiven Assoziationen zurückführbar ist.

Der lerntheoretische Ansatz spielt traditionell in vielen erzieherischen Alltagssituationen, aber auch bei zahlreichen Konzepten der Gewaltprävention und der Interventionen aufgrund seiner positiven Zukunftsannahmen und seiner Verbindungsmöglichkeit von individuellen Entwicklungsvorgängen und gesellschaftlichen Einflüssen eine bedeutende Rolle (vgl. Kilb 2013, 24 ff.).

Die Lerntheorie liefert Erklärungen auch für das Verhalten in Konflikten als auch für das Radikalisierungsphänomen.

Im Rahmen der Konflikteskalation wird sowohl auf erlernte Handlungsmuster zurückgegriffen, aber auch neue, im aktuellen Konflikt gewonnene Lernerfahrungen tragen zur strategischen Konfliktweiterführung bei.

In der Radikalisierung treffen diese beiden lerntheoretischen Varianten ebenfalls zu. Darüber hinaus kann in Radikalisierungsprozessen durch stufenförmig erfolgende gedankliche oder auch operative Intensivierung systematische Desensibilisierung stattfinden, die letztendlich zur Brutalität etwa der im Irak- und Syrienkrieg erfolgten Mordtätigkeiten von IS-Mitgliedern z. B. gegen die Yeziden führten. Desensibilisierung kann in zahlreichen Radikalisierungsprozessen bereits sprachlich erfolgen; ein radikalisierter Sprachgebrauch zieht dann häufig zwangsläufig operatives Tun nach sich, um mit dem Sprachstil und -inhalten einhergehenden mentalen und affektiven Botschaften gerecht zu werden.

Psychoanalytische Theorien

In der Freud'schen psychoanalytischen Strukturtheorie findet Verhaltensregulation über ein spezifisches Zusammenspiel von Es-, Ich- und Über-Ich-Funktionen statt. Die kulturadäquaten sozialen Handlungsformen werden dabei idealiter mit der Adoleszenz durch die Integration von „Es" und „Über-

Ich“ im dann reifen und erwachsenen „Ich“ erreicht. Entscheidend für die Aggressionsausprägung im Verhalten ist eine über das „Ich“ stattfindende Selbstregulationsfähigkeit. Diese ist dann nicht gewährleistet, wenn das in früher Kindheit über die elterlichen oder primären Bezugspersonen repräsentierte „Über-Ich“ entweder zu dominant, zu diffus oder zu schwach ausgeprägt wurde. Die Verhaltensfolgen können nach Aichhorn (1925/1951) dann in „Verwahrlosung“, in einer „neurotischen“ Persönlichkeitsstruktur und auch im Hass (Redl 1974/1979) liegen.

Adler modifizierte das primäre Triebmodell Freuds und leitet aus strukturell in der Kindheit bestehenden Minderwertigkeitsempfindungen den natürlichen Wunsch nach Geltung als triebähnlichem Impuls ab. Das Adler'sche Minderwertigkeitsgefühl entsteht durch, an der eigenen Person wahrgenommenen Defiziten wie z. B. einem geringen sozialen oder ökonomischen Status, körperlichen Handicaps, einer benachteiligten Geschlechterrolle oder aber durch eine problembeladene Erziehung (Adler 1933/1973, 133ff.). Aktuell würde man diese Aufzählung noch ergänzen etwa über einen benachteiligenden Migrationsstatus, fehlende Integrationserfolge usw.

Freuds topografisches Modell des Bewussten, Vor- und Unterbewussten, wie auch seine Modelle der Übertragungshandlung und der Projektion, der Abwehrmechanismen in Form von Über-Identifikation, Isolierung, Reaktionsbildung, Regression, Wendung gegen das Selbst, Ungeschehen-Machen, Verdrängung, Verleugnung, Unterdrückung und Sublimierung (vgl. Brenner 1955) hatten einerseits großen Einfluss auf die historisch nachfolgenden Theorieentwicklungen; andererseits dienen sie auch in der modernen psychoanalytischen Theorie als taugliche Erklärungsmodelle z. B. für klassische dissoziale Gewalthandlungen und deren biografische Genese und Intensität (vgl. Crain 2005; Sutterlüty 2008, Ahrbeck 2010).

Aktuelle psychoanalytische Ansätze zur Erklärung von Gewalt fokussieren dagegen deutlicher die Zusammenhänge mit der adoleszenten Entwicklung (vgl. Blos 1973/2001, Bohleber 2006, Ahrbeck 2010). Die Adoleszenz als juvenile Entwicklungsphase reaktiviere frühkindliche Gewalt- und Konflikterfahrungen in der innerpsychischen Struktur, die im Kontext neuer sozialisatorischer Begleitumstände wie etwa der medialen Sozialisation zu ganz unbekannten Ausformungen führen könnten.

> „Die Erfahrung des Triumphes der physischen Überlegenheit, das Genießen des Schmerzes des anderen und die euphorisierende Überschreitung des Alltäglichen bilden dabei oftmals das entscheidende motivationale Agens des gewalttätigen Verhaltens der Jugendlichen“ (Bohleber 2006, 129).

Bohleber und Ahrbeck (2010, 30f.) arbeiten drei biografische Zugänge heraus, bei denen sich jeweils Aggressivität als Selbstbehauptungsmerkmal bei

Heranwachsenden auspräge. Gewalthandeln festige dabei das fragile Selbst und stärke eine ungesicherte Identität.

(1) Die erste Form gründet auf einer „massiven inneren Unsicherheit der Person, die zwischen zwei Polen hin und her schwankt": zwischen den Wünschen der Verschmelzung mit einem idealisierten elterlichen Objekt (wie etwa dem absenten Vater bei männlichen Jugendlichen) und gleichzeitig bestehenden Ängsten vor (dessen) Überwältigung, des Verschlungenwerdens und einer dann folgenden Beziehungsauflösung.

> „Der Gewaltakt dient dazu, dem eigenen Selbst Kontur zu geben und es dadurch zu stärken. Durch das gewalttätige Verhalten oder die Androhung von Gewalt wird ein Gefühl eigener Präsenz und Wirksamkeit erzeugt. Der Täter spürt sich wirklich, genießt die Kontrolle über den anderen und erlebt einen sichernden narzisstischen Triumpf" (Ahrbeck 2010, 30).

(2) Weiterhin könne Gewalt eine unzureichend ausgeprägte Mentalisierungsfähigkeit kompensieren, wenn – kognitionspsychologisch betrachtet – das innere Erleben auf einer elementaren Stufe verharre und psychische Differenzierungen unterblieben. Das Selbst verbleibe dadurch in einem Schwebezustand zwischen Ungewissheit und Bedrohtheit und entlade seine diffusen inneren Spannungen in undefinierbarer Wut. Bei beiden Varianten ist die „gegnerische Person" auf ein Nichts, auf den reinen Körper reduziert. Das ihr zugefügte Leid bleibt für den Täter etwas Fremdes. Insofern fehle ihm auch die Empathie.

(3) Der dritte Zugang beruht auf traumatisierenden Erfahrungen. Gewalttätigkeit wird hier als Versuch verstanden, „passiv Erlittenes ins Aktive zu wenden, getrieben von dem Wunsch, das Geschehene auf diese Weise zu bewältigen. Das frühere Opfer wird damit zum Täter..." (Ahrbeck 2010, 32). Durch den erlittenen traumatisierenden Akt werden nach Ahrbeck inneres Vertrauen in sich selbst und in die Umwelt erschüttert oder gar vernichtet und es blieben Ohnmacht, Beschämung und Gefühle basaler Einsamkeit zurück (vgl. Kilb 2013, 26f.).

Sämtliche drei Dimensionen spielen nicht nur in der Entstehung von Gewalt, sondern auch in der Konfliktdynamik als auch in Radikalisierungsprozessen eine maßgebliche Rolle. In Konflikten können solche frühkindlichen und ggf. in der Adoleszenz verstärkten Erfahrungen zu unbewussten Übertragungen und Projektionen auf Konfliktgegner oder zu fehlender Empathiefähigkeit beitragen. In Radikalisierungsprozessen fördern die aus den eigenen Demütigungen, Missachtungen und ggf. Misshandlungen erwachsenden Wut- und Hassgefühle eine Dämonisierung der Gegnerseite und sie erklären die Kälte und Brutalität der Tatausführung.

Theorie der moralischen Entwicklung

In partieller Konvergenz zum Strukturmodell Freuds und zur nachfolgenden Ich-Psychologie stehen Piaget für seine Theorie kognitiver Entwicklung und Kohlberg als Vertreter einer Theorie der moralischen Entwicklung, die in ihrer Kombination gerade im Zusammenhang mit dem individuellen Aufbau pro-sozialer Selbststeuerungsinstanzen eine entscheidende Rolle spielen. Nach Kohlberg verläuft die moralische Entwicklung, ausgehend von spezifischen kognitiven Voraussetzungen in sechs Stufen, die aufeinander folgend genau in dieser Abfolge durchlaufen werden müssen. In Anlehnung an Piaget geht Kohlberg davon aus, dass bis ungefähr zum zehnten Lebensjahr sämtliche Kinder auf der „präkonventionellen" Moralstufe verbleiben und hierbei auf die Antizipation von Strafe und Belohnung ausgerichtet sind, um mit ca. 13 Jahren dann überzugehen auf die Stufe „konventioneller Moral", die sich durch die starke Orientierung an bestehenden sozialen Normen auszeichnet. Nach Kohlberg verbleiben die meisten Jugendlichen und Erwachsenen in den westlichen Gesellschaften auf dieser moralischen Entwicklungsstufe.

Mittlerweile existieren Erkenntnisse, dass im Zuge regressiven Verhaltens bei Kindern und Jugendlichen auch Rückfälle auf, ihrem eigentlichen Entwicklungsstand vorgelagerte Stufen möglich sind. Außerdem ist davon auszugehen, „dass sowohl Piaget als auch Kohlberg die moralische Kompetenz der untersuchten Personen enorm unterschätzt haben, besonders bei den jüngeren Kindern. (...) Wie schon von Piaget betont, verlangt ein ausgereiftes moralisches Urteilen die Berücksichtigung mehrerer Aspekte: so ist für die Bewertung einer Tat nicht nur der objektiv entstandene Schaden relevant, sondern auch die zugrunde liegende Absicht als subjektiver Faktor (...)" (Wilkening et al. 2009, 74). Offensichtlich sind solche Integrationsleistungen bereits bei unter zehnjährigen Kindern anzutreffen und die Integrationsfähigkeit scheint generell auch nach der früheren kognitiven Eingangsstufe von anderen Voraussetzungen und Umständen abhängig zu sein (Wilkening et al. 2009, 75).

Die Befunde dieser Theorien lassen sich gut mit den entsprechenden Entwicklungsleistungen im psychoanalytischen Strukturmodell verbinden, in dessen Rahmen der Ich-Entwicklung sich eine Integration externer moralischer Prinzipien (der Eltern) mit den eigenen Bedürfnissen als willentlichem Handeln vollzieht. Misslingt dieser Prozess – und dies dürfte bei vielen Gewalttätern der Fall gewesen sein – kann es zu Abspaltungen altersadäquater moralischer Standards kommen (vgl. Kilb 2013, 28 f.).

Auch die adoleszente Distanzierung von den Eltern kann mit Hilfe einer moralischen Gegenpositionierung intensiviert werden und sich ggf. in eine religiöse Glaubens- oder politisch-ideologische Dimension hin wandeln. Moralische Verunsicherungen, ggf. auch über divergierende normative Konzepte im Prozess der Migration entstanden, werden mit Hilfe von Religion oder

Ideologie kompensiert. Klare, meist dualistische Antworten finden sich schließlich projektiv bei übergeordneten Personen, Programmen oder in Glaubensbüchern. In deren starrer Auslegung wie bspw. im Neo-Salafismus oder Neo-Nazismus modifiziert sich so die Fähigkeit zur Anteilnahme am Leid von Opfern (der gegnerischen Seite) hin zum Gefühl, im Sinne einer höheren Instanz den politischen, religiösen oder auch sportlichen Feind ausgeschaltet zu haben.

Frustrations-Aggressions-Theorem

Frustrationsbedingte Aggression ist eine reaktive Aggressionsform, die in gezielter und in ungerichteter Form auftreten kann. In gezielter Form stellt sie eine Vergeltungshandlung gegen einen Provokateur oder das als provozierend Wahrgenommene dar und erreicht ihre Befriedigung durch deren Schädigung. In ungerichteter Form richtet sie sich nicht gegen den Provokateur, sondern äußert sich in allgemeinen Aggressionshandlungen wie beispielsweise dem Fluchen. Dabei ist die Anwesenheit einer anderen Person nicht zwingend, sondern die Aggression kann sich als reiner Selbstzweck z. B. auch als Vandalismus gegen materielle Gegenstände äußern.

Anders als bei den Triebtheorien speist sich der Aggressionsimpuls nicht aus sich selbst heraus, sondern aus einer selbst erfahrenen Willenseinschränkung und einer damit einhergehenden Frustration. Eine Frustration führt aber nicht zwangsläufig zu Aggressionsverhalten, erhöht aber die Wahrscheinlichkeit hierzu erheblich. Somit ist auch nicht jedes Aggressionsverhalten auf eine Frustration zurückzuführen. Dollard et al. (1939) formulieren hierzu vier zentrale Hypothesen:

1. Frustration führt stets zu aggressiven Verhaltensformen und Aggression ist stets die Folge von Frustration.
2. Die Aggressionsstärke ist proportional zur vorangegangenen Frustrationsstärke.
3. Nach der Katharsisannahme wird durch aggressives Verhalten aggressive Energie abgeführt und dadurch die weitere Aggressionsbereitschaft reduziert.
4. Wird die Aggressionsausübung gehemmt, kommt es zur Verschiebung: nicht der eigentliche Frustrationsauslöser, sondern andere Personen („Sündenböcke“) oder Objekte werden angegriffen (Weidner 1997, 21).

Die Intensität einer aggressiven Handlung nimmt nach Dollard zu, je näher das angestrebte Ziel und je größer das hierbei erwartete Glücksgefühl ist. Abgeschwächt werden Frustration und das ihr entsprechende reaktive Aggressionsverhalten, wenn der Frustrationsverursacher sehr machtvoll, präsent und dominant ist, oder wenn die Frustration unbeabsichtigt erfolgte (Aronson et al. 2004, 449 ff.).

Die Aggressionsstärke korrespondiert dabei mit mehreren Faktoren:

- mit dem Grad der Neigung einzelner Personen zu Frustrationsreaktionen,
- mit dem Grad der Behinderung einer Reaktion,
- mit der Zahl der frustrierenden Reaktionen,
- mit einem nicht erwarteten Eintreten einer Frustration,
- und mit der Zahl gelöschter nicht-aggressiver Reaktionen.

Nach Miller (1941) kann sich ein Aggressionsziel durch Hinderung oder Hemmung auch auf andere Personen oder Gegenstände verschieben oder umleiten lassen. In der Regel geschieht dies dann hin zu einem schwächeren Aggressionsobjekt. Eine den Frustrationswirkungen ähnliche Impulsquelle zur Aggression stellt die Provokation dar, die in der Konflikteskalation und bei der intrinsischen Gewaltausübung relevant wird (vgl. Kilb 2013, 29 ff.).

Der Frustrations-Aggressions-Theorie kommt nach Melzer et al. (2011, 58) insbesondere in Leistungszusammenhängen wie bspw. der Schule große Bedeutung zu, da deren Auftrag der Leistungsbeurteilung für Kinder und Jugendliche eine der zentralen Frustrationsquellen darstellt. Eine nicht zu unterschätzende Rolle spielt diese Theorie auch als Erklärungsansatz für Frustrationen, die im Zusammenhang mit misslungener Anerkennung und misslungener Integration entstehen können. Sie erklären den Hass und die Wut in der Reaktion auf diese und können dadurch als mentale Impulse kognitiver Radikalisierung wirksam werden.

Neurowissenschaftliche Befunde zu Gewaltdispositionen

Neuropsychologische Dysfunktionen entstehen nach Moffitt, Hüther, Bauer u.a. im Zusammenspiel zwischen früher Hirnentwicklung des Kindes und Störfaktoren der Sozialisation, insbesondere durch Inkonsequenz elterlicher Erziehungsstile, wenig sichere emotionale Bindungen, Ablehnung und Misshandlung sowie durch Überreizung und mangelnde Reizabschirmung. Solche psychosozialen Faktoren identifizierte auch Raine (2000) in einer mit Gewaltverbrechern durchgeführten Untersuchung, die seiner Meinung nach bei diesen zu geringerer Tätigkeit der Großhirnrinde führt. In den Biografien der Täter fanden sich häufig Kombinationen der Art, dass aus innerfamilialem Missbrauch in der Kindheit heraus Hass entstand und schließlich neurologische und psychiatrische Störungen die Hirntätigkeiten in ihrer Aggressionshemmung einschränkten. Meist verstärkten dann noch Alkohol- bzw. Drogenmissbrauch die Intensität dieser Enthemmungen (Kasten 2007, 276). Solche gerade in der Kindheit erfahrenen Traumatisierungen fließen nach Kasten, zusammen mit erlernten Verhaltensmustern und erlebten Mangelzuständen (Hunger- und Durstgefühle, Schwitzen, Frieren, Langeweile, sexuelle Impulse) in einen ‚vor- bzw. unbewussten Prozess' ein, in dessen Rahmen das Gehirn grundlegende Entscheidungsprozesse durchführt, die einer willentlichen Entscheidung vorausgehen (vgl. Versuche hierzu von Libet 1999).

> „Der willentlichen Entscheidung des Neokortexes geht also ein unbewusster Prozess voraus, der eine Fülle von archaischen Erfahrungen berücksichtigt und blitzschnell abwägt, welche Handlungsalternative triebbefriedigend ist" (Kasten 2007, 52).

Dieser Vorgang wird von Kasten in der Freud'schen Systematik des Unbewussten platziert; Kasten folgert daraus, dass es in letzter Instanz durch die Ebene des Bewussten dann noch ein Vetorecht für den dann willentlich Handelnden gibt. Ein spezifisches Hirnteil bereite zwar eine Handlung vor, die man (manchmal) noch abbrechen oder steuern könne (ebd., 53).

Im Gehirn sind die aggressionsrelevanten Schaltkreise für Wut, Angst und Dominanz in den Organen der Amygdala, dem Hypothalamus und im ‚periaquäduktalen Grau' (liegt im Inneren des Mittelhirns und kleidet den dort befindlichen Kanal für Gehirnflüssigkeit aus) angesiedelt. Das durch Dopamin angetriebene Striatum wirkt an den schließlich vom ganzen Hirn angestrebten Zielsetzungen mit. Und „die neuroanatomischen Verhältnisse legen die Vermutung nahe, dass die primitiven Impulse von Wut, Angst und Gier sich beim Homo Sapiens den vom Großhirn ausgehenden Beschränkungen wie Klugheit, Moral und Selbstbeherrschung unterwerfen müssen" (Pinker 2011, 742 ff.).

Zur Einordnung von Gewalt stützt sich Pinker auf die Systematik von Baumeister (1997) und unterscheidet nach Motiv- bzw. Herkunftsbezügen im Rahmen der Gehirnanatomie zwischen (1) Gewalt, die instrumentell im Sinne eines Zweck-Mittel-Verhältnisses bspw. aus Habgier, Wollust oder Ehrgeiz eingesetzt wird. Eine zweite Wurzel sieht er im Testosteron getriebenen Dominanzstreben (2), eines „Egotismus", eine dritte in der Rache (3) in Anbindung an das „Wutsystem". Eine vierte Wurzel sei die sadistische Freude (4) daran, anderen Schmerzen zuzufügen und zuletzt folge eine ideologische (5), in der über eine Ansammlung von Motiven eine Glaubensüberzeugung mit destruktiven Begleitphänomenen resultiere (Pinker 2011, 751 ff.).

Zusammenfassend lässt sich feststellen, dass die neurowissenschaftlichen Befunde nicht nur mit den klassischen Interpretationsschulen, sondern auch mit den hier dargestellten neueren Theoremen wie bspw. denen von Nunner-Winkler und Reemtsma korrespondieren. Im Kern bleiben drei Erkenntnisse aus dieser Perspektive:

1. Die Hirnorgane von Hypothalamus, präfrontalem Cortex und Amygdalakernen sind bei der Aggression beteiligt; es gibt deshalb kein eigentliches Aggressionszentrum.
2. Aber Aggressivität lässt sich keiner einzelnen Hirnstruktur zuordnen.

3. Zwei entgegen gesetzte Interpretationspositionen bleiben trotzdem in der Diskussion: bewirken psychosoziale Ereignisse, wie o.a. dargestellt, neuroanatomische Besonderheiten (Moffitt, Hüther, Bauer) oder stehen letztere für eine biologische Ausgangsbasis (Roth)? (Vgl. Kilb 2012, 73f.)

Insgesamt lässt sich folgendes Fazit ziehen:

1. Die aggressionsassoziierten Strukturen des Gehirns sind schon längere Zeit bekannt; interessant und heuristisch ertragreich erscheint der Ansatz von Bauer (2011), diese Strukturen miteinander zu einem System zu verknüpfen, welches er den „Aggressionsapparat" nennt.
2. Aggressivität zeigt keine einheitliche Symptomatik. Verschiedene Erscheinungsformen können jedoch einzelnen Komponenten dieses Modells zugeordnet werden.
3. Neurowissenschaftliche Befunde belegen die wechselseitige Beziehung zwischen Zentralnervensystem, Verhalten und Kontext. Ein altbekanntes, jedoch im Lichte der Neurowissenschaften quasi wieder belebtes Rezept für die spürbare Eindämmung von Aggressivität in unserer Gesellschaft wäre: Vermeidung sozialer Ausgrenzung, Zurückweisung, Verachtung, Demütigung, Ungerechtigkeit und Unfairness, vor allem in der Sozialisation (Oster 2013, 36f.).

4.1.3 Soziologische und kriminologische Erklärungsmodelle

Als Gegenstand kriminologischer Forschung gelten einerseits „die gesellschaftlich, vor allem rechtlich als ‚kriminell' ausgewiesenen Verhaltensweisen, die Personen, die sich dergestalt verhalten oder denen solches Verhalten zugeschrieben wird und der Prozess gesellschaftlicher, vor allem rechtlicher Zuschreibung und Kontrolle dieses Verhaltens", der so genannte „Kriminalisierungsprozess" (Kunz 2001, 5). In der Kriminologie werden dabei Befunde unterschiedlicher fachlicher Herkunft interdisziplinär verknüpft und zu eigenständigen theoretischen Modellannahmen verarbeitet. Kriminalitätstheorien erklären nach Kunz nicht die Ursachen von Kriminalität, sondern können lediglich damit korrelierende Faktoren benennen (Kunz 2001, 2, 103).

Es sollen nachfolgend die für Gewaltkriminalität besonders relevanten Ansätze von Anomie- und Subkulturtheorie, der Ansatz des Labeling-Approach und der Kontrolltheorie beschrieben werden.

Anomie- und Subkulturtheorie

„Anomie entsteht (...) als Konsequenz aus der Diskrepanz zwischen den allgemein verbindlichen kulturellen Zielen und der sozialstrukturell determinierten Verteilung der legitimen Mittel, die zur Zielerreichung zur Verfügung stehen" (Lamnek 1997, 19).

Insbesondere für Jugendliche aus materiell benachteiligten Verhältnissen kann – nach diesem Verständnis – dann „anomischer Druck" entstehen, wenn ihre materielle, soziale und kulturelle Ausstattung sie nicht teilhaben lässt an gesellschaftlich eigentlich üblichen Standards. Eine subjektiv empfundene Teilhabeverhinderung muss aber nicht unbedingt auf objektiv benachteiligende Situationen zurückgehen, sondern misst sich oft an ganz individuellen Teilhabevorstellungen und Standards, die dann ggf. nicht erreichbar erscheinen. Solche Ziel-Mittel-Diskrepanzen können über den hierdurch bedingten „anomischen Druck" ein Ausweichen auf Delinquenz bewirken. Mithilfe der auf Durkheim und Merton zurückgehenden Anomietheorie sind z. B. höhere Delinquenzraten zu erklären, wenn bspw. über Medien ein bestimmtes materielles Ausstattungsniveau oder kulturelle Verhaltensregularien als allseits üblicher Standard vermittelt werden, von vielen Adressaten aber nicht erreichbar sind. Eine solche Diskrepanz kann bei Eigentumsdelikten im Falle eines räumlichen Aufeinandertreffens von Konsumanhäufungen einerseits und materiell benachteiligter Bevölkerungsschichten vorliegen. Bei den Deliktformen Raub und räuberischer Erpressung spielt in diesem Zusammenhang Gewalt eine Rolle.

Im kulturellen Bereich können in Migrationszusammenhängen solche Disparitäten zwischen Herkunfts- und Aufnahmekultur existieren.

Analog der Anomietheorie können sich durch die angenommenen Diskrepanzen separate und eigenständige Normierungs- und Wertesysteme herausbilden, die in ihrer abweichenden Form dann mit Hilfe des *„Subkulturansatzes"* erklärbar sind. Sozialräumlich betrachtet kann dieser Ansatz zusammen mit der Anomietheorie erklären, weshalb sich über ethnisch-kulturelle Monostrukturen, insbesondere in Verbindung mit Einkommensbenachteiligung und städtischer Gettoisierung eigene subkulturelle Systeme und Räume entfalten können, in denen ethnisch- bzw. kulturspezifische Alltags-, Lebens- und „Rechtsformen" oder auch illegale Beschaffungspraktiken Bestand haben und sich delinquentes Verhalten verfestigt. Nach Merton (1968, 304) können über den anomischen Druck auch irrationale Gewalttätigkeiten gegen Personen und Sachen, wie etwa Vandalismus, aus Frustration heraus entstehen.

Die Anomietheorie kann neben den Erklärungen zu Gewalt auch die Entstehung von Konflikten deuten, denn diese können sich von dem Hintergrund anomischer Verhältnisse ausprägen. Anomie selbst stellt eine konfliktträchtige Ausgangssituation dar, die gerade für Migranten in meist doppelter

Form relevant ist: als ambivalente Differenzen ökonomischer, sozialer wie kultureller Weise. Der Spagat zwischen eigentlich Anzustrebendem und begrenzter Voraussetzungen hierzu kann auch als Impulsmomentum für Radikalisierungsprozesse zeichnen.

Ansätze des differenziellen Lernens und des Labeling Approach

Der am lerntheoretischen Paradigma orientierte Ansatz des „differenziellen Lernens" beschreibt kriminelles Verhalten ebenso als erlerntes Verhalten wie konformes. Verhalten entsteht in der Interaktion mit bestimmten, in einschlägigen Milieus oder Quartieren dominierenden Personen(gruppen) und schließt das Erlernen krimineller Verhaltensmuster ebenso wie das von Techniken der Verbrechensdurchführung ein. Art, Häufigkeit, Dauer, Priorität und Intensität der differentiellen Kontakte entscheiden schließlich darüber, ob konformes oder nicht-konformes Verhalten erlernt wird (Lamnek 1997, 22). Der Ansatz des differenziellen Lernens gründet auf milieuspezifischen Absonderungs- bzw. sozialräumlichen Gettoisierungstendenzen. Erst hierüber entstehen die, in der Lebenswelt dortiger Bewohner eher selbstverständlichen und von den Betroffenen selbst wenig reflektierten Zugänge zu abweichendem Verhalten.

Mit dem *„Labeling-Approach"* werden zuletzt dann solche, auf bestimmte Verhaltensweisen, Personen und Gruppen zielenden Zuschreibungen von abweichendem Verhalten erklärt. Durch diesen Prozess kann es im Sinne einer Identifikation mit den zugeschriebenen Eigenschaften zu abweichender Identität in gettoisierten Milieus (Lamnek 1997, 23f.) und auch zu gewaltaffinen Identitätsmustern kommen.

Beide Ansätze helfen dabei, Gewalt als Reaktionsform (im Falle der Anomietheorie) oder als reaktive Binnen-Kommunikations- oder Handlungsform („Labeling-Approach") zu erklären. Die Theorie des „Labeling-Approach" eröffnet darüber hinaus die Möglichkeit, das Radikalisierungsphänomen aus einem gruppenspezifischen Abgeschlossenheitssystem heraus zu interpretieren. Ein von innen zur Außenwelt hin abgeschlossenes Gruppensetting verstärkt, zusammen mit von außen erfolgter Etikettierung, den internen Radikalisierungsprozess von Gruppierungen der drei hier thematisierten Milieus. Die Milieus nehmen nicht nur das ihnen Zugeschriebene an; sie machen dies sogar zu ihrem ‚Markenkern'.

Kontrolltheorie

Die Grundannahme in der Kontrolltheorie ist die Bindekraft von Personen an die Gesellschaft und deren Institutionen, Normen und Personen. Je stärker diese Bindungen ausgeprägt seien, umso geringer ist die Wahrscheinlichkeit delinquenten Verhaltens. Die Schwelle zur Ausführung von Straftaten liegt umso höher, je größer das persönliche Risiko (z. B. Arbeitsplatzverlust, legaler Einkommens- oder Freiheitsverlust) durch eine Tatentdeckung ist (Hirschi 1969, 3). Stellen sich solche Risiken als minimal dar, erhöht sich die Wahrscheinlichkeit von Straftaten nach dieser Theorie.

Die Kontrolltheorie fußt auf dem Anspruch, abweichendes Verhalten über sozialisatorische und temperamentsbasierte Dimensionen erklären zu können. Sie wird häufig mit sozialisations- und bindungstheoretischen Implikationen sowie mit Aspekten des Rational-Choice-Ansatzes verbunden. Danach sind Menschen mit starker Gegenwarts- und Selbstorientierung weniger geneigt, in soziale Bindungen zu investieren, sodass Abschreckung durch eine Gefährdung der Bindungen oder deren Anerkennungsentzug nicht greift. Außerdem wird davon ausgegangen, dass sich „Jugendliche mit geringer Selbstkontrolle bei einem Konflikt zwischen kurz- und langfristigen Interessen in ihren Handlungen an den Bedürfnissen des Augenblicks orientieren" (Jessel 2010, 235).

Entscheidend zur Ausprägung von Selbstkontrollfähigkeit sind nach Gottfredson und Hirschi (1990) die vier Bindungselemente des attachment, commitment, involvement und belief (Albrecht 2002, 786). Dementsprechend kommen den erzieherischen Prozessen in Familie und Schule entscheidende präventive Funktionen zu.

Der Ansatz erscheint in seiner Begründungsambivalenz gelingender früher Sozialisation bei gleichzeitiger erfolgreicher sozialer Integration generalisierend für die Entstehung positiver Lebensperspektiven anwendbar. Er verknüpft psychologische, erziehungswissenschaftliche und soziologische Erkenntnisse miteinander, ist aber weniger tief ausdifferenziert, sodass er auf einer recht allgemeinen Ebene verbleibt.

Fazit

Sämtliche dieser kriminologischen Ansätze korrespondieren meist miteinander. Sie basieren häufig auf bereits stattgefundenen Segregationsprozessen, die sowohl räumlicher als auch ethnisch-kultureller Form sein können. Die kriminologischen Ansätze sind ebenfalls allein nicht erklärungsausreichend, da sie lediglich auf verstärkend wirkenden sozialen Umfeld- und Kommunikationseinflüssen basieren und als einzelne nicht erklären können, weshalb trotz dieser Einflüsse nur ein geringer Anteil der davon Betroffenen auch wirklich kriminell bzw. gewalttätig wird (vgl. Kilb 2012, 77).

4.1.4 Gewalt als Manifestation eines Kulturkonfliktes

Kulturtheoretische Erklärungsmodelle gewinnen durch die augenblicklichen gesellschaftlichen und politischen Entwicklungen größere Bedeutung. Die Entstehung von Gewalt wird hierbei nicht als Folge eines Mangels kohäsiver

Kräfte, sondern als Ergebnis gesellschaftlich vermittelter Lernprozesse gesehen (Eisner 1997, 37f.).

Das kulturtheoretische Theorem basiert auf der Überlegung, dass mit zunehmender residenzieller wie ethnisch-kultureller Segregation einzelne ethnische Gruppen jeweils eigene herkunftsorientierte Handlungs-, Orientierungsmuster und Rechtstraditionen aufrechterhalten, wieder rekonstruieren und pflegen, die nicht dem allgemein üblichen Werte-, Normen- und Rechtskanon entsprechen. Dies trifft allerdings nur auf einige der Entwicklungslinien zu, die in Migrationsprozessen auftauchen. Dubet und Lapeyronnie sprechen in diesem Zusammenhang von unterschiedlichen Möglichkeiten, sich als Migrant gesellschaftlich integriert oder isoliert zu fühlen (ebd. 1994, 97):

1. Viele Migranten betrachten den Migrationsprozess als *Zwischenetappe* und hegen Rückkehrpläne. Solche Rückkehrphantasien erhalten sich rudimentär auch noch abgeschwächt in den Nachfolgegenerationen der ausgewanderten ersten Elterngeneration. Als Ersatzphänomen für den nicht einzulösenden Rückkehrwunsch steht dann oftmals die Reorientierung in die vermeintlich ‚heile Herkunftswelt' und -zeit.
2. Für andere ist Migration ein *äußerer Zwang;* sie sind in die Welt der Migration hineingeboren und eingeschlossen und driften dabei an den gesellschaftlichen Rand. Auch bei den Nachfolgegenerationen dieser Gruppe kann es zu den o.a. Reorientierungsphänomenen kommen.
3. Von einem Teil wird Assimilation *zurückgewiesen,* weil sie nicht mit erfolgreicher Eingliederung einherging. Hier findet bereits frühzeitig ein starker Rückzug in die Herkunftskultur statt (ebd. 1994, 98).
4. Zahlreiche Migranten sind *stark integriert* in die Aufnahmegesellschaft und haben Rückkehrpläne aufgegeben. Sie befinden sich in einer Phase von Zwischenidentität. Eine solcherart ‚Zwischenidentität' reproduziert sich auch in den nachfolgenden Generationen insbesondere in ethnischen Communities oder auch bei sozialem Abstieg oder sozialer Stagnation.
5. Ein weiterer Teil ist vollkommen *assimiliert* und distanziert sich mittlerweile vom Herkunftsland.

Ethnische Gruppen der ersten drei Entwicklungslinien können sich stark an herkunftskulturellen Prinzipien ausrichten, idealisieren und verklären diese häufig innerhalb ihrer Existenz in der Aufnahmegesellschaft als vermeintliche Traditionen in Ausformungen aus der Zeitepoche ihrer eigenen Emigration.

In ethnischen Communities oder subkulturellen Kontexten erlerntes und dort als normal definiertes Verhalten wie etwa gewalttätige Reaktionen auf Verletzungen der Ehre-Traditionen geraten dann im Rechtsgebäude der Aufnahmekultur möglicherweise zu abweichendem oder kriminellem Handeln.

Das Phänomen der Reorientierung auf herkunftskulturelle Normen und Traditionen ist umso ausgeprägter, je geringer der politische, soziale und materielle Status und je diskriminierter eine Migrantengruppe in der Gesamtgesellschaft ist. Es wird ebenfalls durch residenzielle Segregation gefördert.

Die Wahrscheinlichkeit solcher Subkulturbildung ist erst ab einer ausreichenden numerischen Gruppengröße (einer ethnischen Community) gegeben, die sich häufig nur in Metropolen, Großstädten und Ballungsräumen, aber auch über Social-Media in virtuellen Communities einstellt. Denn allgemein steigt mit der Größe von Städten auch die räumliche Segregationsintensität einzelner Bevölkerungsgruppen.

> „Damit steigen aber auch die Möglichkeiten für die Ausbildung devianter Subkulturen, in denen sich Wertorientierungen bilden können, die häufig auch explizit als Gegenkulturen gegen die dominante Kultur artikuliert werden" (Eisner 1997, 38).

Einen besonderen Stellenwert in der individualbiografischen Genese von Gewaltaktivitäten können in bestimmten ethnischen Gruppen Gewalt legitimierende Männlichkeitsnormen darstellen.

> „Hierbei handelt es sich um normative Orientierungen bzw. Werthaltungen, deren kultureller Ursprung in historisch gewachsenen, sozial-geografischen Bedingungen bestimmter Herkunftsländer von Immigranten liegt. Diese Normen können sich über die Einwanderergenerationen reproduzieren oder im Falle ausbleibender Integration reaktiviert werden" (Rabold/Baier 2007, 12).

Rabold/Baier verweisen hierbei auf herkunftsgesellschaftliche Zusammenhänge, in denen die Verteidigung von Familie und Eigentum zur männlichen Aufgabe gehört habe und in denen „(...) junge Kinder gelehrt bekommen, aggressiv zu sein, und dass bei der Sozialisation der Jungen schon früh darauf geachtet wird, dass sie auf den Erhalt ihrer Ehre bedacht sind und diese ohne Zögern verteidigen. Gewalt wird somit als angemessenes und auch sozial erwartetes Mittel der Selbst(wert)verteidigung angesehen" (ebd., 12).

Die Ehrverletzung als Begründung und Ausgangssequenz einer Gewalttat ist geografisch insbesondere bei Jugendlichen aus vorderasiatisch-islamischen und aus arabischen Kulturkontexten anzutreffen. Stabilisierend für eine Aufrechterhaltung wirken hier ebenfalls residenzielle und communityspezifische Segregation.

Insbesondere bei religiöser Radikalisierung dürfte der kulturelle Konfliktaspekt eine nicht unbedeutende Rolle spielen.

4.1.5 Sozialisationstheoretische Erklärungsmodelle

Sozialisationstheoretische Modelle betrachten die Entstehungszusammenhänge und Einwirkungsfaktoren insbesondere in den klassischen Sozialisationsinstanzen von Familie, familiärem Umfeld und Schulen sowie in der Selbstsozialisation in Freundschaften, in Peergroups, in Jugendgangs und im Zusammenhang der heute üblichen Mediennutzung (vgl. Abb. 6). Den einzelnen Sozialisationsbereichen können im Entstehungsprozess von Gewalt sehr unterschiedliche Bedeutungen zukommen. Sie wirken meist komplementär zueinander; so kann es sein, dass beispielsweise Jugendliche mit persönlichen Missachtungs- und Demütigungserfahrungen in ihren Familien exzessiv Ego-Shooter-Computerspiele nutzen oder sich gewaltbereiten Jugendgangs anschließen, um ihre eigenen traumatischen Erniedrigungen durch gewalttätige Allmachtserfahrungen in Form einer Erniedrigung anderer realer oder auch fiktiver Personen zu kompensieren. Es geht in einer solch komplexen Entstehungskette nicht mehr darum, Ursache und Wirkung zu identifizieren, sondern das Zusammenspiel verschiedener Ereignisse und Personen an verschiedenen Orten mit verschiedenen Gelegenheiten, habituellen und ritualisierten Kontextformen aufeinander beziehen zu können, um ggf. Zeitpunkt, Form und Intensität einer gewalttätigen Handlung sowie ggf. die Auswahl des Opfers verstehen zu können.

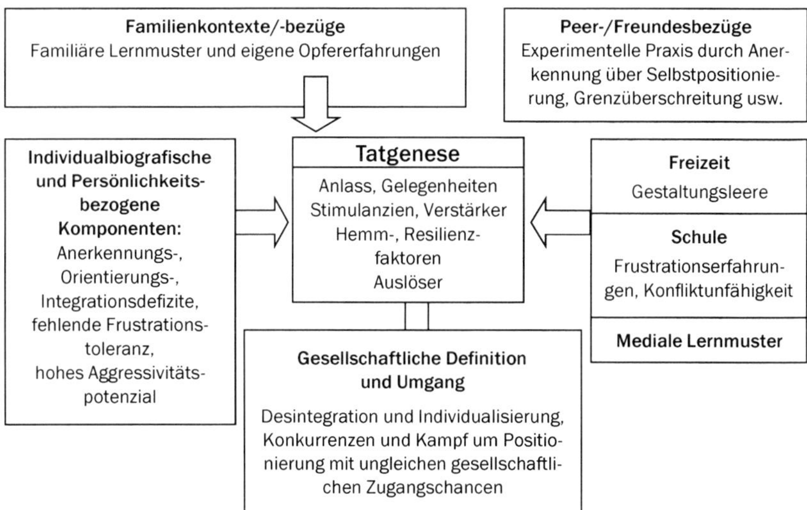

Abb. 6: Gewalt und ihre Entstehungszusammenhänge (Kilb 2012, 62)

Die sozialisationstheoretischen Modelle korrespondieren wiederum stark mit den oder bedienen sich der psychologischen und soziologischen Theorien.

Entstehungszusammenhänge im familiären Bereich

Die Familie ist nicht nur meistens der Ort, an dem nahezu jede Biografie beginnt, sondern sie ist auch die Institution, „die in besonderer Weise durch gewaltsame Interaktion belastet ist“ (Sutterlüty 2003, 103). Sutterlüty bezieht sich hier auf die Expertise der Gewaltkommission der deutschen Bundesregierung, in deren Rahmen von einem „strukturell angelegten Gewaltpotenzial in Familien“ die Rede ist. Ein solch strukturelles Potenzial ergibt sich nach Eckert et al. (1990, 394f.) „aus dem konflikthaften Zusammenleben verschiedener Geschlechter und Generationen, der Emotionalität familiärer Beziehungen, der Normalität intimer Körperkontakte (...) und dem daraus resultierenden Fehlen des – in distanzierteren sozialen Beziehungen bestehenden – Berührungstabus bei eskalierenden Konflikten“. Zu ergänzen wäre hier die Abgeschlossenheit und damit tendenziell das Fehlen externer sozialer Kontrolle.

Petermann/Petermann weisen in ihren Untersuchungen nach, dass folgende familiären Bedingungen zur Erhöhung von Gewaltbereitschaft beitragen (vgl. Petermann et al. 1992):

- Familiärer Stress, meist resultierend aus wirtschaftlichen Problemen (Arbeitslosigkeit),
- Konflikte zwischen den Eltern,
- Geringe Erziehungsfertigkeiten und inkonsequentes Erziehungsverhalten der Eltern,
- Anwendung machtbetonter Erziehungsmethoden,
- Fehlende Wärme und Anteilnahme der Eltern,
- Ausübung von Gewalt seitens der Eltern und Geschwister.

Pfeiffer et al. (1998) fanden in einer Schülerbefragung heraus, dass von den 15% der Schüler, die von ihren Eltern geschlagen werden, dreimal häufiger Mehrfachtäter hervorgehen als aus der Vergleichsgruppe der Nichtgeschlagenen. Von den in einem norddeutschen Jugendgefängnis einsitzenden Gewalttätern wurden fast die Hälfte (46%) von den Erziehungsberechtigten manchmal, und 54% häufig körperlich misshandelt (Weidner 1997, 162f.). In einer aktuelleren Untersuchung stellten Rabold/Baier bei 43% der von ihnen befragten Jugendlichen gewalthaltige Übergriffe durch die eigenen Eltern fest (Rabold/Baier 2007, 30). Statistisch liegt die Anzahl innerfamiliärer körperlicher Misshandlungen, je nach Definition nach Angaben des Kinderschutzbundes (2018) bei jährlich 15000 bis 20000 Fällen, wobei gerade bei dieser Deliktform die Dunkelziffer als extrem hoch, nämlich auf das 20-fache geschätzt wird (siehe auch Kap. 1.4.3).

Gewalttätigen Erfahrungen in der und durch die eigene Familie kommt somit entweder als Lernmustern oder als psychischen Impulsen zentrale Bedeutung in den individuellen Entwicklungsprozessen für das eigene gewalttätige Handlungsrepertoire zu. Das Erlernen gewalttätiger Muster findet entweder als Imitationslernen oder als Miterleben von in der Familie erlebten Durchsetzungsstrategien statt oder es geht auf eigene traumatische Opfererfahrungen zurück. Erfahrungen elterlicher Gewalt während der Kindheit können nach Franz (2012, 7) zu Brüchen in der emotionalen Wahrnehmung und Empathiefähigkeit im späteren Jugend- und Erwachsenenalter führen, was wiederum deren Einfühlen in das von ihnen produzierte Opferleid nachfolgender eigener Kinder behindert. Es droht damit eine transgenerationale langfristige Täter-Opfer-Kette.

Im Rahmen der familialen Sozialisation erfolgt auch die Ausprägung Gewalt legitimierender Männlichkeitsnormen. So findet die Erziehung von Jungen z. B. in der traditionellen türkischen Familie bis zur Pubertät zunächst durch die Mutter und ggf. durch die ältere Schwester in einer ambivalenten Struktur von körperlicher Zärtlichkeit und parallel hierzu stattfindender Ablehnung statt. Die Beziehung zwischen Mutter und Sohn ist durch Autorität und Ermahnung sowie gleichzeitigem Gewähren-Lassen geprägt. Der Junge erfährt dabei nach Toprak (2005, 106 f.) eine große Verunsicherung gegenüber der weiblichen Autorität und wendet u. U. seine Aggressivität auf Mutter, Schwester oder allgemein auf Frauen. Parallel hierzu erfolgt durch den Vater strenge Unterweisung.

Bezogen auf die „männliche Ehre" lernt der Junge das Verhältnis zwischen Mann und Frau sowie zwischen Innen und Außen nach folgendem Muster zu gestalten:

> „Ein Mann gilt als ehrlos, wenn seine Frau beleidigt oder belästigt wird und er nicht extrem und empfindlich reagiert. Derjenige Mann gilt als ehrenhaft, der seine Frau verteidigen kann, Stärke und Selbstbewusstsein zeigt und für die äußere Sicherheit seiner Familie garantierende Fähigkeiten besitzt. (…) Darüber hinaus muss ein ehrenhafter Mann willens und in der Lage sein zu kämpfen, wenn er hierzu herausgefordert wird. Die Eigenschaften eines ehrenhaften Mannes sind Virilität, Stärke und Härte" (Toprak 2005, 152).

Toprak thematisiert die im Kontext insbesondere traditionell-ländlicher Erziehung getätigten Gewaltpraktiken, beginnend bei der Ohrfeige über körperliche Misshandlung und Nahrungsmittelentzug, sexuelle Beleidigungen, Androhung von Schlägen, das Beleidigen, Anschreien, Beschimpfen bis hin zum Kontaktabbruch. Er leitet hieraus eine andere Affinität zu Gewalt bei solcherart sozialisierten Jugendlichen ab.

Entstehungszusammenhänge im schulischen Bereich

Schulische Anforderungen und Strukturen spielen als Gewalt fördernde Hintergrundsituationen eine nicht unbedeutende Rolle. In diversen, meist allerdings bereits historischen Studien aus den 2000er Jahren lassen sich diverse gewaltintensivierende, -auslösende oder sogar -gründende Auswirkungen nachweisen, die vermutlich auch aktuell noch eine Rolle spielen.

Winterhager-Schmid (1993, 45ff.) weist zunächst auf strukturelle schulische Faktoren hin, die einher gehen mit Kränkungen und Verletzungen narzisstischer Größenphantasien insbesondere bei Jungen: durch deren schlechte Schulleistungen könne das „Größen-Selbst" so bedroht sein, dass sie sich entweder von der Schule abwendeten oder in der Schule selbst kompensatorische Aktivitäten entfalten.

Fend (2000) identifiziert in seiner Konstanzer Studie zwei Merkmalsbereiche, die für ein gehäuftes Auftreten von Devianz verantwortlich waren: Eine spezifische Klassenzusammensetzung mit männlicher Dominanz, eher geringem Leistungsvermögen, begrenzten Zukunftsaussichten und häufigem Sitzenbleiben korrespondiert mit dem zweiten Merkmal einer distanzierten, eher repressiven Umgangsform der Lehrer. Holtappels/Tillmann (1999) bestätigen durch ihre Untersuchung diesen Befund und ergänzen ihn um folgende Faktoren: Hoher Leistungsdruck, Schulunlust, Langeweile und Unterforderung, schlechtes Schul- und Klassenklima, Gefühle von Distanz zu schulischen Norm- und Wertestrukturen, Fremdbestimmung, fehlender Lebensweltbezug im Unterricht, enge und/oder unpersönlich gestaltete Klassenräume.

Die Autoren differenzieren dabei zwischen so genannter „importierter" und „selbst produzierter" Gewalt. Zentrale Ergebnisse dieser Expertise sind folgende vier Aspekte:

1. Die Gewaltintensität und die Formen von Gewalt unterscheiden sich nach Schulformen: körperliche Gewalt dominiert an statusniedrigen Schulformen; psychische Gewaltphänomene sind eher schulformunabhängig.
2. Bei körperlicher Gewaltanwendung dominieren eindeutig Jungen; psychische ist bei beiden Geschlechtern gleich verteilt.
3. Opfer und Täter lassen sich oft nicht voneinander trennen: 40% der „Dauertäter" sind auch permanente Opfer; Gewalt bleibt also fast im geschlossenen personellen Zirkel und ist kennzeichnend für eine Gruppenaktivität.
4. Bei vielen Schulen spielt Gewalt kaum eine Rolle, bei wenigen Schulen dagegen eine erhebliche.

Die größten Einflussfaktoren für gewaltaffines Verhalten sind neben der Zugehörigkeit zu gewalttätigen Cliquen und dem Konsum besonders gewalthaltiger Medienproduktionen vier Faktoren des sozialen Schulklimas: fehlende

Anerkennung, etikettierendes und restriktives Lehrerverhalten, scharfe Schülerkonkurrenzen und eine hohe Rate subjektiv empfundener Außenseiterpositionen.

Melzer et al. (2011) arbeiten in ihren aktuelleren Untersuchungen eine etwas andere Tendenz heraus. Unklar bleibe nämlich, ob Gewalt in die Schule hineingetragen wird und dabei das Lehrerverhalten und das Klassenklima negativ beeinflusst, „oder ob die Schule durch ihre eigene Struktur und die in ihr ausgeübten Handlungen und Maßnahmen gewaltförmiges Verhalten bei Schülern mit verursacht oder verstärkt" (Melzer et al. 2011, 148). Die erste Variante sei wahrscheinlicher. Bei den Einzelfaktoren stellen sie eine hohe Gewichtung von Familien-, Medien- und Peereinflüssen, der sozialen Herkunft und der Lehrerprofessionalität fest (Melzer et al. 2011, 154).

Die Wirkungen medialer Lebensweltaspekte

Der in den letzten 30 Jahren drastisch steigende mediale Konsum führt im Zusammenhang mit den ihm unterstellten sozialisatorischen Wirkungen zu einer ebenfalls sehr kontroversen Fachdiskussion. Dabei geht es einerseits um die auf dem Internet basierende Informationsbeschleunigung und zunehmende Vermengung realer und virtueller Welten, die auch indirekt für gewaltaffines Verhalten verantwortlich gemacht werden. Andererseits wird vor allem die unabhängig vom Alter stattfindende Entgrenzung der Zugänge zu gewaltaffinen Inhalten jeglicher Couleur hinsichtlich ihrer Wirkungen auf kindes- und jugendbezogenes Gewalthandeln sehr kritisch betrachtet. Grob wird in der Debatte zwischen folgenden Positionen unterschieden:

1. Einer lerntheoretisch akzentuierten Annahme des medial gestützten *Modelllernens;* durch einen für Kinder und Jugendliche weitgehend unkontrollierbaren allzeitigen Zugang zu nicht alters- und entwicklungsgemäßen gewaltaffinen Inhalten erlernten diese in der virtuellen Handlung sichtbare Erfolgsmuster, die sie dann auf reale Lebenssituationen übertragen und entsprechend anwenden.
2. Ebenfalls am lerntheoretischen Paradigma orientiert ist die *Abstumpfungshypothese,* nach der Kinder und Jugendliche durch permanenten medialen Konsum in diesem Genre desensibilisiert würden und gewaltaffines Handeln im Sinne nachfolgender persönlicher Abgestumpftheit seinen normabweichenden Charakter verlieren könne.
3. Die *Stimulationsthese* begründet, dass Mediengewalt aggressive Handlungen über aggressive Hinweisreize fördert (Züge et al. 2008, 186).
4. Eher psychoanalytisch fundiert ist dagegen die so genannte *Katharsisthese,* nach der durch Übertragungs- und Projektionsmechanismen eigene aggressive Impulse abgeführt werden könnten; auch versuchten Personen ihre eigenen Befindlichkeiten über exzessive und gezielte Mediennutzung

zu regulieren. Dies geschehe gerade über die Realitätsferne der genutzten Medieninhalte (Meister et al. 2008, 210).

5. Eine weitere Position beruht darauf, dass über Medien rezipierte Inhalte nicht unbedingt Gewalt auslösend sein müssen, sondern als *Verstärker* bereits bestehender Neigungen fungieren (vgl. Wahl/Hees 2009, 101 sowie KFN/Baier et al., 2006).
6. Nicht zuletzt wird darauf verwiesen, dass sich das *Realitätsbild* durch unausgewogenen Konsum gewaltaffiner Effekte dahingehend verändern kann, dass man das Normalgeschehen als deutlich gefahrvoller einschätzt, als es in Wirklichkeit ist (Aronson et al. 2004, 459) und sich entsprechend verhalte.

In zahlreichen Studien werden die Bezüge zwischen dem medialen Konsum gewaltaffiner Effekte und aggressiver Persönlichkeitstypen bei den Nutzern herausgestellt:

> „Aggressive Personen zeigen zunächst aufgrund ihrer Aggressivität eine starke Vorliebe für gewalthaltige Medieninhalte und der Konsum dieser medialen Gewalt führt wiederum zu einer Bekräftigung ihrer aggressiven Persönlichkeit" (Züge et al. 2008, 187).

Gewalt und Horrorfilme werden nach Züge et al. als ständig zu steigernder Hype entweder direkt in der Gruppe konsumiert oder der Konsum bildet ein wichtiges Gesprächsthema und fördere sowohl die Gruppenzugehörigkeit als auch den Wunsch nach Verständigung zu einer besonders ausgeprägten, maskulin akzentuierten Identität.

Monokausale Bezüge zu realen Gewalthandlungen lassen sich über die verschiedenen Studien nicht nachweisen. In ihren Untersuchungen kommen Meister et al. zu dem Befund, dass durch einschlägigen Konsum nicht die Akzeptanz, sondern eher eine Tolerierung von Gewalt z. B. im Wunsch nach Vergeltung gefördert werde. Hierbei würden Rezeptionsschemata fiktionaler Formate auch auf reale Dokumentationen übertragen (Meister et al. 2008, 212). Ansonsten entwickelten sich durch Konsum und durch Aktivitäten bei fiktionalen Gewaltinhalten bei den Jugendlichen Handlungsroutinen, die eher nicht auf reale Situationen transportiert werden. Insbesondere die soziale Einbindung in reflexionsbewusste Zusammenhänge förderten deren Fähigkeit, die Inhalte realistisch wahrzunehmen und sie im Verhältnis zur Realität einzuordnen.

Als Problemgruppen identifizieren Meister et al. allerdings ältere männliche Jugendliche mit formal niedrigem Bildungsniveau oder psychosozial deprivierter und durch Kontrollverlust geprägter Lebenslagen (Meister et al. 2008, 213).

Durch die zunehmend internetbasierten Kommunikationsformen wird gewalttätiges Handeln in seiner psychischen Dimension zudem zur medialen Selbstinszenierung, Selbstpositionierung und zur öffentlichkeitswirksamen Diffamierung Dritter eingesetzt. Hierbei kommt es zu eigenen Ausdrucks- und Handlungsformen, die sich wettbewerbsartig verstärken und damit regelüberschreitende Formen annehmen können. Durch Cyber-Mobbing, -Bullying sowie -Stalking erfolgen diverse Formen psychischer Gewaltanwendung etwa durch Verleumdung, Belästigung, Bedrängung und Nötigung über das Internet, in Chatrooms, beim Instant Messaging oder auch mittels Mobiltelefonen. Diese Formen meist jugendlicher Konfliktaustragung bilden oftmals reale Szenen ab und evozieren durch ihren Öffentlichkeitscharakter zur Dramatisierung und zu möglichst extremen realen, auch physischen Gewaltformen in den abgebildeten Situationen.

Große Bedeutung kommt der internetbasierten Kommunikation auch im Rahmen von Radikalisierungsprozessen zu. Einerseits bedienen sich bereits existierende radikalisierte Gruppen wie der IS oder Gruppierungen aus dem rechtsextremistischen Spektrum beim Anwerben dieser Methoden; andererseits kommt es über Social-Media-Kommunikation sehr viel schneller und auf breiterer Basis zur sprachlichen Eskalation. Es entstehen sog. „Hass-Räume“, in die meist anonym Ressentiments, Beleidigungen, Diffamierungen, Verschwörungstheorien bis hin zu Morddrohungen einfließen können und den Sendern das Gefühl vermitteln, nicht allein mit seinen Gefühlslagen zu sein, sondern einer großen „gewaltaffinen Gemeinschaft“ anzugehören. Die Netzkommunikation beschleunigt und intensiviert hier gleichermaßen die Eskalationsspiralen und schafft scheinbare Sicherheit durch die Gruppengröße Gleichgesinnter, Anerkennung durch die Feedbacks und Handlungsmacht durch die Wahrnehmungen von Gegenreaktionen. Umstritten bleibt, ob dieser medialen, sprachlich und visuell ausgeformten Eskalationsspirale Relevanz bei gewalttätigen Tatumsetzungen zukommt.

4.2 Entwicklungspsychologische Besonderheiten in der Adoleszenz

Da Gewalttätigkeiten sehr intensiv mit dem Jugend- und frühen Erwachsenenalter korrespondieren, soll der entsprechende entwicklungspsychologische Rahmen dieses Zeitkorridors ergänzend zu den Ausführungen im Rahmen der Radikalisierung in Kap. 3.2 betrachtet werden, nämlich die Phase der Adoleszenz.

Wie bereits beschrieben, definiert Erdheim (1998) die Adoleszenz als Phase der Umbrüche, Krisen, Gefahren und kreativen Lösungen. Sie fungiere als Transformationsprozess der Übergänge von Kindheit und Jugend zum Erwachsenenalter hin. Der Antagonismus zwischen Familie und Kultur sei der zentrale Konflikt dieser Lebensphase. Nach der lebensgeschichtlich vorher stattfindenden Anpassung an die Familie findet über die Adoleszenz nun eine gesellschaftliche Verortung als zweite individuelle Anpassungsleistung statt. Zwei Entwicklungen verleihen dieser Phase den Charakter einer so genannten „Zwischenexistenz“ (Böhnisch 2001, 202ff.): die Verlängerung von Bildungs- und Ausbildungsphase sowie Unsicherheiten in der Erwerbskarriere und der sozialen Lebensplanung, die junge Erwachsene an jugendlichen Lebensformen „kleben“ lassen. Die Übergänge dieser Phase, ehemals relativ eindeutig in der Reihenfolge Schulabschluss, Ausbildung/Studium, Erwerbstätigkeitsbeginn, Familiengründung verlaufend, haben sich heute eher zu einer Auf-und-Ab-Bewegung hin modifiziert. Sie findet immer häufiger nicht mehr linear, sondern reversibel statt. Junge Menschen fühlen sich dabei weder als Jugendliche noch als Erwachsene. Dies ist entwicklungspsychologisch gesehen nicht unproblematisch, da die Identitätsentwicklung eigentlich abgeschlossen werden sollte. Sie entpuppt sich an dieser Stelle dann ggf. wieder als Krisen begleiteter Neufindungsprozess mit einer ganzen Reihe erneuter Risiken und Bewältigungsanforderungen. Dabei korrespondieren die psychodynamischen Entwicklungsaspekte eng mit Geschlechtsrollenunsicherheiten in den frühen Adoleszenzstadien.

Adoleszenzphase und allgemeines Orientierungsdilemma überlagern sich insbesondere beim Übergang von Schule zu Ausbildung und Beruf. Die Orientierungssuche ist dabei struktureller Bestandteil der Lebensphase und nicht ausschließlich auf den o. a. Übergang zu fokussieren; ebenso wichtig sind gelingende Elternablösung, vollzogene eigene kulturelle Identitätsentwicklungen, gelingende Partnerbeziehungen und Freundschaften sowie ein Perspektiven- und Sinnverständnis für die eigene zukünftige Lebensplanung. Historisch verschärft sich das Orientierungsdilemma allerdings durch gesellschaftliche Veränderungen wie Individualisierungs- und Pluralisierungstendenzen vor dem Hintergrund sich wandelnder sozialer Beziehungen, Milieus und Rituale bei den Übergängen. Eine unsichere Erwerbsperspektive potenziert die Risikolage deutlich.

Aktuelle Bewältigungsformen

Für die Phase der Adoleszenz sind drei Aspekte elementar zur Bewältigung von Brüchen und Übergängen: die Orientierung im Freundeskreis bzw. in Gruppen, adäquate Ritualisierungen in diesem Transformationsprozess sowie eine reifende Identitätsentwicklung im Sinne einer Integration von realem und idealem Ich.

Traditionell spielt die Gleichaltrigengruppe, die Peergroup oder auch die Jugendgang dabei eine wichtige Rolle. Die Gruppen bilden gleichermaßen emotionales Auffangbecken für die im Zuge der Ablösung nicht mehr greifbaren oder verfügbaren Eltern wie auch für Erfahrungsmöglichkeiten physischer wie solidarischer Stärke durch gemeinsames Auftreten und das Gemeinschaftsgefühl. Als Ausdruck selbst-sozialisatorischer Leistungen entstehen eigene Regeln der Verständigung zwischen den Mitgliedern. Diese Selbstregulation balanciert sich über Ausschluss und Integration von Gruppenmitgliedern aus. Redl (1979) spricht davon, dass Jugendliche aus der Welt der Eltern emigrieren und in die Welt der Peergroup immigrieren. Die heutige Peergroup bietet drei Erfahrungsebenen gleichzeitig an: als „große Gemeinschaft", als konkrete Gruppe und als Freundschaftsmöglichkeit mit konkreten Bindungserfahrungen. Peers verhindern Gefühle der Einsamkeit und des Verlassen-Seins und sind zentrales Feld, um Spaß zu haben. Sie sind Übungsfeld, um Prinzipien der Gegenseitigkeit, der Perspektivenübernahme, des Aushandelns, des Gebens und Nehmens, des Teilens von Meinungen einzuüben. Sie helfen, die nötigen Elterndistanzierungen auszuhalten und neue Formen des Getrenntseins und der Gemeinsamkeit zu erfahren.

Die Aktivitäten in den adoleszenten Gruppierungen sind durch diese Unsicherheiten und Spannungen nicht selten durch Gewalttätigkeiten gekennzeichnet. Gewalt artikuliert sich dabei nach Wetzstein und Eckert (2000, 8) als *Selbstzweck,* als Reaktion auf *Benachteiligungsgefühle,* als *Selbstbehauptungsmerkmal* und als *ideologisch legitimierte Gewalt.* Diese Gewaltmuster sind in der Regel verbunden mit einem „guten Gefühl", mit einem Kick oder Rauscherlebnis, mit Spaß, Geltungsempfinden und Omnipotenzerfahrungen.

Die dargestellten Befunde deuten auf erhebliche Risiken in dieser Lebensphase hin, die es zunehmend individuell zu bewältigen gilt. Mit der gesellschaftlichen Bewältigungserwartung konfrontiert kann ein Druck auf Jugendliche einhergehen, die sich in Gewalthandlungen sowohl gezielt Opfer oder auch schlicht ‚nur' Ventile suchen. Riskantere sozioökonomische Lebensbedingungen treten dabei als fördernde Hintergründe von Gewalthandlungen auf. Zwar sind es zentral die mit dieser Lebensphase einhergehenden Verunsicherungen, die leichte narzisstische Kränkbarkeit insbesondere bei Jungen, der häufig aussichtslose Kampf um Anerkennung, die eigene unklare und unbekannte Perspektive und die Unsicherheit der Beurteilung eigener Wertigkeit, die als Druck Gewalt auslösen können; letztendlich sind es aber eher belastende familiäre und gesellschaftliche Umstände, die solche entwicklungsrelevanten Spannungen gravierend verschärfen und dadurch Gewalt erst produzieren.

Der eigentliche Entstehungsprozess von Gewalttätigkeit ist somit eher in einer durch viele Variablen geprägten komplexen Abfolge verschiedener ursächlicher Aspekte auszumachen. Hierzu gehören externe Faktoren wie etwa riskante Hintergrundbedingungen, Motivatoren, Beschleuniger oder Erhitzer wie z. B. Gruppen, Gelegenheiten und zuletzt auch auslösende Impulse (vgl. Abb. 7). Dem können intern wirkende Faktoren im Wege stehen, wie moralische oder auch abschreckende Faktoren bzw. externe Regulatoren wie eine intervenierende Gruppe. Es sind aber die mit der Adoleszenz zusammenhängenden Faktoren, die dafür ausschlaggebend zu sein scheinen, dass Gewalttätigkeiten zumindest in dieser Lebensphase auch zur „normalen Kommunikation" und zur allgemeinen „Sprache" gehören.

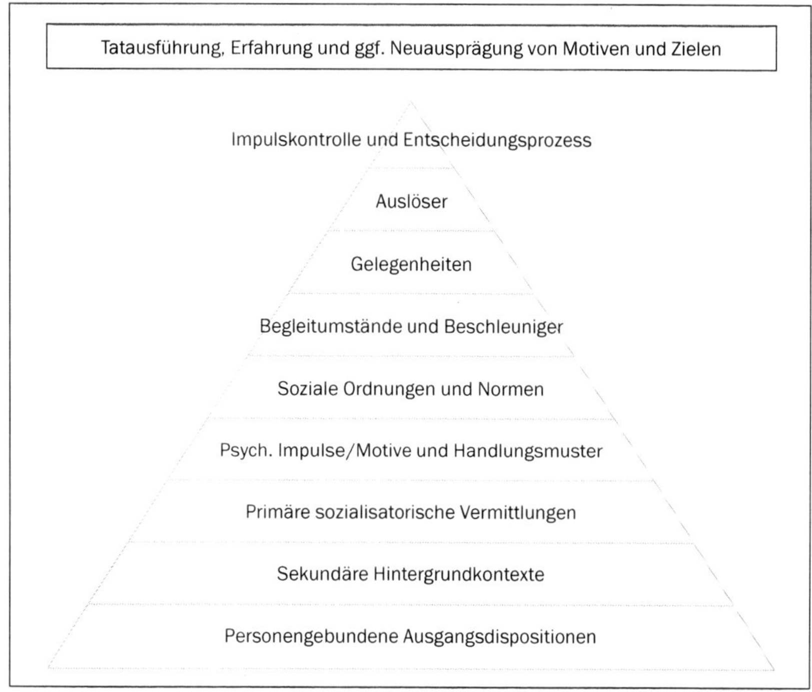

Abb. 7: Kontextueller Entstehungsprozess von Gewalt

4.3 Diversitätsorientierte Aspekte

Da Gewaltdelikte bezogen auf die einzelnen Tätergruppen recht ungleich verteilt sind, sollen im Folgenden die geschlechter- und kulturspezifischen bzw. migrationsbedingten Hintergründe und Entwicklungskontexte genauer betrachtet werden.

Die Zahlen einer Gewalttat verdächtiger Jugendlicher sind seit 2007 bis 2016 insgesamt stark rückläufig, steigen aber seit 2017 wieder leicht an (vgl. Abb. 8). Insgesamt werden 2018 mit 0,56 % ein verschwindend kleiner Teil Jugendlicher von 14 bis unter 18 Jahren einer Gewaltstraftat verdächtigt. Gleichzeitig geht die Belastungszahl bei den 18- bis 25-jährigen in dieser Zeit um 6,5 % zurück (DJI 2019, 5). Eine ähnliche Entwicklung zeichnet sich bei der durch die Gesetzliche Unfallversicherung ermittelten sog. Raufunfallrate an deutschen Schulen ab (DJI 2019, 7).

Von den 2018 einer Gewalttat verdächtigten 14- bis unter 18-jährigen liegt die Belastungsziffer bei den männlichen Jugendlichen bei ca. 0,9%, bei den weiblichen Jugendlichen bei ca. 0,2% der Altersgruppe. Bei den geringfügig höher belasteten 18- bis 21-jährigen nehmen die Unterschiede zwischen den Geschlechtern deutlich zu: bei den jungen Männern sind es 1,021%, bei den jungen Frauen 0,156% (DJI 2019, 8).

Insgesamt sind bei sämtlichen Strafdelikten Rückgänge der Tatverdächtigen sowohl bei den Jugendlichen als auch bei den Heranwachsenden zu verzeichnen. Die Rückgangsquoten sind bei nichtdeutschen Tatverdächtigen 2018 noch einmal wesentlich größer, bei den 14- bis 18-jährigen sogar um das Fünffache (PKS 2018, 33).

In Sonderauswertungen der PKS weisen Naplava (2010, 231) und Pfeiffer et al. (2018) darauf hin, dass die Belastungszahlen nichtdeutscher Jugendlicher bei Raubdelikten und Körperverletzungen zwei bis vier Mal höher sind im Vergleich zu den Zahlen deutscher Tatverdächtiger. Dunkelfeldermittlungen bilden hier aber unterschiedliche Tendenzen ab.

Im Vergleich zwischen 2017 und 2018 gab es sowohl bei den deutschen Jugendlichen als auch bei den nichtdeutschen Jugendlichen einen Rückgang bei den Straftaten insgesamt (ohne ausländerrechtliche Verstöße), insbesondere aber bei den Körperverletzungsdelikten von −12,7 der nichtdeutschen Tatverdächtigen. Ein starker Anstieg zeigte sich bei den deutschen Jugendlichen beim Ladendiebstahl insgesamt (4,2%) und bei den Rauschgiftdelikten (4,7%); bei nichtdeutschen Jugendlichen hingegen wurde in sämtlichen ausgewählten Deliktbereichen ein Rückgang registriert (PKS 2018, 33).

Sowohl die deutschen als auch die nichtdeutschen tatverdächtigen Jugendlichen begehen einen Großteil ihrer Straftaten in der Öffentlichkeit (vgl. BMI 2011, 12).

Betrachtet man die harten Indikatoren für soziale Auffälligkeiten und Gewalt bei Migrantenjugendlichen (incl. der Aussiedler- und eingebürgerten Jugendlichen) im Vergleich zu ihren deutschen Alterskohorten, so ergibt sich kein eindeutiges Bild. So zeigen sich einerseits zwischen den verschiedenen ethnischen Gruppen teilweise deutliche Unterschiede abweichender oder krimineller Aktivitätspraxis. Zudem existieren starke regionale Schwankungen sowohl zwischen Landkreisen und Städten als auch innerhalb dieser Gruppen. Diese dürften auf spezifische Milieus und unterschiedliche Integrationsformen zurückgehen. So ermittelten etwa Baier und Pfeiffer (2007, 19) in einer Schülerbefragung Überrepräsentanzen männlicher türkischer Jugendlicher bei Körperverletzungen (38% zu 19% bei den deutschen Jugendlichen) oder ehemals jugoslawischer Jugendlicher bei Raub (8% zu 3%), Waffenbedrohung (6% zu 3%) und bei Erpressung (5% zu 1%). Polnische Jugendli-

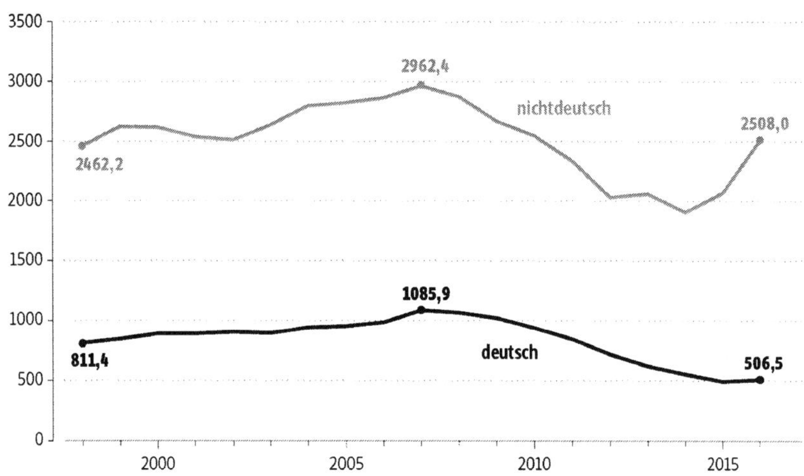

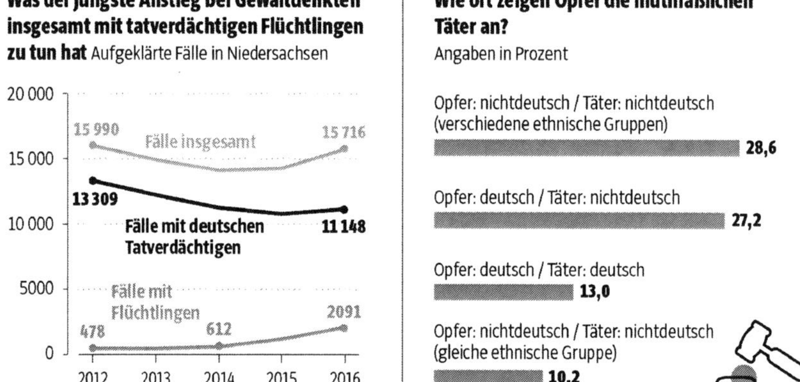

Abb. 8: Gewalttaten in Deutschland (SZ-Grafik 2. 1. 2018; Quelle: Institut für Delinquenz und Kriminalprävention, Zürcher Hochschule für Angewandte Wissenschaften)

che dominierten dagegen bei Körperverletzungsdelikten im schulischen Bereich (43 % zu 35 %) und die italienischen Jugendlichen zeigten sich zu einem früheren Entwicklungsalter gewalttätiger als die Jugendlichen sämtlicher anderen Vergleichsländer. Die polnischen Jugendlichen lagen wiederum bei der individuellen Tathäufigkeit vorne (7 % zu 4 % bei den deutschen).

Differenziert man die Tatverdächtigen nach Altersgruppen, nach nichtdeutschen und deutschen jungen Tatverdächtigen und nach Delikten, kristallisieren sich ebenfalls sehr uneinheitliche Entwicklungen heraus (PKS 2018, 74f.). Bei deutschen Kindern und Jugendlichen spielen vor allem „Diebstahl ohne erschwerende Umstände“ (insbesondere Ladendiebstahl), „Sachbeschädigung“ und „(vorsätzliche einfache) Körperverletzung“ eine größere Rolle, bei den Jugendlichen auch „gefährliche und schwere Körperverletzung“, während bei den Heranwachsenden und den Jungerwachsenen „Betrugsdelikte“ eine Vorrangstellung einnehmen; sie weisen aber auch im Hinblick auf „Diebstahl ohne erschwerende Umstände“, Körperverletzungen und im Bereich „Rauschgiftdelikte“ hohe Belastungszahlen auf (PKS 2018, 107).

Es muss insgesamt offenbleiben, ob diese Unterschiede auf ökonomische Lebenslagen, auf kulturelle Bezüge (und hierbei auf jeweils unterschiedliche männlichkeitsspezifische Rollenerwartungen), auf biografische Migrationsbruchstellen oder auch auf schichtspezifische Abstiegsängste zurückführbar sind.

4.3.1 Geschlechtsspezifische Aspekte der Gewalt und sozialisatorische Geschlechterrollenaneignung

Die empirischen Befunde weisen, ähnlich wie bereits beim Phänomen der Radikalisierung, darauf hin, dass Gewalttätigkeiten in einem Zusammenhang nicht nur mit Entwicklungen in der Adoleszenz verbunden sind, sondern insbesondere auch mit der Genese männlicher Geschlechtsrollenfindung in dieser Phase zu tun haben.

Gesellschaftliche Konstruktionen von Männlichkeit sowie deren individuelle Aneignungsformen sind über diverse historische Phasen betrachtet u.a. auch durch eine gewisse Gewaltaffinität gekennzeichnet. Nicht zufällig gehen Positionen struktureller und institutioneller Gewalt auch in der heutigen Moderne noch mit einem männlich akzentuierten Habitus einher, wie bei Militär, Polizei, Wach- und Sicherheitsdiensten. Auch die sog. Türsteherszenen sowie spezifische Sportarten wie Boxen, Ringen, Kampfsportarten, wie auch die „rauhen“ körperaffinen Mannschaftsportarten Rugby, Fußball, amerik. Football und Handball sind nach wie vor männlich dominiert und schließen gewaltaffine Aktivität als legalen bzw. legitimen Handlungsaspekt mit ein. In diesen spezifischen berufs- und sportbezogenen gesellschaftlichen Nischen existieren Ansätze auf Gewalt gründender oder diese legitimierender Männlichkeitsnormen mit teilweise kultähnlichem Charakter.

Dieser historisch begründete Männlichkeitskult (vgl. Ü 18) korrespondiert mit einer geschlechterrollenspezifischen Sozialisation und steht für eine archaisch anmutende Geschlechtsrollenfestlegung mit zeithistorisch jeweils unterschiedlichen Ausformungen bei Männern und im Umkehrschluss zu entsprechend komplementären Erwartungen hinsichtlich weiblicher Rolleninhalte. Da gewalttätiges Handeln – funktionsgebunden an bestimmte Berufsrollen und Positionen – Bestandteil des modernen Rechtsstaats ist, bleibt Gewalt in die Palette gesellschaftlicher Interaktionsformen eingebunden. In ihrer Verbindung zum männlichen Habitus ist es daher kaum verwunderlich, dass die männlichen Anteile der Kriminalitätsbelastungsziffern bei Gewaltdelikten allgemein deutlich überrepräsentiert sind; und noch einmal deutlicher zeigt sich dies bei jungen männlichen Migranten.

- Heroischer Krieger und Ritter zum Übergang der Jahrtausendwende (dreiteilige Gesellschaft des Klerus, der Krieger und Bauern): Ritterschlag als adoleszent-männlicher Initiationsritus
- Verbindungen von Christianisierung und Kriegsgeschäft (Ordensritter): Tapferkeit, Ehre, Gelübde als „ritterliche Tugenden“
- Gewalt als alltägliche Überlebensstrategie im Mittelalter
- Kriegsverbote an infrastrukturellen Orten (Furte, Märkte); kirchliches Mordverbot zwischen Donnerstags- und Sonntagsnachmittags; ritualisierte männliche „Ersatzhandlungen“
- Das Männliche im Familienoberhaupt (Patriarchat)
- Kriegstauglichkeitstraining im männlichen Adel
- Das Männliche im „Malocherkörper“
- Moderner Männlichkeitskult in postheroischer Zeit: Rekonstruktion von heroischer Männlichkeit über Hegemonien, Körperkult, Rocker- und Türstehermilieu, Drogen- und Sex-Geschäfte, Chefattitüde, kriegerische Gewalt und „kämpferischen“ Sport
- Eschatologische Gewalt: das „Sich-Opfern“ im Sinne einer höheren/letzten Sache (Rache im Sinne der Familienehre, religiöser oder tribaler Aufträge)

Übersicht 18: Entwicklungen des Männlichkeitskultes (Franco Cardini 1989)

Nach Bereswill (2011, 15) besitzt Devianz kein Geschlecht. „Devianz ist aber eng mit geschlechtsbezogenen Deutungs- und Handlungsmustern verwoben und abweichendes Verhalten in unterschiedliche Lebenslagen von Frauen und Männern eingebettet“ (Bereswill 2009, 9).

Neben historischen Verbindungen gewaltaffinen Verhaltens im Kontext der Konstruktion von Männlichkeit spielt vermutlich aber auch die heute häufig formulierte Hypothese der „Jungs als Modernisierungsverlierer“ eine Rolle. So deutet bereits Mitscherlichs Bild der „vaterlosen Gesellschaft“ (Mitscherlich 1963) erstmals einen Zerfall der „Hierarchie der Vaterrolle“ und damit einen Abschied von symbolischen Vorbildern und Idealen an. Mitscherlich weist auf damit verbundene Folgen für die männliche Sozialisation hin, in deren Rahmen neuartige neurotische Verhaltensweisen wie Indifferenz dem Mitmenschen gegenüber, Aggressivität, Destruktivität und Angst entstehen könnten. Bezogen auf den auf die männliche Sozialisation zielenden Befund des vorbilduntauglich gewordenen Vaters, lässt sich aktuell von einer realen und symbolischen Vaterabsenz und einer gleichzeitigen Feminisierung der frühen Erziehung ausgehen (vgl. Tischner 2005, Scheerer 2017, 25 ff.), die reale männliche Geschlechtsrollenorientierungen im nicht nur frühen Kindesalter als Erfahrung dichter Beziehungen für Jungs eher selten werden lassen. Jungs kompensierten diese „Leere" – wenn überhaupt – durch Intensivierung des männlichen Habitus und durch Idealisierungen und Idolisierungen von Männlichkeitsphantasien anstelle einer Idealisierung oder Auseinandersetzung mit real erfahrbaren männlichen Bezugspersonen. Männlich-adoleszente Energie katapultiert sich selbst dadurch ins Leere und wächst sich zu grenzenloser Omnipotenz aus, ohne dass sie durch Frustrationserfahrungen realitätsnäher werden könnte. Die Folgen zeigen sich in entsprechend geringerer Frustrationstoleranz (Ahrbeck/Winkler 2009, 88 ff.).

Auch Castells sozioökonomische Gesellschaftsanalyse stützt die aufs männliche Geschlecht zielende Verliererthese. Nach Castells (2002) prägen sich ganz neue zusätzliche berufliche Anforderungen in Form von Soft-Skills heraus, die andere Vermittlungs- und Lernarrangements im schulischen wie im außerschulischen Bereich erfordern. Castells spricht in diesem Zusammenhang von einer Feminisierung der Arbeit und meint damit Fertigkeiten wie kommunikative und soziale Kompetenzen, Flexibilität als Arbeitsvoraussetzungen und die Fähigkeit zum Management beim Wissenserwerb. Auch hier erweisen sich traditionelle männliche Sozialisationskonstrukte als wenig zukunftsfähig. Männlichkeitsbilder, männliche Rollenverständnisse und auch das Verhältnis zwischen „Männlichem" und „Weiblichem" geraten deshalb stark in Bewegung und produzieren bei männlichen Heranwachsenden Rollenunsicherheiten und Identitätskonflikte. In bestimmten gesellschaftlichen Milieus, insbesondere in sehr autoritären, patriarchalisch und rural-tribal geprägten Sozialisationskulturen kompensieren heranwachsende junge Männer solche Verunsicherungen durch überzeichnete Selbstinszenierungen des „männlichen Prinzips". Hierzu zählen traditionell körperorientierte, auf Kraft und Gewalt, auf Coolness, Angst- bzw. Respekterzeugung setzende Symbolik. Heitmeyers Frustrations-Anerkennungsdefizit-Theorem kann hier sowohl bei traditionellen männlichen als auch gleichermaßen bei migrationsspezifischen Sozialisationserfahrungen die besondere Gewaltaffinität der hiervon betroffenen Adressatengruppen erklären. „Die Delinquenz junger Männer wird demnach als Wechselwirkung von Anerkennungskonflikten und Marginalisierungsspiralen eingeschätzt. Entscheidend ist dabei, dass die situative ‚Bewerkstelligung von Männlichkeit' durch Gewalt (…) in Gruppenprozessen stattfindet, in denen gemeinsame Ideale von Männlichkeit ausgekämpft werden" (Bereswill 2009, 16). Jugenddelinquenz und Geschlecht erklären sich nach Bereswill damit gegenseitig.

> „Delinquenz stellt eine Handlungsressource zur Stabilisierung von Männlichkeit dar und Männlichkeit stützt die soziale Konstruktion von Delinquenz, besser gesagt von Kriminalität ab. Während gesellschaftliche Männlichkeitskonstruktionen wie Autonomie, Härte, Risiko- und Gewaltbereitschaft kompatibel sind mit Bildern von (erfolgreicher) Kriminalität, sind Weiblichkeitszuschreibungen und Kriminalität, über allen gesellschaftlichen Wandel hinweg, inkompatibel" (Bereswill 2010, 17).

Nach Bourdieu (2005) entwickelt sich männlich konnotierte Beherrschungssymbolik feldbezogen über die Attributierungserwartung heldenhafter Unangreifbarkeit und einer gestenhaften „Schau-mich-bloß-nicht-falsch-an"-Haltung. Bereswill und Bruhns thematisieren vor dem Hintergrund geschlechtsrollenbezogener Angleichungen und einer veränderten weiblichen wie männlichen Adoleszenz die Frage, ob das Gewalthandeln von Mädchen und jungen Frauen auch als Versuch gesehen werden kann, „sich im Geschlechterverhältnis neu zu positionieren" (Bruhns 2002, 172). Entscheidend ist nach Bereswill dabei die Frage, „ob es jungen Frauen gelingt, ihr gewalttätiges Handeln in ihr Weiblichkeitsverständnis zu integrieren" und durch Gewalt Weiblichkeit zu konstruieren. Gewalthandeln von Mädchen könnte danach als Ausdruck eines Zuwachses an Handlungsoptionen und als Erweiterung der Selbstbilder von Mädchen gelesen werden (Bereswill 2010, 15).

Die sozialisatorischen Zusammenhänge der Geschlechterrollenkonstruktion sowie deren individuelle Aneignung beginnen erfahrungsgemäß im familialen Begleitkontext. Die Rollenzuteilungen vermitteln sich über ein komplexes Wechselspiel essentieller Bindungserfahrungen einerseits und Imitationslernen, Umfelderwartungen und Selbstwirksamkeitserfahrungen bereits in den frühen Sozialisationsphasen der Kindheit andererseits. Sie werden im Rahmen meist konfligierender experimenteller Erfahrungen spätestens in der Adoleszenz als jeweils geschlechtstypische Identitätsmerkmale vorläufig festgeschrieben. So zeigen bereits in der frühen Kindheit Jungen mehr offene Aggression als Mädchen. Nach Berk (2005, 350) geht dies zunächst auf biologische Faktoren, nämlich auf die Androgene zurück, die bei Jungen mehr Impulse für körperliche Aktivitäten setzen. Ziemlich parallel stellt sich dann aber eine interdependente Wechselwirkung zwischen zunächst innerfamilialen elterlichen Rollenfestlegungen und Rollenerwartungen sowie Rollenlernen und sukzessiver Rollenaneignung beim Kind ein. Aggressivität ist in ihrer offenen Form demnach nicht nur mehr ausgeprägt bei Jungen, sondern wird auch von deren Bezugsumfeld eher erwünscht, erwartet, geduldet oder gar gefördert.

4.3.2 Sozialisationsbedingte Transformation und Aneignung des gewaltaffinen Männlichkeitshabitus

In ihrer extrem intensiven und destruktiven Form aber wird adoleszente Gewalt in der neueren psychoanalytischen Gewaltforschung von Bohleber (2006, 129) über drei mögliche Zugänge beschrieben, die eine „selbstbehauptende Art der Aggressivität im Mittelpunkt" sieht, „die das eigene fragile Selbst festigen und eine ungesicherte Identität festigen soll" (Ahrbeck 2010, 30f.). Der erste Zugang beruhe auf einer massiven inneren Unsicherheit zwischen zwei gegensätzlichen Polen: einerseits dem Wunsch nach Verschmelzung mit einem idealisierten primären Objekt, und andererseits den Ängsten vor Überwältigung, Verschlungen werden und Auflösung. Der Gewaltakt diene dazu, „dem eigenen Selbst Kontur zu geben und es dadurch zu stärken." Ein hierzu gehöriger „halbierter Identitätsentwurf" bestehe aus nur unlegierten männlichen Identifizierungen und signalisiere, wie bedrohlich hingebungsvolle weibliche Identifizierungen seien und wie sehr diese abgewehrt werden müssten (ebd., 31).

Diese Zugangsform könnte auf eine entweder frühe väterliche Absenz oder auch extrem negativ wirkende väterliche Aggressivität in der eigenen Familie sowie fehlende (positive) männliche Identifikationsangebote in den frühen vor- und grundschulischen Institutionen zurückführbar sein.

Eine solche Zugangsvariante scheint mir aber allein nicht ausreichend, um extreme intrinsische Gewaltausübung valide zu erklären.

Einen zweiten Zugang beschreibt Bohleber mit einer unzureichenden Mentalisierungsfähigkeit des psychischen Geschehens, nämlich „sich selbst und andere als Wesen mit seelischen Zuständen zu verstehen und sich mit dem eigenen Seelenleben und dem anderer auf gehaltvolle Weise zu befassen." Im Anderen werde der „externalisierte Fremdkörper bekämpft, mit dem Ziel, ihn möglichst auszulöschen" (Ahrbeck 2010, 32).

Auch dieser Zugang allein erscheint mir nicht ausreichend als Erklärung intrinsischer Gewalt. Diese fehlende Mentalisierungsfähigkeit sowie die Unfähigkeit, Opferleid zu antizipieren und sich empathisch gegenüber den gewalterleidenden anderen Menschen zeigen zu können, dürfte auf fehlende Bindungssicherheiten im Verbund mit eigener frühkindlicher Missachtung und ggf. Missbrauch zurückführbar sein, was wiederum den dritten Zugang Bohlebers umschreibt, der auf eigenen traumatischen Erfahrungen beruhe. Gewalttätigkeit werde hierbei als Versuch verstanden, „passiv Erlittenes ins Aktive zu wenden. (…) Das Opfer wird zum Täter, eine Konstellation, die auch außerhalb von Traumatisierungen anzutreffen ist" (ebd., 32). Erst diese dritte Zugangsform erscheint mir in seiner frühen kindesbezogenen Verunsicherungs- und Viktimisierungsauswirkung den kausalen Impuls für intrinsische Gewaltausübung zu liefern. Bohlebers erste zwei Zugänge stehen vermutlich eher in einem Wirkungsverhältnis zu dem Letzteren.

Die Ausgangssituation solcher Verwandlungen liegen nach Sutterlüty (2003) einerseits in einem während der (innerfamilialen) Gewaltsituation erlittenen Angsttrauma, andererseits in den Missachtungen der eigenen Person von Seiten wichtiger Bezugspersonen. Sie führen beim erleidenden Kind zunächst zu ohnmächtiger innerer Wut sowie im weiteren biografischen Verlauf auch zu einem negativen Selbstkonzept (siehe Abb. 9).

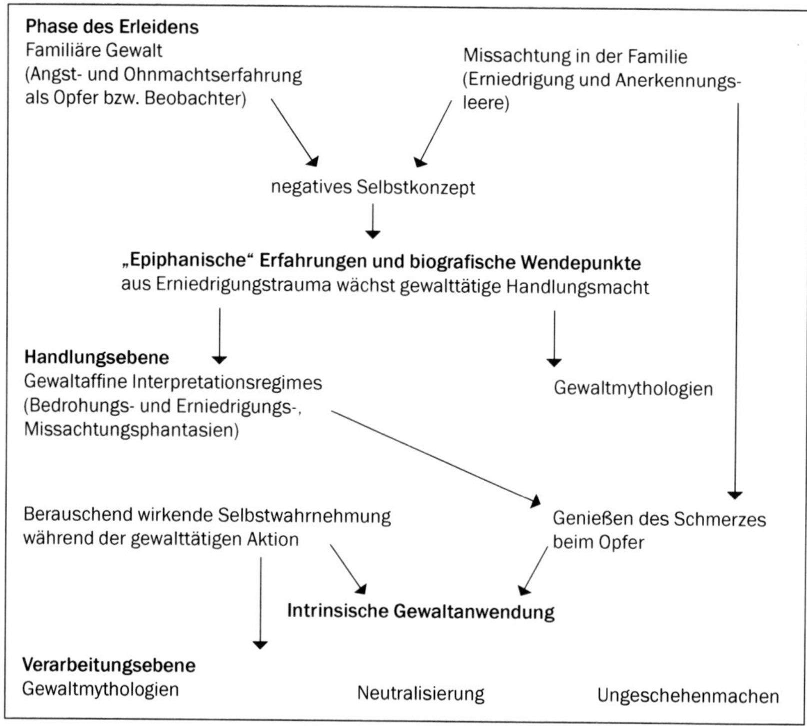

Abb. 9: Biografische Verlaufsketten bei Gewaltkarrieren (in Anlehnung an Sutterlüty 2008)

Ohnmacht und Missachtung gehen dabei auf verschiedene innerfamiliäre Interaktionssituationen zurück und unterscheiden sich in ihrer körperbezogenen Nähe.

> „Ohnmachtserfahrungen sind unmittelbar an den Körper gebunden, insofern die Betroffenen, wenn sie Opfer der Gewalt werden, ihre Handlungsunfähigkeit direkt am eigenen Leib erfahren oder, wenn sie Zeugen der Gewalt werden mit der physischen Unfähigkeit konfrontiert sind, so zu handeln, wie es ihren affektiven Impulsen und moralischen Ansprüchen entspräche. Missachtungserfahrungen beziehen sich auf fa-

> miliäre Interaktionen, die Bedürfnisse und Ansprüche auf Zuwendung, Achtung und Wertschätzung auf nicht gewaltsame Weise verletzen" (Sutterlüty 2008, 61).

Letztere können eine Beeinträchtigung des Selbstvertrauens mit Auswirkungen auf die soziale Integrität bewirken. Die aufgrund elterlicher Missachtung und Demütigung entwickelten „negativen Selbstentwürfe" gründen auf der Erfahrung, es als Kind nicht wert gewesen zu sein, von den eigenen Eltern geliebt und geachtet zu werden.

> „Sie glauben, der Zuneigung und des Wohlwollens anderer nicht würdig zu sein und zu Recht verachtet zu werden (...), verlieren das Vertrauen in ihre Fähigkeiten und in den Wert der eigenen Person" (Sutterlüty 2003, 61).

Dieses Muster einer Internalisierung elterlicher Ablehnung ins eigene Selbstbild verunsichert und reproduziert sich biografisch immer wieder. Das eigene Verhalten gegenüber anderen wird dabei so ausgestaltet, dass es bei diesen eine ablehnende Reaktion hervorruft, wie diese auch bei den eigenen Eltern zu erwarten wäre. Im Verlaufe der Adoleszenz verbindet sich ein solches Selbstbild mit Phantasien nach eigener (revanchistischer) Handlungsmacht, die umso größer ausfällt, je mehr sie bisher versagt blieb. Die dann unersättliche Größenselbst-Phantasie gerät schließlich in eine Zwickmühle, wenn – durch das immer noch existierende destruktive Muster ausgelöst – eine Anerkennung nach wie vor ausbleibt und diese Situation als erneute Missachtung interpretiert wird. Adoleszente können hier leicht in eine Eskalationsspirale geraten, wenn aus der erneuten Missachtung dann immer intensivere Größenphantasien erwachsen. Anerkennung für Gewaltaktivitäten findet sich schließlich in der gewaltaffinen Gruppe oder Gang.

Das entstandene negative Selbstkonzept und das in diesem Zusammenhang kultivierte, den – biografisch betrachtet – späteren Tätern zugeschriebene Negativimage bilden gemeinsam mit den Ohnmachtserfahrungen das energetische wie motivationale Ausgangspotenzial späterer extremer und intrinsischer Gewalttätigkeiten. In Umkehrung zur familiär oder verwandtschaftlich erfahrenen Erniedrigung ergibt sich nach Sutterlüty – über einen Rollentausch hin zur Täterschaft – die Erfahrung eigener Handlungsmacht.

> „Jugendliche mit einer Gewaltkarriere erzählen in auffälliger Übereinstimmung von Taten, die ihrem Leben eine entscheidende Wendung gaben. Sie schildern diese Gewalttaten als Ereignisse, die den Auftakt zu einem neuen Selbstverständnis markieren. Gewalterfahrungen dieser Art tauchen besonders in der Beschreibung von Situationen auf, in denen die Jugendlichen in einem Gegenschlag gegen den familiären Täter den Wechsel von der Opfer- in die Täterrolle vollziehen" (Sutterlüty 2008, 62).

Dem Wunsch nach solcher Handlungsmacht begegnen betroffene Jugendliche, mit eigenen innerfamilären Gewalterfahrungen, nicht selten in der Art, dass Letztere als Muster für das eigene gewalttätige Handeln übernommen werden. Das eigene gewalttätige Handeln wirkt dann wie eine Befreiung. Sutterlüty spricht hierbei auch von einem „biografischen Wendepunkt", ein Begriff, den er in Anlehnung an Denzins Begriff der „epiphanischen Erfahrung" (Denzin 1989) verwendet. Anlässe für solche Handlungen können dann zu späteren Zeitpunkten erneut in Möglichkeiten, Gelegenheiten und Situationen der dann neu gegründeten eigenen Familie liegen, wenn dann etwa in der Vaterrolle erneut Kindesmutter oder die eigenen Kinder geschlagen, missachtet oder gedemütigt werden und sich hierdurch die „Urszene" reproduziert.

Die vorhandene, meist in der eigenen Familie entstandene Vulnerabilität kann sich über gesellschaftliche Diskriminierungserfahrungen potenzieren und verstärken. Wenn schließlich mangelndes Selbstbewusstsein und ein für die Adoleszenz typisches Verunsicherungssyndrom sowie ein leicht kränkbares narzisstisches Selbst hinzukommen, kann dies extreme Aggressivität auslösen.

Mit solchen Taten einher gehen schließlich „berauschende Erfahrungen", die als intrinsisches Motiv weitere Taten evozieren können. Mit der Gewaltaktion verbunden sind einerseits Gefühle der Omnipotenz, der Unangreifbarkeit, der Macht und Herrschaft, „Herr über Leben und Tod" zu sein und andererseits, sich an den Ängsten der Opfer zu ergötzen. Das „Wimmern und Betteln" dieser kann dann selbst aggressivitätsstimulierend wirken. Weidner (2004, 55) konnte über Interviews mit verurteilten Mördern ebenfalls solche Phänomene identifizieren und spricht von einem Tanken von Selbstwertgefühl auf Kosten der Opfer: „Ich war der ‚Audi-Quattro' und der, der unten liegt war meine Tankstelle."

Zuletzt stabilisieren sich nach Sutterlüty über Gewaltmythologien gewaltaffine Handlungsmuster in der Art, dass gewalttätiges Verhalten – als Erfolg versprechendes Verhalten – bei einem Teil der Jugendlichen eine Wertigkeit an sich darstellt. Als „Gewalt-Ikone" begegnet man ihnen respektvoll, man hat Angst vor ihnen und wechselt freiwillig die Straßenseite. Gewalttätiges Verhalten eröffnet in bestimmten Settings einen „einfachen und schnellen, fast magischen Weg zu Macht und Ansehen" (Yablonsky 1962: 4). Jugendliche sprechen wegen dieser für ihre situative Lebenslage kurzfristig positiven Effekte gewalttätigem Verhalten oftmals überhöhte Wirkungen zu, ohne einen Abgleich mit negativen Folgeerscheinungen vorzunehmen. Solche Effekte können sich im Gruppenzusammenhang durch gegenseitige Omnipotenz-Feedbacks steigern und zu einem individuellen Heldenstatus auswachsen (vgl. Kilb 2013, 74 ff.).

Zusammenfassung
Verbindet man die in den unterschiedlichen Studien vorfindbaren kausalen Befunde und Kontextbezüge, wie z. B. kulturanthropologische, geschlechtsspezifische, modernisierungstheoretische, ethnisch-historische, peergrouporientierte, migrationshistorische, auf die Auswanderer-Community bezogene, migrationsgenerationsbedingte oder auch segregationsspezifische Variablen miteinander, so lässt sich rasch erkennen, welch große Anzahl mehr oder weniger zufälliger, teilweise unabhängiger, teilweise auch miteinander korrespondierender Einflussfaktoren allein unter migrationsspezifischer Akzentuierung zusammenwirken können und wie unsicher hier eine präzise kausale Analyse bleiben muss. In Abb. 7 wurde bereits eine Systematik dargestellt, die diese diversen Hintergründe, Anlässe, Gelegenheitsdimensionen und sonstigen Einwirkungsfaktoren in einen schrittförmigen Aufbau am Beispiel einer Tatentstehung stellt.

4.4 Multiperspektivische Verzahnung diverser Theorien zur Erklärung des Gewaltphänomens

Insbesondere in der praxisbezogenen Analyse liegt es nahe, Gewalttaten unter Zuhilfenahme verschiedener Theorien zu erklären, denn mit einer einzigen dieser hier dargestellten Theoriegebäude lässt sich Gewalt und deren Ausübung nur unzureichend erfassen.

So kann z. B. die spezifische persönliche Ausgangsdisposition einerseits durch ein ganz bestimmtes persönliches Aggressivitätspotential geprägt sein (biophysische Antriebsdimension) und sich andererseits durch Verunsicherungen und Unsicherheit in der frühen Elternbindung *(Bindungstheorie)*, durch direkte oder indirekte Gewalterfahrungen – als Schlüsselerfahrungen und Handlungsmodell – in der eigenen Familie so verstärken, dass es insbesondere in der adoleszenten Entwicklungsphase zu einem „negativen Selbstkonzept" mutiert. Das hierin erlernte Muster *(Lerntheorie)* entlädt sich insbesondere in frustrierenden persönlichen Empfindungszusammenhängen *(Frustrations-Aggressions-Theorem)* dann impulsiv, wenn die Hemmungspotentiale *(Lerntheorie, moralisches Lernen, Kontrolltheorie)* weniger stark ausgeprägt sind und sich ausreichend Gelegenheiten in einem möglichst unkontrollierbaren anonymen Rahmen bieten *(Gelegenheits-, Kontrolltheorien)*. Hat sich dieser Vorgang mehrmals wiederholt oder lebt die betreffende Person in einem Quartier, in dem dieses Verhalten üblich ist, so nimmt die Wahrscheinlichkeit zu, dass Externe genau dieses Verhalten von den dort lebenden Bewohnern erwarten und diese somit auf dieses Verhalten hin festlegen *(Labeling-Approach)*. Sind die Bewohner noch dazu materiell benachteiligt und nicht in der Lage, an dem ihnen gesellschaftlich vorgeführten „üblichen Lebensstandard“ teilzuhaben, so ist die Wahrscheinlichkeit höher als bei anderen Gruppen, dass sie sich auf anderen Wegen – ggf. auch gewaltsam *(Lerntheorie)* – Zugang zu den benötigten materiellen Gütern verschaffen *(Anomietheorie)*. Männliche Adoleszente reizen solche Grenzüberschreitungen in dieser Entwicklungsphase und nochmals mehr im Gruppenkontext besonders stark, da gerade die männlich akzentuierte Rollenerwartung hiermit korrespondiert *(Lerntheorie, gruppensoziologische und geschlechtsspezifische Erklärungen)*.

Die multiperspektivische und interdisziplinär ausgerichtete Analyse hat wiederum Auswirkungen auf die Bearbeitung von Gewaltdelikten, denn die analog dieses Beispiels anvisierten Strategien gegen Gewalt sollten dann konsequenterweise an diesen Erklärungs- und Begründungszusammenhängen ansetzen und die verschiedenen Indikationen konzeptionell berücksichtigen. Es stellt sich hierbei insbesondere die Frage nach den Vorgehensschritten:

- Mit welchen Theorien kann man das Phänomen oder den Fall erklären?
- Welche präventiven Methoden lassen sich auf die Begründungstheorien stützen?
- Auf welcher Ebene beginnt man mit welcher Methode zu arbeiten?
- In welchem Setting und mit welchen Personen findet ein Angebot statt?
- Welches nachfolgende Angebot oder welche Maßnahme ist wann ratsam?
- Wie verbindet man die unterschiedlichen Bearbeitungsvarianten miteinander im ganzheitlichen Sinne des Adressaten und in einem vermittelbaren und durchschaubaren sozialpädagogischen Konzept?

Böhnischs Konzept der „biografischen Lebensbewältigung“ (1997/2001, 46f.) fasst als handlungsorientierte Theorie zahlreiche der hier vorgestellten erklärungstheoretischen Konzepte zusammen und bildet m. E. ein geeignetes konzeptionelles Muster für die Ziele insbesondere der Sozialen Arbeit und der schulischen Pädagogik, die sich mit Gewalt und deren Prävention befassen. Im Konzept einer solchen Biografisierung steht die individuelle Bewältigungskompetenz in vier zentralen Bereichen im Fokus: die erfolgreiche Suche nach Anerkennung, nach sozialer Orientierung, nach sozialem Rückhalt und nach sozialer Einbindung bzw. Integration (Böhnisch 1997/2001, 46f.). Hinzukommen müsste – abgeleitet aus der Arbeit im Rahmen von Radikalisierungsprozessen – die individuelle Suche nach dem Lebenssinn.

Die jeweiligen Bewältigungskompetenzen sind Produkte gesellschaftlicher, sozialisatorischer und resilienter biografischer Erfahrungen. Sind die Bewältigungskompetenzen nicht ausreichend ausgeprägt, kann es nach Böhnisch zu unproduktiven, unangepassten und auch zu dissozialen „Ersatzhandlungen“ kommen, die beispielsweise als Gewalthandlungen selbst wieder Folgeprobleme verursachen können.

Dem Theorem der Biografisierung von Lebensläufen kommen mehrere Funktionen zu. Zum einen kann es als soziologische Kategorie zur Beschreibung und Analyse sozioökonomischer Einflüsse auf die moderne individuelle Lebenssituation beitragen; zum zweiten steht Biografisierung für die eigene, also subjektorientierte Handlungsfähigkeit in Verzahnung zu ersterem. Drittens muss sich die Gewaltforschung und gewaltorientierte Handlungstheorie eines biografieorientierten Ansatzes bedienen, um Tatstrukturen nicht von den Biografien der Täter zu entkoppeln (vgl. Sutterlüty 2003, 351). Gewalttätigkeiten sind in ihrer Entstehung danach zwangsläufig nur dann ausreichend erklärbar, wenn mit Hilfe biografischer Rekonstruktion die meist sehr komplizierte lebensgeschichtliche Verzahnung vieler einzelner Einflussfaktoren in ihrer jeweiligen Ablauffolge gelingt. Sämtliche Befunde sonstiger klassischer Theorien zur Gewalt können – für sich alleine stehend – nicht die einzelne Tat erklären. Die klassischen Theorien helfen dabei, tendenzielle Risikofaktoren in Entstehungsprozessen zu begründen und deren Folgen zu antizipieren.

Teil III
Zusammenhänge und Verzahnungen in der biografisch-individuellen und gesellschaftlichen Herausbildung der drei Phänomene

Differenzen

Über die bisher erfolgte Darstellung der drei Phänomene des Konfliktes, der Radikalisierung und von Gewalt kristallisieren sich zunächst einmal die bereits in der Einleitung angesprochenen phänomenologischen Differenzen heraus.

(1) *Radikalisierung* steht hier für eine prozessuale Dimension. Sie bezeichnet und beschreibt eine sukzessiv verlaufende Schrittfolge kognitiver, affektiver und handlungsbezogener Aktivitäten, die sich in ihrer Intensität verstärken und mit dem Extremismus im politischen Bereich, mit dem Fundamentalismus im religiösen Bereich, mit dem Hooliganismus im Sportfanmilieu, aber auch als Handlungs- und Verhaltensentwicklung in der Konflikt- und Gewalteskalation allgemeine gesellschaftlich-normative Grenzen überschreiten; gleichzeitig stehen Konflikte, Gewalt und Radikalität in den jeweils affinen Milieus als konstitutive, stilbildende und verbindende Dynamiken; sie bilden damit teilweise milieuimmanente Normalität ab, ja gehören sogar wie bspw. beim Hooliganismus oder beim IS mit zum ‚Markenkern'.

Radikalisierungsprozesse stellen sich somit als Entwicklungsdimensionen sowohl in der individuellen-persönlichen Biografie, in gruppenbezogenen Verläufen aber auch in zwischenstaatlichen oder interhegemonialen Konflikten auf nationaler Ebene ein. Sie können individuell, kollektiv oder zugehörigkeitsorientiert, gruppenbezogen stattfinden.

(2) *Konflikte* stehen intrapersonal als relativ widersprüchliche oder antagonistische Gedanken- und Entscheidungsabwägungen sowie, in ihrer sozialen oder dissozialen Form, als andere Akteure beeinträchtigende Interessenwahrnehmung und Interessendurchsetzung ebenfalls für Auseinandersetzungsprozesse zwischen verschiedenen Akteuren. Konflikte bezeichnen somit einen interaktiven Dissonanz-Zustand, der nach einer Regelung sucht. Im Konfliktverlauf kommt es im Prozedere des Konkurrierens, Ringens und Kämpfens häufig zu kognitiven, affektiven und handlungsbezogenen Radikalisierungsformen, die auch in *Gewalttätigkeit* münden können.

(3) *Gewalt* stellt sich damit zum einen als eine Konflikteskalationsstufe dar. Dabei ist *Gewalt* immer ein historisch und gesellschaftlich jeweils spezifisch definierter Zustand des Bemächtigens und/oder Beherrschens Dritter gegen dessen/deren Willen. Gewalt kann sich in physischer und psychischer Art ausformen.

Ein zweiter Hintergrund für Gewaltaffinität liegt in einer psychisch-biografischen Kompensationsaktivität für individuell erfahrene Vernachlässigung (unsichere Bindungserfahrung), Misshandlung und Missachtung im primären, also meist familiären Erziehungskontext. Im Rahmen dieser, meist auf traumatisierende Eigenerfahrungen zurückgehenden intrinsischen Gewaltmotive, können u.a. Konflikte dann auch als Gelegenheiten und Radikalisierungsprozesse als Beschleunigungsimpulse und als subjektive Legitimationsgrundlage für gewalttätige Aktionsmöglichkeiten dienen.

Gemeinsamkeiten

Umgekehrt zeigen sich diverse Gemeinsamkeiten beim Vergleich der verschiedenen Erklärungstheorien der drei Phänomene.

(1) Zunächst einmal ist den drei Begriffsverwendungen eine negative gesellschaftliche und i. d. R. auch fachliche Konnotation gemein. Lediglich mit dem Begriff des Konfliktes verbinden sich – historisch sehr eingeschränkt bei Max Weber, Georg Simmel und Lewis A. Coser zu finden – einige wenige positive Assoziationen. Real zielen aber die unzähligen Angebote und Methoden im Konfliktumgang auf deren Regelung im Sinne von Lösungen, Beilegung, Begleichung oder Regulation.

In der handlungsorientierten Konfliktforschung und Fachliteratur findet man häufiger Tendenzen zum Management und zur Konfliktbeilegung. Aber nur ganz selten werden Möglichkeiten thematisiert, Konflikte als Lernerfahrungen, als Impulse zu Veränderungen oder schlicht als Verfahren zur Strukturierung gesellschaftlicher Gruppenzuordnungen über das dialektische Prinzip von Integration und Desintegration zu begreifen. Offensichtlich leisten hier emotional-affektive Widerstände einer negativen Assoziation und Konnotation Vorschub. Ja sogar demokratische Institutionen werden in diesem Zusammenhang dann eher weniger positiv beurteilt, sobald sie ihre Rituale des öffentlichen Debattierens als Konfliktbeilegung, als Verständigung oder als Kampf um bessere Argumente oder Konzepte pflegen. Insbesondere in Teil IV soll unter dem Label des „Offensiven Konfliktmanagements" (vgl. Kilb 2015) eine positiv-konstruktive Umgangsoption thematisiert werden.

(2) Scheinbar im Widerspruch zur gemeinsamen negativen Konnotation steht eine zweite Gemeinsamkeit der drei Phänomene, nämlich dass diverse gesellschaftliche „Angebote" existieren, die mehr oder weniger offen „Spielräume" anbieten oder aber „Erfahrungsmöglichkeiten" zulassen, Konflikte auszutragen, Gewalt auszuagieren und gewisse Radikalisierungsphänomene in Kauf zu nehmen. Hier wäre alters- bzw. entwicklungsspezifisch das Moratorium der Jugendzeit zu nennen, mit auch gesetzlich verankerten Einschränkungen repressiver strafrechtlicher Reaktionen auf rechtsbrechende Tatbestände und stattdessen auf erzieherische Maßregelung im Jugendstrafrecht zu setzen. Aber auch im Erwachsenenalter existieren hier rechtliche „Verzichts- bzw. Ausnahmeregelungen" wie bspw. diejenigen der eher traditionell-historischen bei Kirmesschlägereien oder die modern-aktuelleren in den Feldern der sog. „Ultra"-Fankulturen und des Hooliganismus, die mehr oder weniger als zugehörig zum wöchentlichen Bundesligaspielbetrieb empfunden werden und durch Polizei mehr oder weniger eingehegt werden.

Darüber hinaus findet man im Rahmen sportlicher Wettkampffelder unzählige direkte und projektive Möglichkeiten der Aggressivitätsabfuhr und der „Konfliktaustragung"; erstere bei Mannschafts- und sog. Kampfsportarten, letztere über o. a. fankulturelle Aktionen und Fanatismus. Und letztendlich zählen hierzu auch politisch-ideologische Auseinandersetzungen bei Demonstrationen und Gegendemonstrationen, teilweise unter Einbezug polizeilicher Interventionen in die jeweilige Konfliktdynamik. Auch hier ‚toleriert' die „politische" Rechtsstaatsauslegung – meist im Sinne einer Deeskalationsstrategie – eingeschränkt Aktionsräume für Rechtsbrechungen mit „gesellschaftlicher Ventilfunktion".

(3) Zum Dritten kristallisieren sich über die diversen Erklärungstheorien Gemeinsamkeiten insbesondere in der individuellen Psychogenese auf entwicklungspsychologischer Ebene heraus, die zumindest partiell mit erschwerten Identitätsentwicklungsprozessen und Ausgestaltungsunsicherheit der Geschlechterrollenkonstruktion sowie mit Folgen von Migrationsprozessen einhergehen, nicht aber unbedingt zu diesen in ursächlichem Zusammenhang stehen müssen. Der in der Adoleszenz stattfindenden individuellen Identitätsfindung zwischen den Polen Individuation und sozialer Integration (vgl. Abb. 11) bei gleichzeitiger Aufgabe infantiler, elternbezogener Sicherheiten kommt hier eine besondere Bedeutung im Sinne einer Prädisposition zu. Radikalisierungserfahrung und Gewaltausübung können die Funktion der Selbstpositionierung durch Selbsttestung und Selbstwirksamkeitserfahrung in der Regelüberschreitung insbesondere dann einnehmen, wenn ein zivilisierter Umgang mit Problemen und Konflikten nicht frühzeitig erlernt werden konnte oder wenn es diesbzgl. starke individuelle Erfahrungseinschränkungen bzw. Entwicklungsbeeinträchtigungen gibt.

(4) Darüber hinaus kommt den drei Phänomenen die Funktion individueller Bewältigung disparater gesellschaftlicher Verwerfungen zu.

Der gesellschaftliche Rahmen des Aufwachsens hat sich mit Beginn der „globalen Moderne" bei sich gleichzeitig herausbildendem neoliberalem Wirtschaftsparadigma und fortlaufender digitaler Revolution nicht nur zur Individualisierung und Pluralisierung hin, sondern auch zur Kontingenz und Unbestimmbarkeit hin modifiziert. Dies stellt Individuen und vor allem Heranwachsende vor die anspruchsvolle Aufgabe, selbst Wege zu finden und passende Entscheidungen zum richtigen Zeitpunkt zu treffen, um den eigenen Lebensvorstellungen entsprechen zu können und Handlungsfähigkeit zu erlangen. Dieser Prozess erfordert eine realistische Einschätzung der eigenen Fähigkeiten im Verhältnis zu erwünschten individuellen zukunftsorientierten Zielvorstellungen. Ein solcher Abgleich ist häufiger mit gravierenden narzisstischen Kränkungen verbunden, die schließlich externalisiert verarbeitet werden, indem „externen Instanzen" die Schuld an eigenen Schwierigkeiten, am eigenen Scheitern übertragen wird.

Den drei Phänomenen des Konfliktes, der Radikalisierung und der Gewalt können hier ganz spezifische Funktionen bei der individuellen Bewältigung dieser Anforderungen in oftmals re-kollektiven Formaten sog. „Neo-Gemeinschaften" zukommen (vgl. Koppetsch 2019, 162f.). Letztere fungieren einerseits als kollektive Basen des Ableitens von individuellem Groll, Zorn und Hass auf vermeintlich Schuldige wie etwa Migranten, das Establishment, das „westliche System" oder, in indirekt-unbewusster Weise, auf Gegner im Fußballfanmilieu. Den emotional-affektiven Gefühlslagen begegnet man hier im Rahmen kollektiver religiös-fundamentalistischer, rechtspopulistisch-politischer oder unpolitischer Fanatismus-Kulturen.

Gesellschaftsstrukturell betrachtet entstehen über diese neuen Vergemeinschaftungsformen auch neue Regulierungs- und Ordnungssysteme. Die drei Phänomene schließen zudem experimentelle Impulse dahingehend mit ein, dass sich veränderte Interaktionen, andere individuelle Kommunikationsformen und neue Normen- und Wertesetzungen abzeichnen und herausbilden können.

Neben solcher politisch-extremistischen, religiös-fundamentalistischen und fankulturellen Organisationsformen existieren aber auch weiterhin die klassischen ‚juvenilen' Vergemeinschaftungsformen über Gruppen meist heranwachsender Altersgleicher, die bewusst Konflikte und Gewalt suchen und sich hierbei im Gruppenmilieu radikalisieren können.

(5) Dissoziale Konflikt-, Radikalisierungs- und Gewaltaffinität verfestigen sich insbesondere über dauerhafte Gruppeneinbindungen mit Hilfe von Ideologien (bei politischen Gruppierungen), religiöser Anschauungen und Gesetzlichkeiten (bei fundamentalistischen Gruppierungen) und Vereinsbekenntnissen (bei Fanatismus und Hooliganismus) und im Format individueller dissozialer Handlungsmuster meist erst im frühen Erwachsenenalter. Gruppenfähigkeit und Gruppenbefähigung entsteht aber maßgeblich bereits während der Adoleszenz im Zusammenhang von Elternablösung und Identitätsentwicklung. Die dabei in diese Entwicklungsphase zurückreichenden Erfahrungen können als Zugangsöffner und Zuordnungswegweiser für die spätere Gruppenauswahl fungieren. Entscheidend für die spätere Gruppenzuordnungen können hier zufällige lokale Angebote oder auch einschlägige Milieustrukturen sein.

Bei meist klaren formalen Einschränkungen eröffnen zusätzlich aber auch spezifische berufliche Milieus in militärischen, polizeilichen und ordnungsbezogenen Dienstleistungen zumindest in den Phantasievorstellungen der entsprechenden Bewerber hierfür Aktionsgelegenheiten (was sich z. B. 2019 in den Sympathien der Polizeigewerkschaft oder auch gewerkschaftsnaher Wählergruppen zur rechtsgerichteten AfD oder in den rechtsextremistisch-rassistischen Anfeindungen hessischer Polizeibeamten 2019 gegen eine türkische Anwältin und den Verbindungen zum NSU zeigte).

(6) In der liberalen Demokratie können sich an den gesellschaftlichen Rändern und normativen Grenzbereichen Initiativen, Bewegungen, Parteien, religiös-fundamentalistische oder auch allgemeine Gruppen herausbilden, die sich in radikalisierten Formen gegen jeweils dominante bzw. herrschende

Systeme oder Hegemonialstrukturen zur Wehr setzen, was sich etwa in der seit Anfang der 2000er Jahre bestehenden Repräsentationskrise der bürgerlichen Parteien offenbart (Hacke 2018, Koppetsch 2019, 86). Die in dieser Phase entstandenen inhärent radikalen und teilweise gewaltaffinen Gruppierungen und Organisationen bieten über individuelle, mediale (Selbstradikalisierung) und kollektive Formate Möglichkeiten und Türöffner für subjektive Radikalisierungsverläufe an. Deren Angebote zielen gerade auf diejenigen, die aufgrund biografischer Missachtung und Frustrationserfahrungen oder einem verunsicherten Entwicklungsstatus hierfür offen scheinen (Ü 19).

Psychogenese der Radikalisierung (frühkindliche Disposition)	**Psychogenese der Radikalisierung (spätere Biografie)**	**Soziogenese der Radikalisierung**
unsichere Bindungserfahrungen (Vaterabsenz, autoritärer Vater), eingeschränktes Selbstvertrauen	Misserfolge, Abwertungen, fehlende Anerkennung, Exklusion, Gefühlslage von ungerechter, ungleicher Behandlung, eingeschränktes Selbstvertrauen	Gruppeneinbindung und Angebote starker maskuliner Führungspersonen
Biografische Erfahrungen und Risikoaussetzungen von Missbrauch, Missachtung, Erniedrigung, Gewalt	Neid auf und Konkurrenzen zu anderen, Abstiegsängste	Solidaritäts-, Absicherungs-, Orientierungs- und Integrationsangebote
Kompensationsbedürfnisse und Entwicklung eines negativen Selbstkonzeptes, maskuline Überkompensation	Wut, Groll, Hass und Rachsucht, Bildung von Ressentiments gegenüber Feindbildern	Ideologische und/oder religiös begründete Feindbilder: „Establishment“, Ungläubige, „westliches System“, gegnerische Fans/Hooligans
Adoleszente Verfestigungen über Scheitererfahrungen und Regelverletzungen	Selektive Individuelle und gruppenbezogene Milieueinbindungen	Kognitive und operative Radikalisierung
Intrinsische Gewaltausübung in Übertragungen oder Projektionen auf andere (offensive De-Zivilisierung)	Autonomieaufgabe bei gleichzeitiger Hierarchieunterordnung und Einordnung in Machtkontext	Aktionismus im Sinne der Sache

Übersicht 19: Verzahnungspraxis individueller und gesellschaftlicher Radikalisierungsmuster

Die entsprechenden Organisationen bieten dann für die individuellen Gefühlslagen von Zorn, Wut, Hass und Rachegelüsten Aktionsgelegenheiten und transformieren dadurch individuelle Problematiken wie Neid, Ungerechtigkeitsgefühle, fehlende Anerkennung usw. auf eine gesellschaftliche Austragungs- und Konfliktebene. Koppetsch spricht in diesem Zusammenhang von einer durch Ängste und Ohnmachtsgefühle ausgelösten Hinwendung zu archaischen Bewältigungsmustern und „primordialen Wir-Identitäten", die selbst wiederum Persönlichkeitsstrukturen verändern können (Koppetsch 2019, 172).

Im Folgenden sollen diese Befunde unter zwei verschiedenen Schwerpunktsetzungen und jeweils die drei Phänomene Konflikt, Radikalisierung und Gewalt vergleichend und ergänzend zu den bereits in Kap. 3.2 und 4.2 dargestellten Aspekten, betrachtet werden:

1. Konfliktaffinität, Radikalisierung und Gewalt als Prozesse von Grenzüberschreitung, Selbstorientierung und Lernerfahrung im Kindes-, Jugend- und jungen Erwachsenenalter sowie
2. im Rahmen eines Transformationsprozesses individueller Affekte in politisch-extremistische, religiös-fundamentalistische und fan-kulturelle Artikulationspraxen.

Hierbei werden migrationsbedingte und interkulturelle Dimensionen bei Konflikten, Radikalisierung und Gewalt (höhere Belastungen durch Migration/Migranten als Projektionsfläche) ebenso thematisiert wie die Bedeutung gruppenbezogener Vergewisserung und gruppenbezogenem Aktionismus sowie deren biografische Verfestigung im jungen Erwachsenenalter.

Im Spektrum einer Soziogenese werden schließlich politische und gesellschaftspolitische Hintergründe und ihre (Aus-)Wirkungen auf Verarbeitungsformen im gruppenspezifischen und individuellen Kontext betrachtet.

Kapitel 5 Konfliktaffinität, Radikalisierung und Gewalt als Prozesse von Grenzüberschreitung, Selbstorientierung und Lernerfahrungen im Kindes-, Jugend- und jungem Erwachsenenalter

Wie bereits in den einführenden Theoriekapiteln beschrieben, bilden die Entwicklungsphasen von später Kindheit, Jugend sowie jungem Erwachsenenalter die Zeitkorridore ab, in denen sich persönliche Identitätsmerkmale über die Beschäftigung mit dem eigenen Körper sowie in Auseinandersetzungen und Friktionen mit der sozialen Umwelt im Wechselverhältnis von Individuation und Integration entscheidend konstruieren und sich tendenziell im frühen Erwachsenenalter zum Erwachsensein hin mentalisieren (vgl. Abb. 11). Die individuellen Ausgangsbedingungen, um die Risiken dieser sog. „zweiten Geburt" erfolgreich meistern zu können, sind dabei äußerst vielfältig und hängen entscheidend davon ab, wie sich die primären Sozialisationskontexte in Familie und Kindertagesbetreuung in Bezug auf personenbezogene Bindungs- und Sicherheitsgrundlagen, auf soziale Orientierung, auf Selbstwirksamkeitserfahrungen und auf soziale Einbindungsfähigkeiten in Geschwisterkonstellationen oder in Kleingruppen gestalteten. Diese frühen Entwicklungsphasen sollen hier weitgehend ausgeblendet bleiben, da mit Pubertät und Adoleszenz biophysische und psychosoziale Prozesse folgen, in denen den hier betrachteten drei Phänomenen zentrale Bedeutung im Rahmen dieser „zweiten Geburt" innerhalb der Identitätsgenese zukommen.

Im Einzelnen vollziehen sich in der Adoleszenz gravierende Umbauten in Körper und Gehirn mit Folgen für das Wahrnehmungsvermögen, die Interpretationspraxis des Wahrgenommenen und damit auch für das Bewusstsein und Selbst-Verständnis. Diese Veränderungen werden darüber hinaus immer auch begleitet von hormonell-affektiven Auswirkungen auf die ebenfalls sich verändernden Kommunikationsformen und sozialen Beziehungen.

Um diese „Umbaueffekte" im individuellen psychosozialen Bereich verstehen zu können, ist zunächst ein Blick auf die gesellschaftlichen Veränderungen und deren Einwirkungen vor allem auf die Jugendphase notwendig. Die Jugendphase stellt sich in diesem bio-psychosozialen Zusammenhang nicht allein als temporäre Lebensphase, sondern auch als (kulturelle) Sozialform und als spezifisches Lebensgefühl dar.

Veränderungen der Jugendphase in modernen Gesellschaften

Neben den individuellen biophysischen neuronalen Veränderungen in der Adoleszenz hat sich historisch die soziokulturelle gesellschaftliche Ausgestaltung der Jugendphase und von Jugend als eigener kultureller Artikulationsform fortlaufend weiterentwickelt. Letzteres ist deshalb nicht unwichtig, weil die Erwartungshaltungen Erwachsener an die jeweils, ihnen nachfolgende „aktuelle Jugend" meist schon „historischer" Provenienz ist, und dadurch ein Spannungszustand evoziert ist, der wiederum konstitutiv für die entwicklungspsychologisch notwendige generative Distanzierung zeichnet.

Nachdem sich eine eigene Lebenslaufphase „Jugend" erstmals im 19. Jhdt. durch verpflichtende Schulbildung und die Entstehung von freier Zeit, sowie u.a. auch über die Gründungen eigener Jugendverbände und Jugendorganisationen herausgebildet hatte, folgte durch die faschistische NS-Diktatur eine Gleichschaltung sämtlicher Jugendverbände mit der Nationalsozialistischen Volkwohlfahrt bzw. mit den beiden zentralen geschlechtergetrennten Jugendorganisationen von HJ und BDM. Die Jugendphase veränderte sich in dieser Zeit inhaltlich-programmatisch hin zur paramilitärischen führerzentrierten Disziplinierung und Abrichtung. Den personifizierten Autoritäten galt es sich im Sinne einer „größeren Sache" unterzuordnen. Eine solche vormilitärische Erziehung existierte strukturell aber auch bereits vor und während des 1. Weltkriegs, hier allerdings allein auf Vaterland und Disziplinierung hin fokussiert.

Nach 1945 differenzierte sich eine Bipolarität der Jugendphase entweder als Bildungszeit (Schulzeit) und dadurch auch erstmals als *gesellschaftliches Moratorium* oder als betriebsorientierte Ausbildungs- oder gar schon Berufsarbeitszeit heraus. Zu Beginn der 1950er Jahre arbeiteten ca. 70% der 15- bis 17-Jährigen und 85% der 18- bis 24-Jährigen und erst seit den 1970er Jahren gewann die schulische Sozialisation auf Kosten eines sukzessiven Rückgangs der betrieblichen Ausbildungszeit zunehmende Bedeutung. In gleichem Maße entwickelten sich, vor dem Hintergrund größerer Unabhängigkeiten und Loslösungstendenzen von elterlich-erzieherischer Unterweisungspraxen, adäquat mehr gruppenorientierte Selbstsozialisationspraktiken in der jungen Bevölkerung, die dazu führte, dass sich „Jugend" als eigener sozio-kultureller Lebensstil ausprägen konnte. In gesellschaftshistorischer Reihenfolge stellt sich die Jugendphase als „gestreckte Pubertät" (Bernfeld), als „Vertragsrahmen" (Erdheim), als „psycho-soziales Moratorium" (Zinnecker), als „Zwischenexistenz" (Böhnisch) oder als „Entwicklungsraum und Bildungsprozess" (King) dar.

Aktuell führen demografische Entwicklungen zu einem erneuten Bedeutungswandel der Jugendzeit, nämlich hin zu einer bildungsbezogenen und wissenschaftsgestützten „Ökonomisierung" von Kindheit und Jugend. Die Jugendzeit modifiziert sich hierdurch immer deutlicher zu einer Phase basaler Vorentscheidungen mit hohem Leistungs- und Entscheidungsdruck (vgl. Abb. 10). Das experimentelle Element wird dabei in gesellschaftliche Nischenbereiche, meist im Rahmen von Social-Media abgedrängt oder ausgelagert.

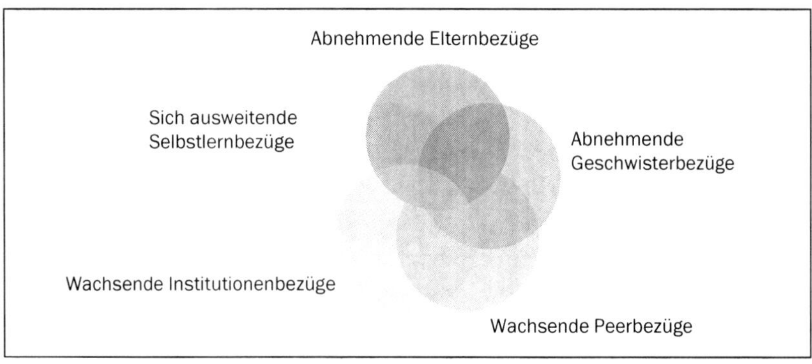

Abb. 10: Veränderte Bedingungen des Aufwachsens (Zeitkontingente und Bezugsgruppen)

Die Folgen dieser gesellschaftlichen Veränderungen finden sich in einem erhöhten adoleszenten Handlungsdruck bzw. in entsprechendem Kompensationshandeln. Im Einzelnen gehen die erziehungswissenschaftlichen Befunde von vier zentralen Veränderungsfaktoren aus:

1. einem *Freiheitsgewinn* durch mehr *Wahloptionen* bei gleichzeitigem *Orientierungsdruck* durch Entgrenzungen und Vielfalt der Lebensverhältnisse;
2. einer gewissen Unübersichtlichkeit in Verbindung mit einem *Orientierungsdilemma* durch Individualisierung von Lebenswelten und Pluralisierung von Lebensmustern und -optionen;
3. einem Druck zur Selbstaktivierung und *Selbstintegration* bei gleichzeitig anhaltender Auflösung bzw. Herauslösung aus traditionellen Sicherheiten und gesellschaftlichen Zugangsmustern;
4. der größeren Gefahr von *Missachtungserfahrungen* und *fehlender Anerkennung* einerseits innerhalb der neoliberalen Konkurrenzgesellschaft und andererseits partiell insbesondere in der sozialisatorischen Dichotomie von liberaler öffentlicher Kulturpraktiken und autoritär geprägter rest-patriarchaler Familienstrukturen.

Vor allem bei Jugendlichen mit Migrationshintergrund können hierbei noch einmal stärkere Risiken auftreten, da hier Interkulturalität und migrationsbedingte Integrationsvorkommnisse gerade bei den drei letzten Aspekten das Orientierungsdilemma verstärken können.

Diesen vier Risikobereichen müssen Jugendliche in einer Zeitphase gewachsen sein, in der weitere Entwicklungsaufgaben und Rollenübergänge zu bewältigen sind, nämlich die Ablösung vom Elternhaus, der Aufbau reiferer Kontakte zu Gleichgesinnten in den Peers und in Freundschaften, die Entwicklung berufsbezogener Vorstellungen und Perspektiven, die Auseinandersetzung mit der eigenen Sexualität und Geschlechtsrollenzugehörigkeit, die Entwicklung eines eigenen moralischen und Wertebewusstseins sowie die Ausformung des psychischen und körperbezogenen Selbstbildes (vgl. Strauß 2012, 31). All dies ist Bestandteil der Identitätsentwicklung, die in der Adoleszenz zumindest vorläufig abgeschlossen wird.

Die eigentliche Identitätsbildung erfolgt nach Dieter Baacke (2000, 176ff.) dabei unter vier Aspekten:

1. Über die *Beziehungsleistung* findet eine individuelle Verortung statt: „wer bin ich im Ensemble mit anderen?"
2. Über eine *Relativierungsleistung* erfolgt eine Identifizierung als geschlechtlich, generationeller Teil der Gesellschaft.
3. Über die Dimension der *Kontinuität* entfaltet sich biografische Erinnerungsfähigkeit: „was war ich – was und wie will ich werden?"
4. Und zuletzt entwickelt sich über eine *interne Differenzierungsleistung* das Selbst- und das Fremdbild (von mir selbst).

Baacke betrachtet in seiner Theorie der Identität die individuelle Gestaltung eines Selbst-Konzeptes als genuin und unterscheidet zwischen drei Konzeptebenen:

- *Struktur:* rigide/unbeweglich oder flexibel; kongruent oder widersprüchlich; eng oder weit.
- *Funktion:* Selbsteinschätzungsfähigkeit in Situationen; Prognosefähigkeit zu erfolgreichem/nicht erfolgreichen Handeln; Erreichen sozialer und psychischer Kompetenz (Selbstsicherheit); Grad von Selbst- oder Fremdbestimmung.
- *Qualität:* hohe oder geringe Selbsteinschätzung; Selbstannahme/Selbstverweigerung.

Adoleszente ermitteln dabei ihr jeweiliges Selbstkonzept in den Bereichen des Verhaltens durch soziale Interaktion (Status, Beliebtheit, Kommunikationsfähigkeit, Gruppenintegration), durch körperbezogene Eigenschaften wie

Fitness, Kraft und Gesundheit, durch kognitive Funktionen, durch die persönliche Attraktivität (Humor, Aussehen, „Typ") und zuletzt durch den Standard der moralischen Entwicklung (vgl. auch Abb. 11).

Entwicklungsschritte und feinstrukturelle Muster in der mittleren und späten Adoleszenz

Baacke unterscheidet zwischen jeweils spezifischen Entwicklungen in drei verschiedenen Phasen der Adoleszenz, der frühen oder Präadoleszenz, der mittleren und der späten Adoleszenz. Es sollen hier die für die Jugend- und die Zeit des frühen Erwachsenseins relevanten Phasen der mittleren und späten Adoleszenz genauer betrachtet werden. Den in der Präadoleszenz (ca. 10- bis 12-jährige) und Frühadoleszenz (ca. 13- bis 15-jährige) ausgeprägten Entwicklungsschritten des Umgangs mit genitaler Sexualität, begleitet durch tendenzielle Abwehr des jeweils anderen Geschlechtes sowie der ersten Elterndistanzierung mit stark regressiven Verhaltensmerkmalen (Kilb 2012, 127ff.) folgen die mittlere Adoleszenz (ca. 15- bis 17-jährige), die sich als Phase der Ich-Entwicklung auszeichnet.

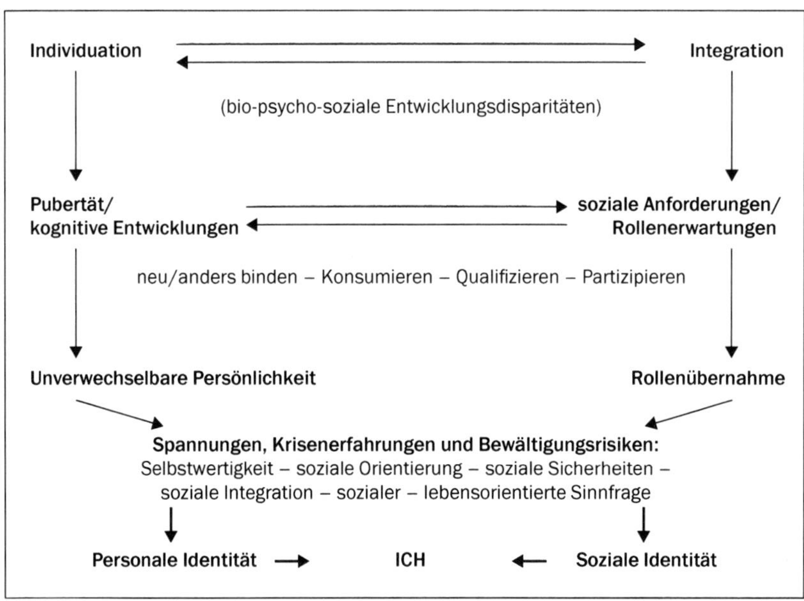

Abb. 11: Adoleszenz und Identitätsentwicklung

Triebdynamisch betrachtet, treten die alten libidinösen Beziehungen zu den Eltern zurück; stattdessen kommt es zur übergangsweisen Ausrichtung der libidinösen Energien auf die eigene Person mit den Folgen omnipotenter Größenvorstellungen und einem Selbst-Verliebt-Sein. Das ‚Ich-Ideal' entwickelt sich als neue Regulationsinstanz und ersetzt sukzessiv das elterlich geprägte ‚Über-Ich'. Dieses ‚Ich-Ideal' bleibt zunächst in eine Gruppenidentität (peer-group) eingebunden; es folgt aber eine anschließende Entwicklung hin zum autonomen ‚Ich'.

In dieser Phase entstehen auch Phantasien über die ideale Freundschaft. Diese idealisierte Freundschaft dient einerseits der in der Adoleszenz dominanten „Wer-bin-ich?"-Fragestellung und setzt zweitens erstmals auf neue außerfamiliäre psychosoziale Absicherung.

Weiterhin entfaltet sich eine eindeutige libidinöse Orientierung zum anderen Geschlecht (oder auch zum eigenen Geschlecht) hin: die ‚erste Liebe' besitzt sowohl Ausschließlichkeits- als auch Endgültigkeitscharakter. Diese Faktoren hängen eng mit der einerseits positiven Besetzung der eigenen Person, andererseits mit dem narzisstischen Charakter dieser ‚ersten Liebe' zusammen; in ihrer dramatischen Komponente einer unerwiderten Liebe kann sie mit einer traumatischen Selbstentwertung und suizidalen Phantasien einhergehen (vgl. Kilb 2012, 127f.).

In den folgenden beiden Entwicklungskorridoren der späten (ca. 18- bis 20-jährige) und der Postadoleszenz (ca. 21- bis 25-jährige) tritt die aktive Identitätsarbeit in den Vordergrund. Die Triebstruktur ist nicht mehr ambivalent, die libidinöse Besetzung zielt eindeutig auf andere Personen. Das ‚Ich-Ideal' verbindet sich zunehmend mit dem ‚realen Ich'. Adoleszente Symptombildungen lösen sich tendenziell auf bei klarer werdenden psychischen Strukturen. Nach Blos (1990) fördern folgende externe Bedingungen diese Entwicklungen: Extern erwünschte gesellschaftliche Teilhabe, Nützlichkeitserfahrungen, ökonomische Selbständigkeit, Gelegenheiten zur Differenzierung in Zukunfts- und Berufsplanungen, in Partnerschafts- und Elternrollen.

Ein Verlassen der Herkunftsmilieus kann durch neue Milieus ersetzt werden. Bei Migranten und in aufsteigenden oder absteigenden Milieus kann dies aber zu einer doppelten Bruchsituation führen, der Ablösung von Eltern und aus den bisherigen soziokulturellen Zusammenhängen.

Persönliche Risikofaktoren existieren, wenn eine personale Integration zwischen Ideal- und realem Ich nicht gelingen oder wenn eine libidinöse Besetzung anderer Personen schwierig erscheint.

Veränderte gesellschaftliche und psychosoziale Situationen in dieser Übergangsphase

Es sind zwei Entwicklungen, die dieser Phase den Charakter einer so genannten *„Zwischenexistenz"* verleiht (vgl. Böhnisch 1997/2001: 202ff.). Zum einen tragen hierzu die Verlängerung von Bildungs- und Ausbildungsphase bei, zum anderen sind es die bekannten Unsicherheiten in der perspektivischen Erwerbskarriere und der sozialen Lebensplanung, die junge Erwachsene an jugendlichen Lebensformen ‚kleben' lässt oder zugänglich macht für externalisierte Problemlösungsoptionen.

Darüber hinaus stellen Heitmeyer u.a. (1998) in ihren diversen Untersuchungen zur Gewaltbereitschaft bei Jugendlichen eine Überforderungs- und Aufschiebungstendenz bei einer Vielzahl von Entscheidungsoptionen einerseits und einen erhöhten altersabhängigen Entscheidungsdruck andererseits fest. Hieraus und aus der daraus sich ergebenden Angst vor möglichen falschen Entscheidungen resultiere eine *Gegenwarts- und Gelegenheitsorientierung* an Stelle einer Zukunftsorientiertheit.

Vor allem in der psychosozialen Entwicklung bei männlichen Adoleszenten und jungen Männern bilden sich *Diskrepanzen zwischen ‚Ideal-Ich' und ‚Real-Ich'* heraus (vgl. Fend, Baacke). Die Folge können extremere Formen ökonomischer und soziokultureller *Selbstinszenierungen* sein, die stilistisch und in ihrem symbolischen Gehalt meist in gruppenbezogenen und in *jugendkulturellen Kontexten* verortet sind.

Ökonomische Abhängigkeiten bei gleichzeitiger soziokultureller Selbständigkeit verfestigen als ambivalente Einwirkungen und Entwicklungen das in dieser Altersphase ohnehin schon recht diffuse Lebensgefühl.

Letztendlich stellten Individualisierungstendenzen bei gleichzeitig sich verändernden Milieustrukturen die jungen Erwachsenen vor größere Bewältigungsprobleme hinsichtlich von Selbstwertigkeit, sozialer Orientierung, sozialen Rückhaltes und sozialer Integration. Insbesondere bei einem Teil von Jugendlichen mit Migrationshintergrund korrespondieren negative Erfahrungen an diesen Risikostellen mit positioneller Verunsicherung und mit Fragen nach dem Lebenssinn, der häufiger dann auch in fundamentalistisch-religiösen Gruppeneinbettungen gesucht wird. Zudem bieten sich fundamentalistisch-religiöse Gemeinschaften auch als revanchistische Gelegenheit an, mit der säkularen ‚westlichen Kultur' als vermeintlicher Ursache eigenen familialen Abstiegs abzurechnen. Dass diesem Vorgang in der adoleszenten Entwicklungsphase eine besondere Brisanz zukommt, geht auf die hier zu leistenden und gesellschaftlich erwarteten Bewältigungsaufgaben zurück.

Neue Verläufe des Übergangs: „Zwischenexistenzen"

Die Übergänge dieser Phase, ehemals relativ eindeutig in der Reihenfolge Schulabschluss – Ausbildung/Studium – Erwerbstätigkeit/Familiengründung verlaufend, haben sich heute, wie bereits beschrieben, eher in eine Auf-und-Ab-Bewegung (vgl. Walther/Stauber 2002) hin modifiziert. Sie finden also immer häufiger nicht mehr linear, sondern reversibel statt.

Junge Menschen fühlten sich in dieser Phase weder als Jugendliche noch als Erwachsene. Dies ist entwicklungspsychologisch gesehen nicht unproblematisch, da die Identitätsentwicklung in der Phase der späten Adoleszenz eigentlich abgeschlossen ist. Sie entpuppt sich an dieser Stelle dann ggf. wieder als Krisen begleiteter Neufindungsprozess mit einer ganzen Reihe neuer Risiken und Bewältigungsanforderungen.

Adoleszenzphase und allgemeines Orientierungsdilemma überlagern sich insbesondere beim Übergang von Schule zu Ausbildung und Beruf, aber auch vom juvenilen Lebensgefühl hin zur Mentalisierung des Erwachsenseins. Jugendphasenspezifische Kontingenz begegnet hier perspektivischer Eindeutigkeit durch Festlegung. Die Suche nach Orientierung und Lebenssinn wird damit zum zentralen Kernthema.

Das Orientierungsdilemma ist dabei struktureller Bestandteil dieser Alters- und Lebensphase und nicht ausschließlich auf den Übergang von Schule zu Ausbildung/Beruf zu fokussieren; ebenso wichtig sind gelingende Elternablösung, vollzogene eigene kulturelle Identitätsentwicklungen, gelungene Partnerbeziehungen und Freundschaften sowie das allgemeine Gefühl, Bestandteil bzw. Mitglied relevanter gesellschaftlicher Vergemeinschaftungen zu sein.

Historisch verschärft sich das Orientierungsdilemma allerdings durch die bereits beschriebenen permanenten gesellschaftlichen Veränderungen wie Individualisierungs- und Pluralisierungstendenzen vor dem Hintergrund sich wandelnder sozialer Beziehungen, Milieus und Rituale bei diesen Übergängen. Eine unsichere Berufs- oder auch Aufenthaltsperspektive bei jungen Migranten potenziert die Risikolage deutlich.

Traditionelle und aktuelle Bewältigungsformen

Das Gruppenphänomen in der Adoleszenz (Jugendgruppe, Clique, Peergroup, Gang)

In der Adoleszenz spielt traditionell die Jugendgruppe, heute eher die Gleichaltrigengruppe (Peergroup) eine wichtige Rolle. Die Peergroup bildet gleichermaßen ein emotionales Auffangbecken für die im Zuge der Ablösung nicht mehr ‚greifbaren' oder ‚verfügbaren Eltern' und sie bietet neue „psychische, physische wie solidarische Stärke" durch gemeinsames Auftreten und das in ihrem Rahmen erfahrbare Gemeinschaftsgefühl. Als Ausdruck selbst-sozialisatorischer Leistungen entstehen, selbst initiiert und organisiert, Regeln der Verständigung zwischen ihren Mitgliedern. Diese Selbstregulation balanciert sich aber auch über Ausschluss und Integration aus. Die Gleichaltrigengruppe fungiert gleichermaßen als „Probebühne" zum Austesten neuer Möglichkeiten im Sozialverhalten und von unterschiedlichen eigenen Rollen (Strauß 2012, 122).

Fritz Redl spricht davon, dass „Jugendliche aus der Welt der Eltern emigrieren und in die Welt der Peergroup immigrieren" (vgl. Redl 1979), Baacke nennt diesen Prozess „Selbstausbürgerung" (2000, 278) und platziert hier auch die besondere Offenheit für Radikalität und extreme Tendenzen.

Die heutige Peergroup bietet drei Erfahrungsebenen gleichzeitig an: als *„große Gemeinschaft"* (Angehörige einer Subkultur), als *konkrete Gruppe* und als *Freundschaft* mit konkreten neuen Bindungserfahrungen (Strauß 2012, 119). Peers verhindern Gefühle der Einsamkeit und des Verlassen-Seins und sind zentrale Plattform, um Spaß zu haben. Sie sind Übungsfeld, um Prinzipien der Gegenseitigkeit, der Perspektivenübernahme, des Aushandelns, des Gebens und Nehmens, des Teilens von Meinungen einzuüben. Sie helfen, die nötigen Elterndistanzierungen auszuhalten und neue Formen des „Getrennt seins" und der Gemeinsamkeit zu erfahren.

Die Beziehungen in der Peergroup finden strukturell auf einer symmetrischen Grundlage statt und unterscheiden sich somit von denen zu erwachsenen Bezugspersonen wie den Eltern, Lehrern oder Vereinstrainern. Dieses Auf-sich-selbst-gestellt-Sein fördert sowohl das Erlernen von Konfliktlösungsstrategien und Kompromissbereitschaft als auch die Herausbildung einer „autonomen Moral" (Strauß 2012, 122).

Die ‚intimere' Clique ist ein durch soziale Normen geschützter Raum zur Erprobung von ‚Identitäten' (provisorische Identität, temporäre Selbstdefinition). Sie eignet sich dazu, „den eigenen Weg zu finden". Sie bietet darüber hinaus Raum zum Erlernen von ‚Beziehungsfähigkeit' mit den Aspekten von Bindung, Intimität, Fairness und Verantwortlichkeit sowie den Stufen von Aufnehmen, Erhalten und Aufgeben in der Ambivalenz von Integration und Ausschluss.

Produktiver Natur ist auch die Einübung pro-sozialer Motivation in Form von moralischer Regulierung des Handelns, der Bereitschaft zum hilfreichen Handeln, dem Einsatz für andere, dem Aufeinander-Angewiesen-Sein und der Verantwortungsübernahme.

Peers durchlaufen tendenziell mehrere Entwicklungsstadien. Auf einer ersten Stufe bilden sich tendenziell geschlechtshomogene größere Gruppen (crowd), aus denen sich schließlich geschlechtshomogene Cliquen rekrutieren, aus denen Mädchen und Jungen jeweils in Gruppen miteinander agieren. In einer dritten Stufe nehmen zuerst die statushohen Mitglieder der einzelnen Cliquen i. d. R. gegengeschlechtliche Beziehungen auf, bevor sich – dadurch ausgelöst – geschlechtsheterogene Cliquen bilden. Diese wiederum gehen in Gruppen lose gebundener Paare über.

Mädchen fühlen sich in diesen Phasen häufiger einsam; sie bevorzugen eher intime und exklusive Zweierfreundschaften (vgl. Fend 2000).

Diese entwicklungsrelevante Vergemeinschaftungsform stellt auch die Basis für organisierte Gruppenaktivitäten wie etwa diejenigen in den Mannschaftssportarten dar. Sie verliert in dieser leistungsorientierten Form aber am Ende der mittleren Adoleszenz an Bedeutung.

Das Gruppensetting bietet nicht nur einen meist solidarischen Schutzraum, in dem durch Grenz- und Regelüberschreitung, durch Rollenexperimentieren, durch Ein- und Ausschlussaktionen, durch Positionskämpfe sowie durch Feedbacksysteme die eigene psychosoziale Entwicklung gerahmt wird.

Es fungiert andererseits auch als Vergemeinschaftungsform Jugendlicher mit vergleichsweise ähnlichen Lebensstilen und psychosozialen Karrieremustern, die dann in und durch die Gruppe verstärkt werden können. Insofern kann die Peergroup, vorausgesetzt die Karrieremuster gehen auf negative Selbstkonzepte zurück, auch die Funktion eines Gefährdungsraums einnehmen. Sie wird deshalb auch im Zusammenhang mit körperlichen Gewaltaktivitäten und als Rekrutierungsform für religiös fundamentalistische, wie auch für rechtsextremistische Angebote wieder relevant, obwohl bei letzteren beiden Aktionsformen eher junge Erwachsene ansprechbar sind. Hier könnte die verlängerte Adoleszenz oder Postadoleszenz als Entwicklungsdynamik für diejenigen eine Rolle spielen, die die klassischen fünf Bewältigungsaufgaben (vgl. Böhnisch) bisher nur eingeschränkt gelöst haben. Auch im aggressiven Hooliganmilieu lassen sich die Gruppenformate und -aktionen als eine Form der Regression lesen.

Lebensweltaspekt Initiation

Da Adoleszente in ihren alten sozialen Rollen als Kind ‚absterben', können Initiationsriten dabei helfen, den Eintritt in ein neues Lebensstadium vorzubereiten. Traditionell bietet unsere Gesellschaft verschiedene Rituale an, die dabei helfen, die Übergänge dieser Lebensphase zu bewältigen. Im Einzelnen sind dies formale wie etwa der Wechsel in eine weiterführende Schule, religiös geprägte wie die Konfirmation oder die Firmung, in säkularer Form die ‚Jugendweihe' (aus der ehemaligen DDR stammend und vornehmlich in den neuen Bundesländern noch praktiziert) sowie jugendkulturelle Ritualisierungen und Stilisierungsformen wie Rauchen und Trinken, Drogenkonsum, neue konsumbezogene Standards, Körperinszenierungen (Styling/Outfit/Piercing/Schmuck/maskuliner Habitus) oder auch sprachliche Codes wie z. B. die Ansprache als „He Alter". Sprachritualisierungen vollziehen sich häufig in integrierter Form von Körpersprache, taktiler Gestik und verbal sprachlicher Codierungen. Sie funktionieren lediglich in geschlossenen Gruppen, die sich an ihrer jeweiligen Sprache selbst erkennen und sich dadurch von anderen Gruppen gleichzeitig abgrenzen können.

Stilisierungen dienen dem Experimentieren mit phantasieaffinen und idealisierten Erwachsenenrollen; sie sind erste Selbstentwürfe (Zinnecker) in einem Prozess der versuchsweisen Annahme von Lebensstilen und Identitäten. Persönliche Accessoires wie auch Klamotten, Gesichtsfarben, Piercing und Haarstyling helfen bei diesen Veränderungen und können wieder weggelassen oder ausgetauscht werden. Haarschnitt oder Tätowierungen stehen dagegen als mittel- bis langfristige Dimensionen von Vergänglichkeit und weisen auf eine Ernsthaftigkeit von Zuordnungsbereitschaft hin. Die heutigen Ritualisierungsformen finden zu großen Teilen auch über Selfie-Praktiken über Social-Media-Aktivitäten statt.

Rituale dienen der Selbstsicherheit im Umgang mit neuen (unsicheren) Rollen. Sie stellen ‚Spiele' mit dem Inhalt der ernsthaften Erprobung von Erwachsenenrollen dar, die aus Sicht der Rollenträger ernst genommen werden sollen. Sie dienen der Selbstinszenierung und sind gleichzeitig ‚Tarnungen des Ich'. Mit ihrer Hilfe gelingt es in der Regel, von anderen eingeordnet zu werden; man erwartet und sieht die Reaktionen anderer und wird sich selbst dadurch sicherer.

Bei Gewalthandlungen, Konflikten sowie in Radikalisierungsprozessen können Ritualisierungen sowohl individuell als auch im Gruppenformat Übergänge von einem Zustand in einen anderen erleichtern. Denn sie basieren auf Handlungsgleichheit in der Gruppe und dokumentieren dadurch nach außen hin kollektive Macht, nach innen hin Sicherheit, Solidarität und Egalität.

Lebensweltaspekt Medienwelten und Werteentwicklung

Da medialer Konsum bzw. mediale Kommunikation eine zentrale Rolle in den Lebenswelten von Kindern und Jugendlichen spielen, sollen nun einige Folgen dieser sozialen Kommunikationsformen diskutiert werden.

Baacke (2000) formuliert im Einzelnen verschiedene Dilemmata, die sich direkt auf den Prozess der Identitätsentwicklung beziehen lassen. Er spricht zunächst von einem *Werte-Dilemma.* Verschiedene Werte-Systeme in familiärem Umfeld, in Ausbildung und Arbeit (Leistungsbereitschaft) sowie in Konsum- und Mediensphäre (Hedonismus, Narzissmus) treffen aufeinander und bilden einen eklektizistisch inkohärenten Wertekanon.

Er konstatiert weiterhin ein *Unterscheidungsproblem* durch Wegfall des Unterschieds zwischen Jugend- und Erwachsenenstatus. Jugendliche haben alle Kenntnisse, die zum Erwachsensein gehören, aber nicht die gleichen Rechte.

Das Gefühl des ‚Verpassen-Könnens' oder des ‚Zu-kurz-Gekommen-Seins' als Ergebnisse unendlicher Optionen im medialen und konsumtiven Bereich entfalte ein *Entscheidungs-Dilemma* mit den Folgen von Oberflächlichkeit, Wechselfieber und Diskontinuität.

Die direkte Kommunikation gerät eher ins Abseits. Es bilden sich zwei parallele Kommunikationsebenen, eine face-to-face-bezogene und eine mediale, die sich vermischen können und sich damit manchmal als inkompatibel mit realen Anforderungen erweisen.

Dadurch entstehe ein *Wahrnehmungsdilemma:* geordnete und verrätselte Wahrnehmung stehen nebeneinander.

Zuletzt weist Baacke auf eine Dialektik von Sichtbarkeit und Isolation hin: Alles sei sichtbar, aber wenig greifbar.

Die starke mediale Präsenz bereits im Kindesalter, die dadurch hervorgerufene Reizintensivierung und Beschleunigung gelten als Ursachen veränderter Wahrnehmungsprozesse und Handlungen, die von Unruhe und Erregung durchsetzt und auf das Unmittelbare und Augenblickliche fixiert seien. Längerfristige Erfahrungen schwinden ebenso wie Erinnerungen, „mit der Vergangenheit verliert auch die Zukunft an Gewicht“ (Ahrbeck 2010, 35). Balzer (2001) spricht von einer „Dominanz sensorischer Erfahrungsoberflächen“, die wichtige Lebenssegmente wie Videoclips anmuten lassen. Ahrbeck leitet daraus ab, dass ggf. persönliche Bindungen abgeschwächt werden und innere Gesetze an Kraft einbüßen und dies die Brücke zu den neuen Gewaltphänomenen sein könne (ebd., 38).

Geschlechtsrollengenese zur Erlangung der Geschlechtsrollenidentität

Da Radikalisierung und Gewaltaffinität vor allem männliche Verhaltensphänomene darstellen, soll hier insbesondere die maskuline Geschlechtsrollenentwicklung betrachtet werden.

Männliche Geschlechtsrollenidentität entsteht nach Greenson (2009/1968) im Rahmen einer frühen Ablösung aus der Sicherheit verleihenden primären (Mutter-)Bindung durch Des-Identifikation zu ihr bei nachfolgender Identifikation mit dem Vater. Dies führe zu einer früheren männlichen Risikoaussetzungen und Verunsicherung im Vergleich zu Mädchen.

Das Vaterbild des Jungen werde dabei auch durch dasjenige der Mutter und deren Verhältnis zum Vater geprägt und entsprechend introjiziert. Der Vater fungiere hierbei als „Befreier“ des Jungen aus dem femininen Rollenbezug, was mit einer negativen Konnotation des „Weiblichen“ einhergehe und durch Aggressivität gegenüber dem Femininen begleitet sei. Die Vaterrollen-Introjektion (Spiegelneuronen) erfolge schließlich durch ein real erfahrenes Vaterbild, welches in seiner praktischen Ausgestaltung dann etwa sicherheitsgebend, desorientierend, aggressiv sein könne oder aber durch väterliche Absenz ganz fehlen könne (vgl. auch Tischner 2005).

Die Sicherheits- und Orientierungssuche sowie die Geschlechtsrollenorientierung erfolgt dann in der männlichen Peergroup über ein Ausleben von Omnipotenzphantasien und Aggressivität gegenüber dem Femininen, also gegenüber Frauen oder auch homophob gegenüber Homosexualität.

Die Verunsicherung und temporäre Desorganisation durch die Elterndistanzierung und -ablösung in dieser Lebensphase der „zweiten Chance“ (Erdheim) wird bei Jungs dann oftmals durch übersteigerten und aggressiven Männlichkeitshabitus kompensiert (King). Als Bestandteil eines solchen übersteigerten maskulinen Habitus kann sich dann, häufig milieugestützt, Gewalttätigkeit erweisen. Aber auch dominantes Gebaren, unterdrückendes bzw. verachtendes Verhalten gegenüber Schwächeren, statusniedrigeren oder bereits ausgegrenzten Gruppen gehören zu diesem habituellen Repertoire.

Die Ausprägung von Männlichkeitsnormen in der innerfamiliären Sozialisation traditionell Arabisch- bzw. Türkeistämmiger unterscheidet sich von der westeuropäischen Variante durch einige wesentliche Faktoren (Charlier 2012, 161 ff.).

So findet die Erziehung von Jungen in der traditionellen, also patriarchalisch geprägten, arabischen und türkischen Familie bis zur Pubertät zunächst durch die Mutter oder alternativ durch die ältere Schwester in einer ambivalenten Struktur von körperlicher Zärtlichkeit und deren parallel stattfindender Ablehnung statt (Toprak 2005).

Die Beziehung zwischen Mutter und Sohn ist durch Autorität und Ermahnung sowie gleichzeitigem Gewähren-Lassen geprägt. Der Junge erfährt dabei eine große Verunsicherung gegenüber der weiblichen Autorität und kehrt u. U. auch seine Aggressivität gegen Mutter, Schwester oder allgemein gegen Frauen.

Parallel hierzu findet durch den Vater eine meist strenge Unterweisung statt, oft durch Gewaltpraktiken wie einer Ohrfeige, der körperlichen Züchtigung oder auch des Nahrungsmittelentzugs begleitet, aber häufig auch mit Hilfe sexueller Beleidigungen, Androhung von Schlägen, Anschreien, Beschimpfen bis hin zum Kontaktabbruch (Toprak 2005, 132 ff.).

> „Während der Sohn den Anforderungen des Vaters gerecht werden muss, bleibt die Beziehung zur Mutter davon unbelastet, die zudem das Erziehungsmittel der körperlichen Züchtigung, wenn sie damit droht, auf den Vater überträgt und kaum selbst ausführt“ (Pfluger-Schindlbeck 1989).

Bezogen auf die männliche Ehre lernt der junge Mann das Verhältnis zwischen Mann und Frau sowie zwischen innen und außen zu gestalten (Toprak 2005, Schiffauer 1983). Die Erziehung wechselt mit dem Beschneidungsritual im Verständnis eines „Mannwerdens“ zum Vater über (Charlier 2012, 174).

Die traditionellen patriarchalisch-islamisch geprägten Erziehungspraktiken basieren auf der religiösen wie auch auf einer väterlichen Unterwerfung, die durch absoluten Gehorsam und, bei Nichtbefolgung, durch väterliche Durchsetzungsmacht in Form von Strenge, Gewalt und Angsterzeugung gesichert werde. Nach psychoanalytischem Verständnis begegnet der männliche Jugendliche dem absolut autoritären Vater zunächst mit innerer Aggression und mit Hass, die aber durch „globale Identifikation“ mit dem Aggressor neutralisiert werde (ebd., 170). Diese Über-Identifikation mit dem Vater eröffnet den Zugang zur patriarchal geprägten Männerwelt und verhindert einen Individuationsprozess wie in der individualisierten und pluralisierten westlichen Kultur. Es kommt dadurch zur Vermeidung der „adoleszenten Bewegung“, die wiederum typisch für sog. „kalte Gesellschaften“ (Erdheim 1984, 276) sei. Eine im westlichen Sinne zu verstehende Ich-Entwicklung hin zur Ich-Identität finde nicht statt, sondern werde durch eine „kollektive Identität“ ersetzt. Die streng islamische Erziehung baue auf diesem Gehorsams- und

Unterwerfungsprinzip in religiöser Form gegenüber Gott, in patriarchalisch-familialer Form gegenüber dem Vater (Charlier 2012, 161 ff.). Im Unterschied zu westlich-kulturellen Erziehungspraktiken entfalle in der Jugendphase die Separation zum Vater und hiermit auch die adoleszente Ambivalenz. Eine gegenseitige, aufeinander einwirkende Ambivalenz-Beziehung zum väterlichen Objekt sei nicht möglich, was die Entstehung des „Selbst" verhindere (ebd., 172). Charlier platziert in diesem Zusammenhang auch die religiös akzentuierte Opferbereitschaft „im Mythos des Opfertods und Märtyrertums als Beweis von Männlichkeit, religiöser Treue und Unterwerfung, was bis hin zur Selbst- und Objektvernichtung als Zeichen von Liebe und Stolz führen kann" (ebd., 171).

Problematisch erscheint für die betroffenen jungen Menschen aus Migrationskontexten hierbei eine direkte Parallelität und damit eine direkte Vergleichbarkeit von eher traditioneller herkunftsbezogener sowie institutionell eher demokratisch-liberaler Erziehungsformen für deren adoleszente Identitätsentwicklung zu sein. Denn es stellen sich so wichtige Fragen nach den jeweiligen Rollenvorbildern genauso wie diejenigen nach den individuell angemessenen Kommunikations- und Verhaltensformen sowie letztendlich die des individuell favorisierten Selbstbildes in teilweise ambivalenter Weise, was die ohnehin vorhandene adoleszente Verunsicherung bei Jugendlichen mit Migrationshintergrund noch einmal verstärken kann. Insbesondere junge Männer finden hier nur schwer ihre eigene Rolle, wenn diese durch unterschiedliche Erwartungen reflektiert bzw. hinterfragt wird.

Eine Hinwendung zu einer orthodoxen islamischen Religionsauslegung wie etwa derjenigen des Neo-Salafismus kann dann, wie bereits beschrieben, eine meist temporäre Zwischenphase kennzeichnen, die sich in einer dualistischen Eindeutigkeit und einer meist partiellen Abgrenzung zum Elternhaus und zum, durch „die westliche Gesellschaft" gedemütigten, und daher als „schwachem" väterlichen Identifikationsobjekt auszeichnet. In der kriegerischen oder terroristischen Handlung rächt man sich schließlich für die, der eigenen Familie widerfahrenen kulturellen Kränkungen.

Junge Männer sind vor diesem Hintergrund deutlich anfälliger als junge Frauen, was Gewaltaffinität betrifft. Und bei entsprechend verzögerter, problematischer oder gescheiterter adoleszenter Risikobewältigung zeigen sie sich dann auch wesentlich anfälliger für Radikalisierungsangebote.

Bezogen auf den Umgang mit Konflikten steht ein übersteigerter männlicher Habitus tendenziell dann einer Verständigungs- und Vermittlungskultur eher im Wege, wenn die eigene Position und der eigene Status subjektiv eher als egalitär oder als übergeordnet eingestuft werden. Die Prinzipien der Autorität, des Stärkeren oder der Stärke werden dagegen meist bedingungslos anerkannt, indem man sich dann unterordnet.

Konfliktaffinität und Gewalttätigkeit als Ausdruck nicht bewältigter Übergänge

Die bisher dargestellten theoretischen Implikationen deuten auf erhebliche Risiken in der adoleszenten Lebensphase hin, die es heute meist individuell zu bewältigen gilt. Mit einer solchen gesellschaftlichen Bewältigungserwartung individuell konfrontiert kann ein Druck auf Jugendliche einhergehen, der sich dann auch über Gewalthandlungen sowohl gezielt Opfer als auch schlicht nur ein Ventil sucht. Zahlreiche Untersuchungen (vgl. Fend (1997), Fuchs/Lamnek (2003), Heitmeyer (1995), Petermann (1992), Holtappels und Tillmann (1999) identifizieren hierbei noch einmal riskantere Lebensbedingungen als besonders fördernde Hintergründe von Gewalthandlungen. Dem können persönlich-individuelle Faktoren im Wege stehen, wie moralische oder auch abschreckende Faktoren bzw. externe Regulatoren wie etwa eine intervenierende Gruppe oder eine erwachsene Autoritätsperson als Korrektiv.

Es sind aber die mit der Adoleszenz zusammenhängenden ‚internen Faktoren', die dafür ausschlaggebend zu sein scheinen, dass Gewalttätigkeiten zumindest in dieser Lebensphase auch zur ‚normalen' Kommunikation und zur ‚Sprache' gehören. Spätestens hier stellt sich auch die Frage nach pädagogisch präventiven Handlungskonzepten.

Bei zahlreichen Gewalthandlungen während der frühen Adoleszenz zeigt sich, dass sich die Täter in der Regel nicht schuldig fühlen. Dodge (1997) fand heraus, dass sie ihre Aggressivität eher als Schutzreaktionen auf die Angriffe anderer interpretieren. Selbst harmlose Verhaltensweisen werden dabei vorschnell als Angriffe gedeutet (Fend 2000). Ihre Gewaltschwelle und ihre Reaktionszeiten sind dann sehr gering. Sie leben in dieser Phase in einem permanenten ‚psychologischen Kriegszustand'.

Blos (2001), Bohleber und Ahrbeck thematisieren in ihren neueren psychoanalytischen Ansätzen zur Gewalt deutlich die Zusammenhänge dieser mit den Entwicklungsaufgaben der Adoleszenz. Die Adoleszenz als „zweite Individuation", und somit als „zweite Chance" (Ahrbeck 2010, 22) reaktiviere frühkindliche Gewalt- und Konflikterfahrungen in der innerpsychischen Struktur, die im Kontext neuer sozialisatorischer Begleitkontexte wie etwa der medialen Sozialisation zu den bisher eher unbekannten Ausformungen führen könnten, nämlich über den Tatrausch einen persönlichen Triumph physischer Überlegenheit zu spüren, den Schmerz und das Leid des Opfers zu genießen sowie die Norm des Alltäglichen euphorisierend zu überschreiten (vgl. Bohleber 2006, 129). Gleichzeitig sei der sprachliche Zugang der Täter zu ihren Taten versperrt; sie finden keine Worte für ihre Taten und deshalb auch kein Mitgefühl für ihre Opfer. Ahrbeck (2010, 30ff.) vermutet hinter solchen Gewaltformen die in Kap. 4.1.2 bereits beschriebenen drei Muster eines Fehlens der Fähigkeit des Mentalisierens eines psychischen Geschehens bei den Tätern (1), deren Unsicherheiten durch biografische Antipoden zwischen Verschmelzungswünschen einerseits und Ängsten vor Überwältigung (2) sowie der Umkehrung des aus eigener traumatisierender Erfahrungen heraus, passiv selbst erlittenen Leids ins aktive Tun, um es auf diese Weise zu bewältigen (3).

Gründen sich solche Muster zunächst meist auf innerfamiliale Erfahrungen und Ereignisse, können diese unter der psychisch angespannten Entwicklungssituation der Adoleszenz im psychoanalytischen Sinne einer Übertragung auch in anderen Feldern aufflammen.

Bezogen auf Gewalt fördernde Hintergrundsituationen spielen dabei vor allem die schulischen Anforderungen und schulische Strukturen eine bedeutende Rolle. Winterhager-Schmid (1992) weist auf die mit schulischen Frustrationen einhergingen Verletzungen narzisstischer Größenphantasien insbesondere bei Jungen hin. Fend (2000) und Holtappels/Tillmann (1999) bestätigen durch ihre Untersuchung diesen Befund. Sollten dann noch fehlende Anerkennung, fehlendes Selbstwertgefühl und Isolation hinzukommen, kumulieren hier die klassischen Dispositionen für entgrenzte Gewaltakte wie etwa bei schulischen Shootings.

Insbesondere sind aber Aktivitäten in den adoleszenten Gleichaltrigengruppe häufig durch Gewalttätigkeiten gekennzeichnet. Eckert et al. fanden in einer Studie vier verschiedene Muster gewaltaffinen Verhaltens vor:

1. Gewalt als *Selbstzweck* z. B. bei Hooligans: „Gewalt ist für diese ‚sensation seekers' eine Art Gruppenhappening, das in ihrer Selbsteinschätzung durch bestimmte Regeln gesichert wird".
2. Gewalt als *Reaktion auf Benachteiligungsgefühle:* „In der Deutung der Jugendlichen ist Gewalt ein funktionales Äquivalent für fehlende ökonomische und kulturelle Ressourcen".
3. Gewalt als *Selbstbehauptung:* „Gewalt und Gewaltdrohung sind Teile eines symbolischen Raums, in dem jugendliche Identitätsarbeit erfolgt, ähnlich wie Mode, Sport und Weltanschauung". Selbstbehauptung taugt in diesem Rahmen als für einige Adoleszente einzig verlässliche Orientierung in einer „absurden Welt, in der man sich eben durchschlagen muss."
4. *Ideologisch legitimierte* Gewalt: „In der subjektiven Deutung geht es um ‚Befreiung' oder eine ‚bessere Zukunft' (…) Die Weltdeutung selbst erklärt Gewalt für notwendig zur Verteidigung oder Ausbreitung des jeweils ‚Wahren'" (Eckert et al. 2000, 48 ff.).

Einen ähnlichen Erklärungsmechanismus findet man auch in Koppetschs Gesellschaftsanalyse des Rechtspopulismus, in der eine, den absteigenden Milieus sämtlicher Klassen innewohnende „Angst-Kultur" letztendlich mit Hilfe einer inneren rechtspopulistischen Haltung begegnet werde, die sich in einer „Re-Klassifizierung", einer „Re-Souveränisierung" und einer „symbolischen

Rehabilitierung durch Abwertung anderer Gruppen" äußere (Koppetsch 2019, 145). Ein solcher Mechanismus des Versuchs, eine alte und vermeintlich „gute" Ordnung wiederherzustellen, kann in seiner Breite von der kognitiven Radikalisierung bis hin zur Gewaltausübung enden. Aus subjektiver Sicht fühlen sich die jeweiligen Akteure legitimiert, die alte Ordnung wiederherzustellen bzw. zu verteidigen.

Sämtliche dieser Gewaltmuster sind in der Regel verbunden mit einem positiven oder ‚guten Gefühl', mit einem individuellen oder auch kollektiven Kick- oder Rauscherlebnis, mit Spaß und Geltungsempfinden und mit Omnipotenzphantasien.

Das Radikalisierungsphänomen wird in der neueren psychoanalytischen Forschungsliteratur eher im Spektrum der Identitätsgenese gesehen. In der Adoleszenz findet nach Winnicott (1978/1965, 84) in diesem Kontext eine Suche nach sich selbst und anderen Gewissheiten statt. Charakteristisch sei das unvermittelte Nebeneinanderstehen von rigidestem, fundamentalistischem, gnadenlosen Moralismus und radikalem, kompromisslosen Idealismus (vgl. Auchter 2017, 46). Adoleszenter Radikalismus oder Extremismus stehe hier als adäquater Entwicklungsschritt, um mit Hilfe einer dualen Weltsicht und dem Bedürfnis nach Klarheit und Eindeutigkeit der inneren Zerrissenheit zu begegnen. „Objekthass" in Form z.B. von Fremdenhass, Antiziganismus, Hass auf westliche Kultur usw. basiere auf früher Verunsicherung (Auchter 2017, 49) und werde in der Adoleszenz reaktiviert und auf passende Objekte übertragen.

Auch Kruse (2017) sieht im adoleszenten Entwicklungskontext männlicher Jugendlicher und junger Männer aus rural-tribalen patriarchalischen Strukturen Hintergründe für fundamentalistische Radikalisierung und Gewalt. Während in der Identitätsgenese in westlichen Kulturen die Elternablösung und Distanzierungsprozesse zu diesen individuelle Entwicklungsaufgabe sei, gehe es in den patriarchalisch geprägten gruppenbezogenen Mustern einerseits um eine kollektive Identität, nämlich das Erreichen einer durch die traditionelle Gruppe vorgesehenen Position in der jeweiligen Gemeinschaft (Familie, Dorfzusammenhang, Stamm usw.). Die Autonomieentwicklung werde hierbei zunächst unterbunden, lebe aber umso stärker und impulsiver über gleichzeitige Elterndistanzierungen bei „beschädigten Eltern/hier Vätern" wieder auf (Kruse 2017, 83). „Beschädigt" seien die Eltern dann, wenn sie nicht die im Zusammenhang mit der Migration beabsichtigte Verbesserung der Lebensverhältnisse erreichen konnten. Insbesondere seien hier die Väter in ihrer klassischen Rolle des Ernährers beschädigt (ebd., 76f.) und fielen als „schützende und begrenzende" Instanzen aus. Das Schutzbedürfnis werde auf religiöse Objekte (Führer, Gott etc.) übertragen. Über eine fundamentalistische Religionsauslegung distanziere sich der Sohn vom Vater, finde in dem gemeinsam geteilten Ich-Ideal der religiösen Gruppenmitglieder seine kollektive Identität, „die sich über außerhalb der Gemeinschaft Stehende erhebt, narzisstische Bedürfnisse nährt und das Größenselbst stärkt“ (ebd., 84).

Strukturelle Ähnlichkeiten in den Erklärungen findet man auch in rechtsextremistischen Biografien, nämlich im Fehlen oder traumatisch-negativ konnotierter väterlicher Repräsentanzen in der Ich-Entwicklung junger Männer und den entsprechend umgekehrten projektiven Übertragungswünschen auf Personen mit extrem maskulinem Habitus. Neben eigener, meist innerfamiliärer Gewalterfahrungen scheint insbesondere auch erzieherischer Autoritarismus spezifische Sozialisationswirkungen auf individuelle rechtsextremistische Entwicklungen zu entfalten (Fuchs et al. 2003, 256).

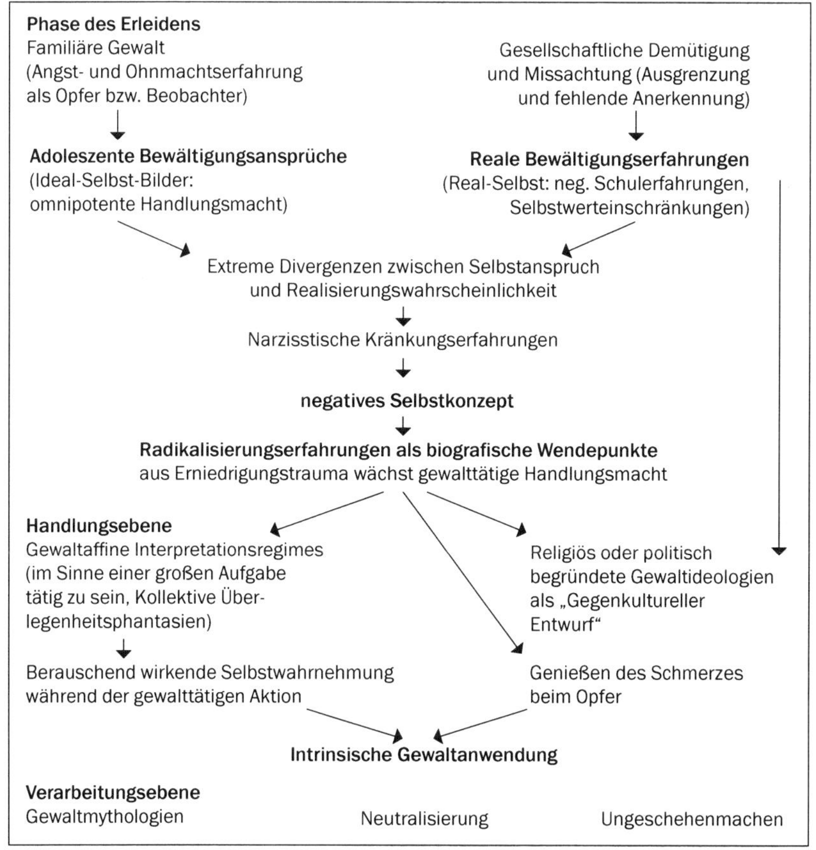

Abb. 12: Mögliche Verlaufsketten bei gewaltaffinen Radikalisierungskarrieren (vgl. auch Abb. 9)

In der individuellen biografischen Entwicklung radikalisierter junger Männer stoßen dann meist zwei Ebenen aufeinander, die sich dadurch verzahnen, dass auf der einen Seite individuelle Bedürfnisse und Interessen existierten, denen in den bisherigen Biografien nicht anderweitig zufriedenstellend entsprochen werden konnte, und die sich dadurch dann entweder in sogenannte „negative Selbstkonzepte“ transformierten und zu individuellem Problemverhalten führten oder sich andererseits kollektiver Angebote bedienten, die in gemeinschaftlichen Radikalisierungsmustern religiös-fundamentalistischer oder rechtsextremistischer Provenienz ihren Ausdruck fanden (vgl. Abb. 12).

Unbestimmt bleibt bisher, ob sich die eher in individuellen, also psychogenetischen Karriereverläufen entstehenden Konfliktneigungen, Radikalisierungs- und Gewaltaffinitäten ihrer personellen Träger deshalb in kollektiven Formaten bündeln, um sich auch in der Öffentlichkeit und Politik Ausdruck zu verleihen, quasi im Sinne eines ‚natürlichen‘ Transformationsprozesses individueller Bedürfnislagen in kollektive politische Artikulationspraxis als einer „Therapiekultur“ (Koppetsch 2019, 249).

Oder sind es eher umgekehrt kollektiv verfasste rechtsextremistisch-politische oder religiös-fundamentalistische Propaganda, über die es Organisationen wie der AfD, Pegida oder neo-salafistischen Gruppen gelingt, in gezielter Anwerbung die mentale und kulturelle Situation von Menschen so zu erfassen, dass diese sich zu ihnen hingezogen fühlen und sich ggf. in ihrem Setting erst richtig radikalisieren?

Im folgenden Kapitel sollen deshalb die sich auf gesellschaftlicher und politischer Ebene entstandenen kollektiven Anreiz-, Binde- und Wirkmechanismen mit ihren entsprechenden Organisationsformen beleuchtet werden und dieser Verzahnung von Psycho- und Soziogenese nachgegangen werden.

Kapitel 6
Transformationsprozesse individueller Affekte in politisch-extremistische, religiös-fundamentalistische und fan-kulturelle Artikulationspraxen

Die insbesondere durch neoliberale Deregulierung in den USA hervorgerufene letzte Finanzkrise 2007 und die hieraus beschleunigte europäische Schuldenkrise 2010 als ökonomische Parameter, die im Zusammenhang mit den beiden Irak-Kriegen 1990/91 und 2013 stehenden, vom islamistischen Terrornetzwerk Al-Qaida geplanten und von meist saudi-arabischen Terroristen umgesetzten Anschläge vom 9.11.2001 auf das WTC in New York, die Bürgerkriege und militärischen Interventionen der Arabellion und die Krim-Annexion Russlands, immer wieder auftretende Terroranschläge (Madrid, Paris, Brüssel, Berlin, London), die bis ins Jahr 2013 zurückreichende Flüchtlings- sowie die neu aktualisierte Klimakrise stehen für die zunehmend globalen ökonomischen, ökologischen, militärischen und kulturellen Einwirkungen, die sich in allgemeiner, meist abstrakt-diffuser Verunsicherung und Ängsten ihre Bahn brechen.

Konkret summieren sich solche hintergründigen Fakten mit aktuellen, durch die ständigen Veränderungen in den Arbeits- (Digitalisierung und Robotisierung) und sonstigen Lebenswelten (Wohnungskrise in den Agglomerationen, riskante Lebenslagen, Fremdheitsempfindungen in multikulturellen Quartieren benachteiligter sozialer Schichten, statusbezogene und ökonomische Abstiegsängste usw.) hervorgerufenen Gefühlslagen zu einem Gemisch aus Abstiegsphantasien, Konkurrenzängsten und allgemeinen Ressentiments, die letztendlich desintegrative soziokulturelle und auch politische Wirkungen entfalten und beschleunigen können.

In einigen Bevölkerungsmilieus führt dies dazu, an staatlicher Governance sowie an der liberalen Demokratie zu zweifeln und sich teilweise in radikalisierten Formen politisch-extremistisch, religiös-fundamentalistisch oder auch diffus-gewalttätig aufzustellen. Ralf Fücks (2019) spricht in diesem Zusammenhang von einer „demokratischen Rezession“, die „Züge einer antiliberalen Konterrevolution – also einer Gegenreaktion auf die lange Welle der Liberalisierung, die in den Sechzigerjahren eingesetzt und die westlichen Gesellschaften wie die internationale Landkarte dramatisch verändert“ habe, trage (ebd., 1). Er führt diesen politischen Mentalitätswechsel zudem auf sich verstärkende Ungleichheit und dadurch hervorgerufene Ressentiments und Abgrenzungsphantasien gegenüber ökonomisch und auch kulturell konkurrierende, und als Aufsteiger wahrgenommene Migranten zurück. Der Mentalitätswechsel zeige sich in der Offenheit gegenüber rechtspopulistischen, illiberalen, autoritären bis hin zu diktatorischen Persönlichkeiten und Ideologien, insbesondere wenn diese ökonomische oder auch staatliche Macht verkörperten und migrationsskeptisch oder gar -ausschließend handelten. Während Fücks die Ursache für den Vertrauensverlust in die liberale Demokratie in einer Kombination wachsender sozialer Ungleichheit und der Polarisierung zwischen Modernisierungsgewinnern und -verlierern in den westlichen Gesellschaften verortet und eine Anfälligkeit für antiliberale, populistische Politik quer durch sämtliche gesellschaftlichen Milieus ausmacht, analysiert Koppetsch (2019) vergleichsweise ähnliche Phänomene, kommt aber zu dem Schluss, dass das augenblickliche global denkende und global lebende kosmopolitische Milieu sich in einer links-liberalen Hegemonie verfestige, autonomisiere und teilweise nach außen hin abschließe und hierbei verängstigte, abstiegsbedrohte und partizipativ exkludierte Milieus in eine weltanschaulich wie politisch einseitige problematische Ecke abdränge. Koppetsch wie Fücks verorten dieses aktuelle Konfliktkonglomerat gleichermaßen im ökonomischen und im kulturellen Bereich. Koppetsch sieht für die von Abstiegsängsten Bedrohten eine Bewältigung in neuen Vergemeinschaftungsformen, wie den sog. ‚Neo-Gemeinschaften', die sich „unter dem Einfluss von politischen Unternehmern in Zornkollektive verwandeln" (Koppetsch 2019, 205). Eine solche „Zornbewirtschaftung" könne Ausdruck einer Ent- bzw. De-Zivilisierung sein, die sich im Zusammenhang von Deklassierungsprozessen entwickelten (ebd., 224 ff.). Koppetsch knüpft in ihrer Gesellschaftsanalyse am phasenspezifischen Zivilisationstheorem von Norbert Elias an (vgl. Ü 20). Nach Elias (1976 II, 342) drängen in den historischen Phasen von „Aufstiegsbewegungen" die jeweiligen Unterschichten nach oben und übernehmen hierbei jeweils Verhaltenskodizes der Oberschichten (Koppetsch 2019, 206), was den Zivilisationsprozess fördere. Umgekehrt komme es zu Ent- bzw. De-Zivilisierungserscheinungen in den Abwärtsbewegungen.

> „Spiegelbildlich (…) lassen sich soziale Abstiege als Prozesse der Entbindung von zivilisierten Verhaltenskodes, der sozialen Entkopplung und der De-Sozialisierung begreifen. Wo sich soziale Kreise ausdünnen, lockert sich infolgedessen auch die Apparatur der Selbstzwänge: die Selbstwirksamkeit und das Kohärenzempfinden lassen nach" (Koppetsch 2019, 225 f.).

De-Zivilisierungsprozesse lassen sich nach Koppetsch in offensive und defensive Formen unterscheiden. Defensive Ausdrucksformen seien meist regressiver Art, wie etwa individuelle Verwahrlosung (Drogen) oder die Preisgabe

- „Sozialdarwinistische“ Überlebensgesellschaften
- Geordnet – verregelte Standesgesellschaften (Gehorsam und Selbstdisziplinierung, „Selbstzwangsapparatur“ am Höfischen Leben als Trieb- und Affektregulierung)
- Industrielle Klassengesellschaften (Kampf um Gewaltmonopole und individuelle Entfesselung)
- Post-industrielle Schichtungsgesellschaften (Staatliches Gewaltmonopol und Selbstzwang/-überwachung)
- Moderne individualisiert – pluralisierte Selbstregulations- und Aushandlungsgesellschaften (nachlassende staatliche Gewaltmonopole/Parallelität ungleichzeitiger Entwicklungen/partielle Selbststeuerung und zivilgesellschaftliche Selbstregulierung) mit technologisch-technischer Total-Überwachung („Totale Autonomie“ bei „totaler Kontrolle“)

Übersicht 20: Zivilisatorische Transformation (nach N. Elias, 1976)

von Autonomie. Dies geschehe in freiwilliger Unterordnung unter starke Strukturen bzw. unter charismatische Persönlichkeiten; offensive Formen artikulierten sich in der Entladung von Frustrationen, im explosiven Ausdruck von Wut, Hass und Gewalt (ebd., 230 f.).

An dieser Schnittstelle verbinden sich Psycho- und Soziogenese der drei Phänomene miteinander. Denn sowohl rechtsextremistische wie auch neosalafistische Angebotsmuster bieten hier kollektive Formen der Bewältigung oder auch affektiver Entladung an. Diese können sowohl defensiver Art sein, wie im Falle von rechtspopulistischen Politikangeboten oder ritualisierten religiösen Lebens- und Gebetspraktiken; offensiv wären sie dann etwa im Rahmen von kriegerischen Handlungen oder Attentaten gegen „Ungläubige“, gegen das „westliche System“ bei religiös-fundamentalistischen Gruppen bzw. bei Schlägereien, Pöbeleien, gewalttätigen Auseinandersetzungen bei Demonstrationen oder Attentaten im Falle rechtsextremistischer Gruppierungen. Hassobjekte im letzteren Fall sind unter dem Level „nationaler Identität“ und „nationaler Kultur“ dann Flüchtlinge, Migranten, der „Genderideologie“ zugeordnete Personen und Gruppen oder aber das sog. „Establishment“, dem die Verantwortlichkeit bestehender neoliberaler Verhältnisse übertragen wird.

Gewalt und Radikalisierung im Bereich des fanorientierten Hooliganismus ist dagegen eher situations- oder eventorientiert, dient aber ebenfalls defensiver Spannungs- (Ultra-Fan-Kultur) bzw. offensiver Aggressionsabfuhr (Hooliganismus), letzteres häufig gepaart mit archaischer Maskulinitätsinszenierung. Peter Gay spricht in diesem Kontext vom Kult aggressiver Männlichkeit (Gay 1996), der sich historisch in der Angst vor Verweichlichung und damit der Verweiblichung junger Männer in den aristokratischen und bürgerlichen Milieus um 1900 rekrutierte, aus der sukzessive eine Kultivierung des Aggressiven an sich als Element männlicher Attraktivität und männlicher Durchsetzungskraft hervorgehe. Die modernisierte Variante zeige sich z.B.

im Training des Kampfvermögens Adoleszenter zum Erlangen von Ritterlichkeit, Ehrgefühl, Kampfgeist als männlichen Charakteristika und im Kampf gegen sich selbst, den sog. „inneren Schweinehund" (vgl. Ü 18). Aktuelle Entwicklungen des aggressiven männlichen Habitus offenbaren sich im Hooliganismus und Neonazismus sowie introvertiert und autoaggressiv im männlichen Körperkult der Selbstdisziplinierung durch Fitnessprogramme, Body-Building, Körper-Shaping und Body-Styling.

Phänomen	Konfliktdimension/Probleme/ Motivation	Katalysator/ Verstärker	Auslöser/Anlass	Handlungsweise
Rechtsextremismus	Abstiegsängste, Abstiegsempfindungen in „globaler Moderne"; Differenz Größen-Selbst und Real-Ich (Neid, Unterlegenheit)	Konkurrenz in interkultureller Struktur; Social-Media-Selbstwirksamkeit; Gruppensetting; Ideologie; Führerprojektion; Hass, Rachegelüste, Zorn	Flüchtlingsbewegungen; Fremdenhass, Minderheitenressentiments; Demonstrationsrituale; Politische Attentate	Rechtspopulistische, rechtsextremistische Aktivität; Attentate; Instrumentelle De-Zivilisierung
Religiöser Fundamentalismus	Ausgrenzungsempfindung trotz Integrationsbemühung; familiärer Statusverlust; Kulturelle und religiöse Erziehungsdivergenzen	Ungleichbehandlung; Religiöse Ziele als Rechtfertigung; revanchistische Fantasien; Gruppeneinbindung; Märtyrerfantasien; Hass, Rachegelüste, Zorn	IS als Zukunftsbild; Religiöse Rituale; (Selbstmord-) Attentate; situative oder familiäre Erniedrigung	Kriegerische Handlungen; (Selbstmord-)Attentate; Instrumentelle De-Zivilisierung
Hooliganismus	Latente Abstiegsängste vers. eigenes Größen-Selbst; Kompensation für Selbstdisziplinierung und Verliererimages; Maskulinitätsbedürfnisse	Rituale der Fankultur; Gruppenalkoholisierung; Hass, Rachegelüste, Zorn	Traditionelle Vereinsrivalitäten; entspr. Vereinsspiele; Provokationen des Gegners/ der Polizei; Unrechtsempfindung von Schiedsrichterentscheidungen; Foulspiel des Gegners	Verbotene Aktionen: Pyro-Technik, provokative Sprüche, Gesänge, Choreografien; kriegsähnliche Schlägereien mit gegnerischen Fans; De-Zivilisierung
Diffuse Gewalt	Intrapsych. Spaltung durch traumatische Erfahrungen; negatives Selbstkonzept; Maskulinitätsbedürfnisse; Rachefantasien	(selbsterwirkte) Provokation; Gruppen-/Bandengewalt; asymmetrische Machteinschätzung; Hass, Rachegelüste, Zorn	Subjektiv empfundene Provokation; Einmischung in bestehende Aggression	Angebote von Gewaltakkumulation, intrinsischer Gewaltrausch

Übersicht 21: Synoptische Strukturierung der Phänomene

In sämtlichen dieser einerseits gesellschaftlich-politischen, andererseits psychosozialen Bewältigungsformen finden sich verstärkende Einflussfaktoren wieder, die einerseits ähnlich ausgeprägt sein können, sich andererseits aber auch voneinander deutlich unterscheiden können (vgl. Ü 21).

Dabei gilt es, drei Ebenen differenziert zu betrachten.

(1) Zunächst sind dies zwei Ebenen in der *Psychogenese* von meist frühkindlicher innerfamiliärer Traumatisierung, Missachtung, Vernachlässigung und Missbrauch, die sich im Sinne von tief verankerten Mustern/Schemata in oftmals „negativen Selbstkonzepten" niederschlagen. Diese gehen auf Sozialisationspraktiken zurück, die nicht untypischerweise in bindungsunsicheren, gewaltaffinen, unberechenbaren und meist autoritär-patriarchalischen Erziehungsinstitutionen zu finden sind. Solche Praktiken hinterlassen in vergleichsweise größerer Anzahl Individuen, die sich entweder von diesen Erfahrungen abwenden oder aber auf der permanenten Suche bzw. Rekonstruktion genau solcher, ihnen widerfahrenen bzw. erlernten Mustern sind. Die Aneignung der negativ-destruktiven Variante solcher Muster verfestigt sich dann meist in der Adoleszenz über selbstgewählte oder strukturbedingte Selektion in bestimmten Gruppierungen oder Milieus.

(2) Eine zweite Ebene der *Psychogenese* findet sich, biografisch häufig später einzuordnen, in der individuellen mentalen Verarbeitung von Verunsicherungen, Abstiegsphantasien, Ungerechtigkeits- und Ungleichheitsempfindungen sowie Anerkennungsdefiziten. Diese können familiär, schulisch, beruflich oder in gesellschaftlichen Diskriminierungsformen wie etwa Ausländerfeindlichkeit oder Rassismus entstanden sein. Hierbei treten Mechanismen in Erscheinung, die solche Gefühlslagen des Neids auf andere, der ungleichen oder ungerechten Behandlung gegenüber anderen, der Nichtanerkennung im Verhältnis zu anderen in Ressentiments, in Verbitterung und Groll, in Hass und Rachephantasien auf ‚geeignete' Andere, auf sich gesellschaftlich anbietende Projektionsobjekte und Projektionsflächen transformieren.

(3) Die dritte Ebene umfasst eher die *Soziogenese* der drei Phänomene, in der sich sog. „Neo-Gemeinschaften" dann als kollektive Anreiz-, Binde- und Entlademechanismen und damit als Angebote für die Träger individueller Risikolagen und Abstiegsbefindlichkeiten anbieten, nämlich als Formate für „De-Zivilisierung" und „Zornbewirtschaftung", die an die individuellen Mentalitäten anknüpfen und ihnen, in meist kollektiver Art, subjektive Bewältigungsoptionen anbieten. Im Abwärtsprozess der De-Zivilisierung entfallen hierbei die von Norbert Elias angenommenen normativen Selbstregulationsapparate. Auch dieser Kult des Hasses baut auf historischen Wurzeln auf (Ü 22).

- Rassenforschung und „wissenschaftlicher" Rassismus seit etwa 1700
- Sozialdarwinismus: Überlebenskampf auf Mikro-, Meso- und Metaebene
- Projektionen und Stigmatisierung (S. Freud): z. B. Erster Weltkrieg als „Verteidigungskrieg", Juden als „Schmarotzer", Behinderte als Nicht-Lebenswerte der Volksgemeinschaft im NS-Deutschland 1933 bis 1945
- Biografische Verletzungen des „SELBST" in der „zivilisierten Gesellschaft": Anerkennungsdefizite, Selbsthass schlagen in Hass gegen andere um („epiphanische Situation" der Entladung und Entfesselung)

Übersicht 22: Kult des Hasses auf Anderes oder Fremdes

Der Soziologe Richard Utz beschreibt diesen Transformationsprozess ausgehend von Ressentiments als

> „individuelle und kollektive Stimmungszustände ohne bestimmte Richtung und Gegenstände, also Latenzzustände ohne Bewusstsein ihrer Intentionalität. Damit Psychogenese und Soziogenese des Ressentiments Populismusresonanz entwickeln, braucht es demagogische Vermittlung, die seine Stimmungslatenz aufheben und in manifeste Gefühle und Affekte überführen hilft. Rechtspopulistische Demagogie markiert zu diesem Zweck Adressaten und Themen, die (...) den ressentimental eingekapselten Frustrationen und Kränkungen erlauben, sich in den Affekten der Wut und Entrüstung zu entladen und auf diese Weise endlich einen Verhaltensausdruck erreichen, der die ressentimentypische Ohnmacht überwindet und ihrer verneinten Affektivität eine subjektiv adäquate Artikulation ermöglicht. In den westlichen Demokratien verwendet die rechtpopulistische Demagogie nationalistische Narrative, um die latenten Ressentiments des Sozialneids und verletzten Stolzes anzusprechen und in manifeste Emotionen zu transformieren, die sich auf Demonstrationen politisieren und durch die sich Nichtwähler und Protestwähler als Wähler gewinnen lassen" (Utz 2019, 13).

Diese Transformationsmechanismen von Gefühlslagen hin zu kognitiver Radikalisierung können sich unter individuellen und sozialen Verstärkern der De-Zivilisation dann auch in gewalttätigen Aktionismus verwandeln. Ihre individuelle Ausprägung erfolgt bei fehlender Impulskontrolle oder mangelnder Selbstreflexionsfähigkeit. Oder sie entfaltet und intensiviert sich im Rahmen sozialer Verstärker, etwa durch in Gruppen angeheizter Eskalationsspiralen.

Hinsichtlich dieser drei Bewältigungsstrategien treten *Konflikte* auf den ersten beiden Ebenen als Ursachen zutage; in der soziogenetischen Dimension entstehen sie dagegen eher dann, sobald die aggressiven Entlade- oder Abfuhrmechanismen in Rechtsbrüchen ausarten.

Radikalisierungen finden sich auf sämtlichen der drei Ebenen wieder. Die beiden Ebenen der Psychogenese verkörpern die mentalen Impulse für Radikalisierungsprozesse. Im kollektiven Format der dritten Ebene können sich

Radikalisierungsprozesse beschleunigen und intensivieren, oder in umgekehrter Variante auch ausbremsen und regulieren.

Gewalt tritt in zweierlei Art, nämlich in intrinsischer Form als traumakompensierende Übertragungs- oder Projektionshandlung auf der ersten Ebene in Erscheinung. Auf der zweiten und dritten Ebene stellt sie im Rahmen von Radikalisierungsprozessen bzw. von Konflikteskalation die extremste Handlungsstufe dar.

Auf Grundlage dieser strukturellen Analyse gilt es jetzt, die gängigen Präventionsansätze auf ihre praktischen Wirkungsmöglichkeiten hin zu überprüfen bzw. solche Herangehensweisen zu identifizieren, die in ihren Wirkungen erfolgversprechend sein könnten.

Teil IV
Handlungsansätze und Methoden im Umgang mit den drei Phänomenen Konflikte, extremistische Radikalisierung und Gewalt

Von der Analyse der drei Phänomene ausgehend stellt sich nun die Frage des Umgangs mit ihnen. Insbesondere sollen hier die präventiven Aspekte in den Ansätzen mit extremistischer Radikalisierung und Gewalt betrachtet werden, da es bei diesen beiden Phänomenen häufig um Rechtsbrüche geht, die teilweise gravierende physische, psychische oder auch materielle Folgen für die jeweils beteiligten bzw. direkt und indirekt betroffenen Akteure und das soziale Zusammenleben haben. Die Bearbeitung von Konflikten erfolgt dagegen in ambivalenter Form, da Konflikte einerseits konstitutiv für moderne Gesellschaften, deren jeweilige Sozietäten und deren Weiterentwicklung sind, andererseits aber auch destruktive und dissoziale Wirkungen entfalten können. Dissoziale wie auch gewaltsam ausgetragene Konflikte fallen demnach ebenso in den präventiven Bereich.

In Teil III wurden einerseits die Gemeinsamkeiten der drei Phänomene, andererseits deren Unterschiede in den Entstehungsmodellen, sowie in den gesellschaftlichen und politischen Umgangskulturen herausgearbeitet.

Um im Rahmen einer solchen Differenzierung strukturiert vorgehen zu können, sollen, ausgehend von den festgestellten Befunden, einerseits gemeinsame, andererseits in differenzierter Weise unterschiedliche Präventionsstrategien aufgezeigt werden, die wiederum strukturell nach den drei eher kriminologischen Präventionsdimensionen (primär/generalpräventiv, sekundär/spezialpräventiv und tertiär/nachsorgend) sowie in den Spektren von Psycho- und Soziogenese verortet werden (Ü 23). Der Präventionsbegriff selbst wird dabei meist nur im prophylaktischen Sinne verwendet und um die Bereiche des Kindesschutzes, der Förderung, der Intervention und der Nachsorge/Resozialisierung ergänzt. Die Präventionsverständnisse unterscheiden sich allerdings nach Disziplin und Theorie, sodass bspw. beim Radikalisierungsphänomen eher das kriminologische, bei Gewalt aber das hier thematisierte Modell herangezogen wird.

Zuerst sollen Strategien zur Konfliktbearbeitung und des Konfliktmanagements thematisiert werden, da Konflikte auch Ausgangspunkte zu Radikalisierungsformen und Gewalthandlungen darstellen können und somit nahezu immer auch mit den beiden anderen Phänomenen in Berührung stehen. Bei der Radikalisierungsprävention und diesbzgl. Nachsorge werden zunächst generelle, meist internationale Erfahrungen dargestellt und hieraus allgemeine Ziele für die De-Radikalisierungsarbeit abgeleitet und diese am Beispiel einzelner ausgesuchter Projekte beschrieben. In die sich anschließende handlungsbezogene Betrachtung der Anti-Gewalt-Arbeit fließen synoptische Aspekte einer sehr breiten Angebotslandschaft ein. Im abschließenden Kapitel werden schließlich, Phänomen übergreifend, Strategien und Ansätze allgemeiner Präventionsaspekte präsentiert, in denen Verbindungen zwischen den in Teil III erfolgten gesellschaftspolitischen Analysen und den sozialpädagogischen wie allgemeinen Handlungsstrategien hergestellt werden. So geht es um Strategien gesellschaftlicher Integration, intra-familiärer Zivilisierung, solchen zur Stärkung von Resilienz sowie zuletzt um bildungs- und mentalitätsbezogene Strategien.

Präventionsbereiche	Maßnahmen	Maßnahmen	Maßnahmen
Kindes- und Jugendschutz	Elterntrainings	Frühe Hilfen	Identifikation von Missbrauch, Inobhutnahme
Förderung	Elterntrainings, Elternberatung, Elterncoaching	Sprach- und Verhaltenstrainings	Schulsozialarbeit, Hilfen zur Erziehung nach SGB VIII, §§ 27 ff.
Prävention	allgemeine/ universelle	selektive/spezifische	indizierte
Intervention	Fall-Identifikation	Standardbehandlung für bekannte Störungen/Probleme	Zufluchtsmöglichkeiten, Maßnahmen des Gewaltschutzgesetzes
Nachsorge/ Resozialisierung	Rückfallverhinderung	Nachsorge	Rehabilitation/ Resozialisierung

Übersicht 23: Einteilung des Interventions- und Präventionsspektrums des Institute of Medicine (IOM), National Research Council (NRC), Division of Behavioral and Social Science: Preventing Mental, Emotional, and Behavioral Disorders Among Young People, National Academies Press, 2009. (In Anl. an: Voß, Marks 2018, 81)

Kapitel 7
Strategien und Handlungsansätze in Konflikten

Ausgehend von Max Webers und Georg Simmels Befunden konstitutiver Konfliktfunktionen in modernen Gesellschaften stellt sich zunächst die Frage, welche Konflikte überhaupt der Rede wert sind, unter welchen Bedingungen sie sich von allein oder durch traditionelle Umgangsgewohnheiten klären lassen, oder – vorausgesetzt diese Verständigungs- und Klärungsformen funktionieren nicht – durch Dritte oder mit Hilfe von professionellen Methoden und Verfahren bearbeitet werden sollten. Bearbeitung bedeutet dabei nicht unbedingt, dass die jeweiligen Konflikte auch gelöst werden können. Die häufigste Form der Konfliktbearbeitung dürfte eher deren Regulierung und nicht deren grundlegende Lösung sein. Konfliktregulierungen können darin bestehen, dass es zu Verständigungen zwischen den beteiligten Akteuren kommt, dass Entschuldigungen ausgesprochen werden, wenn es zu einer Einsicht in geschehenes Unrecht gekommen ist oder dass man sich in Frieden lässt bzw. aus dem Weg geht. Solche alltäglichen Klärungsformen gehören zur gemeinsamen, kulturell gängigen Kommunikationspraxis und funktionieren in den meisten Alltagskonflikten relativ unproblematisch und in routinierter Weise. In Friedrich Glasls Eskalationsstufenmodell zeigt sich in den ersten Stufen des Beschuldigens, der Debatte, der gegenseitigen Verhakung und Polarisierung, dass es eingeübte Formen der Bewältigung gibt, mit solchen Friktionen beilegend umzugehen. Dies erscheint umso wahrscheinlicher, je länger sich die Akteure kennen und je besser sie sich gegenseitig einschätzen können. Außerdem erscheinen Selbstklärungen in informellen Streitsituationen leichter durchführbar.

Über solche alltäglichen Konflikte tragen wir all das miteinander aus, was sich über unterschiedliche und oft disparate Erfahrungen und individuelle Entwicklungen in differenten Interessen-, Gefühls- und Bedürfnislagen verfestigt hat und sich schließlich in der Interaktion zwischen Einzelnen oder in Gruppen als Problem, als Gegensatz, als subjektive Unrechtsempfindung oder als Konflikt artikuliert. Das Verhältnis der streitenden Akteure zueinander sortiert sich durch die Konfliktaustragung neu und balanciert sich dadurch ggf. neu aus.

Findet ein solcher Vorgang unter starker gegenseitiger Ablehnung, mit Drohungen, Angriffen und Gesichtsverletzungen statt, werden leicht Grenzen im Nähe-Distanz-Verhältnis überschritten, die auf scheinbar paradoxe Weise in eine Distanzierung durch ‚Zu-nahe-Treten' münden kann und dadurch verletzt, weil sie als übergriffig empfunden wird. In solchen Eskalationsstadien, die vor allem in intimeren Settings von Beziehungen und Familien nicht unüblich sind und sich dort in oftmals rascher Geschwindigkeit aufschaukeln können, benötigt es Akteure, die durch ihre Neutralität, ihr Ansehen oder ihre Macht die Befähigung zur Intervention besitzen.

Unabhängig von der Konfliktart existieren diverse Beilegungsmöglichkeiten, angefangen vom ‚Aus-dem-Weg-gehen' bis hin zur Machtentscheidung (vgl. Ü 24).

- einseitiges Ignorieren, Verdrängen und ‚Aus-dem-Weg-gehen', Zeit-vergehen-lassen, Flucht (Bedeutung reflektieren, Zeitpunkt relativieren)
- Einfrieren des Konfliktes/Einfrieden von Konflikten
- Pädagogisches Intervenieren als „spielerisches Einwirken", pädagogisch akzentuiertes Irritieren und/oder paradoxes Intervenieren (Version der Verunsicherung und Reflexion, Raum-Zeit-Balance)
- Selbst organisiertes Aushandeln (win-win-Lösung)
- Aufgabe, einseitiges Nachgeben (loose-Lösung)
- eigene Position durchsetzen (win-Lösung)
- Verhandlung und Streitbeilegung (win-win)
- Mediation und Streitbeilegung (win-win)
- Gerichtsentscheidung (Entscheidung durch Dritte/n)
- Entscheidung durch Schiedsstellen (Entscheidung durch Dritte/n)
- Schlichtung durch Schlichter
- autokratische oder autoritäre Entscheidung durch Macht/Position

Übersicht 24: Optionale Konfliktbeilegungsmöglichkeiten (In Anlehnung an Montada/Kals 2001)

In der Frage, wie sich Konflikte bearbeiten lassen, stößt man dann rasch an Grenzen, wenn man beispielsweise an die Dauerfehden in politischen bzw. kriegerischen Situationen in Nah- und Mittelost denkt. Dort verzahnen sich historische, global-politische, ethnische und innenpolitische Bestrebungen derart komplex miteinander, dass es fast unmöglich wird, zu verstehen, wer weshalb mit welchem Interesse an diesem Konflikt in seinen verschiedenen Stadien beteiligt war. Je heißer ein Konflikt ist und je länger dieser bereits schwelt, umso schwieriger werden seine Entflechtung und seine Rekonstruktion. Und umso mehr entstehen durch die gegenseitigen Verletzungen überzeichnete Bilder und dämonisierte Vorstellungen vom Gegner und dessen Tun. Selbst die Vergangenheit eines eskalierten Konfliktes wird von den Beteiligten dann neu gezeichnet.

Solche makrostrukturellen Konflikte auf geopolitischer Ebene verhalten sich nicht anders als diejenigen auf mikro- und mesosozialen Ebenen. Auch in Familien, Schulklassen oder Peergroups entfalten sich Konflikte je nach Ausgangsbedingungen, Streitkultur und Eskalationsstufe häufig sehr komplex und scheinbar unlösbar. Im familiären Konflikt kann der Streit zwischen Geschwistern ähnlich wie bei o.a. politischen Krisen dem freien Kräftespiel dann ausgesetzt sein, wenn die Eltern selbst ihr Machtverhältnis untereinander neu ausbalancieren. Oder letztere buhlen um die Gunst ihrer Kinder, wenn sie selbst im Clinch miteinander liegen. Ebenfalls sehr ähnlich können etwa Positionskämpfe im Lehrerkollegium oder auch um die Führerschaft in einer Gang bzw. Peergroup dazu beitragen, dass sich Konflikte zwischen Schülern im ersten Fall bzw. unter den statusniedrigen Gruppenmitgliedern im zweiten Fall frei entfalten.

Konflikte erscheinen in solchen Situationen meist sehr unangenehm für die beteiligten Akteure oder Institutionen. Sie sind deshalb im Allgemeinen eher negativ konnotiert bzw. sie können durch die ihnen oft innewohnende Anspannung, die im Konfliktgeschehen erlittenen Verletzungen und Beschädigungen die Beziehungen der Beteiligten erschweren.

In der Konfliktbearbeitung geht es aber grundsätzlich darum, hieraus nicht den Schluss zu ziehen, Konflikte zu umgehen, zu vermeiden, klein zu reden oder zu verdrängen, sondern – wie bereits angedeutet – sie als notwendige Kommunikationspraxis in einer individualisierten und pluralen Gesellschaft anzuerkennen und ihre stabilisierende, regelnde und ordnende Rolle innerhalb von Beziehungen und Gruppierungen zu nutzen.

Geht man von einer individualisierten Gesellschaft aus, die durch größere Ungleichheiten und entwicklungsbedingte Ungleichzeitigkeiten geprägt ist, stellen Konflikte den Nährboden für Weiterentwicklungen, Ordnungsfindung und Fortschritt dar. Sie sind Impulse einer Dialektik zwischen integrativen und desintegrativen Kräften. Insofern sollten wir biografisch frühzeitig lernen, mit Konflikten auf eine Art umzugehen, dass sie sich möglichst wenig destruktiv entfalten können.

Konflikte als solche sollten deshalb als geeignete Kommunikationsformen gesehen werden, die wesentlich dazu beitragen können, Unterschiedlichkeiten in pluralen Gesellschaften zu thematisieren. So lassen sich Möglichkeiten zur Verständigung und zur Entwicklung von Gemeinsamkeit trotz Differenzen schaffen.

Konflikte sind maßgeblich durch ein Wechselspiel von Nähe und Distanz geprägt. Je nach Eskalationsdynamik wird Nähe abgebaut oder auch intensiviert, um damit Distanzierung zu artikulieren und zu steigern. In der Konfliktbearbeitung geht es immer um diese spannungsgeladenen Ambivalenzen von Nähe und Distanz, von Verständnis und Unverständnis, um Schuldzuschreibung und Verzeihen usw. Die Nähe-Distanz-Ambivalenz zeigt sich dann am deutlichsten, wenn die Beziehungen der Konfliktakteure entweder sehr eng sind, wie in Familie und Freundschaften oder aber sehr emotionalisiert, wie etwa in der Fanszene durch Vereinszugehörigkeit oder in der kriegerischen Auseinandersetzung. Bei gewalttätigen bzw. kriegerischen Konflikten ist dieser Spagat gravierend: Man übertritt dabei einerseits den ‚intimen' Schutzbereich des gegnerischen Akteurs, dringt in dessen ‚Hoheitsfeld' direkt ein, um dadurch Macht zu erlangen und diesen zu unterwerfen, was gleichzeitig in größere emotionale Distanz und Ablehnung mündet. Solche Eskalationsprozesse bis hin zur Unterwerfung umfassen in ihrer prozessualen Dimension sowohl kognitive Radikalisierung, etwa durch Dämonisierungen der gegnerischen Akteure, als auch Gewalt, als finales Eskalationsstadium.

7.1 Vorgehensweisen bei der Konfliktbearbeitung

Insgesamt gilt es bei den Bearbeitungsansätzen zwischen vorsorgend wirkenden Programmen, Trainings und Übungen, zwischen situationsbezogenen Interventionsmöglichkeiten und nachsorgend platzierten Programmen zu unterscheiden. Die hier dargestellte Struktur der Konfliktbearbeitung basiert auf Erfahrungen aus diesen drei Ansatzebenen. Sie stellt damit ein Ordnungssystem dar, welches konzeptionell verwendet werden kann, nicht aber in konkreten ‚heißen' Konflikt- oder Gewaltsituationen.

Die auf dem Markt angebotenen Ansätze und Methoden, mit denen Konflikten begegnet wird, lassen sich zunächst nach Zielen der Konfliktbearbeitung unterscheiden. Zum einen gibt es Curricula und *didaktische Formen* des Erlernens möglichst fairer Konfliktaustragung etwa in mikrosozialen Kontexten wie Gruppen in Kindertageseinrichtungen, Peers, Schulklassen oder auch Familien; weiterhin existieren in der alltäglichen und der pädagogischen Praxis *Konfliktverlagerungen* auf die Ebenen des (spielerischen) Wettstreits oder des sportlichen Wettkampfs; und zu guter Letzt arbeitet man, meist in professioneller Weise, mit *direkten Bearbeitungs- und Regulierungsmethoden* bei aktuellen und sog. heißen Konflikten, die institutionelle bzw. gesellschaftliche Prozesse stören oder behindern.

Insgesamt unterscheiden sich die Ansätze nach Zielgruppen und nach Formaten. Es sollen nachfolgend aus dem überaus umfangreichen Kanon der in pädagogischen und sozialpädagogischen Settings angewandten Ansätze die aus meiner Sicht wichtigsten den diversen Zielgruppen zugeordnet werden (vgl. Ü 25) (Kilb 2012, 287 f.).

- *Arbeit mit einzelnen Personen* (häufig in Kleingruppen): Lerntheoretische Trainings für aggressive Kinder und Jugendliche nach Petermann/Petermann, Soziales Training, Täter-Opfer-Ausgleich, DENKZEIT-Programm, Anti-Aggressivitätstraining (AAT), Trainingscamps für delinquente oder dissoziale Jugendliche, Beratung und Therapie mit Gewaltopfern;

- *Arbeit mit Gruppen:* Streetwork, Soziale Gruppenarbeit, Soziales Training, diverse Sport- und erlebnispädagogische Programme: Mitternachtssport (Basketball und Fußball), Kampfkunst-Ansätze, Outward Bound, City Bound, Adventure Based Counseling (ABC), Fußballfanprojekte, Mediation, Coolness-Training (CT), Beratung von Gewaltopfern, Opferselbsthilfegruppen; Ansatz Gewaltfreier Kommunikation nach M. Rosenberg;

- *Arbeit mit/in Familien:* Frühwarnsysteme der Gesundheits- bzw. Jugendämter, Ansätze Sozialpädagogischen Familienhilfe (SPFH), Mediation, Inobhutnahme nach § 42, SGB VIII;

- *Arbeit im Gemeinwesen/Quartierarbeit:* Streitschlichter- und Konfliktmanagement-Programme, Streetwork/Aufsuchende Arbeit, Mediationsverfahren;

- *Schulbezogene Arbeitsansätze:* FAUSTLOS (Kompetenzprogramm für Grundschulen), „Erwachsen werden" (Sek. I), Kompetenz- bzw. Selbststärkungstrainings nach Jugert oder Opp, Programme des Sozialen Lernens (Buddy-Prinzip), „Konstruktive Konfliktlösung", „Gewaltfreie Kommunikation";

- *Auf Multiplikatoren zielende Angebote:* Konstanzer Trainingsmodell (KTM) für Lehrer, Professional Assault Response Training (PART).

Übersicht 25: Ansätze, Methoden, Interventionen und Strategien

Diesen Ansätzen liegen entweder unterschiedliche Kommunikationsverständnisse oder Konflikt- bzw. Gewalttheorien zugrunde, oder sie unterscheiden sich nach der Art ihrer beabsichtigten Wirkung. Es lassen sich dabei grundsätzlich mehrere Varianten identifizieren:

- im primär präventiven Bereich das Erlernen besserer bzw. gewaltfreier Kommunikation sowie Trainings fairen Streitens und Debattierens;
- bei bereits existierenden Konflikten die Techniken der Moderation, der Deeskalation und der Streitschlichtung;
- der Mediation, des Verhandelns, der Diplomatie;
- der Konfrontation;
- der Entscheidung durch Dritte.

Die *kommunikationsbezogenen Ansätze* im primärpräventiven Bereich, wie Rosenbergs (2012) Verfahren „Gewaltfreier Kommunikation", setzen eine gewisse universalistische Moral der Handelnden voraus oder aber es wird in einem ersten Schritt daran gearbeitet, solche Voraussetzungen herzustellen.

Auch die Ansätze der *Mediation* – Faller et al. (2014, 31) unterscheiden hier allein sieben verschiedene Modelle – basieren in gewisser Weise auf einem Grundlevel gegenseitigen Respekts, Anerkennung und Einfühlungsvermögen sowie einem beidseitigen Interesse an einer Verständigung. In der Regel wird dabei zwischen den drei Dimensionen von Person, Sache und System und den drei Ebenen von Macht, Recht und Interesse unterschieden. Im Gegensatz hierzu geht man bei der *Konfrontation* nicht von solchen Voraussetzungen aus, da diese erst bei intensiveren Kränkungen, Beschädigungen oder Zerstörungen angewandt wird – also gerade dann, wenn gegenseitiger Respekt nicht mehr vorhanden ist und auch das Einfühlungsvermögen fehlt. Konfrontierende Trainings, wie das Anti-Aggressivitätstraining, konfrontieren dann etwa gewaltaffine Konfliktakteure mit den von ihnen praktizierten Konflikthandlungen oder -taten, versetzen sie in die Rolle der Gewaltgeschädigten und entwickeln mit ihnen alternative Kommunikations- und Streitformen.

Die Entscheidungsvariante durch Dritte ist in den Formen des Macht- oder Rechtsentscheids an institutionelle (Schule, Gericht) bzw. strukturelle Rahmungen (Klassenregeln, Schulordnung, Gesetze) gebunden, da diese eine solche erst legitimieren können.

Die verschiedenen Interventionsformen lassen sich nach Glasl (1999, 218 f., 361) den verschiedenen Eskalationsstufen von Konflikten zuordnen (vgl. Ü 26).

Eskalationsstufen	**Interventionsformen**
1 Verhärtung	*reflektierende(s) Gespräch(e)/Anwesenheit Dritter/ ‚Runder Tisch'/Moderation*
2 Polarisation/Debatte	*Anwesenheit Dritter, reflektierendes Gespräch/ Moderation/Supervision*
3 Taten statt Worte	*Moderation/Prozessbegleitung/Supervision*
4 Sorge um Image/Koalition	*Prozessbegleitung/Vermittlung*
5 Gesichtsverlust	*Prozessbegleitung/Vermittlung/Konfrontation*
6 Drohstrategien	*sozio-therapeutische Prozessbegleitung/Konfrontation/ ‚konzertierte' Vermittlung/Schiedsverfahren/Diplomatie*
7 Begrenzte Vernichtungsschläge	*Vermittlung/Schiedsverfahren/Machteingriff*
8 Zersplitterung	*Schiedsverfahren/Machteingriff*
9 Gemeinsam in den Abgrund	*Machteingriff*

Übersicht 26: Eskalationsstufen und Interventionsformen (In Anl. an Glasl 1999)

Versucht man, Gemeinsamkeiten der verschiedenen Ansätze zur Konfliktbearbeitung herauszuarbeiten, so lassen sich sechs aufeinander aufbauende Vorgehensschritte identifizieren:

1. Differenzen werden sichtbar gemacht und thematisiert.
2. Sie werden aus ihrem jeweiligen Kontext heraus begründet, um sie verstehen zu können.
3. Die beteiligten Konfliktakteure sollen sich in die Rolle/die Funktion des Gegenübers hineinversetzen.
4. Als Ziel wird die Tolerierung der Andersartigkeit/der Unterschiede angestrebt.
5. Man verständigt sich auf einen gemeinsamen Regelkorridor.
6. Man einigt sich auf Interventionsformen bei Regelverletzungen und auf eine Legitimation bestimmter Personen/Positionen, um zu intervenieren.

Das Eskalationsstufenmodell Glasls stößt in den meisten der praktizierten Verfahren auf breite Akzeptanz und dient als Grundlage für Interventionsschritte. Im Zusammenhang eines hier favorisierten offensiven Konfliktmanagements soll insbesondere für die sozialpädagogische Konfliktarbeit das nachfolgende Handlungsmodell für eine entwicklungsadäquate Bearbeitung von Konflikten stehen; es versteht sich subsidiär in dem Sinn, dass nicht unbedingt sofort durch Dritte interveniert wird, sondern eher darauf geachtet wird, dass sich die Selbstaktivitäten der beteiligten Akteure entfalten können:

1. Abwarten, ob sich die Konfliktparteien selbst verständigen können;
2. Kommunikation und gegenseitige Einfühlungsbereitschaft erhalten bzw. verbessern;
3. Präsenz zeigen, Dritte oder das „Auditorium" bewusst einsetzen, ohne selbst einzugreifen;
4. Spielend mit- und ausgleichend wirken;
5. Moderieren und reflektieren;
6. Vermitteln (bei vorhandener Akzeptanz und Interesse an einer Verständigung);
7. Schlichten (bei Akzeptanz des durch die Schlichtung vorgeschlagenen Kompromisses);
8. Abstimmung dritter Beteiligter über Maßnahmen, Sichtweisen und Wahrnehmungen;
9. Schiedsverfahren;
10. Machtentscheid;
11. Rechtsentscheid.

Bei den ersten sechs Varianten ist eine Mitentscheidung der streitenden Akteure gegeben. Bei der siebten Variante bestehen noch gewisse Einflussmöglichkeiten der Konfliktparteien, während bei den letzten Varianten die Entscheidung von Dritten übernommen wird und somit nicht mehr durch die Beteiligten mitgestaltet werden kann. Gerade in pädagogischen Institutionen ist es wichtig, über verschiedene Bearbeitungsstrategien zu verfügen und sich konzeptionell auf ein Konfliktmanagement im Sinne eines systemischen, auf die gesamte Organisation bezogenen und geplanten Handelns zu verständigen. Fehlt eine solche Verständigung, können die Institution und die Fachkräfte selbst zum Spielball des Konfliktgeschehens werden und damit ihre Steuerungs- bzw. Regulationswirkung verlieren. Es stellt sich somit weniger die Frage nach der geeigneten Methode als vielmehr diejenige nach genereller Konfliktfähigkeit und systemischem Management. Neben persönlichen spielen hier systemanalytische Kompetenzen sowie ein breites Wissen über die Anwendungsmöglichkeiten verschiedener Methoden eine Rolle.

7.2 Konfliktanalyse

Zentraler Baustein des Konfliktmanagement ist eine präzise Konfliktanalyse, die sich im Laufe einer Konfliktbearbeitung durch die dort gewonnenen Erkenntnisse und die fortlaufenden Entwicklungen sukzessive ergänzen oder aber auch verändern kann. In der Regel sind die beteiligten Akteure durch das Konfliktgeschehen selbst mehr oder weniger intensiv emotionalisiert, wodurch sich affektive Effekte wie durch ein Brennglas in den Fokus drängen können und die Gefühlswelten der Akteure, die sich hinter dem eigentlichen Konfliktgegenstand verbergen, offenlegen. Genau deshalb spielen die drei Dimensionen von Issues (Denkweise, Wahrnehmung, Vorstellungen), von Gefühlen und des Wollens (Absichten, Funktionen des Konfliktes) in der Bearbeitung eine große Rolle (vgl. Übersicht 29).

Im Vergleich verschiedener Verfahrensweisen im Konfliktmanagement ergeben sich für die Konfliktbearbeitung die in der Übersicht 27 aufgelisteten Vorgehensschritte bzw. Bearbeitungssegmente.

(1) In einer Bestandsaufnahme zu Beginn der Analyse geht es zunächst um eine Identifizierung und Rahmung des *Konfliktgegenstands*, dessen Wahrnehmungen und Einschätzungen durch die beteiligten Akteure.

(2) Während der Sichtung der *Konfliktgenese* spielt auch die Frage eine Rolle, wie sehr die Konfliktbearbeitung rekonstruktiv ausgerichtet sein sollte. Einige Konzeptionen sind in der Konfliktbearbeitung sehr auf die aktuelle oder die Zukunftsperspektive hin orientiert und klammern eine historische Analyse bewusst aus, um nicht im ‚Freund-Feind'- oder ‚Schuldig-nichtschuldig-Schema' zu landen. Da jeder Konflikt historisch-biografische Bezüge aufweist, sollten diese zumindest in einer mit den Konfliktakteuren abgesprochenen Relation zu den anderen Modulen platziert werden.

(3/4) Für jeden Konflikt entscheidend sind die beteiligten *Akteure* und die *Foren* bzw. *Räume* oder *Orte*, an/in denen der Konflikt entstanden ist, sich entwickelte und augenblicklich ausgetragen wird. Häufig gibt es einen Zusam-

(1) Bestandsaufnahme (Konfliktgegenstand, Issues, Perzeptionen, Gefühle)

(2) Konfliktgenese („Konfliktatlas", Konflikteskalationsstufen, Konflikte auf einer „Lebenslinie")

(3) Konfliktakteure (Spinnwebanalyse, Soziogramm)

(4) Konfliktarena/en (informelle, formelle, institutionalisierte Räume, Organisationstypen, „Vorder- und Hinterbühnen")

(5) Konfliktbezüge (Kontexte, Einbindung in Systeme wie Institutionen)

(6) Konfliktart (Typisierung nach Sachverhalten, Interessen, Beziehungs-, Werte-, Strukturaspekten)

(7) Funktion des Konfliktes: für was steht dieser? Wer profitiert davon? Wer droht als Verlierer hervorzugehen?

(8) Bearbeitungskonzeption: Womit lässt sich am einfachsten mit möglichst großer Wirkung beginnen? Wie sehen die weiteren Schritte aus? Welche Zwischenziele werden angestrebt?

Übersicht 27: Konfliktanalyse

menhang zwischen Personen und spezifischen Orten. Letztere können Gelegenheiten anbieten oder stimulierende Wirkung auf die Konfliktdynamik ausüben.

(5) Durch die Verbindung der Module 1 bis 4 lässt sich ein *Konflikt-Mosaik* mit den wichtigsten Bezügen zwischen den vier Modulinhalten herstellen, um dadurch den Konflikttyp und dessen Funktion zu bestimmen.

(6) Der *Konflikttyp* oder die *Art des Konfliktes* werden von Glasl nach Streitgegenständen, nach Erscheinungsformen der Auseinandersetzung und nach Merkmalen der Konfliktparteien systematisiert.

(7) Das siebte Modul beinhaltet die Analyse der *Funktion* des Konfliktes; für was steht dieser für die beteiligten Protagonisten, in einer Zweierbeziehung, in einer Abteilung, in einem Betrieb, in einem Verein usw.? Wer profitiert davon? Auf wessen Kosten geht er? Wen oder was bringt der Konflikt voran? Was verhindert er? (Vgl. Kilb, 2012, 172 f.).

(8) Anschließend sollte eine *Bearbeitungskonzeption* verfasst werden. Hierin sind die Ziele und Zwischenziele, die Schrittfolge der Bearbeitung, der Einsatz ganz bestimmter Akteure an spezifischen Stellen, die methodischen Vorgehensweisen und das Zeit- und Ressourcenmanagement festzulegen. Strategisch wichtig für den Start ist es, mit einer relativ einfachen und erfolgversprechenden Sequenz zu beginnen.

Die Vorgehensweisen und Planungsschritte sollten flexibel gehalten werden, da situationsbezogen-affektive Ereignisse eine solch große Dynamik entfalten können, der mit Hilfe alternativer Szenarien zu begegnen wäre. In solchen

„heißen" Konfliktsituationen kann verdichtetes Eingreifen oder spontane Deeskalation notwendig werden, ohne dass die Intervenierenden dabei ausreichend Zeit zum reflektierten Handeln hätten. Ein solches fachlich intuitives Agieren basiert auf Erfahrung zurückgehenden Routinen.

Spezifische situationsbezogene Deeskalationsformen werden später unter den Methoden in Kap. 7.7 exklusiver thematisiert.

Ein wichtiger Bestandteil der Konfliktanalyse ist die Betrachtung des Zusammenwirkens unterschiedlicher Einflussfaktoren. Zur *„Konfliktarena"* gehören nicht nur die direkt beteiligten Akteure, sondern ggf. auch die sonstigen Profiteure eines Konfliktes, wie etwa die anfeuernden Schüler bei einer Schulhofrauferei, die Umgangsgewohnheiten der Schule in solchen Situationen usw. (vgl. Abb. 13). Um einen solchen Schulhofkonflikt zu entschärfen, kann es möglicherweise genügen, diesem das Auditorium zu entreißen, also die befeuernden ‚Außenstehenden' in ihre Klassenräume zu verweisen.

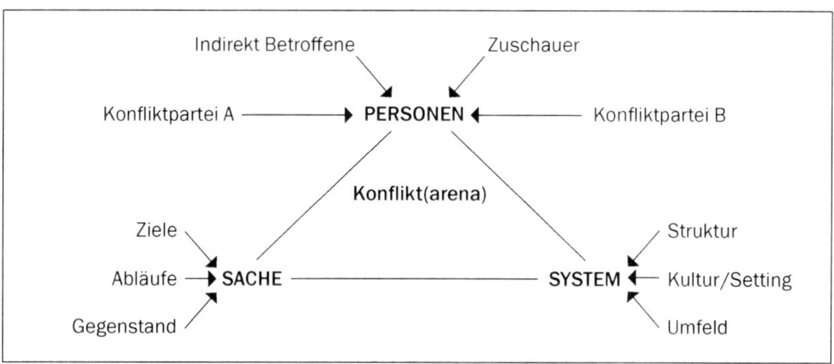

Abb. 13: Konfliktarena – triadisches Verstehen von Konflikten (in Anl. an Faller 2014)

Darüber hinaus unterscheiden sich diverse *Konflikttypen* voneinander. Denn Konflikte entwickeln unterschiedliche Dynamiken, ausgehend vom Streitgegenstand, von Erscheinungsformen der Auseinandersetzung oder Merkmalen der Konfliktparteien. So kann es sich beim Streitgegenstand um einen Strukturkonflikt (Verteilungs-, Hierarchie-, Zielkonflikt), einen Sachkonflikt, um reine Friktionen (Reibungen), um Issue-Konflikte, einen Wahrnehmungskonflikt (Perzeption), Werte-/Norm-, Glaubenskonflikte oder um einen reinen Interessenkonflikt handeln.

Bei den Erscheinungsformen der Auseinandersetzung spielen der Kampfmodus (Sieg/Gewinn/Vernichtung/Überlegenheit), der Streit (Schuld/Recht), die Debatte (Überzeugung), Sport und Spiel (regelgeleiteter Sieg/projektiver ‚Ernstcharakter') oder auch Spannungen, Gegensätze, Differenzen eine Rolle, ebenso wie emotionale, affektive, sozial-emotionale Erscheinungsform, oder ‚kalte' bzw. ‚heiße' Ausdrucksformen und Phasen.

Bei den *Merkmalen der Konfliktparteien* differenziert man nach intrapersonalem (innerpsychisch), interpersonalem, Intergruppen-Konflikt, nach Gruppen-Institutionen-Konflikten, Personen-Institutionen-Konflikten, Rollenkonflikten oder Beziehungskonflikten. Auch hierbei sind Kombinationen die Regel oder es verlagern sich Konflikte auch von einer auf die andere Ebene. Darüber hinaus können spezifische Personenkonstellationen eine Rolle spielen (vgl. Ü 28).

Zweier-/Paarkonflikte

- Identität vers. Symbiose
- Nähe vers. Distanz
- Diverse Richtungen
- Diverse Tempi
- Diffuse Kommunikation (Schulz v. Thun) Mitteilungen beinhalten Sachliches, Ich-Botschaften, Appelle, Wir-Botschaften
- Transaktionsanalytische Dimensionen: Eltern-Erwachsene-Kind-Botschaften

Dreier-, Dreiecks-, triadische Konflikte

- Koalitionen gegen Dritte/n
- Rivalitäten
- Ausspielen gegeneinander
- Persönlichkeitenkonflikte
- Rollenkonflikte

Gruppenkonflikte

- Reviere/Raumkonflikte
- Rangordnungen
- Führung/Macht

Übersicht 28: Soziale Konflikte nach Personenkonstellationen

7.3 Bearbeitungsprozess und Störelemente

Konflikthintergründe lassen sich zunächst meist auf den drei Ebenen von Unvereinbarkeiten im Denken, Vorstellen, Wahrnehmen, auf der des Fühlens sowie auf der Willensebene festmachen. Sämtliche Ebenen korrespondieren allerdings häufig miteinander. Aber erst wenn solche Unvereinbarkeiten zwischen den Konfliktakteuren kommuniziert werden, verwandeln sich diese Ausgangselemente des Konfliktvorfeldes in einen realen Konflikt des Handelns (vgl. Glasl 1999: 14ff./Ü 29). Solange man Unvereinbarkeiten durch soziales oder dissoziales Handeln nicht kommuniziert, stauen sich bei den potenziellen Konfliktakteuren höchstens ungute Gefühle an, die bei diesen dann vielleicht einen innerpersonalen Konflikt auslösen, der sich schließlich zeitversetzt in einer Handlung gegenüber einem anderen Akteur entlädt.

Im Laufe der Konfliktgenese übertragen sich schließlich die Unvereinbarkeiten der *Vorfeldebenen* durch Handeln in die eigentliche *Konfliktarena* als Sozialem Raum, in dem der Konflikt ausgetragen werden soll (vgl. Abb. 13).

Dieser Austragungsort kann eine, für viele Dritte sichtbare bzw. einzusehende *Vorderbühne* sein; in anderen Fällen werden aber Konflikte auch auf einer, nicht für sämtliche Mitglieder der jeweiligen Sozietät einsehbaren *Hinterbühne* ausgetragen. Bei der jeweiligen Auswahl des Austragungsortes orientieren sich die beteiligten Akteure an den von ihnen erwünschten (oder erwarteten) Konfliktbotschaften, an den jeweiligen Spielregeln des Ortes, dessen habitueller Erwartungsausstattung oder den dort anzutreffenden Personen.

- *Ungleiche Ausgangssituationen* bei materiellem, kulturellem, sozialem und symbolischem Kapital und differenter biografischer Schemata/Muster (0)
- Unvereinbarkeiten *im Denken, im Vorstellen, im Wahrnehmen* (1)
- Unvereinbarkeiten *im Fühlen* (2)
- Unvereinbarkeiten *im Wollen* (3)

Konfliktvorfeld

- *Kommunikation* der Unvereinbarkeiten und/oder Ungerechtigkeiten über *soziales Handeln* konstituiert den Konflikt (4)
- *Fehlendes Vertrauen* in die Gegenpartei speist den Konflikt mit Energien (5)

Konfliktauslöser

- Konflikt *als Kampf* und *als Ringen* um Interessendurchsetzung, Ansehen, Prestige, Ehre, Überlegenheit/Macht/Position, Gerechtigkeit, gegen Unterdrückung, Terror, um Recht, Ressourcen, das als richtig Empfundene usw. (6)
- *Gewaltförmige Konfliktaustragung* als höhere Eskalationsstufe sozialer Konflikte (6a)
- *Dissoziale Gewalt* als Kompensations-, Übertragungs-, Projektionshandeln (6b)

Sozialer Konflikt und dissoziale Gewalt

Übersicht 29: Unvereinbarkeiten im Konfliktvorfeld/Kommunikation zum Konflikt

Die am Konflikt beteiligten Personen neigen dann allgemein dazu, sämtliche Ebenen des Konfliktvorfeldes auf der Handlungsebene miteinander zu vermischen und dadurch die einzelnen Konfliktaspekte auch zu verzerren. Glasl spricht hier von zeit- und raumperspektivischen Einengungen, von kognitiver Kurzsichtigkeit, sozialem Autismus, selektiver Aufmerksamkeit, einer Haltung hin zur Self-Fullfilling Prophecy. Monovalenz der Gefühle trete an die Stelle der Ambivalenz; auch die Empathiefähigkeit schränke sich dadurch ein. Eine Optionalitätsbreite von Verhaltensreaktionen gehe zu Gunsten von Stereotypisierungen verloren (Glasl 1999, 42).

Die Konfliktakteure erschweren sich selbst damit ein rationales Herangehen an eine Beilegung oder Verständigung.

Solche für Konflikte nicht unüblichen Beeinträchtigungen liegen z. B. in Fokussierungen und Überbewertungen, in einer eingeengten und dualen Sichtweise des ‚Freund-Feind-Schemas', in Einschränkungen der Wahrnehmung, in der Dämonisierung des Gegners, höherer Emotionalisierung, einer Vermischung von Fakten, Gefühlen und Interessen oder der egomanischen Perspektive mit dem Verlust der Introspektionsfähigkeit.

Im Verlauf einer eskalierenden Konfliktentwicklung können sich die Perspektiven der am Konflikt beteiligten Akteure im Sinne einer egomanischen Einengung verändern. Der Konfliktfortgang wird dadurch eher auch von externen Einflussfaktoren bestimmt, was einerseits auch die Chance bietet, dass sich Dritte oder Externe mit dem Konflikt in einer sachlich-neutraleren Art befassen können; andererseits besteht aber selbstverständlich auch die Gefahr einer Funktionalisierung Dritter für die Interessen der miteinander ringenden Konfliktparteien. Gelingt eine funktionalisierte Einbindung Dritter durch die Konfliktparteien nicht, so können Dritte entweder in eine vermittelnde und dadurch mitsteuernde Rolle kommen oder aber unbeachtet ihre eigenen Wege gehen.

Je mehr ein Konflikt ungesteuert und eskalierend mäandriert, umso eher kann er sich von seinen ursprünglichen Ausgangspunkten entfernen, sich damit (als eigenes System) verselbständigen und eigene Dynamiken ausprägen. Die jeweilige ‚Ich-Steuerung' auf beiden Seiten der Parteien wird durch systematische Gegner-Dämonisierung und damit einhergehendem Kampf gegen die unterstellten bzw. vermuteten Bilder des Gegners über die eigene Person ersetzt (vgl. Kilb 2012, 160 ff.).

7.4 Bearbeitungsmethoden

Mit Hilfe einer Kombination von Konfliktarten und Eskalationsstufen entwickelte Friedrich Glasl (vgl. Ü 26) ein methodisches Interventionsmodell mit den Handlungsmethoden der Moderation (B), der Prozessbegleitung (C), der sozio-therapeutischen Prozessbegleitung (D), der Vermittlung (E), dem Schiedsverfahren/Schlichtung (F) und dem Machteingriff (G). Seine von ihm als Strategiemodelle bezeichneten Interventionsmethoden bedienen sich sämtlich einer ‚dritten Instanz', die je nach Konflikttypus und erreichter Eskalationsstufe unterschiedlich intensiv in das laufende Konfliktgeschehen einwirkt.

Es sollen hier noch im Vorfeld der von Glasl angesetzten Moderation als Interventionsmöglichkeiten das reflektierende Gespräch und die einfache beobachtende Hinzuziehung Dritter (A) hinzukommen. Weiterhin wird die Moderation selbst um den so genannten, bisher vor allem in politischen Streitfragen erprobten ‚Runden Tisch' ergänzt.

Im Folgenden sollen die klassischen Verfahren und Techniken kurz skizziert werden. Dabei werden die Vermittlungsverfahren wegen ihrer Bedeutung ausführlicher ausgeführt.

Neben den Interventionen existiert selbstverständlich auch die Möglichkeit der Konfliktprävention in der Art, dass Problemsituationen, Widersprüche, mögliche Ungerechtigkeitsdimensionen etwa in Betrieben und Organisationen frühzeitig antizipiert und angesprochen werden. Dies wäre eine Form der Organisations- und Personalentwicklung. Damit würde signalisiert, dass man solche möglichen Friktionen identifiziert hat, sich mit ihnen befasst und Lösungen anstrebt. Entwicklungsimpulse, die ansonsten von Konflikten ausgelöst werden könnten, wären durch ein solches Verfahren vorsorglich konzeptionell in die Organisationsentwicklung integriert.

Da solche Verfahren in alltäglichen Sozietäten eher nicht existieren, sollen nachfolgend die diversen Interventionsstrategien dargestellt werden.

(A) Klärendes Gespräch/Anwesenheit Dritter/supervisorische Begleitung

Bei geringen Spannungen, Verhakungen und verzerrten Wahrnehmungen in privat-persönlichen wie auch in institutionellen Konfliktfeldern können zunächst klärende Gespräche auf Initiative einer der Konfliktparteien oder einer außen stehenden beobachtenden Partei oder Person weiterführen. Missverständnisse durch unterschiedliche Wahrnehmungen, nicht übereinstimmende Selbst- und Fremdbilder und einfache Sachkonflikte (‚Issues') können als Konfliktanlässe damit häufig ausgeräumt werden.

Das ‚klärende Gespräch' kann sowohl in hierarchischen wie auch in demokratischen Organisationen zu den Personalentwicklungs-, Leitungsaufgaben, in Familien zu den Erziehungsaufgaben zählen. Dieses wird dann ggf. reflektierend, vermittelnd oder auch konfrontierend geführt.

Ist der Konflikt aber bereits ritualisiert oder festgefahren, kann das reine Hinzuziehen eines Dritten schon deshalb hilfreich sein, weil vor einer ‚beobachtenden Kulisse', also einer beobachtenden Person oder Instanz (Vorgesetzte/r, Peergroup-Leader, Klassenlehrer/in, Elternteil, Vereins-Trainer usw.) ein gewisser ‚Blamier-Effekt' antizipiert wird. Dadurch wird häufig automatisch, die dem beobachtenden Dritten unterstellte Erwartung zur Herbeiführung einer Klärung im Sinne eines gewissen ‚Beobachtungsdrucks zur zivilisierten Selbstregelung' antizipiert und diesem Erwartungsdruck über entsprechendes Verhalten Rechnung getragen. Der/die beobachtende Dritte muss dann häufig gar nicht mehr intervenieren, sondern nur präsent sein und kann bereits durch ihr räumliches Positionierungsspiel den Streit regulieren. Eine solch sozialräumliche Positionierung funktioniert in ihrer Wirksamkeit entweder über die Dimensionen von Angst vor Reaktionen bei jüngeren Kindern bzw. von Scham oder der Furcht vor Beschämung sowie moralischen Kategorien bei älteren Kindern, Jugendlichen und Erwachsenen.

Der von einer Beobachtung ausgehende Druck kann mit wachsendem Status- oder Abhängigkeitsgefälle zwischen Beobachtern und Beobachteten zunehmen und dadurch den ‚Klärungsprozess' verfälschen. Hier besteht dann die Gefahr, dass der Konflikt ‚erkaltet' und auf ‚Hinterbühnen' verlagert wird.

Alternativ kommen in dieser Eskalationsstufe in professionalisierten Feldern auch *Supervision* oder *supervisorische Begleitung* infrage. In Teamkonflikten mit Vorgesetzten bietet sich ein geteiltes Vorgehen des Leitungs-Coachings und der Konfliktmoderation an (Schreyögg 2004, 348).

Zentrale Aufgabe jeder dieser Methoden ist nicht nur eine im technischen Sinn adäquate Intervention, sondern der unbedingte Erhalt einer in dieser Eskalationsstufe noch vorhandenen Vertrauensbasis (vgl. Kilb 2012, 175 f.).

(B) Moderation/‚Chairman'/‚Runder Tisch'

Eine Moderation kommt in den ersten drei Eskalationsphasen bei überschaubarer Komplexität eines Konfliktes und einer realistischen Aussicht späterer Selbstregelungsfähigkeit durch die am Konflikt beteiligten Akteure zur Anwendung. Sie kann durch interne oder externe Personen erfolgen. Ihre Aufgaben liegen in der Unterstützung von Sortierungs- und Orientierungsprozessen bei Unvereinbarkeiten vor allem im Denken und Wollen der Konfliktparteien. Sie stößt aber dann an Grenzen, wenn untergründig persönliche Verletzungen oder Übertragungs- und Projektionsphänomene den Konflikt befeuern.

Bei der Moderation wirkt sich, wie in sämtlichen anderen Verfahren außer dem selbst initiierten klärenden Gespräch, allein schon die Anwesenheit eines Dritten, des Moderators positiv auf eine zivilisierte Umgangsweise der Konfliktakteure aus.

Ist der Konflikt aber konstitutiv für eine Sozietät, kann dies auch, über ein (vielleicht auch temporäres) Bündnis der Konfliktgegner, zu einer Isolierung der moderierenden (externen) Person führen.

Die Moderation kann in geeigneten Fällen auch ‚intern' erfolgen, wenn sich bspw. in einem Teamkonflikt die Konfliktparteien auf eine, die Moderations-Rolle übernehmende teaminterne Person einigen können, um als Team z. B. einen ‚Blamier-Effekt' gegenüber einem Vorgesetzten oder Externen zu vermeiden.

Konfliktmoderation kann systematisch mit den Phasen einer Bestandsaufnahme von Perzeptionen, Haltungen und gegenseitigen Beziehungen (1) und einer sich daran anschließenden gemeinsamen Definition des Konfliktgegenstands (2) beginnen, damit die Parteien erkennen können, „dass durch die Konfliktdynamik persönliche Eigenschaften mit funktionellen und sachlichen Komponenten vermischt worden sind" (Glasl 1999, 420).

In einer dritten Phase geht es um gemeinsame Lösungssuche (3), in einer vierten um konsensuale Abstimmung und Vereinbarungen (4), um ggf. in einem miteinander vereinbarten Zeitraum die Einhaltung des Kontraktes zu überprüfen (5).

Die Rolle des Moderators liegt darin, ein Verfahren anzubieten, welches geeignet ist, dass möglichst die Konfliktakteure selbst Wege zur Verständigung finden. Der so genannte ‚*Chairman*' hält sich aus dem Konflikt völlig heraus. Strukturell gibt es kaum Unterschiede zum Verfahren der Mediation.

Behindert der Konflikt z. B. stark die in einem Betrieb notwendigen Arbeitsabläufe, so kann die Moderation im Sinne eines ‚*konzertierten Verfahrens*'[4] durch einen vom Moderator ausgehenden bzw. hinter dem Moderator stehenden Machtimpuls verstärkt werden. Die Konfliktakteure sollen dabei unter dem Primat einer, ihren persönlichen Interessen übergeordneten Sache, dazu gedrängt werden, ihren Konflikt beizulegen.

Der ‚*Runde Tisch*' (RT) als zivilgesellschaftliche Verständigungsform geht historisch zurück auf ‚sanftere' revolutionäre neuzeitliche Umbrüche wie derjenigen in Polen und in der ehemaligen DDR. Am ‚Runden Tisch' verständigten sich die Vertreter von formalen Institutionen mit denen informeller Organisationen und Bürgerbewegungen, um für die Zeit des Umbruchs und des Systemübergangs Verfahren für Weiterentwicklungsprozesse auszuhandeln, die für möglichst viele Akteursgruppen auf Akzeptanz stoßen.

Die ‚Runden Tische' spielen heute insbesondere in gemeinwesenbezogenen Konflikten als intermediäre Instanzen eine nicht unbedeutende Rolle. Sie stellen eine Organisationsform der Moderation dar und arbeiten unter professioneller Anleitung methodisch ähnlich wie andere Moderations- und Mediationssettings. Das Prinzip des ‚Runden Tischs' könnte zukünftig aber wieder sehr viel bedeutsamer werden, wenn es zu mehr Verzahnung zwischen zivilgesellschaftlichen Bewegungen und Vertretern der repräsentativen Demokratie kommen sollte.

Auch in der Anwendung dieses methodischen Sets wird Vertrauen zwischen den Konfliktparteien, zumindest in noch rudimentär Form, vorausgesetzt (vgl. Kilb 2012, 176 f.).

4 Der Begriff des ‚konzertierten' Verfahrens, später auch derjenige der ‚konzertierten Mediation' ist angelehnt an denjenigen der ‚Konzertierten Aktion' als Praxis einer unter staatlicher Federführung stattgefundenen Einigung der Tarifparteien in der Wirtschaftskrise der späten 1960er Jahre. Die ‚Konzertierte Aktion' beinhaltet einen Abstimmungsprozess der Interessen verschiedener wirtschaftspolitischer Akteure, um unter Zurückstellung divergierender kurzfristiger oder nachrangiger Zielsetzungen ein mittel- oder langfristig besseres Gesamtergebnis im Sinne einer produktiven ‚staatlichen Wirtschaftspolitik' zu erreichen (vgl. Plumpe 2010).

(C) Prozessbegleitung/‚Conciliator'

Prozessbegleitung bedeutet für Glasl (ebd., 371 f.) „aktive, konstruktive und integrale Konfliktbehandlung. Aktiv, weil sie die Parteien dazu befähigen soll, die Verantwortung für die bisherigen Konflikte auf sich zu nehmen und selbst – unterstützt durch den ‚Prozesskonsulenten' (‚Conciliator') – an der Bewältigung der eigenen Probleme zu arbeiten". Darüber hinaus wird während einer Prozessbegleitung ein methodischer Kanon vermittelt, um die Konfliktaustragung perspektivisch selbst organisiert auf einem höheren fachlichen wie reflexiven Niveau steuern zu können. Die hinter den Konfliktphasen stehenden psychosozialen Mechanismen sollen dabei identifiziert und verstanden werden, die Potenziale der Konflikte sollen erkannt und für die Weiterentwicklung nutzbar gemacht werden können.

Die Prozessbegleitung zielt im Gegensatz zur Moderation nicht nur auf die Bewältigung eines gerade aktuellen Konfliktes, sondern auf eine Befähigung, mit ähnlichen Konfliktkonstellationen perspektivisch selbst umgehen zu können.

Während einer Prozessbegleitung wird zielorientiert zunächst auf einer subjektbezogenen Ebene vor allem an den perzeptiven, aber auch an haltungs- und einstellungsorientierten, intentions- und verhaltensorientierten Merkmalen gearbeitet und entsprechend interveniert. Stereotype Selbst- und Fremdbilder werden miteinander konfrontiert. Der Fokus liegt dabei auf einer Beeinflussung des Konfliktverlaufs und der Beziehungskonstellationen.

Der Bearbeitung subjektorientierter Facetten folgt in einer zweiten Bearbeitungsphase eine Verlagerung auf die Organisationsebene. Der Prozess kann somit in einer Organisationsentwicklung aufgehen. Beide Ebenen werden in ihrer Verzahnung zueinander zum Bearbeitungsgegenstand, sodass am Ende des Prozesses eine subjektgerechte Ausrichtung der Organisation stehen sollte.

Glasl plädiert auch bei dieser Interventionsmethode, ähnlich wie bereits bei der vorgelagerten Moderation für einen Verzicht auf eine „Durchsetzungsmacht der Dritten Partei", da die Zielerreichung bei der Prozessbegleitung auf Einsicht und Motivation basieren sowie an Fortschritte in Bewusstseinsbildungsprozessen geknüpft sein sollte. Vertrauenserhalt bzw. Vertrauensbildung werden zunehmend zum wichtigen Begleitthema des Prozesses (vgl. Kilb 2012, 176 f.).

Die einfache und die Sozio-therapeutische Prozessbegleitung besitzen Ähnlichkeiten zur Sozialpädagogischen Familienhilfe („SPFH") als Erzieherische Hilfe nach SGB VIII § 31 und können als konfliktbearbeitende Methoden dort hilfreich sein.

(D) Sozio-therapeutische Prozessbegleitung

Die sozio-therapeutische Prozessbegleitung kommt insbesondere in der fünften Eskalationsphase in Betracht, in der durch Gesichtsverluste die Identitätsproblematik der Akteure auf dem Bearbeitungstableau steht. Eine Indikation für diese Interventionsform rechtfertigt sich für Glasl vor dem Hintergrund des Befundes, dass Menschen in ‚kriegerischen Situationen' in ihren Verhaltensweisen und Beziehungen auf die Entwicklungsstufen der Kindheit zurückgeworfen werden können. Diesem Muster ähnlich regredieren auch Interaktionsverhalten, soziale Beziehungen und, auf diesen aufbauende, Einstellungen in extremeren Eskalationsphasen wie dieser fünften Stufe.

> „Sozio-therapeutische Interventionen wenden sich im Besonderen zu a) dem Durchbrechen von dead-lock-Situationen und dem Abbau der sie bedingenden psychosozialen Blockaden und Barrieren, b) dem Abbauen von blockierenden Angstgefühlen, c) dem Wiederfinden eines Sinnbezugs in der ‚hoffnungslosen' Konfliktsituation, d) dem inneren Konsolidieren der Identität der Konfliktparteien" (Glasl 1999, 376 f.).

Sozio-therapeutische Prozessbegleitung setzt ein tieferes Vertrauensverhältnis zwischen Beratendem und Klienten voraus, um mit den in dieser Eskalationsstufe bereits anzutreffenden persönlichen Verwundungen umgehen zu können.

Die Vorgehensweise ist angelehnt an Erfahrungen aus der Familientherapie, der Logotherapie und der Gestalttherapie. Auch bei der sozio-therapeutischen Begleitung liegt der Schwerpunkt in der Subjektsphäre. In der Perzeptionsklärung geht es um Ent-Dämonisierung der gegnerischen Konfliktpartei, um vorübergehenden Abstand zu dieser, um damit positive Aspekte im Bild des gegnerischen Konfliktakteurs zu reaktivieren und hierdurch wieder Zugangsmöglichkeiten zu eröffnen.

In der Abfolge steht zunächst der Umgang mit Ängsten durch Methoden der *De-Reflexion* und der *Desensibilisierung*, um Abstand und Gelassenheit entwickeln zu können. Hierbei wird eine Hierarchie angstbesetzter Situationen nach ihrem Erregungspotential gereiht und von der geringsten zur stärksten Stufe hin abgearbeitet.

Je nach Konfliktgegenstand dominieren schließlich entweder intentionsorientierte, verhaltensorientierte, Issue-bezogene oder parteizentrierte Interventionen.

Die Beratungsarbeit findet zeitweise und insbesondere anfangs nur mit einer der Konfliktparteien statt, geht nach einer Angstreduktion und dem Abbau des Erregungspotentials dann aber immer mehr auf eine gemeinsame Arbeit mit beiden Akteuren bzw. Akteursgruppen über.

Der Zeitaufwand einer solchen Intervention ist sehr hoch, da die Parteien während des ‚therapieähnlichen' Prozesses viel Zeit benötigen, um Abstand zu gewinnen, um die Themen ‚sacken' zu lassen, um nachdenken zu können.

Die sozio-therapeutische Begleitung ist nur in therapieoffenen Milieus oder Kulturen möglich. Voraussetzung ist gleichermaßen die Einsicht, dass die soziale(n) Beziehung(en) nicht mehr funktional orientiert ist/sind, aber doch noch eine Möglichkeit existiert und ein Wille vorhanden ist, diese Verwerfungen durch Veränderung der persönlichen Einstellungen zu bearbeiten. Der Aufbau von Vertrauen muss langsam und sukzessiv erfolgen. Insbesondere in der Trennungs- und Scheidungsberatung sowie in Familienkonflikten ist diese Methode relevant (vgl. Kilb 2012, 178f.).

(E) (Konzertierte) Vermittlung/Mediation

Die Mediation wird aufgrund ihrer besonderen Bedeutung in Kap. 7.5 dargestellt.

(F) Schiedsverfahren/Schlichtung(sstellen)

Ist ein Konflikt nicht mehr kooperativ zu bearbeiten, kann er durch eine Entscheidung Dritter, über einen richterlichen Entscheid oder über ein Schiedsverfahren geregelt werden. Der Streit wird in einem solchen, nicht nur richterlich geführten Verfahren argumentativ durch beide Streitparteien geführt und durch eine nach bestehendem Recht oder durch eigene unparteiliche Entscheidung einer ‚Schiedsperson' vollzogene Entscheidung für beendet erklärt; im Falle einer tarifpolitischen Schlichtung, müssen die Tarifparteien dem Schlichtungsspruch zustimmen. Erst dann kann das Ergebnis fixiert werden.

Die Entscheidung durch Dritte ist in unserer Rechts- und Konfliktkultur historisch stark verankert und findet sich in nahezu sämtlichen Institutionen und Organisationen, wie auch in informellen Sozietäten wieder. So wird jedes offizielle Sportspiel nach einem sportartspezifischen Regelkodex durch einen Schiedsrichter reguliert. Schiedsrichter sind, ähnlich wie bei einer Prozessbegleitung, als Regulatoren in einen laufenden (Spiel-)Prozess eingebunden, da im Sportwettkampf Konfliktwahrscheinlichkeit und situativ-spontane Entscheidungsnotwendigkeit sehr hoch sind. Bleiben trotz einer schiedsrichterlichen Begleitung Entscheidungen strittig, existieren für solche Fälle ähnlich wie im BGB sportarteigene Rechtsorgane.

> „Der Konflikt wird durch solche Behandlungsverfahren grundsätzlich über Verhaltensregulierung bzw. Verhaltenskontrolle beendet. (...) Die Parteien müssen das Verfahren a priori akzeptiert haben. Die Verfahrenslegitimität ist die Grundlage einer späteren a-posteriori-Akzeptanz des Sachentscheids" (Glasl 1999, 390ff.).

Das Egalitätsprinzip und damit die Neutralität, Unparteilichkeit und Unbefangenheit der entscheidenden Person sind maßgebend für den Erfolg eines Schiedsverfahrens.

Im Zentrum eines Schiedsverfahrens stehen eindeutig die Issues, weniger bis gar nicht die Perzeptionen, Intentionen, Gefühle und Attitüden. Die Sachentscheidung steht im Mittelpunkt, der Konfliktverlauf wird durch klare Regelungen beeinflusst. „Die Grundeinstellung der Parteien muss sich vor der Konfliktregelung durch einen Arbiter (Schiedsrichter, d. Verf.) bereits soweit verändert haben, dass Konfliktsubstitution eine Ersatzbefriedigung für den ursprünglichen Konflikt gewähren kann“ (ebd., 392).

Damit eine Urteilsakzeptanz erfolgen kann, muss die Sanktions- bzw. Status-Macht der Entscheidungsperson ausreichend sein. Ansonsten ist es möglich, dass der Schiedsspruch zu einem späteren Zeitpunkt angezweifelt wird und sich dies auf die Reputation der Schiedsinstanz negativ auswirkt.

Ein langsamer Vertrauensaufbau wird eingefordert, um die Akzeptanz des Urteils zu festigen (vgl. Kilb 2012, 182f.).

(G) Machteingriff

Der Machteingriff ist dann gerechtfertigt, wenn die Konfliktparteien in jeweiliger Eigendynamik nur noch auf die Verletzung, Beschädigung oder gar Vernichtung der jeweils anderen Konfliktpartei ausgerichtet sind und zudem ggf. riskieren, dass sie als ein Subsystem größerer Institutionen oder Organisationen diese durch ihre extreme Form der Konfliktaustragung mit beschädigen. Ein ‚gemäßigter‘ Machteingriff etwa über die ‚konzertierten‘ Formen der Moderation und Mediation kann in bestimmten arbeitsbezogenen Abläufen auch bereits in früheren Eskalationsphasen sinnvoll sein; er sollte allerdings in subsidiärer Weise, je frühzeitiger umso rarer, und wenn überhaupt, dann nur punktuell als Impuls zur ‚Umsteuerung‘ einer Konfliktdynamik zur Anwendung kommen. Denn jeder Machteingriff kann zu Veränderungen des Verantwortungsbewusstseins bzgl. einer Selbstregelungsverpflichtung und dadurch auch zu Autonomieverlusten bei den davon Betroffenen beitragen, was für weitere konstruktive Entwicklungen kontraproduktiv wäre.

Voraussetzung eines Machteingriffs ist, wie auch beim Schiedsverfahren, eine real bestehende, eine akzeptierte oder eine zugeschriebene Status- oder Durchsetzungsmacht. „Aufgrund ihrer Machtüberlegenheit kann die Machtinstanz ihre Maßnahmen gegen den Willen der Betroffenen durchsetzen“ (Glasl 1999, 364).

Machteingriffe sind außer bei strafrechtlichen Delikten insbesondere bei starken Regelverletzungen in formellen Sozietäten, häufig als Ultima-ratio angesagt. Meist werden sie durch statushöhere Personen umgesetzt, sobald Überzeugungsstrategien nicht mehr fruchten oder eine Bedrohungsgefahr besteht. Machteingriffe sind nach Glasl Formen der Konfliktbeherrschung (ebd., 393), nicht mehr zwangsläufig der Konfliktklärung. Ihnen kommt die Aufgabe zu, die Konfliktverläufe und deren Folgen zu kontrollieren.

Eine machtbezogene Intervention zielt zunächst auf die Unterdrückung nicht legaler/abweichender und/oder nicht erwünschter/störender Einflussfaktoren. Die in den vorherigen Interventionsstufen größtenteils zur Bearbeitung anstehenden Wahrnehmungen, Emotionen, Willensformen, Verhaltensäußerungen und Issues werden beim Machteingriff zunächst an die erwünschten oder legitimen Standards angepasst und kommen ggf. nach dieser Regulation auch in ihrer Entstehung zur Bearbeitung.

Die Ziele von Machteingriffen lassen sich meist nur institutions- bzw. aufgabenspezifisch bestimmen. Im schulischen Kontext kann dies die Wiederherstellung der kooperativen Lernfähigkeit und des Klassenfriedens sein, in betrieblichen Zusammenhängen die gemeinsame Arbeitsfähigkeit oder im Bereich einer Strafrechtsauflage etwa die Reflexion einer begangenen Gewalttat durch Konfrontation des Täters mit derselbigen (vgl. auch die Konfrontationsmethodik in der Gewaltprävention).

Der Machteingriff kann in der sozialpädagogischen Arbeit als ‚sekundäre Motivation' wirksam sein, sollte aber im Sinne einer nachhaltigen Wirkung sukzessiv durch intrinsische Motive ersetzt werden können.

‚Vertrauen' muss in einem solchen Prozess zunächst ‚verordnet' bzw. erkämpft werden. Die geringe Vertrauensbasis wird ‚hierarchisch' so lange überwacht, bis sie eine Basis bei den konfligierenden Akteuren gefunden hat (vgl. Kilb 2012, 183 f.).

Zwischenfazit

Tendenziell deuten sich für die Konfliktbearbeitung in den verschiedenen Handlungsfeldern folgende Umgangsszenarien an, um Konflikte zu regulieren bzw. für Weiterentwicklungen zu nutzen:

1. Soziale Konflikte sollten zunächst einmal immer gleichermaßen daraufhin geprüft werden, ob durch ihre Austragung eher *Impulse für Entwicklungen* oder für *destruktive Eskalationstendenzen* zu erwarten sind.
2. Im Prozess einer Konfliktregulierung kann es nur dann zu wirklichen *Konfliktlösungen* kommen, wenn sich Voraussetzungen erarbeiten lassen, die geeignet sind, durch beidseitige Zugeständnisse eine gegenseitige, bisher ggf. einseitig als nachteilig empfundene Beeinträchtigung auszuschalten. Dies wäre ebenfalls im Vorfeld einer Bearbeitung zu prüfen.
3. Im Falle dominanter eskalierender destruktiver Dynamik bleiben Konflikte häufig *nicht lösbar,* sodass es notwendig wird, sie *zu regulieren,* d.h. in Bahnen zu lenken, in denen sie nicht weiter zerstörend wirken können *(Einhegung).*
4. Eine erste Variante der Konfliktregulation kann darin liegen, die Konfliktparteien möglichst voneinander zu *separieren* und damit Konfliktgegenstand und Konfliktwahrscheinlichkeiten zu reduzieren bzw. auszuschließen.

5. Eine zweite Form der Regulation ist eine in *zivilisierten Bahnen* weiter stattfindende Konfliktaustragung nach bestimmten *Regeln* mit allerdings vielleicht dann offenem Ausgang.
6. Eine institutionsorientierte Form der Konfliktregulation kann mit Hilfe einer *„konzertierten Intervention"* den Konfliktinhalt und Gegenstand unter ein höheres gemeinsames Ganzes stellen. Es liegt dann an den Konfliktakteuren, sich für die ihren jeweiligen Interessen übergeordnete Sache kooperations- bzw. arbeitsfähig zu machen.
7. Konflikte sollten in institutionellen Zusammenhängen in möglichst früher Eskalationsphase *generell bearbeitet* werden, um Gewalt als höhere Eskalationsstufe auszuschließen.
8. Dissoziale Gewalt und/oder Aggression sollten ggf. in separaten *eigenen sozialpädagogisch-therapeutischen Settings* zur Bearbeitung kommen. Hier gilt es anschließend oder parallel hierzu Möglichkeiten des Wiedereinstiegs in die jeweiligen sozialen Bezüge durch entsprechende Vorarbeiten zu schaffen (vgl. Kilb 2012, 207 ff.).

Ansätze in der politischen Konfliktarbeit

Zahlreiche Erfahrungen und Ansätze der Diplomatie und Verhandlungen in internationalen politischen Konflikten korrespondieren mit denen im zivilen Bereich. Unter den Begriffen von Friedensforschung und von Friedensstrategien kommt dem Spannungsabbau durch Vertrauensbildung zentrale Bedeutung zu (Meyer 2011, 80). Als Konfliktaustragungsvarianten gelten deeskalierende, eskalierende und abschreckende, präventive und kurative Maßnahmen. Viele dieser Ansätze wurden in der Ära des sog. ‚Kalten Krieges' entwickelt und erprobt.

Typisch für die Phase des ‚Kalten Krieges' war das Abschreckungsprinzip. Abschreckung ist dabei die „Androhung von Gewalt, um einen Gegner von einem unerwünschten Tun abzuhalten" (Rühle 2015, 6). Dies konnte entweder über angedrohte Bestrafung („deterrence by punishment"), einer Verhinderung des Erreichens politischer und militärischer Ziele beim Gegner („deterrence by denial") oder durch die Inszenierung eigener Stärke und Widerstandfähigkeit („deterrence by resilience") erreicht werden. Strategisch erfolgte Abschreckung über beidseitiges militärisches und psychologisches Aufrüsten durch permanente Demonstration eigener Übermacht in Form etwa von Manövern, kleinen Scharmützeln, hybriden Diffusitätsstrategien (Cyberangriffe) oder durch militärische Schläge auf exterritorialem Gebiet in sog. Stellvertreterkriegen. In der damaligen ‚militärwissenschaftlichen Forschung' wurden aber auch die Bedingungen erforscht, die Abschreckungsszenarien eher infrage stellten, nämlich u. a. die fehlende Glaubhaftigkeit der Verwirklichungsbereitschaft beim Gegner, eine revanchistisch akzentuierte Ausgangslage (etwa durch eine früher erfahrene Niederlage), eine innere politische Instabilität beider Seiten (z.B. durch Friedensbewegungen) oder bei einer aussichtslosen Lage der unterlegenen Partei (Rühle 2015, 6).

Sämtliche dieser eigentlich militärischen Vorgehensweisen und Szenarien findet man strukturell auch in extrem polarisierten Eskalationsphasen zivilgesellschaftlicher und betrieblicher Konflikte. Vorwärtsverteidigung, Drohungen bei Überschreiten einer ‚roten Linie', Präventivschläge, Streik, Vergeltung, Embargo, exemplarische Machtdemonstration auf anderen Ebenen sind hier als Taktiken nicht unbekannt.

Insbesondere aus dieser Zeitepoche des Wettrüstens stammen Ansätze, die aufzeigen können, wie man aus einer durch Misstrauen und Aversion geprägten hohen Eskalationsphase aussteigen kann. Nach Meyer führten (in Anl. an Osgood 1968, 360) Nationalismus, Machtkonkurrenzen im Kontext von Misstrauen zwangsläufig zur Eskalationsspirale des damaligen atomaren Wettrüstens durch Abschreckung, „da es schwierig sei, genau den richtigen Grad an Bedrohung aufrecht zu erhalten. Er dürfe nicht so gering sein, dass ein Feind aus Selbstvertrauen zum Angriff ermutigt werde, und nicht so stark, dass er aus Furcht zum Angriff getrieben wird" (Meyer 2011, 82). Osgood entwickelte aus dieser Einsicht eine Strategie zur Deeskalation mit folgenden Schritten:

- einseitige Initiative eines Akteurs, die vom Gegner nicht als Bedrohung wahrgenommen werden kann;
- explizite Aufforderung des Gegners zur Erwiderung;
- Vollzug der einseitigen Handlungen auch bei Nichtreaktion des Gegners;
- Vermittlung einer langfristigen Strategie des Abbaus eskalierender Handlungen an den Gegner;
- Einbindung einer großen Öffentlichkeit in diese Strategie einseitiger Abrüstung (Meyer 2011, 84).

Vergleichsweise ähnlich wäre in hohen Eskalationsstufen auch bei Konflikten in formellen und informellen Zusammenhängen zu verfahren, wenn die Machtsymmetrien gleich groß sind.

Die Abschreckungsstrategie durch beidseitiges ‚Aufrüsten' ist auch aus alltäglichen Konflikten in Peers, in der Kommunikation über Social-Media, in Familien und Betrieben bekannt und beginnt oftmals mit Drohgebärden. Das Osgood-Verfahren eignet sich hier insbesondere bei Konflikten in großen Organisationen in mittleren bis hohen Eskalationsstufen.

7.5 Besonderheiten bei interkulturellen Konflikten

Wie bereits in Kap. 2.2 angedeutet existieren in der Theorie und der praktischen Handlungsforschung im Umgang mit Konflikten ganz verschiedene Herangehensweisen. Die jeweiligen Ansätze basieren entweder auf unterschiedlichen analytischen Befunden, auf spezifischen Erklärungstheorien zur Konfliktentstehung oder auch auf kulturellen Unterschieden in der Konfliktaustragung. Oder sie orientieren sich an diversen Konzepten zu Integrationsverständnissen und -vorstellungen bzw. gehen auf Erfahrungen in der praktischen interkulturellen Konfliktarbeit zurück. Letztendlich kommt es auf die jeweilige Perspektive an, welcher Stellenwert ethnisch-kultureller Diversität zugeschrieben wird und mit welcher grundlegenden oder handlungswissenschaftlichen Theorie operiert wird. Zunächst werden die wichtigsten Perspektiven und Positionen der interkulturellen Konfliktdebatte gegenübergestellt.

Aus zwei antipodischen Perspektiven heraus lassen sich diejenige der Kulturalisierung und Ethnisierung von Konflikten und damit einer Fokussierung auf fremdkulturelle Verhaltens- und Konfliktmuster einerseits (1) von derjenigen unterscheiden, die behauptet, eine solche Kulturalisierung werde häufig eher strategisch eingesetzt, um sich Vorteile im eigentlichen Konfliktgeschehen zu verschaffen (2) (vgl. Fechler 2008, 178). Am deutlichsten zeigt sich erstere Version in Huntingtons Position des „Clash of Civilizations“ (2002).

Darüber hinaus existiert eine weitere Differenzierungsvariante, die bei interkulturell akzentuierten Konflikten dahingehend unterscheidet, ob es sich um Friktionen im Zusammenhang mit Migrations- bzw. Integrations- oder Assimilationsprozessen (3) selbst handelt oder ob es eher um solche in der internationalen oder interkulturellen Verständigung bzw. der Kommunikation (4) geht.

Da sich Konflikte und auch Gewalthandlungen generell aus meist differenten sozialen, kulturellen oder ökonomischen Situationen heraus entwickeln, bietet es sich förmlich an, beim Bestehen ethnischer bzw. kultureller Unterschiede zunächst meist automatisch diese selbst zum Thema, zum Gegenstand eines Konfliktes und seiner Bearbeitung zu erklären. Allerdings gilt es hier präzise zu überprüfen, ob die Annahme kausaler Zusammenhänge zwischen konfligierenden oder gewaltaffinen Verhaltensphänomenen und migrationsbezogenen bzw. ethnisch-kulturellen Bezügen herzuleiten ist. Ein solcher Zusammenhang sollte vor dem Hintergrund fortschreitender familialer Generationswechsel und mit diesen einhergehenden intergenerativen Transformationsprozessen bei sich gleichzeitig fortlaufender allgemeiner Integration hinterfragt werden. Neuere Studien weisen eher auf sozioökonomische, also schicht- und milieuspezifische Hintergründe für abweichende Verhaltensmuster hin und relativieren damit deren Verhältnis zu ursächlich ethnisch-kulturellen Zuschreibungen. In den Studien werden eher Dimensionen des Sozialstatus und des Migrationsstatus in Verzahnung zueinander betrachtet (vgl. DJI 2006, 8 ff.).

Es gilt insofern aus sozialpolitischer wie aus sozialpädagogischer Perspektive zu überdenken, ob nicht *spezialisierte* interkulturelle bzw. kulturspezifische Arbeitsansätze gerade die Wirkung entfalten, die sie vorgeben, eigentlich verhindern zu wollen. Es wäre deshalb angemessen, eine neue Verortung interkultureller Prinzipien in der allgemeinen Konflikt- und Gewaltpräventionsarbeit vorzunehmen.

Deren neue Platzierung könnte in einer prinzipiell interkulturell akzentuierten Herangehensweise liegen. Diese würde sich zahlreicher Elemente bedienen, die auch bereits eine Rolle in den bisherigen migrationsspezifischen Ansätzen spielten. Das Verständnis von Interkulturalität wäre hierbei aber weiter zu fassen und nicht allein auf nationalitätsbezogene Unterschiede zu begrenzen.

Es sollen deshalb Ansätze und Methoden aus der bisherigen interkulturellen Pädagogik auf eine allgemeine Konfliktarbeit übertragen werden. Dies erscheint vor dem Hintergrund einer pluralistisch-transkulturellen wie individualisierend strukturierten Gesellschaft gerechtfertigt, da in der „globalen Moderne" die verschiedensten Migrations- und internen Mobilitätseffekte dahingehend zusammenspielen, dass langzeitige und transgenerative sozialräumliche Verwurzelungen rückläufiger werden. Konfliktarbeit wie auch Pädagogik und Sozialpädagogik müssten sich schon deshalb generell auf Settings und Lernziele einstellen, mit dem Anderem, mit dem Fremdem umgehen zu können, meist ohne dabei auf dezidierte Vorkenntnisse und Routinen zurückgreifen zu können. Hierzu existieren aus dem methodisch-didaktischen Inventar ‚Interkultureller Pädagogik' zahlreiche Ansätze, die auch in der allgemeinen Konfliktarbeit und Gewaltprävention einsetzbar sind.

Viele der in interkulturellen Zusammenhängen auftretenden Konflikte entstehen durch recht disparat verlaufende Migrationskarrieren, welche Dubet und Lapeyronnie bereits 1994 in ihren Studien zu verschiedenen Einwanderungs- und Integrationsformaten herausgefunden haben. Die beiden französischen Soziologen sprechen dabei von diversen Möglichkeiten, sich als Migrant gesellschaftlich integriert oder isoliert zu fühlen (Dubet, Lapeyronnie 1994, 97):

- Einige betrachten den Migrationsprozess immer noch als *Zwischenetappe* und hegen Rückkehrpläne.
- Für andere ist Migration ein *äußerer Zwang;* sie sind in die Welt der Migration hineingeboren und eingeschlossen und driften dabei an den gesellschaftlichen Rand.

- Von einem weiteren Teil wird Assimilation/Integration zurückgewiesen, weil sie bisher nicht mit erfolgreicher Eingliederung einherging. Hier kann ein *Rückzug* in die Herkunftskultur stattfinden (1994, 98), einhergehend etwa mit aggressiver Abwehr gegen Elemente der Aufnahmekultur.
- Zahlreiche Migranten sind stark integriert in die Aufnahmegesellschaft und haben Rückkehrpläne aufgegeben und befinden sich in einer Phase multipler oder *Zwischenidentität*.
- Ein weiterer Teil ist *vollkommen assimiliert* und distanziert sich mittlerweile eher von Herkunftsland und Herkunftskultur.

Insgesamt lassen sich diese fünf Varianten kultureller Bezugstypen unter den Aspekten Integration, Assimilation, Reorientierung/Regression, Segregation und Marginalisierung subsumieren.

Diese Vielfalt migrations- und immigrationsspezifischer identitäts- und Vergesellschaftungsmuster bildet sich letztendlich auch in den kontingenten Forschungsbefunden ab, die einerseits Interkulturalität als Konfliktgegenstand und -ursache sehr wohl ausweisen und sie andererseits, allerdings ebenso eindeutig, als eher irrelevant einstufen. Diese Vielzahl unterschiedlichster Einwanderungsbiografien gilt es noch durch zwei weitere Mobilitätsfakten zu ergänzen, die sich soziokulturell auswirken können. Zum einen sind dies diverse Mobilitätsformen im gesellschaftlichen Binnensystem, wie etwa Ausbildungs-, Berufs- und Beziehungspendlertum und berufs-, beziehungs- und altersbegründete Umzüge, zum anderen diejenigen fortlaufender globaler Migrationsbewegungen, die auf kriegerischen, verfolgungsrelevanten und ökonomischen Ursachen beruhen und mit zahlreichen Neuverortungen im Aufnahmeland verbunden sein können.

In ihrem sozialräumlichen Aufeinandertreffen auch mit der autochthonen oder derzeit ansässigen Bevölkerung gehen diese Faktoren mit teilweise problematischen und auch konfliktreichen Begleiterscheinungen einher. Je nach numerischer Gewichtung ethnisch-kultureller Subsysteme im Verhältnis zueinander, nach deren Ansässigkeitsdauer und nach Aufnahmeoffenheit der jeweils länger ansässigen Bevölkerungsteile gestalten sich die sozialen Bezugs-Prozesse entweder als eher additive, integrierende oder inklusive.

Auernheimer (2002, 184ff.) identifiziert bei den hierbei entstehenden Konflikten solche auf den Ebenen der Kommunikation, den verschiedenen Referenzsystemen und auf der Beziehungsebene, die sich in vier möglichen interkulturell relevanten Komplikationen zeigen, nämlich denen von

- *Machtasymmetrien* durch Status, Rechtsungleichheit, Wohlstandsgefälle und sozialräumlicher Segregation;
- aktuellen und historischen *Kollektiverfahrungen* durch Rassismus und Diskriminierung von Minderheiten;

- *gegenseitigen Fremdbildern* im Rahmen gesellschaftlicher Diskurse, Vorurteilsbildungen und „starrer Stereotypen" sowie
- *differenten Kulturmustern* wie der Sprache, kulturellen ‚Codes' und ‚Skripts', Kommunikationsregeln, Wahrnehmungsgewohnheiten, Deutungsmustern, Kulturstandards, (räumliches) Nähe-Distanz-Verhalten sowie Formen non-verbaler Kommunikationspraxen.

Nahezu sämtliche dieser Aspekte gelten aber gleichermaßen für milieu-, schichtbezogene oder sozialräumliche Unterschiede in der strukturellen Mixtur der Gesamtgesellschaft. In der Feinanalyse können Differenzen etwa zwischen Eltern und Kindern einer Familie mit türkischer Migrationsgeschichte wesentlich gravierender und konfliktreicher sein als generelle Unterschiede zwischen „deutschen" und „türkischen" Kulturaspekten. Ebenso unvermittelt stehen sich vielleicht Menschen aus der deutschen Oberklasse und der Unterschicht mit ihren aus der jeweiligen Lebenslage hervorgehenden sozialen, kulturellen und habituellen Ressourcen bzw. Gewohnheiten konfliktaffin gegenüber.

Die von Georg Auernheimer herausgearbeiteten professionellen interkulturellen Kompetenzen (ebd., 202 f.) sind deshalb auch tauglich, um zunächst ganz allgemein Konflikte, insbesondere aber natürlich auch Konflikte mit trans-, inter- bzw. multikulturellem Hintergrund besser bearbeiten zu können.

Im Einzelnen führt Auernheimer folgende Kompetenzen auf:

- die Fähigkeit der Perspektivenübernahme,
- die Fähigkeit zum mehrdimensionalen Hören,
- eine systemische Sichtweise mit Eigenverantwortung für misslungene Kommunikation,
- die Fähigkeit zur Metakommunikation,
- eine Sensibilität für Machtasymmetrien,
- das Aushalten-Können von befangenen Begegnungen aufgrund diskriminierender Erfahrungen,
- eine analytische Kompetenz hinsichtlich von Stereotypen und Vorurteilen in spezifischen Begegnungssituationen,
- ein Relativierungsvermögen bezüglich kultureller Differenz,
- die Kompetenz zum kooperativen Erschließen differenter Kulturmuster,
- das Akzeptieren-Können von Fremdheit und die Überwindung der „Sicherheit falschen Verstehens",
- eine Dialogfähigkeit über differente Normen und Werte sowie
- die Aushandlungskompetenz für situationsadäquate Regeln.

Zahlreiche dieser Kompetenzelemente findet man artgleich als Qualifikationskriterien für die Tätigkeit als professioneller Mediator. Es lässt sich daraus folgern, dass die unter dem ‚Label' Interkultureller Kommunikation bzw. Pädagogik zu findenden Arbeitsziele, Arbeitsschritte und Ansätze generell vermittelnder Natur sind und mit denen der Mediation weitgehend übereinstimmen. Dies zeigt sich gleichermaßen auch in dem von Andrea Lanfranchi entwickelten Standardcurriculum für interkulturelle Kompetenzen (Lanfranchi 2002, 206ff.) oder den von Franz Hamburger (1991) und von Stefan Gaitanides (1994) vorgeschlagenen ‚Interkulturellen Lernzielen' und Lernschritten für pädagogische Prozesse (Ü 30).

Ziele

- Lernen, Verschiedenheiten zuzulassen und zu akzeptieren (Toleranz)
- Lernen, Gemeinsamkeiten und verschiedene Traditionen zu erkennen und zu stärken (Solidarität)
- Lernen, jenseits spezifischer Kulturen allgemeine humane Werte zu erkennen (Menschenrechte)

Umsetzungsschritte

- Entspannung und Atmosphäre herstellen
- Bearbeitung der projektiven Bestandteile der Fremdbilder und der Idealisierung der Selbstbilder
- Historische Relativierung der tatsächlichen Unterschiede
- Entwicklung von Ambiguitätstoleranz
- dialogische Einigung auf Basisregeln des Zusammenlebens
- wechselseitige Akkulturation

Übersicht 30: Interkulturelle Ziele und Lernschritte (Nach Hamburger 1991 und Gaitanides 1994)

Zusammenfassend lässt sich feststellen, dass die zunächst im Rahmen interkultureller Pädagogik entstandenen Ziele, Arbeitsschritte und Handlungskompetenzen generell in sämtlichen Konfliktbearbeitungsformen dann eine Rolle spielen, wenn es bei diesen um kommunikative und kulturell akzentuierte Differenzen als Konfliktursache bzw. Konfliktgegenstand geht.

Für die Analyse einer Konfliktbearbeitung erscheint es wichtig, von welchem Kulturverständnis ausgegangen wird. So unterscheiden Leenen et al. nach *statischen* und *dynamischen Modellen* polykultureller Begegnungen. Im statischen Modell sind Kulturen voneinander abgegrenzte Bedeutungssysteme, die sich kurzfristig wenig verändern. In der Alltagskommunikation tauscht man sich im Rahmen eines solchen Bedeutungssystems miteinander aus, und die Personen sind durch Kulturzugehörigkeit unverwechselbar geprägt. Als Konsequenzen solcher statischen Kulturmerkmale sind die Interaktionspartner in ihren Bedeutungssystemen hermetisch verfangen; Missverständnisse, falsche Zuschreibungen, Unverständnis und Regelunsicherheit sind zwangsläufig und es entwickeln sich wechselseitig problematische Vorannahmen und Stereotypen. In Begegnungssituationen entstehen Vermeidungsreaktionen, Durchsetzungs- und Behauptungsverhalten sowie interkulturelle Konflikte (Leenen/Groß/Grosch 2002, 84 f.).

Im dynamischen Modell stellen Kulturen dagegen keine widerspruchsfreien, homogenen Bedeutungssysteme dar, ohne klare Grenzlinien, mit Unterschieden, aber auch Überschneidungen. In der Kommunikation wird Kultur nicht nur interpretiert, sondern neu konstruiert und immer wieder neu miteinander ausgehandelt. Personen werden durch ihre kulturelle Zugehörigkeit zwar beeinflusst, aber nicht festgelegt. Sie positionieren sich in Kommunikationsgemeinschaften neu und „switchen". Die Konsequenzen dieses Modells liegen darin, dass sich die Interaktionspartner in der Interaktion in unterschiedlicher Weise auf verschiedene Bedeutungssysteme beziehen und dass interkulturelle Kommunikation durch experimentelles Verhalten und durch Improvisation bestimmt ist. In Kulturbegegnungen entstehen dadurch Effekte und Dynamiken, die aus den Regelsystemen der Ausgangskulturen nicht ableitbar sind. Aufgrund von Andersartigkeitserwartungen und sog. Erwartungserwartungen entstehen Interaktionsparadoxien, die in monokulturellen Situationen unwahrscheinlich sind (Leenen/Groß/Grosch 2002, 85).

Ausgehend von solch unterschiedlichen Modellen, die wiederum real existierende Integrationspraxen abbilden, gestaltet sich eine Konfliktbearbeitung ebenfalls differenziert, und zwar sowohl im Verstehensprozess, in der inneren Haltung und auf der Zielebene (Ü 31).

	Statisches Modell	**Dynamisches Modell**
Verstehensebene	Verständnis des Fremden	Wahrnehmung von Multiperspektivität
Haltungsebene	(Ambiguitäts-)Toleranz	Akzeptanz von Differenz
Handlungsebene	Anpassungsbereitschaft	Kontext- und situationsangemessenes Verhalten

Übersicht 31: Interkulturalität – statisches und dynamisches Modell polykultureller Begegnungen (Leenen, Groß, Grosch 2002, 86)

Als Einflussfaktoren bei der Konfliktbearbeitung zeigen sich nach Claude-Helen Mayer, Augsburger und Bennett unabhängig von den beiden Modellen ggf. kulturspezifische Merkmale in den Konfliktstilen und der Lösungskultur

(Bennett 1998, Augsburger 1992, Mayer 2008). Insgesamt lassen sich folgende Stil- und Kulturaspekte finden:

- *Vermeidung* und Ungeschehen machen, Zurückdrängen, Verschieben des Konfliktes bzw. seiner Ursache, Aus-dem-Weg-gehen, „Gras drüber-wachsen-lassen" („Gesicht wahren");
- Debatte mit Ziel der *Überzeugung* des anderen („Streit"),
- Direktes Ansprechen und *Austragen im Diskurs,*
- *Versöhnung* und *Entschuldigung,*
- Unterstützung engagieren zur eigenen *Überlegenheitssteigerung;* Parteinahme (Peer, Freundschaft, Familienbezug, Ortsbezug, Gruppenbezug),
- *Macht- bzw. Statusentscheid* durch Personen, Gruppengefüge, Institutionen (Familienoberhaupt, Dorfältester, religiöser Führer, Peer, Freundschaft, Familienbezug, Ortsbezug, Gruppenbezug);
- Debatte und *Aushandlung, Kompromissfindung* (Schlichtung),
- Dritte hinzu ziehen zur *Vermittlung,*
- Dritte hinzu ziehen zur *Entscheidungshilfe* (Autorität, hochpositionelle Person, Gemeinschaft),
- Dritte hinzu ziehen zur *Entscheidung* (Schiedsspruch),
- Professionelle Dritte hinzu ziehen zum *Rechtsentscheid.*

Diese „kulturellen" Verfahren gleichen in etwa denjenigen, die auch in unserer interkulturellen Gesellschaft in der alltäglichen praktischen Konfliktbewältigung zur Anwendung kommen. Mayer und Bennett identifizieren allerdings Prioritäten der Stile nach Ethnien, Nationen und Systemeigenschaften und ordnen diese folgendermaßen zu:

- *China:* Verleugnen, Vermeiden (aus Höflichkeitsaspekten)
- *Tansania:* Vermittlung durch Dritte oder Gruppe
- *Traditionelle Türkei:* Machtentscheid durch Familienoberhaupt; Dorföffentlichkeit als Regulativ (Ziel: Bewahrung von Ehre)
- *Libanesisch-arabische Formen:* Höchst angesehene Person einer Community/Großfamilie vermittelt, schlichtet oder entscheidet
- *Traditionelle deutsche Familie:* Streitschlichtung durch Mutter; Entscheidung, Sanktion durch Vater
- *Idealtypisch moderne deutsche Form:* offenes und direktes Ansprechen, Verständigung, Antizipieren der Folgen
- *Anglo-franz. Formen:* eher verschlüsselt höfliches Umschreiben. (Mayer 2008, 39, 84/Bennett 1998)

7.6 Mediations- und Verhandlungsverfahren

Das heutige Verständnis von Mediation ist in der Fachwelt ausgesprochen differenziert. Es reicht von einer tröstend-versöhnenden Schlichtung, einer definitorischen Schiedsgerichtsbarkeit, einem aufgedrängten Kompromiss, einem von den Parteien selbst erarbeiteten Konsens bis hin zu Institutionalisierungen wie dem Vermittlungsausschuss, der tarifpolitischen Schlichtung oder diversen Formen von Schlichtungsstellen (vgl. auch Kap. zur Schlichtung). Sie ist teilweise, als so genannte ‚Integrierte Mediation' in die Rechtsprechung eingebunden, in der Regel aber ein außergerichtliches Verfahren (vgl. neues Mediationsgesetz).

Die insbesondere aus sozialpädagogischen und psychologischen Arbeitsfeldern bekannte Form der Verfahrenssteuerung mit dem Ziel eines von den zerstrittenen Parteien selbst erarbeiteten Konsenses bildet die moderne Form der Mediation. Sie kam vor allem zu Beginn des 20. Jahrhunderts in den USA auf und entwickelte sich dort zur modernen „standardisierten" Mediation. Ihre Wurzeln liegen in US-amerikanischen Arbeitskämpfen um 1947, im Community Relations Service (CRS) und der dortigen Vermittlung bei Diskriminierung rassischer und ethnischer Konflikte (um 1964). Etwas später vermitteln Neighbourhood Justice Center dann in Nachbarschaftskonflikten und auch in Scheidungs-, Familien- und Schulangelegenheiten. Anschließend gründen Friedens- und Bürgerrechtsbewegungen die „Alternative Dispute Resolution" (ADR) mit eigenen Konfliktlösungsverfahren ohne staatliche Einmischung. 1977 kam es zu einem obligatorischen Entscheid eines L.A.-Familiengerichts zur außergerichtlichen Vermittlung bei Streit um Kinder bei Scheidungen. Seit den 1970er Jahren erfolgte dann der Transfer der Methode nach Westeuropa (vgl. Mayer 2008). 2012 kam es schließlich zur gesetzlichen Verankerung in Deutschland.

Die außergerichtliche und auf psychosoziale Prozesse hin orientierte Vermittlung oder Mediation steht dann an, sobald die Konfliktparteien ihre Interessen ausschließlich als gegensätzlich und miteinander unvereinbar wahrnehmen aber noch offen dafür sind, weiteren Konfliktschaden zu verhindern.

> „Man will mit der Gegenseite nichts mehr gemein haben. Weil die Parteien jedoch auf verschiedene Weise voneinander abhängig sind, ist ein gemeinsames Interesse für eine Regelung in einem mehrseitigen Verhandlungsgeschehen vorhanden. Vermittlung lässt den Parteien noch Möglichkeiten, den Ausgang gemäß ihrer eigenen Interessenlage einigermaßen selbst zu beeinflussen" (Glasl 1999, 381).

Einer Mediation kommen mehrere Aufgaben zu, nämlich eine konfliktbeladene oder ‚unterbrochene' Kommunikation zweier Konfliktparteien zunächst über eine dritte Person, den Mediator so umzuleiten, dass diese mit seiner

Hilfe allmählich wieder in die Lage versetzt werden, selbst Regelungen auszuhandeln (vgl. Abb. 14).

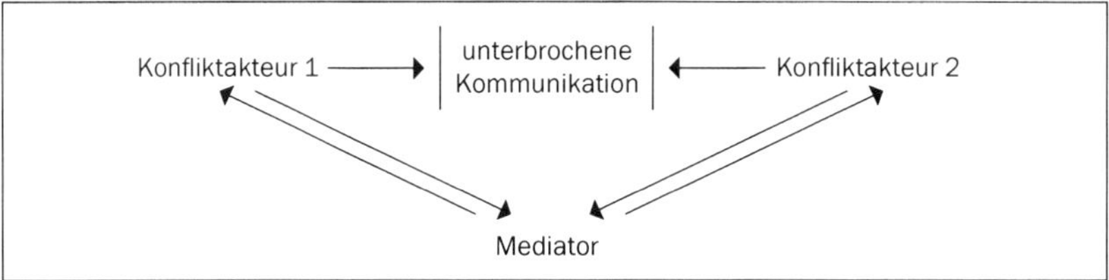

Abb. 14: Das Mediationsprinzip

Weiterhin sollen die Parteien gemeinsame „Un-Werte" erkennen und diese zukünftig vermeiden. Sie erlernen zudem eine für ihre Konfliktmuster wirkungsvolle Verhandlungstechnik und einigen sich auf eine gegenseitige Kontrolle ihrer Absprachen.

Eine Vermittlung setzt Freiwilligkeit bei den zerstrittenen Parteien und einen Vertrauensvorschuss für den Mediator voraus. Dem Mediator kommt eine sehr viel aktivere Rolle zu als vergleichsweise bei den vorgelagerten Interventionsmethoden. Als Vermittler hat man sich mit mehreren Verhandlungsdilemmata auseinander zu setzen, die es jeweils auszubalancieren gilt, nämlich mit einem *„Abhängigkeitsdilemma"* als Widerspruch zwischen gegenseitiger Abhängigkeit und eigener Interessendurchsetzung, einem *„Informationsdilemma"*, da die Parteien zwischen Offenheit und Schließung im Geben von Informationen schwanken, dem *„Druckdilemma"* als Ambivalenz zwischen Starrheit und Konzessionsbereitschaft, dem Dilemma, die Hintergründe und Möglichkeiten der jeweils gegnerischen Partei in der Lösungsfindung mit berücksichtigen zu müssen und letztendlich der *„Machtsymmetrie"* als Aufrechterhaltung gleicher Machtanteile trotz beiderseitigem Interesse an Überlegenheit (ebd., 382).

Der Vermittler ist nach Glasl ein dritter Verhandlungspartner, da er mit der zumindest gleichen Macht ausgestattet ist, wie die Konfliktgegner, insbesondere dann, wenn ein Einigungsdruck von außen besteht und die Alternative ein Machteingriff wäre.

Der Vermittler steht zwischen den Parteien, trennt sie teilweise voneinander, kanalisiert die Botschaften und führt die Parteien schließlich wieder zusammen.

Die Mediation ist mehr als die (sozio-therapeutische) Prozessbegleitung auf die akute Konfliktlösung hin orientiert. Der Mediator korrigiert in seiner Neutralität Wahrnehmungsdefizite und arbeitet stark Issue-bezogen. Issues werden dabei nach Aspekten ihres emotionalen Aufgeladen-Seins und ihrer Lösungsschwere curricular-didaktisch gereiht und bearbeitet.

Das relativ neue *Mediationsgesetz* (MediationsG) regelt mittlerweile die Arten der außergerichtlichen Streitbeilegung, die bereits in § 278 Absatz 5 Satz 2 ZPO, § 135 Absatz 1 Satz 1 und § 156 Absatz 1, Satz 3, FamFG geregelt werden.

Neben der außergerichtlichen Mediation gehören zu den Verfahren der außergerichtlichen Konfliktbeilegung Schlichtungs-, Schieds- und Gütestellenverfahren, neuere Schiedsverfahren wie die Adjudikation sowie die Verfahren des so genannten Mini Trial und der Early Neutral.

Über das Gesetz sollen Anreize zur einverständlichen Streitbeilegung geschaffen werden, um die Konfliktlösung zu beschleunigen, den Rechtsfrieden nachhaltig zu fördern und die staatlichen Gerichte zu entlasten.

Um die Vertraulichkeit des Mediationsverfahrens zu gewährleisten, wird eine allgemeine Verschwiegenheitspflicht für Mediatoren eingeführt. Daraus folgt ein Zeugnisverweigerungsrecht für Vermittler in der ZPO und allen auf sie verweisenden Verfahrensordnungen.

Das Mediationsgesetz schafft eine Rechtsgrundlage in allen Verfahrensordnungen mit Ausnahme der Strafprozessordnung (StPO), um den Parteien eine außergerichtliche Konfliktbeilegung oder – soweit vom Landesrecht vorgesehen – eine richterliche Mediation vorschlagen zu können.

Da die Mediation ein noch stark in der Entwicklung stehendes Verfahren ist, beschränkt sich das Gesetz darauf, grundlegende Verhaltenspflichten und Aufgaben der Vermittler, einige Tätigkeitsbeschränkungen sowie eine (allgemeine) Aus- und Fortbildungsverpflichtung zu regeln.

Abwandlungen der Vermittlung sind einerseits *„Conciliation“* (Glasl 1999, 387) als abgemilderte Form einer Mediation mit eher den Konflikt nachbetrachtender Aufgabe und andererseits die *„Konzertierte Mediation“* als Verbindung eines indirekten Machteingriffs mit Hilfe mediativer Techniken. Letztere kann als Ultima-ratio betrachtet werden, in einer hierarchischen Struktur einen Konflikt auf der eigenen Arbeitsebene durch die Teamleitung als „dritte Person“ beizulegen. Die Teamleitung darf allerdings nicht selbst in den Konflikt involviert sein.

Da zahlreiche Leitungskräfte mittlerweile in Mediationstechniken geschult sind, kann diese Ressource eingesetzt werden, um in quasi letzter Instanz einen Konflikt zu bereinigen, um keine Weiterleitung auf die höhere Hierarchieebene vornehmen zu müssen. Im Prozess einer ‚Konzertierten Mediation‘ wird den Streitparteien durch den ‚vorgesetzten‘ Mediator deutlich vermittelt, dass die professionelle Arbeits- und Handlungsfähigkeit nicht unter dem Konflikt leiden darf und die Kontrahenten durch Unterstützung des Mediators gemeinsam daran zu arbeiten haben, sich zu verständigen und damit die eigene professionelle Handlungsfähigkeit wiederherzustellen (vgl. Kilb 2012, 180ff.).

Verfahrensschritte in der Mediation

Voraussetzung für eine gelingende Mediation sind Freiwilligkeit und Bereitschaft der Konfliktparteien, den Konflikt selbsttätig bearbeiten zu wollen und eine Lösung i. d. R. ohne Einflüsse macht- und hierarchiebezogener Statuspositionen zu suchen. Weiterhin sind ein ausreichendes Zeitkontingent und Verständigungsvermögen erforderlich. In aufgeheizter Konfliktatmosphäre kann deshalb Mediation als geordnetes Verfahren kaum eine Rolle spielen. In diesem Fall ist im Vorfeld zumindest eine gelungene Deeskalation und Beruhigung der Konfliktakteure notwendig. In gewalttätigen Auseinandersetzungen zwischen Peers oder Jugendgangs eignen sich Mediationsverfahren deshalb nur eingeschränkt und nur in bestimmten Phasen eines länger anhaltenden Konfliktes. Als Grenzen schulbezogener Peer-Mediation erweisen sich weiterhin adoleszente Selbstbezogenheit und auch schulische ‚Zwänge'. Besonders im Rahmen einer interkulturellen Zusammensetzung der Konfliktakteure in einer Mediation können sich kulturell verschiedene Verständnissysteme begegnen, die quasi eine ‚Verdoppelung' der Mediationstätigkeit erfordern oder aber als Diskurs ebenfalls überfordert sind. Ein Mediationsverfahren verläuft nach Faller (1998, 38) in sieben Schritten oder Phasen (vgl. Ü 32).

1 In einer Vorphase werden die Beteiligten zusammengerufen und auch symbolisch an einen Tisch gebeten.

2 In der *Einleitung* werden Vertraulichkeit zugesichert, die Regeln erklärt, Ziele verdeutlicht, das Verfahren und die Rolle des Mediators erklärt sowie das Einverständnis der Parteien zum Mitmachen eingeholt.

3 In einer dritten Phase kommt es zur Darstellung der *Sichtweisen* („issues") der einzelnen Konfliktparteien. Die verschiedenen Standpunkte werden vorgetragen und über Spiegelung, Zusammenfassung und positive Umformulierungen transparent gemacht und geordnet.

4 Bei der folgenden *Konflikterhellung* geht es um eine vertiefte Klärung sowie um Motive und Gefühle der Konfliktparteien. Der Mediator versucht, die Konfliktparteien zunehmend miteinander ins Gespräch zu bringen.

5 In der *Problemlösungsphase* werden Vorschläge zur Lösung gesammelt, deren Machbarkeit diskutiert und nach einem Konsens gesucht.

6 Bei der *Vereinbarung* werden die Lösungsvorschläge genau formuliert, dokumentiert, vorgelesen und von den Beteiligten unterzeichnet.

7 In der *Nachbereitung* findet schließlich ein Controlling statt.

Übersicht 32: Ablaufphasen einer Mediation (Faller 1998, 38)

In der Mediation wird grundlegend zwischen Person und deren Problem(en) sowie zwischen Positionen, Interessen und Bedürfnissen differenziert.

Die Rolle des Mediators zeichnet sich durch Neutralität, Allparteilichkeit und Vertraulichkeit aus. Ein Mediator muss alle Standpunkte und Gefühle ernst nehmen, darf nicht bewerten oder beurteilen und sollte die Konfliktparteien in die Lage versetzen können, sich über ihre Gefühle und Interessen klar zu werden und diese verständlich zum Ausdruck zu bringen.

Faller (1998, 38) schlägt für die Mediation im schulischen Kontext eine etwas abgespeckte Form in fünf Phasen vor:

1. In einer „Einleitungsphase" geht es um die Einzelmodule unter 2 in Übersicht 32.
2. Die zweite Phase nennt Faller „Sichtweise der einzelnen Konfliktparteien". Die Konfliktparteien tragen hier ihre Standpunkte vor, der Mediator spiegelt, fasst zusammen und formuliert, wenn nötig, um; es wird eine Reihenfolge des Vorgehens beschlossen.
3. In einer dritten Phase der „Konflikterhellung" geht es um eine Vergewisserung des bisher Erarbeiteten, um ein Erkunden von Motiven und Gefühlen und im Abschluss um eine Befindlichkeitsdarlegung der Konfliktparteien.
4. In der Phase der „Problemlösung" werden nach einem Brainstorming mögliche Lösungen diskutiert und nach einem Konsens gesucht, um
5. in einer fünften Phase zu „Vereinbarungen" zu gelangen. Diese werden präzise formuliert, vorgelesen und dann von den Beteiligten unterschrieben.

Faller verwendet solche einfachen und auf die jeweiligen kognitiven Entwicklungsebenen herunter gebrochenen Versionen bereits in der Kindertagesbetreuung, im Hort und in der Grundschule.

Als Grundmuster der Mediationsansätze fungiert häufig das so genannte Harvardkonzept („Harvard Negotiation Project" der Harvard-Universität), dessen Prinzipien sich teilweise auch auf andere Interventionsformen übertragen lassen (Ury/Fisher/Patton 1981/2009).

Die inhaltlich-strategische Ausrichtung der Harvardmethode basiert auf vier Maximen, nämlich einer Unterscheidung zwischen Person und ihren Problemen bzw. ihrem Verhalten, der Differenzierung zwischen Positionen, Bedürfnissen und Interessen unter Priorisierung letzterer, mehroptionaler Entscheidungsmöglichkeiten und des Versuchs, sog. ‚Win-Win-Lösungen' für die beteiligten Akteure zu finden.

(1) Trennung zwischen Person und Handlung: Eine Trennung im Rahmen der Konfliktbearbeitung zwischen „Person und Handlung" bzw. zwischen „Sache und Beziehung" entspricht den zwischenmenschlich unterschiedlichen Verhaltens-, Denk- und Kommunikationsmustern sowie den teilweise unterschiedlichen Normen, nach denen gehandelt wird. Durch die Differenzierung zwischen Anerkennung der Person und der Kritik an deren Verhalten sollen Abwehr und Abkehr verhindert werden. In Konflikten dominieren mit steigender Eskalation die Gefühle. Sie sind dann häufig eine, hinter Rationalisierungen verborgene Ursache für konfliktaffines Handeln. Dadurch dass der konfliktbezogene Sachverhalt von der o.a. persönlichen Integrität getrennt betrachtet wird, eröffnet sich eher die Chance, einerseits kontrovers diskutieren zu können und andererseits die Beziehung zu den Verhandlungspartnern trotzdem aufrecht zu erhalten.

In nahezu sämtlichen Konflikten existieren solche Disparitäten, die in einer Bearbeitung dann getrennt voneinander thematisiert werden. Dies schließt für den konfliktaktiveren Akteur die Chance ein, selbst bei einer verurteilenswerten Aktion seine personale Integrität nicht grundsätzlich infrage stellen zu müssen; für die dritte Person, die mediierende Fachkraft, bietet es gleichzeitig aber die Möglichkeit, dessen ‚überzogene' Reaktion (oder Tat bei körperlich ausgetragenen Konflikten) zu hinterfragen oder auch zu verurteilen im Sinne etwa von: ‚Ich schätze und respektiere dich als Person, verurteile aber ganz entschieden das, was Du getan hast/wie Du Dich verhalten hast'!

Der Aufbau von Distanz wie auch die Differenzierungspraxis zwischen Persönlichkeit und Verhalten sind grundlegende Mechanismen zur Bearbeitung gravierender ethisch-moralischer Regelüberschreitungen und werden sowohl in mediativen wie auch in konfrontierenden Verfahren angewandt.

(2) Interessen und Bedürfnisse gehen vor Positionen: Die Maximen von Jürgen Habermas zur Diskursethik (2009/Bde. I, III) besitzen hier insofern großes Gewicht, da eine optimale, an der Sache orientierte Kommunikation nur in einem herrschaftsfreien Raum und einer möglichst zwanglosen Atmosphäre möglich ist. Insofern gilt es auch im ‚Harvardkonzept', die Machtdimensionen und Zwänge möglichst zu reduzieren, um auch zeitnah-ökonomisch zu Ergebnissen zu kommen. Im Verlaufe des Klärungs- bzw. Verhandlungsprozesses geht es deshalb darum, die meist zu Prozessbeginn bestehende Pyramide einer hoch gewichteten Machtdynamik zu einer hoch gewichteten Interessenpräsenz hin zu transformieren. Erst hierdurch eröffnen sich neue Verhandlungsräume.

Im Feilschen um Machtpositionen ringen die Konfliktparteien um die Hoheit der ‚Normen'. Als Basis eines wirklichen Diskurses müssen aber ‚Übereinstimmungen von Normen' existieren. Bei der ‚Harvardmethode' wird davon ausgegangen, dass man durch das Fokussieren auf Interessen das ansonsten zeitaufwendige Positionengerangel vermeiden kann und rasch Lösungsoptionen erkunden kann. So werden bereits im Anfangsdiskurs gleichermaßen die Unterschiedlichkeiten wie die Gemeinsamkeiten herausgearbeitet. Dieser Weg erfordert auf beiden Seiten den Verzicht auf vorher festgelegte

Verhandlungslinien und ein aktives Bemühen um Verständnis für die ‚Gegenseite'.

(3) Mehroptionale Lösungsoptionen und ‚Win-Win-Lösungen': Mit der Technik, den Konfliktparteien mehrere Wege oder Möglichkeiten zur Konfliktlösung aufzuzeigen, soll diesen zugleich suggeriert werden, dass der vermutlich von jeder einzelnen Konfliktpartei einzig avisierte Lösungsweg ebenfalls nur optional ist; dadurch soll die Perspektive auf diverse Optionen erweitert werden und damit auch der Spielraum für eine von beiden Seiten geteilte Lösung. Die Lösung sollte nach Möglichkeit dazu für beide Akteure im Sinne einer ‚Win-Win-Lösung' Vorteile bringen.

(4) Nachhaltigkeit einer Lösung: Um einer Lösung nachhaltige Wirkung zu verleihen, sollte das Ergebnis möglichst auf objektiven Kriterien aufbauen und zukunftsfähig sein. Es gilt deshalb in der Ergebnisfindung zu antizipieren, ob die beiden Konfliktakteure auch längerfristig mit den Ergebnissen so handlungsfähig sind, dass nicht durch spätere ‚Schräglagen' der Konflikt neu entfacht wird. Wichtig ist in dieser Prozessphase darauf zu achten, dass es im Sinne der Erhaltung einer guten Beziehung zwischen den Parteien ratsam ist, das Ergebnis an objektiven Kriterien zu messen wie bspw. die Feststellung des Marktwertes, das Eruieren früherer Vergleichsfälle, das Hinzuziehen wissenschaftlicher Expertise oder von Gutachten eines Sachverständigen usw. (vgl. Kilb 2012, 256 ff.).

Der Verlauf einer Verhandlungsführung in Anlehnung an das ‚Harvardkonzept' ähnelt in vielerlei Hinsicht der Mediationspraxis, ist aber zeitlich und im Aufwand reduzierter:

(1) In einem ersten Schritt gilt es, die Konfliktparteien für einen solchen Prozess zu motivieren, ihre Ängste zu mindern, vom Nutzen einer einvernehmlichen Lösung zu überzeugen und über die Regeln zu informieren.

(2) Die Konfliktparteien stellen anschließend ihre Sicht der Dinge dar. Als Grundsatz gilt zuzuhören, ohne zu unterbrechen, es sei denn durch Verständnisfragen.

(3) In einem dritten Schritt versucht man den Gegenstand des Konfliktes/des Problems zu identifizieren und sich auf ein gemeinsames Verständnis zu einigen. Man sucht dabei nach möglichst objektiven Kriterien, mit deren Hilfe der Konfliktgegenstand betrachtet werden kann.

(4) Anschließend bildet jede Konfliktpartei für sich eine ‚Arbeitsgruppe', bei komplexeren Themen ggf. auch mehrere AGs, die sich thematisch auch durch hinzugezogene externe Fachkräfte qualifizieren können. Bereits innerhalb dieser Arbeitsgruppen einer einzigen Konfliktpartei werden alternative Szenarien mit dem Ziel einer größtmöglichen Vielfalt an Entscheidungsalternativen entworfen. Optionsvielfalt steht immer vor der Findung des ‚richtigen Wegs'. Hierbei gilt es, den Prozess der Optionsfindung vom Prozess der Optionsbeurteilung zu trennen. Darüber hinaus ist stets nach Vorteilen für alle Seiten Ausschau zu halten; die Vorschläge sollen den anderen die Entscheidung erleichtern. Dies alles findet mit Hilfe eines Brainstormings statt.

Sollte die Situation entspannt sein, kann dieses Prozedere auch mit beiden Parteien durchgeführt werden.

(5) Im letzten Schritt werden die Ergebnisse der Arbeitsgruppen präsentiert und von den Konfliktparteien bewertet. Die Ansätze mit der größten gemeinsamen Akzeptanz werden dann in die nächste Runde mitgenommen und weiterentwickelt, bis man sich auf einen Lösungsweg/-gegenstand einigt und dessen Zukunftsfähigkeit antizipiert.

Das ‚Harvardkonzept' kann generell sowohl bei Konflikten als auch bei problematischen Verhandlungen eingesetzt werden. Die Konflikte sollten aber zwischenzeitlich abgekühlt sein. Die Ausgestaltung auch mit einzelnen Techniken und Instrumenten ist abhängig von der Eskalationsdynamik, der Komplexität und den beteiligten Personen.

Die Verhandlungsführer bzw. die Konfliktmoderatoren sollten nicht nur methodisch geschult, sondern auch kommunikativ reflektiert und sozial kompetent sein.

Das Verfahren kann hierarchiefrei wie auch hierarchisch angewandt werden. Die Arbeitsgruppen können bei einem Konflikt einzelner Personen durch die temporäre Zusammenarbeit mit dem Moderator oder durch Außenstehende ersetzt werden.

Ein solcher Prozess kann kurzzeitkomprimiert in zwei Stunden, aber auch an mehreren Tagen stattfinden, um zu einem nachhaltigen Ergebnis zu führen.

Ähnliche Verfahren finden sich insbesondere auch in der Organisationsentwicklung (vgl. etwa Schwarz 2010), wenn es dort etwa um typische Organisationskonflikte geht (vgl. Ü 33).

Auch bei den betrieblichen Organisationskonflikten existieren vergleichsweise ähnliche grundlegende Konfliktmuster wie in den primären und sekundären Sozialisationsagenturen von Familie und Schule. Allerdings steigen dort die Erwartungen an die Selbstfähigkeiten, mit Konflikten fair umzugehen. Falls arbeitsrelevante Konflikte stark durch persönlichkeitsbezogene Aspekte bestimmt sind, wird deren Beilegung oftmals in privater Regie erwartet.

- Individuelle *Wahrnehmungs- und Verstehensunterschiede* je nach individueller Vorgeschichte, Kenntnisstand, Erfahrungen, Laune und Charakter.
- *Ressourcenverteilung und Gier:* Wenn die Mittel zur Erreichung der jeweiligen Ziele von zwei oder mehr Parteien benötigt werden, wird die Einschränkung der Verfügung durch andere zum Konflikt führen.
- *Zergliederung und Konkurrenzen in der Organisation* durch Abteilungsnamen, Verantwortlichkeiten, Weisungsbefugnisse.
- *Voneinander abhängige Arbeit:* Die Ausführung einer Arbeitstätigkeit hängt häufig von der vorherigen Arbeit eines anderen ab.
- *Rollenkonflikte:* Übernahme verschiedener Rollen, deren Ausübung mit den Rollen anderer in Konflikt treten kann, beispielsweise beurteilt eine Führungskraft/ein Qualitätsbeauftragter die Arbeit eines anderen.
- *Unfaire Behandlung* bedingt durch Geschlecht, Sprache, Aussehen, Alter, Gesundheit, Rasse, Religion, Herkunft, Abstammung.
- *Verletzung des Territoriums:* Jede wahrgenommene Verletzung von tatsächlichem oder ideellem Territorium.
- *Veränderung der Umwelt* können zu Veränderungen in der Organisation führen.
- *Identifikationskonflikte:* Der Grad der betrieblichen Identifikation von Personen ist so verschieden, dass dies Auswirkungen auf Bereitschaft zur Verantwortungsübernahme und deren Arbeitsintensität entfaltet.

Übersicht 33: Ursachen und Hintergründe in Organisationskonflikten

Interkulturelle Aspekte in der Mediation

Im Falle interkultureller Strukturen in der Mediation geht Claude-Helene Mayer insbesondere von diversen Verschiedenheiten in den Konfliktlösungskulturen aus. Sie differenziert zwischen vier unterschiedlichen interkulturellen Vermittlungsgrundlagen, nämlich:

1. historisch bedingter starker Vermittlungspraxis in vor- und außergerichtlichen Streitphasen in den Gesellschaften mit traditionellen „*Schamkulturen*“ wie China und Japan, Korea und anderen (ost)asiatischen Ländern und Ethnien. Als Indikator zieht sie dabei die Rechtsanwaltsdichte in den diversen Rechtskulturen hinzu, die in den sog. „Schamkulturen“ relativ gering ausfällt (RA-Dichte: 1 RA pro 5 000–300 000 Einw.).
2. Den Gegenpol hierzu bildet die auf griechisch-römische Rechtspraxis der abrahamitischen Religionen zurückgehende individuelle „*Schuldkultur*“ mit einer sehr hohen Rechtsbeistandsdichte (RA-Dichte: 1 RA pro 200–1 700 Einw.).
3. In der *Obrigkeitsrechtspraxis* in postsowjetischen Diktaturen und totalitären autoritären Staaten finde sich eine dritte Variante der Rechtskultur (RA-Dichte: 1 RA pro 7 000–20 000 Einw.).

4. Davon unterscheiden sich die Afrikanischen Formen der *Dritt-Parteien-Mediation* über Dorf- oder Stammesführer/Volksversammlung/Dorf-/Stammesälteste in ruralen Gebieten (Mayer 2008, 39, 81 ff.).

Mayer wie auch Fechler (2008, 177 ff.) weisen gleichermaßen auf die Gefahr einer Überbetonung von Kulturalisierung hin. In der Konfliktarbeit gehe es immer auch um die Reflexion von monokulturellem Bias sowie der Kontext-, Macht- und Beziehungsdimensionen eines Konfliktes. Kulturalisierungen würden oftmals in der Machtasymmetrie der Beziehungen strategisch eingesetzt. Fechler verweist hier auf allgemeine und überkulturell gültige Qualitätsaspekte eines Dialogs der Anerkennung nach den drei Prinzipien von Differenz-, Dominanz- und Kontextsensibilität.

Mayer plädiert für eine fallbezogene Flexibilität in der interkulturellen Mediation und unterscheidet zwischen drei Herangehensweisen, einer westlich orientierten, einer nicht-westlich orientierten und einer international-eklektischen Herangehensweise. Ausgangsbasen der ersten beiden Varianten sind die jeweils kulturspezifischen Rollen, aus denen heraus der Mediator die Vermittlung führt. In der eklektischen Variante werden unterschiedliche kulturelle Mediationsverständnisse miteinander verzahnt (Mayer 2008, 131 f.). Diese letzte Variante spielt eine größere Rolle in migrationssensiblen Mediationsprozessen, in denen diverse Integrations- bzw. Assimilationsstufen von Relevanz sind.

7.7 Verfahren der Deeskalation in Konflikten

In zahlreichen Konflikten ist spontanes Handeln gefragt und es bleibt keine Zeit für planendes und reflektiertes Vorgehen. Deeskalierende Verfahren und Haltungen stellen hier eine akute Interventionsform für sämtliche Phasen einer Eskalationsspirale, insbesondere aber in hoch emotionalisierten, stark regelverletzenden und gewaltbesetzten Phasen einer Konfliktsituation dar.

In vielen Konfliktsituationen existieren kulturell gängige Formen der Ad-hoc-Deeskalation, zunächst etwa durch einen selbst direkt am Konflikt Beteiligten, durch Konfliktbeobachter oder durch Personen, die ein Aufsichtsmandat in einer Institution besitzen.

Umgekehrt gibt es aber auch konflikteskalierende Akteure, verstärkt häufig von anfeuernden und aufpeitschenden Beobachtern; in einzelnen Fällen halten sich diese mit den deeskalierenden Kräften die Waage und es entsteht dadurch ein Parallelkonflikt.

Schwabe (1996, 83) differenziert drei Typen von Eskalationsprozessen: Ad-hoc-Eskalationen, verzögerte und institutionelle Eskalationen, auf die es jeweils unterschiedlich einzuwirken gelte.

Ad-hoc-Eskalationen ereignen sich auf der Mikroebene in einer Institution oder im öffentlichen Raum, verzögerte Eskalationen eher auf der Mesoebene; sie ziehen sich über längere Zeiträume hin und wechseln Personen und auch ihre Schauplätze und Orte. Die institutionelle Eskalation besteht aus den ersten beiden Varianten und transportiert die Konfliktstruktur auf eine institutionelle Ebene. Die Institution gerät damit selbst in eine Eskalationsdynamik und verfestigt sich als latente Konfliktstruktur.

Schwabe entwickelte für die verschiedenen Eskalationsstufen unterschiedlicher Konfliktstrukturen deeskalationstaugliche Interventionen, die am Beispiel des Handlungsfeldes der Heimerziehung aufzeigen, wie einerseits spontan – unter Einbezug am jeweiligen Ort zufälligerweise präsenter Menschen, und andererseits, im Rückgriff auf bereits selbst erlernte Methoden und Techniken sowie auf eigene Erfahrungen in vergleichbaren Situationen – deeskalierendes Einwirken als spontane situationsadäquate Kunst des Handelns stattfindet (Schwabe 1996, 48). Manchmal kann es dabei genügen, sich mit dem Gestus: ‚Bis hierher, und nicht weiter, sonst werde ich…!' in den Raum zu begeben, in dem sich eine Konfliktsituation aufheizte. Es gilt dabei abzuschätzen, welche Verlaufsoptionen bestehen und auf sämtliche dieser Szenarien vorbereitet zu sein.

In den (sozial)pädagogischen Feldern der vorschulischen Erziehung sind körperlich-taktile Präsenz bzw. Eingriffe aufgrund der dichteren Bindungskommunikation noch passend, in den sich anschließenden Entwicklungsphasen können sie dann noch adäquat sein, wenn die Art der Konfliktaustragung sehr regressive Formen annimmt.

Auch bei der Deeskalation in (sozial)pädagogischen Handlungsfeldern ist ‚subsidiär' vorzugehen:

1. eigene Präsenz und Beobachtung; ggf. beruhigend einwirken;
2. warten, ob andere intervenieren;
3. andere auffordern, zu intervenieren;
4. eigene stufenförmige Intervention: annähern, beruhigen, direkte Ansprache in adäquater Stimmstärke, ggf. trennen und in Einzelgespräche aufteilen;
5. externe Unterstützung anfordern.

Im Falle eines methodischen Vorgehens unterscheiden Korn/Mücke (2000, 43 ff.) zwischen präventiver, situationsbezogener Ad-hoc-Deeskalation sowie Maßnahmen nach einer Deeskalation.

Unter präventiver Deeskalation verstehen sie, vorausschauend Überlegungen anzustellen, einen sich andeutenden oder anbahnenden Konflikt bereits im Vorfeld so zu regulieren, sodass es zu keiner weiteren Eskalation mehr kommt. Gewaltbesetzte Konflikte bauen oftmals auf einer Vorgeschichte und einem im Vorfeld eines Ausbruchs stattfindenden ‚Vorgeplänkel' auf: über missachtende Provokationen, Legendenbildung und intrigierende Kommunikation, mimische wie körperliche Artikulation. In dieser Phase kann man beispielsweise die Konfliktparteien vom Konfliktthema wegorientieren, den Rahmen des Konfliktforums verändern, indem man Respekt erheischende Personen hinzuzieht oder selbst besänftigend und beruhigend einwirkt. Altersabhängig und dem institutionellen Setting entsprechend lassen sich Konflikte in dieser Phase meistens noch unterbinden.

Ist eine Konflikteskalation von beiden Konfliktparteien beabsichtigt und sind die vorhandenen Lösungsmuster eher auf Unterwerfung der jeweils anderen Partei hin ausgerichtet, gelingt eine Intervention häufig nur durch den Einsatz einer beiderseits respektierten mächtigeren Instanz bzw. ‚höheren Gewalt'. Die Tatsache, dass man eine solche machtaffine Intervention einmal durchführt, kann für spätere Konflikte von Bedeutung sein, weil sie zukünftig als Interventionsmarkierung im Raum steht.

Eine situationsspezifische Ad-hoc-Deeskalation versucht im Falle körperlicher Gefährdung zunächst eine auch räumliche Trennung der Konfliktparteien, notfalls auch mit Hilfe Dritter vorzunehmen und dann beruhigend auf die jeweiligen Konfliktträger einzuwirken; es gilt dabei, einen Emotionalisierungspegel und Zustand abzuwarten, zu dem die Konfliktparteien wieder einigermaßen in der Lage sind, die ‚Issues' sachlich zu thematisieren.

Andere Interventionsformen in dieser Phase liegen in der Formulierung eigener Betroffenheit, dem Einwirken auf den Aggressor, oder unter Umständen auch durch eine ‚paradoxe Intervention' in der Form, dass es gelingt, die Konfliktparteien so zu verunsichern, dass ein für die Konfliktparteien überraschendes ‚Dazwischengehen' möglich wird. Die paradoxe Interventionstechnik ist dann aber kontraproduktiv, wenn sie zu einem einseitigen Gesichtsverlust einer der Konfliktparteien führt oder die beiden Konfliktparteien so provoziert, dass diese sich gegen den Intervenierenden aggressiv solidarisieren. Außerdem ‚verbraucht' sie sich bei wiederholter Anwendung.

Korn/Mücke deuten an, dass sozialpädagogisch inszenierte Interventionen nur eingeschränkte Wirkung in heißen Konfliktphasen entfalten können (ebd., 45).

Es gibt auf dem ‚Gewaltpräventionsmarkt' unzählige Handreichungen zur erfolgreichen Intervention. Weit verbreitet ist dabei das Vorgehen nach PART (Professional Assault Response Training) von Paul A. Smith (1999/2000). Ausgehend von spezifischen Situationskriterien wie etwa dem Gefährlichkeitsgrad, der Drucksituation usw. werden verschiedene Szenarien vorgeschlagen. Handlungsorientierend kann folgende Reihenfolge sein:

- Gefahr- und Situationseinschätzungen,
- je nach Einschätzung: entweder eigenes Eingreifen, Aufforderung Dritter zur kooperierenden Intervention, Organisation von Unterstützung und

Hilfe zur Intervention durch adäquate Akteure, (paradoxe) Irritation zum Schutz des Opfers,
- Opferhilfe leisten, Hilfe hierzu holen,
- Signale an Täter geben (Sicherung der Identifikation),
- ggf. Unterstützung holen, Zuschauende einbinden (im schulischen Rahmen auch wegschicken),
- Konfliktparteien beruhigen, mäßigen,
- (bei eigenem Auftrag) Konflikt aufarbeiten, vermitteln und Konsequenzen/Lösungen eruieren.

Postdeeskalierende Maßnahmen befassen sich mit dem Aufarbeiten von Konflikten, rekonstruieren deren Abläufe und thematisieren Hintergründe und alternative Verhaltensweisen, Lösungen und auch Konsequenzen für Beteiligte und Beobachter. In einer Konfliktanalyse werden schließlich fördernde Rahmenbedingungen betrachtet sowie konflikthemmende bzw. -verhindernde Strategien diskutiert (vgl. Kilb 2012, 265 ff.).

7.8 Erlernen fairer Konfliktbewältigung als Basis für Demokratiefähigkeit

Es sind drei zentrale Faktoren, die es notwendig erscheinen lassen, den Umgang mit Konflikten wieder mehr zum Thema sozialisierender Institutionen zu machen: erstens die aktuellen Befunde größerer Konflikthäufigkeiten aufgrund individualisierter und pluralisierter Gesellschaftsstrukturen sowie zweitens die zunehmende Infragestellung der demokratischen Praxen insbesondere auf der politischen Makroebene durch rechtspopulistische Entwicklungen, über die sich eine größere gesellschaftliche Spaltung artikuliert, die letztendlich produktives Streiten verhindert. Denn Demokratie bildet als Regierungsform auf der gesellschaftlichen Makroebene den institutionellen Regelungsrahmen von Konflikten. Dagegen stehen drittens aber demokratische Prinzipien mit ihren aufwendigen Verständigungssystemen vor dem Hintergrund beschleunigter neoliberaler und globaler Wirtschaftsentwicklungen im Verdacht, umständlich und entwicklungsverzögernd zu wirken und damit globalökonomisch nicht mehr konkurrenzfähig zu sein. In diesem Zusammenhang stellt sich erstmals nach 1945 historisch erneut die Frage, ob sich Demokratiebefähigung durch allgemeine Lebens- und Alltagserfahrungen selbst reproduziert oder ob es notwendig ist, diese systematischer über gezielte Lernprozesse zu erschließen. Schaut man sich hierzu historische Lernformate an, so kommen hierin erstens Konflikten und ihrer Bearbeitung und Regelung sowie zweitens der Gruppendynamik in Sozietäten zentrale Funktionen zu.

Da wir in der deutschen Geschichte auf zwei Phasen zurückblicken können, in denen demokratisches Experimentieren auf jeweils bestehende autoritäre Strukturen folgte, ist es sinnvoll, demokratieaffine Ansätze aus diesen beiden Zeitepochen zunächst als Orientierungen heranzuziehen. In beiden Zeitkorridoren, zum einen in den beginnenden „Weimarer Jahren" nach dem ersten Weltkrieg sowie in der so genannten ‚Reeducation-Ära' nach 1945, orientierten sich insbesondere die Schule in der „Weimarer Republik" und die Soziale Arbeit, wiederum in ihrer Traditionslinie der Sozialpädagogik, zunächst über die Jugendbewegung (Wandervogel, Jugendbünde) und die Reformpädagogik, nach 1945 vor allem mit Einführung der Methode „Soziale Gruppenarbeit" und der Gruppenpädagogik an damals neuen demokratischen Konzeptionen, über die man sich erhoffte, einen neuen Menschentyp auf pädagogischem Wege „erziehen" zu können (vgl. C.W. Müller 1987). Dieser sollte nicht mehr anfällig sein für totalitäre, autoritäre Herrschaftsstrukturen. Interessant ist, dass sämtliche dieser demokratieaffinen Ansätze stark auf ein Setting von Vergemeinschaftung setzten. Einige ‚progressive' Jugendbünde fokussieren dabei das Selbsterziehungsprinzip junger Menschen in der verbindenden Gemeinschaft, die Reformpädagogik arbeitet mit der Schulgemeinde, die in den 1930er Jahren zunächst in den USA entwickelte Gruppenpädagogik (Gruppenarbeit, Soziale Gruppenarbeit) nimmt diese Linie auf und transformiert die historischen Erfahrungen und Befunde in das Format einer pädagogischen Methode. Die Theorie der bündischen Jugendgemeinschaft erscheint heute eher antiquiert (sie überlebte teilweise in den Jugendverbänden; SGB VIII, § 12), die Reformpädagogik ist seit den Missbrauchsskandalen in Misskredit geraten; die damals nach 1945 in der gesamten Pädagogik sehr breite Debatte über Gruppenarbeit und Gruppenpädagogik (Müller 1987, 11) ist heute auf drei kleinere institutionalisierte Überbleibsel reduziert, nämlich die „Soziale Gruppenarbeit" und die „Tagesgruppe" als Angebote der Erzieherischen Hilfen (SGB VIII, §§ 29, 32) sowie die „Sozialen Trainingskurse" als richterliche Auflage (JGG, § 10).

Ansonsten kennt man die Gruppenarbeit nur als Arbeitsgruppe bzw. als Organisationsform zur Leistungssteigerung oder als Selbsthilfe- oder Reflexionsgruppe. Didaktisch und methodisch tritt die Gruppenpädagogik explizit kaum mehr in Erscheinung, obwohl gerade sie sich strukturell eignen könnte, demokratische Prinzipien im Aushandlungskontext sowohl verschiedener einzelner in einer Gruppe wie auch zwischen verschiedenen Gruppen als demokratieaffines Ordnungssystem zu entdecken und damit zu experimentieren.

Methodisch und didaktisch fußen die historischen US-amerikanischen und insbesondere von Konopka (1963), Kelber (1965) und Wilhelm (1951) auf die deutsche Struktur übertragenen Konzepte auf folgenden Gedanken und Annahmen. Gruppenarbeit und Gruppenpädagogik sollten die Grundlage jeder demokratischen Erziehung sein (Wilhelm 1987, 11). Als zentrale Bausteine fungierte eine Erziehung zur Kooperation und zu einer „kooperativen Haltung" als „Erziehung zur Gemeinschaft", im Sinne einer „genossenschaftlichen Selbstverwaltung" (Wilhelm 1987, 122). Gemeinschaft wurde dabei als Arbeits- und nicht als „Dienstgemeinschaft" mit Befehls- und Gehorsamsprinzip wie vergleichsweise in der NS-Diktatur verstanden. Ziel der kooperativen Gemeinschaft war es, diese selbst zu reproduzieren und sie durch ihre Konflikte zu steuern (ebd., 124). Eine solche Gemeinschaftserziehung sollte in Familien, Schulen, Jugendbünden sowie in Projekten als „Aktionssystemen" stattfinden (ebd., 125). Besonders relevant waren die Vergemeinschaftungsformen einer „Schulgemeinschaft" (Wynecken 1913), der Klassengemeinschaft oder der Jugendgruppe. In „Leistungsgemeinschaften" wie der Schule sollte sich der Lehrer, als Moderator und nicht als „Leiter" in den Diskurs der Gemeinschaft einbeziehen lassen. Gruppenpädagogik wurde hierbei, in Abgrenzung zur Gruppenarbeit, zur Gruppentherapie und zur „Sozialen Gruppenarbeit" als didaktisches Prinzip definiert (Kelber 1965, 127ff.). Sie sollte die individuelle Reifung innerhalb einer Sozietät gewährleisten, sei es in der Primärgruppe der Familie, in Funktionsgruppen (Schule, Altersgleiche, Sportverein usw.) oder in der Gemeinde (Newstedder u.a. 1935, 86ff.). Der zentrale Lerneffekt wurde darin gesehen, dass die Verhältnismäßigkeit eigener Bedürfnisse und Interessen zu denen anderer sichtbar werde und somit zu einer kollektiven (Selbst-)Regelung ansporne.

Konopka weist in ihren Ausführungen zur Gruppenpädagogik auf die Notwendigkeit „einer konstanten und bewussten Arbeit für die Demokratie – nicht nur als Staatsform, sondern als einer Lebensweise" hin (Konopka 1963, 78).

Interessant ist es, sich insbesondere angelsächsische Modelle demokratischer Erziehung in Schulen anzuschauen, denn dort wird Demokratie zunächst eher als Lebensform, die es zu erfahren und darüber zu erlernen gelte, gesehen und nicht nur als Regierungsform (Oelkers 2003, 23). Insbesondere John Dewey entwickelt in Democracy and Education (1915) Vorschläge des schulischen Lernens über direkte Lernerfahrungen und Tätigkeit (Dewey 1915/2011, 120ff.).

> „Eine solche [demokratische] Gesellschaft braucht eine Form der Erziehung, die in den einzelnen ein persönliches Interesse an sozialen Beziehungen und am Einfluss der Gruppen weckt und diejenigen geistigen Gewöhnungen schafft, die soziale Umgestaltungen sichern, ohne Unordnung herbeizuführen" (ebd., 136).

Konflikte und ihre Regelungen durch die Gruppenmitglieder stellen hier basale Erfahrungen solcher Lernprozesse hin zur Demokratiefähigkeit dar.

Beim Erlernen von Konfliktfähigkeit darf es aber in sozialen Bildungsprozessen in den Bildungs- und Erziehungsinstitutionen nicht nur um Konfliktbearbeitung im Sinne von Konfliktbeilegung gehen. Insbesondere jüngere Adressaten sollten ebenso lernen und erfahren können, auf welche Art es gelingen kann, ihre Interessen oder diejenigen einer Gruppe mit fairen Methoden und in einem angemessenen Rahmen auch mit Hilfe eines Konfliktes durchzusetzen bzw. in bessere Positionierung zu bringen. In Situationen, die moralisch bzw. ethisch grenzgängig sind, in denen etwa Unterdrückung, Ungerechtigkeiten, Benachteiligung oder gar Terror stattfinden, sollten Strategien von Gegenmacht und des „zivilen Ungehorsams" erprobt werden können, die selbstverständlich dann auch konfliktaffin sein können. Insgesamt würde es unter einem solchen Lernaspekt um eine Vermittlung legitimer und möglichst fairer Konfliktaustragungsfähigkeit gehen. Hierzu gehören offensives Debattieren (etwa in Anl. an den „British Parliamentary Style" oder das Prinzip der Offenen parlamentarischen Debatte) und Argumentieren genauso wie strategische Verhandlungsführung oder Elemente des „zivilen Ungehorsams" wie das Demonstrieren, der Streik oder auch der Boykott. Wichtig erscheint hierbei, die ethische Rahmung in ein Verhältnis zur Entwicklung von individueller oder gruppenbezogener Durchsetzungsmacht zu setzen.

Im institutionellen Binnensystem können hierdurch ambivalente Situationen für die Fachkräfte dann entstehen, wenn diese ihre eigene Machtbasis zum Gegenstand oder zum Medium von Lernprozessen mit Gegenmachterfahrung für ihre Adressaten werden lassen. Umgekehrt sollte in solchen Auseinandersetzungen aber auch das Verlieren erfahrbar werden können, um hierdurch Frustrationstoleranzfähigkeit zu erlernen.

In der aktuellen bundesdeutschen Demokratiepädagogik ist das Demokratieerlernen weitgehend auf die Wissensvermittlung über dieselbige bzw. auf Partizipationsangebote begrenzt. So finden sich immerhin bei Edelstein u.a. (2009) „sechs paradigmatische Bereiche für die demokratiepädagogische Praxis:

- den Klassenrat als Organisationsform einer basisdemokratischen Selbstregulation und, auf deren Grundlage, des sozialen Entrepreneurships und des bürgerschaftlichen Engagements, insbesondere in Gestalt sozialer Projekte;
- die demokratische Schulgemeinschaft zur deliberativen Mitgestaltung der gesamten Schule;
- Partizipation und Mitwirkung im Umfeld der Schule;
- Projekte des ‚Lernens durch Engagement' zur Verbindung von sozialen Projekten der Schüler/innen mit dem fachübergreifend aufklärenden Unterricht zum Thema des Projekts;
- Mediation und konstruktive Konfliktbearbeitung einschließlich der Ausbildung von Konfliktlotsen;
- schließlich Deliberationsformen zur diskursiven Aufklärung politischer Fragen, Probleme und Dilemmata" (Erdsiek-Rave/John-Ohnesorg 2015, 23f.).

Völlig offen bleiben in solchen Konzeptionen, die ausschließlich auf kognitive Lernprozesse hin angelegt sind, didaktisch-curriculare Differenzierungen nach Lebensalter und Lebenslage von Schülern. Hierzu bieten sich dann eher erziehungsphilosophische Modelle wie das von Meads (1913) „‚Selbst' als eigenwilliger Partner, der primär auf Sozietät verwiesen ist und nicht als Produkt der Erziehung" (Oelkers 2003, 23) an. Als frühes Lernsetting sozietätsbezogener Selbst-Entwicklung taugt natürlich vor allem die Gruppenerfahrung, beginnend in der familiären Geschwistergruppe oder auch der Gruppe in der Kinderkrippe, der Kindertagesstätte und später der Kleingruppe und Klassengemeinschaft der Grundschule. Deweys zweiter zentraler Aspekt demokratischer Erziehungspraxis stellt neben einer primären Gruppenerfahrung als einzelne Person noch die Interaktionserfahrungen zwischen verschiedenen gesellschaftlichen Gruppen heraus (Dewey 1915/2011, 120). Die Gruppe sei hier aber nicht mit Gemeinschaft zu verwechseln und dürfe nicht überbetont werden, da es in der Demokratie vornehmlich um das Verhältnis von individueller Freiheit und Macht gehe (Horlacher/Oelkers 2004, 238).

7.9 Professionelle Handlungsstrategien und Handlungskompetenzen

Fachkräfte sollten im Rahmen eines offensiven Verständnisses der Konfliktaustragung über spezifische Haltungen, Einstellungen sowie die entsprechenden Handlungsstrategien verfügen. Einige der nachfolgend kurz erläuterten Kompetenzen und Haltungen sind dabei nicht ausschließlich für die offensive Variante, sondern generell zur Konfliktarbeit notwendig:

- *Kontingenz- statt Richtigkeitsprinzip:* in einer kontingenten Gesellschaftsstruktur ist in der Mehrzahl der Konflikte ein plurales, in verschiedenen Szenarien orientiertes Haltungs- und Handlungsprinzip angesagt. Lösungsstrategien sollten daher eher als ‚Sowohl-als-auch-Möglichkeit' statt eines Richtigkeitsprinzips angelegt sein;
- Persönlichkeits- und Situationseinschätzungsvermögen, um *Selbstklärungsmöglichkeiten* zulassen zu können: mehr als in der traditionellen Konfliktbeilegung gilt es in der offensiven Konfliktarbeit, ganz gezielt auch Friktionen zulassen zu können. Damit verbunden ist das Risiko von Eskalationsdynamiken, die sich spiralförmig rasch beschleunigen und zur Gefahr werden können. Entscheidend in diesem Zusammenhang werden dann Kompetenzen, die Persönlichkeitseigenschaften der Konfliktakteure und die Destruktivitätsgefahren von Situationen adäquat einschätzen zu können.
- Nutzung *nicht-institutioneller Interventionsvarianten* über Schlüsselpersonen, „Leader", Peer-Regulation usw.: wichtig im Sinne einer subsidiär

aufgebauten Konfliktbearbeitungsstruktur sind Netzwerke sowie der Einfluss versprechender Ressourcen bzw. Personen, auf die sich in Konfliktentwicklungen zurückgreifen lässt;

- *Große Optionsbreite eigenen Interventionsvermögens:* hierzu zählen persönliche Kompetenzen und charakterliche Eigenschaften wie Risikobereitschaft, Interventionsmut und Präsenzfähigkeit einerseits, wie auch Sensibilität, Ruhe, taktiles Gespür und Taktgefühl andererseits, die je nach Situationen differenziert und zueinander ausbalanciert einsetzbar sein müssten;
- *Methodenvielfalt:* Gerade in der offensiven Konfliktarbeit ist es wichtig, methodisch einerseits breit aufgestellt zu sein und pragmatisch aus unterschiedlichen Methoden Verzahnungen herstellen zu können. Zum klassischen Repertoire zählen dabei die teilnehmende Beobachtung, Deeskalations-, aber auch Eskalationsstrategien, die Schlichtung, Mediationsaspekte, das Vermittlungsmanagement sowie das Wissen und die Fähigkeit der Grenzziehung, des Konfrontierens und ggf. körperlicher Interventionsmöglichkeiten.

Fazit: Entwicklungen durch Konflikte anstoßen

Es gibt gerade im derzeitigen „rechtspopulistischen Zeitalter" eine sehr ambivalente Debatte um einen angemessenen Umgang mit sozialen, also gesellschaftlichen Konflikten. Eine Position ist diejenige, die dafür plädiert, über deutliche Distanzierungen, Grenzziehungen und damit verbundener Ignoranz, radikale und extremistische Gruppen tendenziell auszugrenzen und sich somit einer Auseinandersetzung mit diesen möglichst zu entziehen. Dies geschieht in der strategischen Annahme, diesen Gruppierungen keine Plattform zur Selbstdarstellung anzubieten.

Die diametral entgegengesetzte Position zielt auf einen öffentlich ausgetragenen Streit um die besseren Argumente, in der Absicht, hierüber die eigenen Positionen positiv vermitteln zu können.

Beide Positionierungspole finden sich im politischen Spektrum europäischer Landesparlamente und stehen für eine, jeweils auch landesspezifisch historisch gewachsene Form von Streitkultur. Während die erste Position die Streitarena durch Eingrenzungen markiert und damit ein Feld absteckt, in dem Streit als zulässig erachtet wird, steht die Gegenposition für die Bereitschaft, offen zu sein für sämtliche Streitgegenstände und Streitkulturen. Die erste Variante wirkt damit eher exkludierend und polarisierend, während die Gegenvariante integrative Absichten verfolgt. Ein solch „strategisches Kampf-Spiel" findet man nicht nur auf der politisch-parlamentarischen Ebene, sondern in jeweils spezifischen Ausformungen auch in anderen Sozietäten wie Schulklassen, Betrieben, öffentlichen Verwaltungen, Jugendgruppen oder auch auf familiärer Ebene. Die Art der Konfliktaustragung und die Regeln im

Konfliktfeld selbst entscheiden hierbei jeweils über Inklusion und Exklusion, wobei es in der ‚Verfasstheit' und den Funktionen der o.a. Sozietäten starke Unterschiede gibt. In der Familie als Primärgemeinschaft ist Exklusion durch Regeleingrenzungen schwieriger zu bewerkstelligen als in Schulen oder Betrieben, da dort verwandtschaftliche und rechtliche Abhängigkeitsbezüge existent sind. Auf sämtlichen dieser Vergesellschaftungsebenen ist es somit grundlegend, je nach Auftrag und Selbstverständnis ethisch passende Regularien entweder festzulegen oder aber diskursiv auszuhandeln, nach denen Fortbestand und Reproduktion des jeweiligen Systems so gesichert wird, dass es zukunftsfähig bleibt.

Möglicherweise liegt es gerade in diesem Anspruch des Erhalts von Zukunftsfähigkeit begründet, dass in diesen, durch Konflikte zusammengehaltenen Sozietäten und Milieus paradoxerweise soziale Konflikte aber störend wirken und deshalb auch unerwünscht sind. Und dazu zählen nicht nur die eher autoritär strukturierten und hierarchischen Sozietäten, in denen Konfliktaffinität nicht nur nicht erwünscht ist, sondern faktisch untersagt bzw. gleichermaßen als abweichendes Verhalten definiert wird, welches dann Sanktionen ausgesetzt ist, und die Konfliktakteure mit Exklusion rechnen müssen.

Aber auch in liberal-demokratischen Gesellschaften und Sozietäten existieren harmonieorientierte und konfliktvermeidende Kulturen, die auf Mechanismen wie Konfliktverdrängung, Konfliktunterdrückung, Harmonisierung oder Ungeschehenmachen (vgl. Retzer 2003, Herrmann 2006) setzen. In unserer traditionellen westeuropäischen Konfliktkultur finden wir eher ‚Schwarz-Weiß-Lösungen' wie das ‚Schwarze-Peter-Prinzip' der retrospektiven Schuldsuche und Schuldklärung oder das Gewinner-Verlierer-Prinzip als Formen der Konfliktführung. Beide Prinzipien hinterlassen eher negative dynamische Rückwärts- bzw. destruktive Kollateralimpulse und können dazu führen, Status-Quo-Situationen eher zu verfestigen als zu verändern.

Umgekehrt ist aber auch nicht jeder Konflikt anstrebenswert. So können nach Cosers Analyse (2009, 90) etwa ‚Duale Konflikte' sämtliche anderen Konflikte absorbieren und dadurch ein System zerteilen oder auch zerstückeln. Eine Vielfalt sozialer Konflikte stellen sich dagegen als Kommunikationsimpulse dar, die ein System weiterentwickeln können, allerdings auch wieder mit der Gefahr einer Atomisierung desselben.

Es ist deshalb wichtig, dass Konflikte in einer konfliktfreundlichen Atmosphäre und durch kompetenten Umgang mit ihnen für Weiterentwicklungen genutzt werden können. Dazu müssen insbesondere die erzieherischen Fachkräfte und deren Institutionen und Organisationen qualifiziert werden. Sie müssen dazu bereit sein, ein konfliktoffenes Klima zuzulassen, Methoden und Verfahren des Konfliktmanagements zu beherrschen, um in den konfligierenden Prozessen und in der Gewaltprävention durch Konfliktregulierung handlungsfähig zu bleiben.

Konflikte sollten in ihrer sozialen Version positiv konnotiert sein; es sollte also dazu animiert werden, diese auszutragen und Fachkräfte sollten die Fähigkeit besitzen, selbst ‚erkaltete Konflikte' von der so genannten Hinter- auf die Vorderbühne zu katapultieren, um sie dort bearbeiten, lösen oder regulieren zu können.

Zahlreiche Konflikte sind einvernehmlich *nicht lösbar,* da sie entweder zu komplex sind oder die Gegensätzlichkeiten bzw. die Feindschaftsgefühle der Konfliktparteien zu ausgeprägt sind. Möglicherweise zählen sie zu deren Identitätsmerkmalen und sind damit konstitutiv für deren Persönlichkeitsstruktur oder auch für die „Identität" einer ganzen Gruppe, wie dies ebenfalls Coser und Simmel aufzeigen konnten.

Über eine historische Langzeitbetrachtung der Konfliktfunktionen in verschiedenen gesellschaftlichen Phasen weltweit zeigt sich, dass vor allem körperbezogene Gewalttätigkeit numerisch stark rückläufig ist, dafür aber in ihren wenigen ‚Restbeständen' sehr intensiv ausgeprägt sein kann, wie es die Amokläufe immer wieder vor allem in den USA, aber auch in europäischen Ländern zeigten. Auch ist nicht ausgeschlossen, dass die zivilisatorische Entwicklung hin zu eher gewaltlosen Auseinandersetzungen zwischenzeitlich immer wieder schwanken wird, wie es die archaisch anmutenden Massaker im jugoslawischen Auflösungsprozess, in den sich tendenziell auflösenden Nachkriegs-Reststaatsgebilden des Irak und Syrien, in Afghanistan oder die immer wieder einmal aufflammenden postkolonialen Auseinandersetzungen in Afrika zeigen. Solche in ihrer archaischen Ausgestaltung sehr historisch anmutenden aktuellen Gewaltexzesse machen uns deutlich, wie wichtig es ist, Konflikte in ihrer sozialen Dimension zu fördern und damit zu erreichen, dass Andersartigkeiten im Denken, Handeln, Fühlen und Wollen überhaupt thematisiert werden kann, um sich hierüber dann vielleicht zu verständigen. In den äußerst heterogenen Bevölkerungsstrukturen westlicher Gesellschaften geht es bei der Konfliktaustragung auch darum, die jeweiligen Referenzsysteme gegenüberzustellen und über permanente Diskurse auszuhandeln, inwieweit die eigenen Freiheits- bzw. Handlungsansprüche diejenigen anderer nicht existenziell einschränken, verunsichern oder gar bedrohen.

Ausgetragene und auszutragende Konflikte stehen hier als Katalysatoren, als Verbindungskreuze und als Medien für eine Kommunikation zwischen den Akteursgruppen der Verschiedenartigkeiten und Ungleichzeitigkeiten.

Solange Kommunikation aufrechterhalten werden kann, kann sich Vertrauen entwickeln, für Reemtsma (2009) die Basis für eine Gewalt vermeidende spätere Kooperation der Konfliktakteure.

‚Konflikte offensiver zu bearbeiten und zu regulieren, um Gewalt zu verhindern' ist deshalb kein zu hoher Anspruch, sondern sollte eine Schlüsselkompetenz für jeden sein, um in einer selbst bestimmten demokratischen Kommunikationskultur handlungsfähig zu bleiben.

Konflikte zu regulieren heißt nicht unbedingt, sie auch zu lösen; es bedeutet eher, diese dann zu lösen, wenn sich entsprechende Voraussetzungen zur Lösung erarbeiten lassen; oder sie ansonsten „kultiviert“ zu verlagern, einzuhegen und zu befrieden; oder sie zivilisiert auszutragen, kultiviert weiterlaufen zu lassen und fair mit ihnen umzugehen; oder diese in professioneller Art zu ordnen, in ihren personenbezogenen und arbeits- bzw. funktionsbezogenen Anteilen zu sortieren und sie damit einer Bearbeitung zugänglicher zu machen (vgl. Kilb, 2012, 357 f.).

Kapitel 8
Über den Umgang mit extremistischer Radikalisierung und Hooliganfanatismus im pädagogischen Feld und als Aufgabe Sozialer Arbeit

Im Vergleich zum Umgang mit Konflikten stellt sich die Arbeit in den diversen Zusammenhängen extremistischer Radikalisierung als eher sensibles, teils brisantes und auch umstrittenes Handlungsfeld dar, welches aufgrund der Nähe zu politischen Entscheidungsstrukturen, zu religiösen Organisationen und zu rechtsstaatlichen Institutionen des Strafrechts in den jeweiligen staatlichen Binnenstrukturen sehr kontrovers und international äußerst vielfältig aufgestellt ist. Fachlich bereits eingeführte, bewährte und wissenschaftlich gut begründete Handlungsoptionen können dann trotz ihrer Indikationsaktualität und Evidenz unter Umständen durch politischen Druck eingeschränkt oder gar verhindert werden. So wurde bspw. im Rahmen des bundesweiten „Aktionsprogramms gegen Aggression und fremdenfeindliche Gewalt“ (AgAG) in den 1990er Jahren das jahrelang erprobte Konzept „Akzeptierender Pädagogik“ im Umgang mit rechtsextremistisch orientierten Jugendlichen untersagt, da auf politischer Ebene mit dem Vorwurf, Steuergelder für Rechtsradikale zu verwenden, umgegangen werden musste. Auch im Zusammenhang mit der Rückkehr und Rückholung ehemaliger IS-Kämpfer/Anhänger stellt sich die Legitimations- und Verhältnisfrage hinsichtlich pädagogischer Strategien und strafrechtlich-repressiver Maßnahmen. Pädagogische Ansätze sind allein schon wegen der Schnittbereiche zum strafrechtlichen Bereich in einer hochgradig sensiblen Position. Hinzu kommt der meist kontroverse Diskurs insbesondere zur primären Prävention mit den gängigen Argumenten gegenüber Stigmatisierungseffekten und des Generalverdachtes und dessen Misstrauensparadigma gegenüber der Zivilgesellschaft. Der politisch-philosophische Diskurs bewegt sich hier zwischen den Polen von Freiheitsansprüchen und Sicherheitserwartungen, der soziologisch-psychologische zwischen gesellschaftlichen Einflussfaktoren auf die Soziogenese und individuell-biografischen Dispositionen der Psychogenese. Zusätzlich unterliegen die Definitionen und Verständnisse der Phänomene noch normativer wie moralischer Relationalität. Dies erfordert eine fortlaufende politische wie zivilgesellschaftliche Auseinandersetzung mit oft dialektischem Charakter, durch die das Verhältnis zwischen den gegensätzlichen Polen je nach aktuellen Ereignissen immer wieder neu ausbalanciert werden muss.

8.1 Strukturen der Präventionsebenen

Zunächst gelten Begriff und Verständnis der Prävention als relativ, relational und als unbestimmt. Im allgemeinen Sprachgebrauch versteht man unter Prävention Handlungsmöglichkeiten und konzeptionelle Ansätze, die versuchen, durch Einflussnahme auf Situationen und Personen, also auf potentielle Täter, aber auch Gefährdete bzw. Opfer, bereits das Entstehen (und die Eskalation) von Problemen zu unterbinden (Möller u. a. 2016, 3). Strukturell wird in der Kriminologie zwischen General- und Spezialprävention oder auch zwischen primärer, sekundärer und tertiärer (nach Caplan, 1964) bzw. zwischen universeller, selektiver und indizierter Prävention (nach Gordon, 1983) differenziert (vgl. Lamnek 1997, 217, Milbradt u. a. 2019, 3). Häufig wird aber der Präventionsbegriff nur für die ersten beiden Ebenen und damit eher im prophylaktischen Verständnis verwendet, was sich auch in den nachfolgenden Expertisen abbildet. Anstelle der tertiären Prävention operiert man dann eher mit dem Interventionsbegriff oder der Rückfallvermeidung (vgl. auch Ü 23).

In der Präventionsarbeit mit politischen und religiösen Extremisten sollen hier die verschiedenen Ansätze den klassischen drei Handlungsebenen primärer und sekundärer Prävention sowie Intervention/Rückfallvermeidung zugeordnet werden. Dabei gilt es zu beachten, dass sich die Präventionsvorschläge auf jeweils unterschiedliche Ursachenanalysen diverser Theorien beziehen können und somit ebenfalls nicht übereinstimmen müssen.

(1) Die *primäre* oder *allgemeine Prävention* zielt einerseits auf die Verbesserung allgemeiner Lebensbedingungen, um Hintergründe, Einflüsse und Gelegenheiten für Risiken möglichst zu minimieren. Andererseits sollen Resilienz, Widerstandsfähigkeit, Selbstbewusstsein gestärkt werden, um Risiken besser begegnen zu können. Geht man davon aus, dass extremistische, und damit gewaltaffine Radikalisierung auch auf gesellschaftlich bedingte Einschränkungen von Lebenslagen und Lebensführung, auf Ungleichbehandlung und Integrationshemmnisse zurückzuführen sind, gilt es umso mehr, in Sozial- und Bildungspolitik, sowie in den Zugangskorridoren zu beruflichen Perspektiven an den geeigneten Stellschrauben zu drehen, um annähernd gleiche Ausgangsvoraussetzungen für individuell zufriedenstellende Lebensperspektiven zu eröffnen und das subjektive Gefühl von Zugehörigkeit zu vermitteln. In diesem Fall ist umstritten, überhaupt von Prävention zu sprechen, da diese Aufgaben eigentlich selbstverständliche Bestandteile der sozialpolitischen Agenda sind. Die spezifische oder sekundäre Prävention zielt dagegen pro-

phylaktisch direkt auf Bedingungen, die in einem wahrscheinlichen direkten Verhältnis zu Gewaltausübung stehen.

Für Eckert (2013, 15) liegen in der Verhinderung von Deprivation, in der aktiven Auseinandersetzung mit kulturellen Konflikten und in der Austragung gesellschaftlicher Konflikte die Schwerpunkte primärer Prävention.

> „Bildungsbeteiligung, berufliche Chancen und politische Mitsprache mindern das Gefühl der Deprivation, der Respekt von religiösen Symbolen erleichtert die Bereitschaft, mit Glaubensdifferenzen umzugehen. Schlichtung und Vermittlung können Zuspitzungen verhindern. Rechtsstaatliche und demokratische Verfahren sind geeignet, Konflikte auf friedlichem Wege zu regulieren. Menschenrechte, mit denen die Differenzen in der Sinnfindung der individuellen Entscheidung überantwortet werden, sind die Basis einer Kultur der Toleranz. Sie müssen allerdings häufig gegen einzelne Traditionen und Interessen durchgesetzt werden. Die Erfahrung erfolgreich regulierter Konflikte wiederum nährt die Zustimmung zu Demokratie und Recht" (Eckert 2013, 15).

Eckerts Auffassung nach bleiben zahlreiche gesellschaftliche Konflikte unreguliert, verschleppt und in ihren Auswirkungen deshalb eskalierend. „In diesen erhalten Konflikttreiber Chancen, Ereignisse zu produzieren, mit denen die Identität der Beteiligten immer wieder auf eine kollektive und über den Konflikt bestimmte Dimension festgelegt wird" (ebd.), wie dies im gesamten Spektrum zwischen Rechtspopulismus und extremistischem Neo-Salafismus erfolgt.

(2) Die *sekundäre* oder *spezifische Prävention* beleuchtet die potenziellen Akteure und Risikogruppen, die man einer extremistischen Radikalisierung verdächtigt und bei denen man von einer Gefährdung ausgeht. Hierbei ist die Zuschreibungsgefahr groß und die mögliche Wirkung selbsterfüllender Prophezeiung zu beachten. Auf dieser Präventionsebene existieren mögliche Gemeinsamkeiten bei den Risikogruppen in den Bereichen frühkindlicher familiärer Risiken und der Verfestigung der verhaltensbezogenen Risikoauswirkungen im Rahmen meist gruppenbezogener männlicher Rollen- und Identitätsfindung während der Adoleszenz. Bei einem Teil der Risikogruppen mit Migrationshintergrund, die zu religiösem Extremismus neigen, können disparate kulturelle Kommunikations- und Sozialisationsaspekte zusätzlich eine Rolle spielen (vgl. Mansour 2019).

(3) Auf der *Interventionsebene (sekundäre* und *tertiäre Prävention)* wird zwischen der Arbeit mit kognitiven Extremisten, Exit-Programmen für radikalisierte gewalttätige und illegal handelnde Extremisten sowie Rehabilitations- bzw. Resozialisierungsprogrammen für aus der Haft Entlassene unterschieden. Darüber hinaus geht es in diesem Bereich auch um die Bekämpfung der entsprechenden illegalen gesellschaftlichen „Angebote" sowohl politisch

rechtsextremistischer, religiös-fundamentalistischer als auch gewalttätig-fankultureller Provenienz.

Die Methoden in der sekundären und tertiären Prävention umfassen dabei De-Radikalisierungs- und Distanzierungs- bzw. De-Mobilisierungsansätze (Neumann 2013, 5 ff., Vidino 2013, 27 ff., El-Mafaalani u. a. 2016 III).

Die eigentliche Präventionsarbeit findet sowohl auf lokaler Ebene als auch über mediale Netzwerke des World Wide Web statt, da sich die Rekrutierung insbesondere bei religiös-fundamentalistischen sowie bei politisch rechten Extremisten in meist kollektiven Formaten eher lokal-regional vollzieht (vgl. 13 lokale Hotspots bei Neo-Salafisten laut Verfassungsschutzbehörde oder nordhessische und thüringische Rechtsextremismus-Milieus), die sog. Selbstradikalisierung dagegen eher über „Echogruppen" in Social Media-Formaten. In beiden Formaten besteht die real-kollektive (in örtlichen Gruppierungen) und meist anonym-kollektive (über Social-Media) Potenzierungsgefahr von Ressentiments und Affekten des Zorns, der Wut hin zu Hass, die sich final dann nicht mehr sozial kontrolliert und reguliert, sondern sozial angefeuert in der Tat entladen.

Im Vergleich der Betrachtung internationaler europäischer Präventionsstrategien, die von der EU Unterstützung erfahren, kommt man ebenfalls zu keinem einheitlichen Bild. Zunächst fällt die Unterscheidung zwischen allgemeinen und spezifischen Präventionsstrategien auf und eine zunehmende Fokussierung auf letztere. Vidino subsummiert unter allgemeinen Präventionsansätzen einerseits islamisch-religiös ausgerichtete, auf Bildungszugänge und Selbstbefähigung hin orientierte und eher politisch aufklärende Programme unter dem Label ‚Demokratieförderung' und ‚Leben in der multikulturellen Gesellschaft' (Vidino 2013, 25 ff.). Er weist andererseits auf deren Defizite in ihrem Wirkungsnachweis hin, der dazu geführt habe, dass eher spezifische Interventionsprogramme gefördert werden. Hierbei zeige sich ein zweites Dilemma in der Frage der Zusammenarbeit mit muslimischen Gemeinden bzw. Organisationen, die im Falle einer Kooperation zwar religiöser Gewalt abschwören müssten, deren Wirkungen auf kognitive Radikalisierungsprozesse aber nicht auszuschließen seien. Bei den spezifischen Interventionen kommt es schließlich zum Stigmatisierungsdilemma, da es vornehmlich um eine frühzeitige Identifikation von Risikopersonen und -gruppen geht und eine Zusammenarbeit schulischer, sozialpädagogischer, polizeilicher Fachkräfte und religiöser Schlüsselpersonen Voraussetzung ist. Hierdurch verwischen sich aber entweder die jeweils unterschiedlichen Aufträge dieser institutionellen und organisationsbezogenen Vertreter oder sie geraten in gegenseitige Friktionen oder Konkurrenzen zueinander.

8.2 Fachliche Ansätze und Konzeptionen

Die Strategien und methodischen Herangehensweisen an die Phänomene politischer, religiöser und fan-bezogener Radikalisierung auf der sekundären und tertiären Präventionsebene beziehen sich auf die jeweils existierenden Verständnisse, Definitionen und Ursachenanalysen der Phänomene. Diese unterscheiden sich nicht nur fachlich, sondern auch international oder regional voneinander.

(1) Werden die Ursachen bspw. eher in sozialisationsbezogenen Kontexten verortet, findet man in den entsprechenden Projekten häufiger sozialpädagogische Begleitung in Form lebensweltorientierter Konzepte, die an den vermuteten defizitären Einflussvarianten wie Familien- oder Peerbezügen, schulischen und beruflichen Unterstützungsdefiziten oder auch adoleszenter Identitätsprobleme ansetzen. In Ergänzung zu solchen allgemeinen Lebenshilfestellungen werden in der Arbeit mit religiös-fundamentalistisch orientierten Extremisten punktuell religiöse, mit Rechtsextremisten politische Themen mit einbezogen und damit auf einer Ebene kognitiver De-Radikalisierung meist individuell gearbeitet. Die Arbeit auf dieser sozialpädagogischen Ebene orientiert sich häufig auch an den vermuteten Radikalisierungsstufen (vgl. Kap. 3.4). Vor dem Hintergrund einer solchen eher sozialisations- und kulturorientierten Analyse wird auf sämtlichen der drei Handlungsebenen gearbeitet.

(2) Darüber hinaus existieren Projekte, die bspw. von Stiftungen oder Bundes- und Länderprogrammen (z. B. Amadeu Antonio Stiftung) finanziert werden, um die demokratische Zivilgesellschaft zu stärken oder sich gegen Rechtsextremismus, Rassismus und Antisemitismus wenden und somit auf einer zivilgesellschaftlichen Ebene politisch aufklärend wirken oder auch Opfer von extremistischen Taten unterstützen.

(3) Eine dritte Ebene ist die der strafrechtlichen Verfolgung. Hierbei wird aber ebenfalls sozialpädagogisch begleitend, resozialisierend gearbeitet, oftmals mit zugleich politisch oder religiös orientierten Zusatzangeboten. Sog. Schlüsselpersonen, wie etwa liberalen Imamen oder ehemaligen, aus der Szene ausgestiegenen Rechtsextremisten kommt dabei die Aufgabe zu, Ausstiegswege aus den entsprechenden Szenen sowie Alternativen zu fundamentalistischer Religionsausübung aufzuzeigen. Solche Ausstiegskarrieren sind häufiger in den Exit-Programmen integriert, die teilweise auch Schutz- und Anonymisierungsmöglichkeiten für Ausstiegswillige vorhalten, um sie keinen Racheakten durch die ehemaligen Gruppierungen auszusetzen.

(4) Eine weitere Herangehensweise ist die der Anreiz-Setzung für extremistische Gruppenmitglieder, die ausstiegsbereit sind. Diese werden etwa als Informanten für die Verfolgungsbehörden angestellt, arbeiten als „authentische Ehemalige“ in der Prävention oder sie werden, wie im Falle einiger arabischer Länder etwa mit materiellen Anreizen gelockt.

Je nach Verfestigungsgrad der ideologischen oder religiösen Einstellungen wird in der Präventionsarbeit zwischen De-Radikalisierung und De-Mobilisierung unterschieden. De-Mobilisierung unterscheidet sich von De-Radikalisierung durch einen Verzicht auf den Anspruch, ideologische Einstellungen oder religiöse Gläubigkeit verändern zu wollen. Zielsetzung ist allein die Verhinderung von Gewalt und von Straftaten.

Im Bereich der gewaltaffinen Fan-, Ultra- und Hooliganszenen des Bundesliga-Fußballs existieren seit den 1980 Jahren an zahlreichen Standorten sog. Fanprojekte. 2019 gab es 61 dieser Projekte, die in 68 Fanszenen arbeiten (www.kos-fanprojekte.de).

Die Fanarbeit erhielt erst 1985 durch die tragischen Ereignisse bei einem Europacupendspiel mit 39 Toten einen entscheidenden Schub. Sämtliche Bundesligavereine verpflichteten sich seit 2011, hauptamtlich tätige Fanbeauftragte einzustellen, die neben den vereinsunabhängigen Fanprojekten die Arbeit mit den jeweiligen Fans übernahmen. Diese Arbeit ist stark sozialpädagogisch ausgerichtet und sowohl als Sozialarbeit wie als Bildungsarbeit konzipiert. I. d. R. wird mit den Vereinen, den Medien, der Politik und den Sicherheitsbehörden zusammengearbeitet. Aufgabengebiete der Fanprojekte sind nach Angaben der Bundesarbeitsgemeinschaft (BAG) „die Förderung einer positiven Fankultur, Gewaltprävention und Demokratiestärkung, Hilfestellung für meist jugendliche Fans in Problemlagen aber auch die Kommunikation zwischen den am Fußball beteiligten Parteien (u. a. Fans, Vereine, Polizei und Ordnungsdienste) herzustellen und zu moderieren“ (ebd. 2019).

Methodische Aspekte

Methodisch wird auf sozialpädagogischer Ebene in allen drei Radikalisierungsmilieus mehr oder weniger stark in Anlehnung an Krafelds Ansatz „akzeptierender Jugendarbeit“ mit rechtsextremen Jugendlichen (vgl. Krafeld 1992) gearbeitet. In dieser Konzeption wird abweichendes bzw. anstößiges Verhalten als Bewältigungsstrategie individueller Lebenslagen definiert, dem es in Form von Beziehungsarbeit (Interesse, Vertrauensbildung), gemeinsamen positiven Situationserlebens und der Konfrontation mit Andersdenkenden zu begegnen gilt. Der Ansatz gründet darauf, Akteure in deren kulturellen sozialen Kontexten „abzuholen“ und sich vornehmlich an den Problemen zu orientieren, die diese Zielgruppe hat, und weniger an denen, die sie macht.

> „Konfrontation muss zwar ein Bestandteil von professioneller Beziehungsarbeit sein, aber gerade nicht deren ausschließlicher Ausgangspunkt oder deren Alternative. Zunächst einmal gilt es vielmehr, an den Problemen anzusetzen, die jene jungen Menschen damit haben, ihr eigenes Leben zu entfalten. Erst dann öffnen sie sich auch der Erkenntnis, welche Probleme sie umgekehrt anderen machen. Ein solches Vorgehen

> setzt natürlich voraus, sich wirklich für diese Jugendlichen zu interessieren, sie ernst zu nehmen und als Personen zu respektieren, anstatt nur auf ihre anstößige Seite zu blicken. Erst so können die Jugendlichen Anderssein und Andersdenken auch als attraktiv und anregend empfinden und nur dadurch kann eine ‚personale Konfrontation mit dem Anderssein' auch wirklich fruchtbar werden" (Krafeld 1996, 1).

Der „akzeptierende Ansatz" ist zumindest für den Einstieg in die Arbeit mit radikalisierten Extremisten immer noch relevant, weil davon auszugehen ist, dass eine intrinsische Motivation die Voraussetzung für nachhaltige sozialpädagogische Wirksamkeit ist.

Selbst bei einer richterlichen Auflage oder bei Angeboten, die durch den indirekten Zwang erfolgen, ist ein solcher Einstieg fachlich angesagt. Dies bedeutet keinesfalls, dass Regelverletzungen und Gewalttätigkeit als Bearbeitungsgegenstand entfallen. Im Gegenteil, es wird auch in diesem Handlungsfeld nach dem Prinzip personenbezogener Wertschätzung bei gleichzeitiger Verhaltens- bzw. Tatverurteilung gearbeitet.

Während auf der primären Präventionsebene vor allem über Bildungsarbeit, freizeit-, theaterpädagogische Gruppenarbeit und sozialpädagogische Einzelberatung operiert wird, spielen auf der sekundären und tertiären Handlungsebene eher einzelfallorientierte Beratung, konkrete Hilfen und Coaching eine Rolle. Gerade bei der De-Radikalisierung in Exit- und Rehabilitationsprogrammen sind Ausstiegshilfen mit Hilfen beim schulischen oder beruflichen Zugang, bei der Suche nach neuen und anderen Bezugsgruppen, beim Aufbau einer neuen Existenz an einem anderen Ort sowie psychologische und/oder sozialpädagogische Begleitung indiziert, die jeweils individuell ausgerichtet sind. Eine vergleichsweise ähnliche Vorgehensweise existiert aber auch teilweise auf sekundärer Präventionsebene wie bspw. im sog. „Channel-Projekt" in Großbritannien, einem Interventionsprogramm für Mitglieder aus Verdachts- bzw. Risikogruppen (vgl. Neumann 2013, 8). Generell lässt sich feststellen, dass in der Arbeit mit religiösen oder politisch orientierten Extremisten eher ausstiegsorientiert, in der Arbeit mit Hooligangewalt dagegen eher in Richtung einer Hinwendung zu einer gewaltloser Fankultur und damit einem Verbleib in der Szene gearbeitet wird.

8.3 Konzeptionen in schulischen und sozialpädagogischen Feldern

Es sollen hier jetzt vor allem die pädagogischen und sozialpädagogischen Ansätze näher betrachtet werden, da diese auf sämtlichen Präventionsebenen relevant sind. Wie bereits angedeutet, unterscheiden sich die Herangehensweisen teilweise deutlich voneinander. Dies ist nicht ungewöhnlich, da einerseits die lokalen Milieus auf jeweils spezifischen Entstehungszusammenhängen gründen wie bspw. dasjenige einer südhessischen Großstadt, in der ein charismatischer Neo-Salafist mit deutschen Wurzeln die dortigen, extrem zahlreich präsenten und mit ihren Lebenssituationen äußerst unzufriedenen jugendlichen Migrantenmilieus durch sein Auftreten und die Art seiner Ansprache faszinieren konnte.

In anderen lokalen Zusammenhängen kommen Moscheevereinen oder auch der Verbindung stark segregierender Wohn- und Lebenssituationen mit sozial wenig in die Gesellschaft integrierten ethnischen Communities bei religiöser Radikalisierung zentrale Bedeutung zu.

In wieder anderen lokalen Zusammenhängen entwickeln sich Radikalisierungsprozesse über kulturelle Friktionen, wie im Falle einer Auseinandersetzung in einem Jugendzentrum einer multikulturellen deutschen Metropole, in dem sich muslimische Jugendliche u.a. auch in der Auseinandersetzung mit ihren Sozialarbeiterinnen weiter radikalisierten.

Die jeweiligen lokalen Präventionsstrategien sollten sich immer auf solche spezifischen lokalen Entwicklungen beziehen können, um erfolgreich zu sein. Meist erfolgt dies über eine Kombination strafrechtlicher und sozialpädagogischer Interventionen, Präsenz in der Öffentlichkeitsarbeit und der Zusammenarbeit mit politischen Instanzen.

Für die konzeptionelle Herangehensweise ist aber die jeweilige Analyse des Phänomens wichtig. Erst hierüber lässt sich festlegen, wie methodisch reagiert werden kann. Weiterhin gilt es zu beachten, welche fachlich-professionellen und welche Persönlichkeitsfaktoren bei den zu beauftragenden Fachkräften erforderlich sind, um mit der entsprechenden Zielgruppe erfolgreich arbeiten zu können. Je nach religiösen, kulturellen oder politischen Einstellungen der Adressaten können Geschlechtszugehörigkeit, Alter, Berufserfahrung, zugeschriebene Narrative und ethnisch-nationale Zugehörigkeit der Fachkräfte bedeutsam sein.

Ausgehend von den jeweiligen lokalen, konzeptionell-analytischen Spezifika sollen beispielhaft einige konzeptionelle Ansätze im deutschsprachigen Raum angerissen werden, die auf unterschiedlichen Annahmen aufbauen, aber an ähnlichen Zielen arbeiten: Ausgangspunkt ist, des Umfangs und der wissenschaftlichen Fundierung wegen, ein Programmvorschlag der Forschungsgruppe um Aladin El-Mafaalani, der durch den sog. „Verantwortungspädagogischen Ansatz“ von „Violence Prevention Network“ (VPN) sowie den Ansatz von Ahmad Mansour, der die Salafismuszuwendung als jugendkulturelle Artikulationsform sieht, („Generation Allah“) ergänzt wird. Zum Vergleich wird unter dem Stichwort „Terrorismusbekämpfung“ eine angelsächsische Systematik, nämlich die des New York Police Department (NYPD) vorgestellt, in welchem die diversen Präventionsansätze mit den dort analysierten Radikalisierungsstufen in Bezug gesetzt werden.

El-Mafaalani u.a. (2016) gehen in ihrer Expertise nicht nur von Diskriminierungs- und Entfremdungserfahrungen und sozialer Desintegration als Radikalisierungsimpulsen aus, sondern beziehen sich auf Befunde der angelsächsischen Forschung, in der vor allem auch auf die Rolle von „Grievances" im Sinne einer allgemeinen Unzufriedenheit mit und Frustration über gesellschaftliche und politische „Missstände" als Ausgangspunkten für Radikalisierungen hingewiesen wurde (Fahim 2013, 43). Diese Feststellung ist für die Ausrichtung ihrer präventiven Strategie relevant. Neben gelingender Integrationsleistungen erfordert dieser Befund von „Grievances" eine gesamtgesellschaftliche und politische Antwort. Vor diesem Hintergrund zielt religiös orientierte Präventionsarbeit nicht allein auf eine Immunisierung junger Menschen, sondern sollte die Veränderung gesellschaftlicher Diskurse und Rahmenbedingungen, die einer Teilhabe und der Identifikation von Muslimen und Migranten mit der Gesellschaft entgegenstehen, einschließen. Präventionsarbeit erfordere als Empowerment deshalb „eine bewusste Auseinandersetzung mit gesellschaftlichen Widersprüchen sowie eine gesellschaftliche Öffnung, die reale Chancen von Partizipation und Mitgestaltung unabhängig von Herkunft und Religionszugehörigkeit ermöglicht" (El-Mafaalani u.a. 2016, 6).

Ausgehend von dieser Analyse schlagen El-Mafaalani u.a. Präventions- und De-Radikalisierungsprogramme vor, welche die drei Ebenen affektiver, pragmatischer und ideologischer Aspekte umfasst. Die affektive Ebene fokussiert den anvisierten emotionalen Bruch zur extremistischen Gruppe, die pragmatische Ebene umfasst praktische Bedürfnisse der Adressaten, die von Einfluss auf den Ausstieg sind. Die ideologische Ebene wiederum sollte eine Auseinandersetzung ermöglichen, die in Verbindung mit den Überzeugungen und der Weltanschauung steht (vgl. El-Mafaalani u.a. 2016, 17).

Die zentralen Handlungsfelder werden im Bereich der Schule (Religionsunterricht; interreligiöse, interkulturelle und politische Bildung), in der Jugend- und Sozialarbeit und in der gemeindebezogenen Sozial- und Bildungsarbeit verortet. Methodisch werden systemische Beratung, Aufsuchende Jugendarbeit und religionsspezifische Angebote vorgeschlagen. Es wird darauf verwiesen, dass es konzeptionell und methodisch starke Ähnlichkeiten mit der Arbeit in rechtsextremistischen Milieus gebe, aber politisch-ideologische durch religiöse Schwerpunkte ersetzt werden (ebd., 21 ff.).

Der mit radikalisierten Jugendlichen arbeitende Psychologe Ahmad Mansour gründet seinen Ansatz auf der Analyse einer eher disparaten kulturellen Kommunikations- und Sozialisationsstruktur meist männlicher muslimischer Jugendlicher aus patriarchalischen Verhältnissen, die in ihrer adoleszenten Entwicklungsphase diversen psychosozialen Risiken wie Unzufriedenheit, fehlenden väterlichen Vorbildern, familiären Konflikten, Depressivität, kritischen Lebensereignissen dadurch begegneten, dass sie in der liberalen kontingenten Welt nach klaren, vereinfachenden Antworten suchten und diese z.B. auch in neo-salafistischen Gruppen fänden (Mansour 2019, 2). Mansour geht in diesem Kontext davon aus, dass derart sozialisierte Jugendliche weder demokratiefähig sind noch mit der Liberalität westlicher Gesellschaften umgehen könnten, da Kommunikation und Verständigung auf Augenhöhe, Verhandlungsbereitschaft und nichtautoritäre Offenheit von ihnen ‚als Schwäche' interpretiert würden.

Mansour arbeitet einerseits autobiografisch mit dem Narrativ, als ehemaliger Islamist einen eigenen Weg zum kritischen Umgang mit dem Islam gefunden zu haben. Dieser Vertrauens- und Glaubwürdigkeitsaspekt dürfte gerade in diesem Arbeitssegment besonders effektiv sein: Glaubwürdigkeit „kann in diesem Zusammenhang vieles bedeuten. In Europa sind das in der Regel Menschen, die selbst über Migrationserfahrungen verfügen. Es können auch Imame mit vertieft religiösem Wissen sein. Bei einigen Projekten (z.B. zum Thema Rechtsextremismus) nehmen ehemalige Extremisten als Gruppenleiter an den Projekten teil" (El-Mafaalani u.a. 2016, 18). In der Herangehensweise von Mansour wird deutlich, welch zentrale Bedeutung der Persönlichkeitsdimension zukommt, da es in der De-Radikalisierungsarbeit um existenzielle Aspekte zwischen rechtswidriger Gefährdung anderer und Selbstgefährdung durch Ausstieg geht. Vertrauen, Glaubwürdigkeit, dem Klienten das Gefühl zu vermitteln, verstanden zu werden und Authentizität seien hier die Charakteristika, die Fachkräften einen Zugang verschaffen können.

Andererseits bedient sich Mansour ebenfalls des klassischen sozialpädagogischen Methodeninventars, angefangen mit den Prämissen „akzeptierender Sozialarbeit" zwischen Einzelberatung, kritischer Bildungsarbeit und Theaterpädagogik. Ziel ist eine Befähigung zur Mündigkeit. Themen zur Reflexion in seiner Bildungsarbeit sind die diversen Auslegungsvarianten des Koran, der Umgang mit Geschlechterrollen, mit traditionellen Herkunftsgewohnheiten in der Demokratie sowie die eigene Urteilsfähigkeit. Mansour begegnet den Vorurteilen und Ressentiments seiner Klienten mit eigenen bzw. mit „Gegennarrativen", eine Herangehensweise, die im religiösen Bereich sinnvoll erscheint, die aber in der Arbeit mit ideologischen Extremisten nicht funktioniert (Dovermann 2013, 47).

Als zentrale Handlungsfelder betrachtet Mansour die schulische Sozialisation, partiell die Arbeit mit Angehörigen bzw. Eltern sowie die Jugend- und Jugendsozialarbeit, letztere z.B. auch in der JVA oder nach der Haftentlassung.

Darüber hinaus plädiert er für eine zentrale bundesweite Koordination sämtlicher Präventionsprojekte und für eine an Qualitätsstandards gebundene Förderung.

Der Verein Violence Prevention Network e.V. (VPN) ist bundesweit im Bereich der politischen und religiösen Extremismus-Prävention, der Intervention und der De-Radikalisierung und Ausstiegsbegleitung aktiv und arbeitet methodisch nach einem Konzept der „Verantwortungspädagogik“. Im Präventionsbereich geht es um eine „Grundimmunisierung“ von Jugendlichen durch Workshops sowie um eine Sensibilisierung von Fachpersonal mit Hilfe von Fortbildungen und Qualifizierungen; im Interventionssektor um das Auslösen von Distanzierungsprozessen durch Einzel- oder Gruppentrainings in der Haft, im Arrest und auch ambulant. Darüber hinaus existieren Angebote der Begleitung von Ausstiegsprozessen sowie direkte Arbeit mit Ausreisewilligen und Returnees sowie die Beratung der Angehörigen.

In der Arbeitskonzeption werden sämtliche Entwicklungsstufen der Radikalisierung umfasst und entsprechende Ansätze vorgehalten, nämlich für Ressentiment geleitete, (leicht) ideologisierte Menschen (1), für ideologisierte Menschen mit Gewaltbereitschaft (2), für ideologisierte und radikalisierte Menschen (3) sowie für radikalisierte Menschen mit hohem Gewaltpotential (4) (vgl. VPN 2019, 18).

Der „verantwortungspädagogische Ansatz“ fußt auf der Annahme problematischer psychosozialer Sozialisations-, Diskriminierungs- und Desintegrationserfahrungen und dadurch bedingter Identitätsproblematiken, die in eine Fokussierung und Radikalisierung einzelner Identitätsanteile mündeten, einer sog. „Rest-Identität“ (VPN 2019, 5). Es wird versucht, in möglichst frühen Radikalisierungsstadien, etwa durch Aufsuchende Arbeit mit potenziell anfälligen Personen in Kontakt zu kommen und in ‚non-konfrontativer‘ Form in der Beziehungsarbeit Distanzierungsprozesse zu ideologisierten Weltbeschreibungen und Einstellungsmustern einzuleiten.

Dies wird als eher längerfristiger Begleitprozess verstanden, in dessen Verlauf vielschichtige Themenfelder und Problemlagen zur Bearbeitung (Einzelgespräche, Workshops usw.) kommen. Zu den Bearbeitungsthemen gehören u. a. die Bedeutung, die Funktion und die Folgen (z. B. für die Familie, für die Erwerbsbiographie, für die eigene Gewaltproblematik usw.), die mit der jeweils vorzufindenden Zugehörigkeit zu einschlägig orientierten Kumpels, Parteien, neonazistischen bzw. islamistischen Personennetzwerken, Moscheegemeinden usw. verbunden sein können. Diese Themen werden jedoch nicht mit dem Ziel angesprochen, den Klienten zum Verlassen solcher strukturellen Zusammenhänge zu bewegen. Stattdessen sollten die Adressaten selbst erkennen können, welche unverhältnismäßige Macht ideologisierte Personengruppen, ihre sozialen Dynamiken und Denkweisen über ihr Leben besitzen; Ziel sei deshalb, dass die Adressaten solche Personenkreise aus eigener Entscheidung hinter sich lassen möchten. Das Leben eigenverantwortlich zu führen, soll zum intrinsischen Motiv der Teilnehmer werden (vgl. VPN, 2019, 12 f.).

Das Ziel der Übernahme von Selbstverantwortung korrespondiert mit dem der Erlangung von Mündigkeit bei Mansour. In beiden Konzeptionen wird eher unaufdringlich, nach dem Prinzip von Freiwilligkeit und deutlich systemisch gearbeitet.

Das letzte hier kurz skizzierte Modell (vgl. Ü 34) ist das des New Yorker Police Department. Es ist anwendungsbezogen aufgebaut und dient als Orientierungshilfe für Projekte der Terrorismusbekämpfung. Es ist deshalb interessant, da es hilft, die bisher thematisierten praxisbezogenen Ansätze den drei Präventions- bzw. Handlungsebenen zuzuordnen.

Phasen	Charakteristika	Formen	Anwendung
„Pre-Radicalization"	– Abschottung, Distanzierung – Orientierungsphase – Interesse für neue Aktivitäten – Offen für neue Ideen – Erste Berührungspunkte mit jihadistischem Milieu	Primäre Prävention	– keine Zielgruppe – Resilienz, Persönlichkeit stärken – Radikalisierungsprozess verhindern – Sensibilisierung für radikale Ideologien – Gefahrenabwehr
„Self-Identification"	– Distanzierung der eigenen Identität – Suche nach neuen Richtlinien – Kontakt mit extrem. Milieu/ Halt- und Orientierungssuche – neue salafistische Identität – besondere Vulnerabilität bei Jugendlichen – Auslöser: wirtschaftl., soziale, politische oder persönliche Faktoren	Sekundäre Prävention	– Adressatenkreis: Personen mit ersten Radikalisierungstendenzen, Kontakt zur extrem. Szene – direkte sekundäre Prävention: Kontakt mit Risikogruppen – indirekte sekundäre Prävention: Kontakt mit Schlüsselpersonen
„Indoctrination"	– Annahme der Ideologie, Anpassungsphase – Glaubensintensivierung, – Akzeptanz der religiös-politischen Weltanschauung – Lebensweg neu definiert – Salafistische Ziele	Tertiäre Prävention/ De-Radikalisierung	
„Jihadization"	– Ideologie wird zur Leitorientierung – enge Zusammenarbeit in Gruppe: Zusammenhalt – Kämpfer des Jihad – Teil einer Bewegung mit göttlichem Auftrag	Distanzierung	– Adressatenkreis: gewalttätige Salafisten – Abbringen von gewalttätigen Handlungen – Unterlassen von extremistischen Handlungen

Übersicht 34: Radikalisierung und Präventionsstufen nach dem NYPD – Radikalisierungsprozess Terrorismusbekämpfung (In Anl. an Münch 2018, 77)

Münch weist darauf hin, dass das Modell lediglich orientierenden Charakter besitzt, da die extremistischen Einzelkarrieren jeweils stark individuelle Ausprägung besitzen und sich Aspekte der verschiedenen modellhaften Strukturebenen auch ganz anders kombinieren können (vgl. Münch 2018, 44).

Zusammenfassend lässt sich feststellen, dass Radikalisierungsprozesse biographie- und lebensphasenspezifisch stattfinden, sich jeweils individuell ausformen und meist mit „Krisenerfahrungen, Phasen adoleszenter Sinnsuche oder sozialer Neuverortung einhergehen und in diesen Phasen beispielsweise politisch extremistische sowie ideologisierte Islamauslegungen ganz spezifische Bedeutungen und Funktionen für die jungen Menschen haben können" (Milbradt u.a. 2019, 6). Dem entsprechend müssen sich präventive Ansätze auf individuelle Karrieremuster flexibel und in Kombination von Einzel- und Gruppenbegleitung einstellen können. Der Fokus sollte deshalb auf „eigensinnige Aneignungs- und Konstruktionsprozesse" der jungen Menschen gelegt werden. Da sich Radikalisierungsprozesse, ähnlich wie Gewalt, nicht monokausal erklären lassen und sich häufig aus einer Verzahnung persönlicher, sozialer, religiöser, politischer und gesellschaftlicher Einflussfaktoren herausbilden, sollte es in den jeweiligen Einzel- und gruppenspezifischen Fällen eher um ein Präventionsmanagement gehen, in welches die jeweils relevanten Felder einzubinden wären. Die für die schulischen und sozialpädagogischen Bereiche relevanten konzeptionellen Formate lassen sich folgenden Themen und Handlungsmethoden zuordnen (Milbradt u.a. 2019, 17ff.):

a) politische Aufklärung/Sensibilisierung zu Extremismus bzw. Radikalisierung und Vermittlung einer darauf bezogenen Handlungskompetenz (Politische Bildungsarbeit);
b) Religiöse Sensibilisierung für extremistische und gemäßigte Islamauslegung (Politische und religiöse Bildungsarbeit);
c) Historisch-politische Aufklärung zur NS-Vergangenheit bzw. zur Genese des Nahost-Konflikts (Politische Bildungsarbeit);
d) Interkulturelle Sensibilisierung und Begegnung (Politische Bildungsarbeit);
e) Einzelfallorientierte Hilfs- und Unterstützungsangebote (Jugendarbeit, Jugendsozialarbeit).

Personell besitzen jeweils ‚kulturell affine' Fachkräfte Vorteile bei Vertrauensbildung und Glaubwürdigkeit durch Authentizitätszuschreibung. Insbesondere in schwierigen Verständigungssituationen und insbesondere in den Frühphasen einer Begleitung kann eine entsprechende personelle Besetzung ratsam sein.

Fazit

Insgesamt lässt sich feststellen, dass sich die Ansätze der Radikalisierungsprävention und Extremismusbekämpfung eigentlich sehr viel deutlicher in schulischen und sozialpädagogischen Feldern verorten müssten. In den aktuellen, und damit meist ereignisnahen öffentlichen Debatten spiegelt sich diese Priorisierung dagegen kaum wider. Denn sowohl nach politisch als auch nach religiös akzentuierten Gewaltereignissen überwiegen zunächst sicherheits- und ordnungspolitische Debatten, aus denen sich, ebenfalls in einem Transformationsprozess, sukzessive dann immer deutlicher psychosoziale und bildungsorientiert-aufklärende Maßnahmen ergeben, die schließlich meist parallel zu den ordnungspolitischen vorgehalten werden.

Eine solche doppelgleisige Verfahrensweise zeigt auf, dass einerseits eine Bearbeitung der vermuteten Ursachen und andererseits die über mediale Kommunikation ausgelösten Ängste vor extremistischen Phänomenen Gegenstand vor allem politischen und administrativen Handelns sind. Wissenschaftliche Erkenntnisse zu den Phänomenen selbst, gerade auch in ihrer Uneindeutigkeit, bieten dann für Politik und administrative Behörden gleichermaßen Entscheidungshilfen an, um je nach politischer Ausrichtung der lokalen, regionalen ober bundesweiten Debatten letztendlich eher in gesellschaftlich-politischen oder in psychosozialen und sozialisatorischen Bearbeitungssegmenten Prioritäten zu setzen.

Hinsichtlich der Bezüge zwischen den drei Phänomenen Radikalisierung, Konflikten und Gewalt wird deutlich, dass Radikalisierungsprozesse i.d.R. auf Problemen aufbauen, die einerseits aus der Nichtbearbeitung von Konflikten (vgl. Eckert 2013) resultieren können und dass ihnen andererseits auch im Rahmen der Konflikteskalation und der Entstehung von Gewaltaffinität strukturelle Bedeutung zukommen kann. Im Rahmen solcher Bezüge kommt es also darauf an, herauszufinden, in welchen Fällen es sinnvoll ist, Konflikte sofort zu thematisieren und zum Bearbeitungsgegenstand zu erklären, um dadurch Radikalisierungsspiralen Energie und Impulse abzuschneiden. Eine solche Entscheidung ist nicht einfach, da Konflikte ja in der individuellen entwicklungsbiografischen Abfolge sehr wohl auch orientierenden und kathartischen Charakter besitzen können und daher möglichst von den Akteuren selbst zu bewältigen wären.

Radikalisierungsformen und -akzente treten ansatzweise vermutlich in sämtlichen gruppenbezogenen und gesellschaftlichen Settings in Erscheinung und können diesen neue Impulse verleihen, oder auch destabilisieren. Hier gilt es jeweils auszuhandeln, inwieweit sie den Gruppenzusammenhalt letztendlich sprengen und wie weit eine Gruppe bereit ist, Radikalität als integrierten oder zu integrierenden Bestandteil ihrer Gruppendynamik zuzulassen. Gruppenausschluss kann die Gruppe selbst zwar wieder stabilisieren, den oder die Ausgeschlossenen aber auch weiter radikalisieren.

Kapitel 9
Methoden im Umgang mit Gewalt

In der Beschäftigung und der Arbeit im Zusammenhang mit Gewalttätigkeit spielen sowohl Täter als auch Opfer eine Rolle. Hierbei offenbart sich ein klassischer Gegensatz zwischen Gewaltakzeptanz auf der Seite von Tätern, Ausführenden oder Befürwortern und der ‚Gewaltwiderfahrnis' bzw. dem ‚Gewalterleiden' auf Seiten der Opfer oder Geschädigten. Gewaltprävention muss beide Bereiche von Gewaltbezügen einschließen und fall- bzw. aufgabenbezogen entweder getrennt voneinander oder in Bezug zueinander arbeiten. Weiterhin sollte sie unfreiwillige Gewaltzeugenschaft einschließen, bei der nicht die Billigung oder bewusste Duldung, sondern individuelle Hilflosigkeit vorliegt, wie etwa bei Kindern, wenn sie Zeugen von Erwachsenengewalt werden.

In der Regel wird die Arbeit mit Gewalttätern und den gewalterleidenden Opfern mit dem Begriff der Prävention umschrieben.

„Prävention" meint im gängigen Sprachgebrauch eine Denkweise und einen Handlungsansatz, der versucht, durch Einflussnahme auf Situationen und Personen – (potentielle) Täter wie Opfer – bereits das Entstehen (und die Eskalation) von Problemen zu unterbinden. Sie ist also mehrdimensional angelegt. Im Zusammenhang mit Gewalt wird nicht nur strukturell zwischen den drei temporären Tatausführungsstufen der primären, sekundären und tertiären Prävention unterschieden. Sondern zielgruppenspezifisch betrachtet wird primäre Prävention auch als allgemeine, anlassunabhängige „universelle" Vorbeugung im Sinne einer Generalprävention, die sekundäre als anlassbezogene, „selektive" und deshalb bei Risikolagen und -gruppierungen zur Anwendung gelangende Herangehensweise und die tertiäre als „indizierte", bestimmte Personen adressierende Rückfallvermeidung verstanden (vgl. z. B. Heinz 2004; Scheithauer u. a. 2012). In der Praxis sind spätestens auf Stufe drei die Übergänge zu Interventionshandeln fließend (Möller u. a. 2016, 2 f.), sodass hier das in Ü 23 vorgestellte Modell in Anlehnung an das Interventions- und Präventionsspektrum nach IOM/NRC verwendet werden soll.

In zahlreichen größeren Anti-Gewalt-Programmen und den Präventionsvorschlägen z. B. des Deutschen Präventionstags (DPT), des Deutschen Forums Kriminalprävention (DFK), kommunaler und Präventionsgremien auf Landesebene und des Nationalen Zentrums Kriminalprävention (NZK) geht es meist um eine differenzierte Betrachtung nach Handlungsfeldern, nach Zielen oder nach spezifischen Maßnahmen, ausgehend von den jeweiligen

Handlungsaufträgen. Zu kurz kommt dabei oftmals eine differenzierte Betrachtung nach den jeweils herangezogenen Analysen, Erklärungstheorien und den Motiven der unterschiedlichen Gewaltformen, die in den Programmen eigentlich bearbeitet werden sollen. Die Ansätze etwa hinsichtlich ‚Häuslicher Gewalt' oder zur Verhinderung von Amoktaten sind kaum vergleichbar mit denjenigen jugendlicher Ganggewalt oder zu Raubdelikten. Ebenso führen die verschiedenen Erklärungstheorien zu jeweils unterschiedlichen Maßnahmen und Konsequenzen (vgl. Schubarth 2008, 52f.).

Solche Schwächen in der Differenzierungsvielfalt fördern zwangsläufig die Unübersichtlichkeit der Angebotsvielfalt. Hinzu kommt, dass die Angebote häufig regional ausgerichtet sind und damit das gesamte Spektrum in singularisierende Formen hin erweitert wird. In einer solchen Angebotslandschaft wird es schwer, einen klar strukturierten Gesamtüberblick herzustellen und die einzelnen Maßnahmen muten vielfach dann eher willkürlich an. Darüber hinaus steht ihre Wirksamkeit infrage, da kaum vergleichbare Wirkungskriterien existieren und es nicht zu entsprechenden Evaluationen kommt (vgl. Preiser/Sann 2008, 329ff.; Rössner et al. 2001; Maywald 2017; Bliesener et al. 2010).

Es soll in diesem Rahmen deshalb nur darum gehen, ein Orientierungssystem zu entwickeln, welches die Ausdifferenziertheit der gesamten theorie- wie praxisbezogenen Angebotslandschaft in einen sinnvollen Kontext einbindet.

Dies erfolgt in drei Schritten: (1) nach bestimmten Qualitätskriterien Angebotsstrukturen und -inhalte zu werten, (2) darüber hinaus nach generellen methodischen Herangehensweisen zu unterscheiden, um dies (3) auf Angebotsformate herunterzubrechen, die auf ganz bestimmte Gewaltformen zielen. Im Fokus stehen bei der Auswahl von Ansätzen die zwei Lebensphasen früher Kindheit und der Adoleszenz. In der entwicklungspsychologischen Betrachtung des Gewaltphänomens sowie in nahezu sämtlichen Evaluations- und Wirksamkeitsanalysen von Programmen zeigt sich, dass insbesondere in den Phasen früher, meist familialer Erziehung und biografisch später im Prozess der Elternablösung die hauptsächlichen Risiken für gewaltaffines Verhalten zu finden sind, sei es ausgelöst durch meist frühe Traumata, biografische Bruchstellen, Unsicherheit und psychosoziale Einschränkungen oder aber durch individuelles Unvermögen, solche Risiken erfolgreich zu bewältigen.

9.1 Qualitätskriterien für Ansätze und Maßnahmen

Mit Hilfe zahlreicher prozessualer und wirkungsspezifischer Evaluationen (häufig zur Arbeit mit sog. Intensivtätern) lassen sich nachfolgende Qualitätseigenschaften herausfiltern, die eine Maßnahme oder ein Angebot effektiv werden lassen. So zeigen sich über die diversen Evaluationsstudien von Preiser/Sann (2008), Rössner et al. (2001), Maywald (2017) und Bliesener et al. (2010), dass es zunächst einmal günstiger ist, in möglichst *frühem Alter* präventiv tätig zu werden. Hierdurch geraten zunächst die Institutionen der Familienbildung, der Frühen Hilfen, der Erzieherischen Hilfen (nach SGB VIII, §§ 27 ff.), der Kindertagesversorgung über Krippen, Kindertagesstätten und Horte ins Blickfeld.

Im internationalen Vergleich zeigen die vielschichtigen Angebote zwischen therapeutischer Begleitung bis hin zu geschlossener Unterbringung „allgemein einen mäßigen positiven Effekt (...). Allerdings finden sich auch erhebliche Unterschiede zwischen verschiedenen Angeboten. In der internationalen Forschung haben sich bislang theoretisch gut fundierte, klar strukturierte, kognitiv-behaviorale und multi-modale Behandlungsmaßnahmen auch bei jugendlichen Mehrfach- und Intensivtätern im ambulanten wie im stationären Setting bewährt" (Bliesener et al. 2010, 10). In anderen Studien finden sich ähnliche qualitätsfördernde Wirksamkeitskriterien wie etwa eine tatnahe Reaktion, tatbezogene Inhalte der Angebote, strukturierte Verfahren, auf Verhaltensänderung zielende lerntheoretische Ansätze sowie eine längerfristige Dauer.

Mit Hilfe einer Zuordnung solcher Qualitätsbefunde lässt sich leicht erkennen, dass es im biografisch frühen Zeitkorridor einerseits eher um allgemeine Präventionsprinzipien von Förderung, Stärkung und dem Bereitstellen sicherer Bindungen, sowie der Elternberatung, andererseits aber auch um gezielten Kindesschutz gehen muss. Mit fortschreitendem Lebensalter werden dann eher Maßnahmen mit gezielten Inhalten sowie tat- bzw. verhaltensnah platzierte Maßnahmen bedeutsam.

Demgegenüber besitzen „weniger strukturierte therapeutische Angebote und therapeutische Gemeinschaften, nicht-direktive Beratungen oder Maßnahmen mit eher unspezifischer Fallarbeit im Durchschnitt schlechtere Effekte" (ebd., 11). Ebenfalls schneiden Diversionsverfahren, die nicht von psychosozialen Trainings zur Behebung von Kompetenzdefiziten begleitet werden, und Maßnahmen, die im Wesentlichen einen punitiv-abschreckenden Charakter haben wie auch repressive Maßnahmen (wie Festnahmen und Inhaftierungen) schlechter ab. Letztere zeigen nur in Einzelfällen deutliche Grenzen setzende und Nachdenken auslösende Wirkungen.

Aus den meist US-amerikanischen Evaluationsstudien lässt sich lediglich auf Tendenzen in der Wirksamkeit von Maßnahmen schließen. Außerdem ist die Übertragbarkeit der Programme fraglich.

Deshalb ist es wichtig, von der jeweiligen Situations-, Problem- oder Fallanalyse ausgehend eine Maßnahme zu avisieren. Insbesondere bei individuell angelegten Maßnahmen stellt sich eine fachlich fundierte Zuordnungsentscheidung als wichtig heraus, die nicht ausschließlich in den bereits vorhandenen und damit fest institutionalisierten Möglichkeiten nach Lösungen sucht, die dann eventuell nicht eintreten können.

9.2 Methodische Orientierungslinien und Haltungen

Grundsätzlich spielen sechs methodische Orientierungslinien als Grundausrichtungen in der auf Gewaltverhinderung zielenden sozialpädagogischen Arbeit eine Rolle: das Verstehen einer Handlung (1), die Fähigkeiten zur Deeskalation (2), zur Vermittlung (3), zur Intervention und Konfrontation (4), in ganz bestimmten Handlungsfeldern das Einsetzen von Strafe (5) sowie die Befähigung der Adressaten zur Verantwortungsübernahme, zur Tatfolgenantizipation, zur Impulskontrolle und zur Partizipation (6).

Diese sechs Varianten stehen keinesfalls alternativ oder gegensätzlich zueinander, sondern korrespondieren in den unterschiedlichen Phasen eines Bearbeitungsprozesses teilweise miteinander; oder sie dominieren jeweils in den einzelnen Bearbeitungsphasen auf unterschiedliche Art. So kann es bspw. in einem eigentlich konfrontativ angelegten Training zunächst darum gehen, die Gewalttat eines Jugendlichen zu verstehen, ohne ihm gleichzeitig das Gefühl zu vermitteln, mit dieser Tat auch einverstanden zu sein. Denn gerade auch in konfrontierenden Trainings ist es zunächst wichtig, eine vertrauensvolle Beziehung aufzubauen, um zu einem fortgeschrittenen Stadium dann Konfrontationen mit der Tat und deren Folgen bei dem Opfer nachhaltig platzieren zu können. Umgekehrt kann in einer hohen gewaltaffinen und affektiven Erregungssituation etwa einer Schulklasse im Grundschulbereich eine Intervention durch Konfrontation dann auch als Handlungseinstieg gewählt werden, wenn vorher klare Regeln definiert wurden und die Konfrontation schließlich in einen Deeskalationsprozess einmünden kann. Auf die anfängliche konfrontative Intervention zur Unterbindung einer möglichen Eskalationsspirale sollte das „Verstehen" dann später im Rahmen der Reflexion mit den Kindern eine Rolle spielen können. Grundlage für einen ethisch akzentuierten und fachlich erfolgreichen Einsatz dieser methodischen Grundformen ist wiederum eine professionelle Haltung gegenüber den Adressaten, die in deren Achtung, deren Anerkennung und Wertschätzung sowie dem Respekt wurzelt. Krafeld (1996) umschreibt diese Eigenschaften als „Interesse" am Adressaten. Erst dieser persönlichkeitsorientierte Anerkennungsvorschuss gegenüber den Adressaten schafft die Voraussetzung gegenseitigen Respektes, was wiederum die Grundlage zum effektiven und nachhaltigen Einsatz methodischen Handelns darstellt.

(1) Dem *Verstehen* im Rahmen methodischen Handelns können zwei zentrale Bedeutungen zugeordnet werden. Zum einen kommt unter kognitiven Aspekten dem Verstehen z.B. einer ausgeführten Gewalttätigkeit eine

„diagnostisch"-analytische Funktion zu. Einer ausgeführten Tat wird im Verstehensprozess eine Funktion, ein „Sinn" zugeschrieben. Der Tat, ganz gleich wie irrational diese anmutet, kommt dabei im individuellen inneren psychosozialen Haushalt des Adressaten eine „hygienisch-kathartische", eine ausgleichende, vielleicht eine ausbalancierende, bewältigende Rolle zu. Das Erkennen des Tatsinns ist die Voraussetzung, um gezielt handlungsfähig zu werden. Man würde in der Bearbeitung dann überlegen müssen, ob diese Funktion auch durch andere Handlungsoptionen erreichbar wäre.

Zum anderen entspricht im positiven Fall, dem durch die Fachkraft kommunizierten Ausdruck des „Verstehens" das äquivalente Gefühl des „Verstanden-Werdens" auf Seiten der Adressaten. Dieser emotionale Interaktionsaspekt schafft erst die Vertrauens- und Sicherheitsbasis, auf deren Fundament weitere und andere Interventionsformen wie das Deeskalieren, das Vermitteln, das Konfrontieren oder das Strafen ihre Wirkungen entfalten können.

Im Verstehen eines Handlungssinns stellt sich bei der Fachkraft eine Akzeptanz der Persönlichkeit der Adressaten her, die es für diese leichter werden lässt, sich der Kritik an dissozialen oder destruktiven Handlungen zu stellen. In Krafelds Ansatz „akzeptierender Pädagogik" bildet diese Herangehensweise zunächst den Zugang oder „Türöffner" auch zu weniger oder nicht motivierten Klienten.

(2) Die Fähigkeit zur *Deeskalation* geht einher mit einer adäquaten Situations- und Personeneinschätzung, verbunden mit der richtigen Einordnung des eigenen, nach außen hin, vermittelten persönlichen Habitus. Erst die Antizipation dieser spezifischen Wahrnehmung der eigenen Person und deren Wirkungszuschreibungen beim Adressaten schaffen die Basis für gezieltes Handeln und steigern die Wahrscheinlichkeit eines sich Einlassens der Adressaten auf deeskalierende Interventionsaspekte. In der Wirkungszuschreibung bilden dann auffangende, sicherheitsspendende, beruhigend wirkende, aber auch entschiedene Ausstrahlungs- bzw. Zuschreibungsmerkmale eine Rolle. Die methodischen Einzelschritte der Deeskalation wurden in Kap. 7.7 dargestellt.

(3) Die Fähigkeit des *Vermittelns* stellt sich in der gewaltbezogenen pädagogischen Arbeit als ebenfalls mehrfunktional dar. Ihr kommen einerseits lernende Eigenschaften zu, die zum meist unreflektierten Gewalthandeln alternative Verständigungsformen anbietet. Zum anderen beinhalten Vermittlungsverfahren methodische Instrumente, mit deren Hilfe man, im Falle begangener Gewalttaten, zu einem Ausgleich, zu einer Verantwortungsübernahme oder zu einer Schuldreflexion kommen kann.

Ein weiterer Lerneffekt stellt sich für die Adressaten darüber her, dass sich über Vermittlungen Unterschiede entweder beheben oder aber benennen lassen. Bei Letzterem können Kompromissfindung, Kompensationen oder auch Trennungen in Betracht kommen.

Vermittlungen werden schwieriger, sobald Gewalt intrinsischen bzw. dissozialen Charakter trägt, also außerhalb sozialer Interaktionskorridoren angesiedelt ist. Allerdings stößt Vermittlungsarbeit bei ideologischer oder religiös-fundamentalistischer Gewalttätigkeit an Grenzen.

Zentral für die Vermittlungsfähigkeit ist Rollensensibilität und -flexibilität, die Fähigkeit, sich in andere Rollen hineinversetzen zu können sowie Neutralität und ein Handeln im Sinne von Empowerment. Denn Ziel mediativer Vermittlungsverfahren ist die Befähigung der streitenden oder kämpfenden Akteure zur eigenen Lösungsfindung.

Die methodischen Einzelschritte des Vermittelns wurden in Kap. 7.6 dargestellt.

(4) *Intervention* und *Konfrontation* stehen für ein einschneidendes Eingreifen und ein verhaltens- bzw. tatbezogenes Spiegeln in einem prozessualen Ablauf dissozialen oder nicht erwünschten Verhaltens. Eine Intervention oder Konfrontation muss verhältnismäßig erfolgen. Je nach Handlungsauftrag und Setting geschieht dies spontan und situationsbezogen, ritualisiert und regelgeleitet oder in curricularer Form einer Trainingsmaßnahme.

Interveniert wird i. d. R. erst dann, sobald es zu psychischen oder körperlichen Beeinträchtigungen kommt oder eine Absicht hierzu erkennbar wird und keine Aussicht auf Selbstregulation erkennbar ist. In asynchronen Machtverhältnissen können Interventionen auch parteilich akzentuiert sein, wie bspw. bei einem Missbrauchs-, Misshandlungs- oder Verwahrlosungsverdacht. Interventionen sollten als Ultima Ratio einer Handlungskette gelten und möglichst ohne Willensbrechung durchgeführt werden.

Konfrontationen erfolgen in personeller und inhaltlicher Form; personell durch die physische wie psychische Präsenz einer Fachkraft, die damit versucht, einen dynamischen, gewaltaffinen Vorgang auszubremsen bzw. zu unterbrechen. Inhaltlich und thematisch findet Konfrontation dadurch statt, dass eine Regelüberschreitung, ein unerwünschtes oder dissoziales Verhalten dem entsprechenden Akteur widergespiegelt wird, oder auf die Folgen seines Handelns hingewiesen wird. Ziel einer Tat- oder Verhaltensspiegelung ist es, den ausführenden Akteur zum Eingeständnis, zur Einsicht, zur Verantwortungsübernahme und, wenn möglich, zur Wiedergutmachung hin zu bewegen. Über die Konfrontation wird durch die Fachkraft deutlich gemacht, dass sie mit einer Handlung des Adressaten nicht einverstanden ist.

Im psychoanalytischen Verständnis fungiert ein solcher Prozess als Angebotsäquivalent eines Hilfs-ICHs.

Die sieben methodischen Einzelschritte des Konfrontierens, von Grissom/Dubnov (1989) als Level der Konfrontation bezeichnet, sind folgende:

Level 1: freundliches gestikulierendes Aufmerksam-Machen auf den Regelverstoß (friendly-nonverbal);

Level 2: ernsteres Wiederholen der Geste (concerned-nonverbal);
Level 3: freundliche verbale Ermahnung (friendly-verbal);
Level 4: eine entschiedene verbale Ermahnung (concerned-verbal) beendet in den meisten Fällen hier die Konfrontation;
Level 5: ultimative, durch weitere hinzukommende Personen unterstützte Aufforderung, die Konfrontation zu akzeptieren (support);
Level 6: leichte körperliche Intervention durch eine Person in Situationen, in denen die Gefahr einer Verletzung oder Bedrohung Dritter nicht ausgeschlossen werden kann (touch for attention);
Level 7: entschiedene körperliche Intervention (gestützt durch hinzugeholte Personen) und Festhalten bis zur Beruhigung (physical restraint) (Kilb et al. 2013, 96).

(5) Die Voraussetzungen und die Bedeutung des *Strafens* gelten in der Fachdebatte als umstritten. Strafe spielt sowohl im Recht wie auch in der Pädagogik eine Rolle. Im Strafrecht versteht man unter Strafe „ein Übel (…), das einem Täter als Ausgleich für die von ihm begangene unrechte Tat von Rechts wegen auferlegt und durch das die öffentliche Missbilligung der Tat zum Ausdruck gebracht wird" (Dölling 2009, 37). In den Straftheorien kommen der Strafe drei Funktionen zu, die der Vergeltung, die der Verhinderung zukünftiger Delikte beim jeweiligen Täter sowie in Form der Generalprävention bei der Allgemeinheit (ebd., 38 ff.).

Das Verständnis des Strafens im pädagogischen Kontext ist in der interkulturellen pluralen Gesellschaft dagegen relationaler Art. Während ihm in autoritär-patriarchalisch geprägten Erziehungskontexten ein auf die Einhaltung von Gehorsam und Disziplin hin orientierter Anpassungs-, Vergeltungs- und Unterwerfungsimpuls zukommt, wird das Strafprinzip in demokratisch orientierten Erziehungskontexten nahezu völlig obsolet. In Anlehnung an Kants Diktum der ‚Strafe durch Liebes- und Zuneigungsentzug als Hilfsmittel der Moralität', folgert etwa Brumlik in seiner psychoanalytischen Auslegung bei gleichzeitiger historischer Relativierung Kants, „dass im Umgang mit Kindern alles zu vermeiden ist, was in ihnen eine Haltung der Selbstverachtung und der negativen Bewertung der eigenen Person, d. h. des Selbsthasses fördert" (Brumlik 2009, 50). Dem entgegen stehen Respekt, und damit Anerkennung, sowie Liebe deshalb nicht nur für kategorische moralische Haltungen, sondern erwiesen sich zugleich als Mittel moralischer Sozialisation.

Beide Strafverständnisse finden sich gleichermaßen in alltäglichen gesellschaftlichen Erziehungsmilieus wieder und können in gemeinsamen Institutionen wie den Kindertageseinrichtungen oder Schulen aufeinanderprallen. In ihrer, für einen Teil der Schüler dann jeweils fremden oder ungewohnt erscheinenden Anwendungspraxis können darüber Missverständnisse entstehen und Ungerechtigkeitsempfindungen resultieren, die wiederum Autoritätsverluste bei den Fachkräften oder ,unangemessene' Verhaltensmuster bei den Schülern auslösen können.

Die beiden, semantisch eigentlich konträren sozialpädagogischen Ansätze ,akzeptierender' (Krafeld) und ,Konfrontativer Pädagogik' (Weidner/Kilb) setzen gleichermaßen auf das Prinzip eines „Abholens von Klienten dort, wo sie sich befinden", einem Prinzip, pädagogisches Handeln an den jeweiligen lebensweltlichen Verhältnissen anzudocken, um in einem sich hieran anschließenden gemeinsamen Prozess neue Handlungsoptionen zu erschließen. Strafe wäre hier ebenfalls relational zu betrachten und entsprechend gezielt oder eben gar nicht einzusetzen. Sie kann in autoritär-patriarchalisch geprägten Ausgangssituationen die Funktionen von Abschreckung, eines Umkehreinstiegs zum Nachdenken, einer Unterbrechung der Dynamik, eines Vorteilsausgleichs übernehmen. Sie hat in solchen Fällen aber ohne Demütigung und Gesichtsverletzung zu erfolgen und sollte nur temporär begrenzt eingesetzt werden.

(6) Als sechste Orientierungslinie ergänzt die Anleitung zur *Befähigung* zur Verantwortungsübernahme, zur Tatfolgenantizipation, zur Impulskontrolle und letztendlich zur gesellschaftlichen Teilhabe sämtliche anderen Prinzipien. Befähigung im Sinne von Empowerment gilt als strategischer Ansatz in der Sozialpädagogik. Empowerment ist eine stringente Reaktion auf Individualisierungstendenzen in den sozialen Bezügen aktueller gesellschaftlicher Entwicklungen. Da individuelle Zuordnungen und Einbindungen in interessenvertretende Organisationen und Gruppen nachlassen, müssen Interessen deutlicher in individueller Weise thematisiert und durchgesetzt werden. Hierzu werden Menschen über Empowermentstrategien ermuntert, angeleitet und unterstützt. Ziele des Empowerments sind somit Selbstbemächtigung, Selbstbefähigung, Stärkung der Autonomie und Eigenmacht, Stärkung des Selbstbewusstseins und der Artikulationsfähigkeit. Menschen sollen sich nach Keupp dazu „(...) ermutigt fühlen, ihre eigenen Angelegenheiten in die Hand zu nehmen, ihre eigenen Kräfte und Kompetenzen zu entdecken und ernst zu nehmen und den Wert selbst erarbeiteter Lösungen schätzen zu lernen" (Keupp 1996, 164).

Empowermentstrategien orientieren sich an vorhandenen bzw. vorfindbaren Ressourcen, versuchen diese mit den Adressaten gemeinsam zu erschließen und sie zu befähigen, diese besser für ihre Interessen und Ziele zu nutzen. Die Arbeitsprinzipien und Orientierungskriterien des Empowerments liegen in

- einer Potentiale- und Stärkenorientierung,
- der Akzeptanz unkonventioneller Lebensentwürfe,
- der Transferfähigkeit von der Einzelförderung zur Stärkung von Individuen in sozialen Gruppen,

- von der Beziehungsarbeit zur Netzwerkförderung,
- und von der direkten Intervention zur indirekten Unterstützung.

Voraussetzung für das Gelingen eines solchen Vorgehens ist, im eigentlichen Hilfeprozess als Fachkraft zurücktreten zu können und den Adressaten zuzutrauen, diesen selbst oder mit Hilfe ihres sozialen Netzes zu bewältigen.

Das Empowermentprinzip ist ganz entscheidend gerade für sämtliche Lernprozesse im Zusammenhang mit Konflikten und Gewalt. Es beinhaltet vor allem auch Zurückhaltung und nicht unbedingt sofort einzuschreiten, wenn sich Konflikte anbahnen oder auch in vollem Gange sind, ausgenommen selbstverständlich in sehr bedrohlichen und gewalttätigen Situationen.

Hinsichtlich der Arbeit mit Gewalttätigen geht es in zahlreichen Trainingsansätzen um eine Befähigung zur Verantwortungsübernahme für begangene Taten, zur Antizipation der Tatfolgen bei den jeweiligen Opfern aber auch um die der eigenen straf- und zivilrechtlichen Konsequenzen. Darüber hinaus spielt häufig auch die Befähigung zur eigenen Impulskontrolle eine Rolle.

Das Empowerment beinhaltet, Menschen auf sämtlichen Ebenen konfliktfähig zu machen, sie dazu zu befähigen, Konflikte im Sinne einer Sache und auch im eigenen Interesse zu riskieren und fair austragen zu können, ohne andere dabei zu unterdrücken (vgl. Kilb 2012, 280).

Diese sechs methodischen Grundorientierungen bilden die Spannweite ab, die in den diversen Konzeptionen und Ansätzen zur Anwendung kommen.

9.3 Ansätze und Konzeptionen im Umgang mit Gewalt

Als weitgehend unbestritten gilt, dass sich die Entstehung individueller und gruppenbezogener Gewalthandlungen multifaktoriell vollzieht. Und erst durch das beabsichtigte, unbewusste oder zufällige Zusammenwirken meist zahlreicher Faktoren kommt es letztendlich zu einer Tatausführung. In den meisten Fällen bleibt diese jedoch aus, da protektive Faktoren diese verhindern. Eine Vielzahl von Risikolagen allein erklärt somit nicht das Zustandekommen einer konkreten Gewalttat.

Ausgehend von den bisherigen Befunden zu den Entstehungsbedingungen individueller Gewaltaffinität erscheint es sinnvoll, sich den jeweils risikoaffinen und protektiven Faktoren auf den diversen Prozessstufen einer Gewaltkarriere bzw. einer Tatausführung zuzuwenden, um präventive bzw. intervenierende Möglichkeiten identifizieren zu können. Ausgangspunkt stellen dabei die in Abb. 7 aufgelisteten Prozessstufen hin zu einer Tatausführung dar. Für die insgesamt acht Prozessstufen lassen sich jeweils ungünstig einwirkende, aber auch protektive Faktoren ausmachen, die in Übersicht 35 dargestellt sind. Die unteren Prozessstufen umfassen dabei die personengebundenen Ausgangsdispositionen, wie z.B. die genetischen Aggressivitätslevel, die gesellschaftlichen Ausgangsbedingungen wie etwa Armutslagen sowie primäre sozialisatorische Muster, die aus familiären Kontexten rühren. Nach Collins (2016, 17ff.) bilden Gesellschaft, biografische Hintergründe sowie soziales Umfeld makrosoziologische Faktoren ab, deren Wirkungen durch makrosoziologische Theorien erklärt werden können.

Protektive Faktoren	Tataufbau/Genese	Risikofaktoren
Moral Instanz	**Tatumsetzung/Tatrausch**	intrinsische Gewalt
	↑	
Selbstkontrolle Antizipationsvermögen	**Tatentscheidung (Rational-Choice/ Kosten-Nutzen)**	Wut/Hass Erregtheit
Impulskontrolle/Ausführungs-Angst/Vermeidung	↑ **Auslöser/Anlässe**	Reizbarkeit Gelegenheiten
	↑	
Regulatoren/Selbstkontrolle	**Begleitumstände und Beschleuniger**	Clique/Peer/ Kampfgemeinschaft
	↑	
Internalisierung/Positives Selbstkonzept/Ideologie/ Religion	**Soziale Ordnungen und Normen**	negatives Selbst/Ideologie/ Religion
	↑	
Impulskontrolle	**Psych. Impulse/Motive und Handlungsmuster**	traumabed. Aggress.
	↑	
Bindungssicherheit/ Rollensensibilität/Reflexionsvermögen	**Primäre sozialisatorische Vermittlungen**	Fam. Gewalterfahrung/ Demütigung, Erniedrigung
	↑	
Unterstützung/Solidarität	**Sekundäre Hintergrundkontexte (Armut, Devianz)**	Segregation/Marginalisierung/Stigmatisierung
	↑	
	Personengebundene Ausgangsdispositionen	

Übersicht 35: Biografische Gewaltentstehungsdynamik mit Risiko- und protektiven Faktoren

Auf einer mikrosoziologischen Ebene können dagegen die sozialpsychologischen Theorien etwa eine situative Tatentstehung erklären; hier geraten die Anlässe, Gelegenheiten und Auslöser einer Tatausübung, die innerpsychischen Schemata bzw. Muster, eintrainierte bzw. auf Erfahrung beruhende Aktionshandlungen in den Blickpunkt.

Eine solche Trennung zwischen makro- und mikrosoziologischer Ebene erscheint sinnvoll für die Arbeit mit Gewalttätern, denn sie ermöglicht einerseits, an den vermuteten grundlegenden Risikofaktoren anzusetzen, andererseits Überlegungen anstellen zu können, wie sich potenziell gefährdete Akteure selbst davor schützen können, in die jeweilige „Gewaltopferfalle" zu laufen. Zahlreiche Maßnahmen mit gewalttätigen Akteuren arbeiten inhaltlich genau an solchen protektiven Zielsetzungen bzw. an dem Beheben der Risikofaktoren in den entsprechenden Trainings, therapeutischen Begleitungen oder Workshops.

Da individuelle Gewaltaffinität auf singulären Entstehungskontexten aufbaut, erscheint es konsequent zu sein, die entsprechenden Maßnahmen an den individuellen diagnostischen „Karriere-Befunden" zu orientieren. Zahlreiche Trainings- und Bearbeitungsansätze arbeiten zwar weitgehend an den in Ü35 aufgelisteten Variablen. Allerdings erfordern die verschiedenen Gewaltformen dann sehr unterschiedliche Schwerpunktsetzungen und jeweils meist spezifische methodische Herangehensweisen. Dies kann im Gegensatz zu einigen Angeboten und den entsprechenden Settings in den einzelnen Handlungsfeldern stehen, wenn diese eher standardisierten Charakter besitzen. Der Wirkungserfolg einer Maßnahme kann deshalb auch davon abhängen, ob deren Auswahl bzw. eine entsprechende Zuweisung auf einer gründlichen diagnostischen Analyse gründet.

9.4 Methodenstruktur, Zielgruppen und Handlungsfelder

Methoden und Ansätze im Umgang mit Gewalt sind so zahlreich und vielfältiger Art, dass es sinnvoll ist, diese zunächst nach strukturellen Gesichtspunkten einzuordnen. So existieren häufig bundesweite *Infrastrukturprogramme*, wie etwa das bereits erwähnte Aktionsprogramm gegen Aggression und Gewalt (AgAG), welches als Reaktion auf rechtsgerichtete Aktionen Jugendlicher in den 1990er Jahren in den damaligen neuen Bundesländern installiert wurde und wesentlich zum Aufbau einer breiteren Palette Offener Jugendarbeit und von Jugendsozialarbeit beitrug. Solche größeren Programme finden sich auch auf Landes- oder lokaler Ebene, etwa in Form „Kriminalpräventiver Räte" oder auch dem Einsatz von Straßensozialarbeit/Aufsuchender Jugendarbeit oder polizeilicher ‚Jugendbeamte'. Die Programme gehen größtenteils auf dramatische bzw. in der Öffentlichkeit dramatisierte lokale, regionale oder bundesweite Entwicklungen zurück. Ihnen kommen auch symbolische Bedeutung zu, denn durch ihre Installierung wird signalisiert, dass sich Politik und Administration mit den Phänomenen befassen. Solch symbolische Reaktionen können hilfreich dabei sein, zivilgesellschaftliche Ängste zu mildern und entsprechende Sicherheitserwartungen zu befriedigen.

Eine zweite strukturelle Handlungsebene stellen allgemeine und spezifische *Vorsorgeprogramme* und generalpräventive Methoden dar, wie etwa diejenige der „Gewaltfreien Kommunikation“ (Rosenberg 2012), das in Kindertagesstätten und Grundschulen eingesetzte „Faustlos-Programm“ (Cierpka 2005), das Coolness-Training (Gall 2011), welches insbesondere in Schulklassen mit gewaltaffinen Milieus praktiziert wird oder die diversen Kompetenz-Trainingsformate (z. B. von Jugert et al. 2004).

Von den *Therapeutischen Ansätzen* ist das kognitiv-behaviorale Trainingscurriculum für aggressive Kinder und Jugendliche nach Petermann/Petermann (1997, 2000) das bekannteste. Auch auf psychoanalytischer und tiefenpsychologischer Ebene gibt es Versuche therapeutischen Herangehens (Traxl 2017). Bei zahlreichen Gewalttätern sind allerdings therapeutische Interventionen aversiv besetzt, da mit ihnen Krankheit oder auch männliche Verletzbarkeit assoziiert werden und dies nicht dem bei Gewalttätern häufig anzutreffenden männlich-machohaften Habitus entspricht.

Darüber hinaus existieren im *Interventions- und Nachsorgebereich* anlassspezifische Schutzprogramme wie das der „Frühen Hilfen“ oder Hilfen bei Häuslicher Gewalt sowie allgemeine Trainings wie das Anti-Aggressivitätstraining (Weidner/Kilb 2013), das Denkzeit-Programm (Körner/Friedmann 2005) oder, als Maßnahmen der Jugendgerichtshilfe, die Sozialen Trainingskurse, der Täter-Opfer-Ausgleich (TOA) oder auch Formen der Erzieherischen Hilfen nach SGB VIII, §§ 27 ff. In Letzteren kommen Methoden der Beratung, Begleitung oder auch individueller Hilfen zum Zuge. Die bekanntesten sozialpädagogischen, psychologischen und pädagogischen Ansätze, Methoden und Strategien wurden bereits in Ü 25 nach Zielgruppen und Handlungsfeldern aufgelistet.

Neben den pädagogischen Ansätzen finden sich als polizeiliche Interventionen die Überwachung sowie Platz-, Wohnungsverweise und Kontakt- bzw. Näherungsverbote.

Wie umfangreich und ausdifferenziert die Programmpalette insgesamt ist, zeigt allein schon ein Blick auf die im schulischen Feld praktizierten Herangehensweisen von Melzer et al. (2011) in Ü 36.

Die schulbezogenen Ansätze sind vor allem im primären und sekundären Präventions-, also im Vorsorgebereich angesiedelt. Dies zeigt, dass in dieser Institution, biografisch frühzeitig auf aggressives Verhalten und dissoziale Konfliktaustragung reagiert wird. Nachdenklich stimmt allerdings, dass Trainings zur Konfliktfähigkeit, zur Konfliktaustragung und zum Stellenwert von Konflikten in demokratischen Lebens- und Politikformen im Programmkanon nur weniger deutlich abgebildet sind, denn Schulen und die vorgelagerten Kindertagesangebote sind die einzigen öffentlichen Institutionen, in de-

Programme für alle Schüler

Peer-Mediation
Sozialtraining in der Schule
Konflikttraining (nach Gordon)
Programme für interkulturelles Lernen

Programme für jüngere Schüler

Programm ‚Faustlos'
Programm ‚Eigenständig werden'
Programm ‚Prävention im Team' (PIT)
Programm ‚Papilio'
Programm ‚Fit und stark fürs Leben'
Mentorenprogramm ‚Balu und Du'

Programme für ältere Schüler

Lions-Quest-Programm ‚Erwachsen werden'
Programm ‚Soziales Lernen'
‚Buddy'-Programm
Programm ‚ProACT+E'

Programme für auffällige Schüler

Programm ‚Fit for Life'
Coolnesstraining (CT)
Trainingsprogramm für aggressive Kinder (nach Petermann)
‚Arizona'-Projekt – Trainingsraum-Methode
Interventionsprogramm an Hauptschulen

Lehrer- und Elternprogramme

Konstanzer Trainingsmodell
‚Starke Eltern – Starke Kinder' (Kinderschutzbund)
Positive Parenting Program ‚Triple-P'
‚STEP' – (Trainingsprogramm für Eltern und pädagogisches Fachpersonal)
‚EFFEKT' – Projekt zur Entwicklungsförderung in Familien

Programme im Schulsetting

Olweus-Programm
‚Mind-matters'
‚Initiative Fairplayer'
Schulsozialarbeit
Service learning
Netzwerkarbeit

Übersicht 36: Programme der schulischen Gewaltprävention und -intervention (Melzer u. a. 2011, 202) nen Demokratie als Lebensweise im Sinne John Deweys verbindlich für alle thematisiert werden könnte. Konfliktaustragung würde sich hierüber als Prinzip sozialer Verständigung normalisieren und als methodisches Verfahren weiter qualifizieren können. Eine Dominanz von nur vorsorglichen bzw. reagierenden Programmen trägt dagegen eher dazu bei, die negative Konnotation von Konflikten zu verfestigen.

In Schulen erscheinen integrierte Konfliktmanagementkonzepte sinnvoll, die an sämtlichen Präventionsebenen ansetzen können und gleichzeitig als Baustein „Streitkultur" Teil einer Schulkultur darstellen. Die Arbeit im Kontext von Gewaltausübung würde in einem solch integrierten und systembezogenen Management dann eindeutig signalisieren, dass Gewalt als Konfliktlösungsmechanismus untauglich und nicht akzeptierbar ist.

9.5 Konzeptionelle Inhalte und Bausteine in Täter- und Opferbezogener Arbeit

In den zahlreichen, auf die verschiedenen Gewaltformen bezogenen Programmen und Ansätzen finden sich häufig vergleichbare oder ähnliche Bausteine, aber auch deutliche Spezifizierungen in den Zielen, Methoden und den Settings, die einerseits nach Aspekten des Lebensalters, nach Gewaltformen sowie nach, in den Gewalthandlungen beteiligten Akteuren ausgerichtet sind.

So spielt bspw. erzieherische Gewalt wie kindesbezogener Missbrauch oder Verwahrlosung insbesondere bei Kindern und jüngeren Jugendlichen eine Rolle. Gruppenbezogene Jugendgewalt ist dagegen in der Adoleszenz besonders relevant, ebenso wie politische und religiöse Gewalt in der späten Adoleszenz ihre Ausgangspunkte haben.

Häusliche Gewalt dominiert als Partnergewalt im Rahmen erwachsener Beziehungen und Gewalt in der Pflege findet sich im Alter wieder.

Diese, an die entsprechenden lebensaltersbezogenen Entwicklungen und damit einhergehenden Risiken gebundenen Gewaltformen treten in den jeweils zuständigen Sozialisationsinstitutionen von Familien, Kindertagesstätten und Schulen, sowie im öffentlichen Raum, in Betrieben und in der Altenpflege in Erscheinung und werden entweder selbstreguliert oder kommen dort i. d. R. durch institutionalisierte Maßnahmen oder Angebote zur Bearbeitung.

Im Folgenden werden in differenzierter Weise die spezifischen Bausteine in der sozialpädagogischen und psychologischen Arbeit mit Tätern und gewalterleidenden Opfern in den Lebensaltersphasen der Jugend und des jungen Erwachsenenalters dargestellt, da sich dort die größten Risiken konzentrieren und sämtliche Präventionsebenen zum Tragen kommen.

9.5.1 Allgemeines Handlungskompendium in der Bearbeitung dissozialer Gewalt bei Tätern und Gewalterleidenden (Opfern)

Bei den beiden Gewaltformen als ‚soziales Handeln' und als ‚dissoziale Gewalt' ist letztere für den erleidenden Akteur wenig oder gar nicht kommuniziert und meist auch nicht kommunizierbar, da sie unvermittelt und für den Betroffenen meist ‚grundlos' und zum Tatzeitpunkt zunächst nicht erklärbar erscheint. Während Gewalterleidende im Aufschaukelungsprozess eines ‚sozialen Handelns' an einer gewaltaffinen Eskalationsdynamik mehr oder weniger aktiv beteiligt sind und diesen Prozess deshalb selbst zum Teil mit steuern oder gestalten, wird ihnen bei dissozialer Gewaltausübung eine Rolle oder eine Funktion zwangsweise vom Gewaltausübenden aufgedrängt und diese vom Täter weitgehend festgeschrieben, ohne dass die Erleidenden darauf Einfluss hätten nehmen können.

Einer solch auferzwungenen Interaktionsform geschuldet ist dann eine meist völlig überwältigende und traumatisierende Wirkung der Gewalttätigkeit bei den Erleidenden. Während man nach einem eskalierten Streit, der in einen gewalttätigen Kampf übergegangen ist, rekonstruieren kann, wer aus welchen Motiven heraus woran und wie beteiligt war, und damit die jeweils eigenen Anteile am Desaster identifizieren kann, ist dies beim dissozialen Gewaltakt für den Erleidenden kaum möglich. Er/sie ist nicht nur dem Gewaltakt selbst, sondern auch dessen Nichterklärbarkeit und Nichtverstehbarkeit ausgeliefert. Die Frage der Schuld und des ‚Weshalb' wird deshalb in der Täter-Opfer-Kommunikation der Post-Tat-Phase oftmals völlig irrational verarbeitet. Täter neigen unter dem, ihrer Tat nachfolgenden Repressionsdruck eher dazu, die begangene Tat zu neutralisieren, im Nachhinein sogar zu legitimieren („Der hat mich blöd angeschaut!") oder das Opfer gar bei der späteren Gerichtsverhandlung im Zuge einer sekundären Viktimisierung selbst zum ‚Täter' zu stilisieren („Wegen dir stehe ich jetzt hier vorm Richter!").

Das ohne ersichtlichen Grund Gewalt erleidende Opfer fühlt sich als Person oder auf die pure Körperlichkeit reduziert, verwendet oder missbraucht. Es sei denn, es gelingt dem Erleidenden, dem Täter eine ‚Erklärung' zuzuschreiben, die diesen in den Augen des Erleidenden dazu ‚legitimiert' hat, die eigene Person angegriffen zu haben. Im Zusammenhang individuell stark ausgeprägten Selbstzweifelns und schwachem Selbstbewusstsein können solche Reaktionen bei Opfern vorkommen, um mit dem Erleiden zumindest einigermaßen zurecht zu kommen.

Das Tätermotiv aber nicht zu kennen, kann unerträglich für das Opfer werden und lässt die Angst zum Trauma werden.

Um solche atomisierten Eigendynamiken mit beiderseitig konstruierten Legitimationen und Zuweisungen in der fiktiven gedanklichen Post-Tat-Interaktion auszuschließen, ist es eigentlich wichtig, eine direkte Kommunikation zwischen Täter und Gewalt erleidendem Opfer zu initiieren. Häufig geschieht dies durch Dritte vermittelt, die bei traumatisierten Opfern gleichzeitig darauf achten, dass ein für das Opfer notwendiger Abstand eingehalten wird.

Vor dem Hintergrund dieser komplizierten Post-Tat-bezogenen Interaktionsaspekte gilt es, insbesondere bei schweren und intensiven Tatbeständen zumindest auf drei akteursbezogenen Ebenen sozialpädagogisch-psychologisch zu arbeiten; in Institutionen kann eine vierte Ebene hinzu kommen:

1. *Täterarbeit:* Auf den Täter bezogen müssten dessen Taten auf ihre psychischen und sozialen Entstehungs- und Entwicklungsaspekte hin analysiert werden, um diese für ihn bearbeitbar zu gestalten. Ist dies zunächst nicht möglich, sollten in einer sich an die Tat (oder an die Inhaftierungszeit) anschließenden nachsozialisierenden Arbeit sowohl gesellschaftliche Anschlussmöglichkeiten gefunden als auch anschlussfähiges soziales Verhalten trainiert werden.
2. *Opferarbeit:* Auf das Tat-Erleiden und dessen psychische wie physische Auswirkungen hin muss separat mit dem Opfer psychologisch-therapeutisch oder sozialpädagogisch gearbeitet werden. Gewalterleidende sind i.d.R. traumatisiert, es sei denn, sie leben selbst dauerhaft in gewaltaffinen Milieus.
3. *Täter-Opfer-Kommunikation:* Die Täter-Opfer-Kommunikation integriert teilweise die Elemente der täter- und der opferbezogenen Arbeit und kann bei schwer traumatisierten Opfern, die eine direkte Kommunikation ablehnen, nur in fiktiver Form im Rahmen der Täterarbeit stattfinden.
4. *Aktivierung außenstehender Beobachter, Voyeure, ‚Anheizer':* Fand der Gewaltakt im institutionellen Rahmen wie bspw. einer Schulklasse statt, werden i.d.R. auch außenstehende Akteure, die einen Einfluss auf das Geschehen nahmen oder hätten nehmen können in die Arbeit mit einbezogen.

9.5.2 Sozialpädagogische Arbeit mit Tätern

Je nach personenbezogener Gewaltart – lozierend, raptiv oder autotelisch – können unterschiedliche Motive zugrunde liegen. Allerdings lassen sich auch unter Berücksichtigung sämtlicher dieser drei Viktimisierungstypen immer wieder ähnliche Hintergrundfaktoren bei den meist männlichen Gewalttätern finden. So kann man bei ihnen nahezu generell von einer verzögerten Reifung ausgehen, die häufig an eine *adoleszente Krise* erinnert bzw. in der Verhaltensregression an diese anknüpft. In dieser konkreten Phase der Adoleszenz, wie auch in ihrer regressiven Form einer meist sehr komplex verlaufenden Identitätsentwicklung können reales und ideales ‚Ich' extrem auseinanderdriften, was sich im männlichen Rollenbild des *„unangreifbaren Helden"* einerseits und defizitären Aspekten im realen schulischen, beruflichen Leben sowie in der ‚unbewussten' Selbsteinschätzung andererseits artikulieren kann. Hierdurch bedingt, existiert die Gefahr extremer *narzisstischer Kränk- und Erregbarkeit.* Viele Gewalt anwendende Täter haben zudem eine sehr verzerrte Wahrnehmung und interpretieren eigentlich anders signalisierte interaktive Botschaften als Angriffe auf ihre Person. Die vermeintlichen Angriffe wehren sie dann gewalttätig ab. Wenn sich solche Interaktionserfahrungen wiederholen, können sie sich als Muster verfestigen. Die meisten Gewalttäter können sich dabei auf positive Erfahrungen im Erleben von *Machtgefühlen* bei ihren Taten stützen. Aggressivität wird hierbei nicht nur als Vorteil erfahren, sondern als erfolgreiches Konfliktlösungsmuster und als Status sichernd erlebt. Sie benutzen dabei ihre Opfer als „Tankstelle" für einen *Selbstwertrausch* im Gefühl des „Gott-Seins über das Leben anderer" (vgl. Weidner 1997).

Die Taten werden im Nachhinein meist mit Hilfe von Neutralisierungsstrategien rechtfertigt. Pinker (2011, 838) sieht in solchen „Dissonanzauflösungen" Mechanismen moralischer Loslösung. Er differenziert zwischen neun verschiedenen Formen:

1. über euphemistische Strategien werde ein Übel in Worte gekleidet,
2. über das „gradualistische" Prinzip nähere man sich Step-by-Step dem Extremen,
3. Verdrängen und Verantwortungsverteilung (auf andere Personen),
4. Distanzierung,
5. Herabwürdigung des Opfers (er/sie hat das verdient!),
6. Bagatellisieren der Situation und des Schadens,
7. Relativierung (andere haben doch auch ...),
8. Berufung auf Anforderung einer Aufgabe (ideologische und betriebsbezogene Muster),
9. Taktik des vorteilhaften Vergleichs (andere sind doch viel schlimmer ...).

Gewalt ist für zahlreiche Täter ein, meist in der eigenen Familie oder im Freundeskreis erlerntes Kommunikationsmuster. Da sie in ihrer frühen Biografie selbst Opfer von Gewalt wurden und diese Erfahrung später psychodynamisch abspalten, leiden sie häufiger an fehlendem *Einfühlungsvermögen* in andere Personen und/oder in deren Rollen. Darüber hinaus kommt es bei ihnen leichter zu Übertragungen revanchistischer Impulse aus ihren eigenen erniedrigenden Selbsterfahrungen. Ihr Selbstbild ist von Anfang an durch eigene Demütigungserfahrungen negativ konnotiert und findet sich sukzessive über entsprechende Realitätskonfrontationen bestätigt. Gemeinsam mit anhaltenden *adoleszenten Omnipotenzphantasien* fehlt ihnen schließlich auch realistische *Antizipationsfähigkeit:* die Tatfolgen sind ihnen nicht präsent oder werden verdrängt. Exklusionsangst und scheiternde Integrationsversuche verfestigen ihr Selbst-Verständnis und ihr Selbstbild weiter.

In der einzelnen Gewalttat bildet sich dann häufig ein ‚biografie-psychologischer Fingerabdruck' ab, je nachdem, in welche Rolle oder Funktion sie ihre Opfer gedrängt haben.

In der psycho-sozialen Täterarbeit wird deshalb meist präzise an solchen biografischen Erfahrnissen, den Einbrüchen und Bruchsituationen, den hieraus ableitbaren Handicaps und, im besten Falle auch an der Übernahme der Tatverantwortung sowie der Verantwortung gegenüber den Tatfolgen bei ihren Opfern gearbeitet.

Die klassische Arbeitsweise eines *Sozialen Trainings* findet entweder deliktspezifisch oder delikt-unspezifisch statt. In der deliktspezifischen Variante soll die Tat rekonstruiert und damit aufgearbeitet werden, es wird ein Bezug zum Opfer hergestellt und ggf. ein Täter-Opfer-Ausgleich angestrebt. Im Einzelnen finden sich in den unterschiedlichen, meist lerntheoretisch fundierten Ansätzen für die Gewalttäterarbeit die folgenden Module wieder:

- die Arbeit an den Aggressionsauslösern mit ggf. Desensibilisierungstrainings, Wahrnehmungskorrekturen, alternativen Wahrnehmungserfahrungen usw.,
- eine Kosten-Nutzen-Kalkulation des aggressiven Verhaltens im Verhältnis zu seinen Folgen (beim Opfer und ggf. straf- und zivilrechtlich für den Täter),
- die Beschäftigung mit der Differenz zwischen idealem Selbstbild („Größen-Selbst") und realem Selbst,
- die Arbeit an den Neutralisierungstechniken, die von Seiten des Täters oder Regelverletzers häufig zur eigenen Entlastung angewandt werden,
- das Befassen mit der Tat oder der Regelverletzung, den hiervon betroffenen Opfern und deren durch die Tat möglicherweise veränderter Zukunftsperspektive,
- die Arbeit am Antizipationsvermögen,
- ein abschließendes Kompetenztraining und die Nachbetreuung, Auswertung und gemeinsame Reflexion.

Bei biografisch selbst traumatisierten Gewalttätern erscheint es wichtig, nicht ausschließlich über kognitiv-reflektierende Gespräche und lerntheoretisch orientierte Trainings eine Entwicklung anstoßen zu wollen, da hierüber Traumata nur eingeschränkt bearbeitbar sind. Hier wären zusätzlich tiefenpsychologisch orientierte Therapieaspekte gefragt, die von ihrem Setting her in Trainings integriert werden könnten. Kernberg (2001) verweist hier auf zwei Notwendigkeiten:

1. es müssten über ein therapeutisch-sozialpädagogisch-repressives Setting eine *„Struktur durch soziale Kontrolle“* geschaffen werden und gleichzeitig
2. therapeutische (sozialpädagogische) Räume zur *empathischen, toleranten Erforschung individueller Regression* angeboten werden.

In zahlreichen Fällen der Täterarbeit erfordert dies, im Verständnis eines Case-Managements, ein häufig abgestuftes und aufeinander abgestimmtes Maßnahmenpaket bspw. zwischen einem Anti-Aggressivitätstraining (strukturbildend, fordernd und tatkonfrontierend), der Bewährungshilfe oder JVA (soziale Kontrolle, klare Regeleinhaltung) und einer Therapie (auffangend, empathisch, regressionsorientiert) anzubieten.

9.5.3 Psychologische und sozialpädagogische Arbeit mit direkten und indirekten Opfern

Bei Gewaltdelikten sind nicht nur die direkt Betroffenen, sondern häufig auch deren Angehörige oder Freunde in Mitleidenschaft gezogen. Die Auswirkungen der Tat sind nach direkter und indirekter Betroffenheit natürlich abgeschwächter oder auch verschieden. Die psychosoziale Opferarbeit findet i. d. R. außerhalb der gerichtlichen Auseinandersetzung etwa auf ehrenamtlicher Basis z. B. über den „Weißen Ring“ oder in professioneller Form durch Psychosoziale Beratungsstellen (Frauenhäuser), über Maßnahmen des Täter-Opfer-Ausgleichs oder Methoden wie dem Anti-Aggressivitäts-Training (AAT) bzw. über Therapien statt.

Auch sind die Informations- und Beteiligungsrechte der Opfer in Strafverfahren sowie der Opferschutz zuletzt deutlich verbessert worden (vgl. Sielaff 2011, 402 ff.). In der praktischen Arbeit sind Opferschutz und Opferhilfe miteinander verzahnt. Der Opferschutz zielt sowohl tat- bzw. täterorientiert auf einen Schutz vor weiteren Einwirkungen oder Gefährdungen von Täterseite (bspw. bei häuslicher Gewalt) oder vorbeugend auf potenziell gefährdete Personen bzw. Gruppen.

Die psychosoziale und psychotherapeutische Arbeit mit Opfern und deren Angehörigen ist häufig spezialisiert auf Opfer häuslicher Gewalt (vgl. Kavemann 2010, 140 ff.), auf sexuellen Missbrauch und auf allgemeine Gewaltdelikte. Die Folgen von Kindesmisshandlung sind breit gestreute Formen bei der Entwicklung emotionaler Selbstregulation, der Empathie- und Sympathiefähigkeit, des Selbstkonzeptes, der allgemeinen sozialen Fähigkeiten und der schulischen Motivation (Berk 2005, 367). Eine Bearbeitung verläuft deshalb breit gefächert zwischen Therapie, sozialpädagogischer Begleitung und Lernhilfen.

In spezifischen gewaltaffinen Milieus ist es dagegen üblich, alltäglich auch über Macht und Gewalt zu kommunizieren, sodass die Erfahrung des Gewalterleidens eine lokal vielleicht recht verbreitete Angelegenheit ist und somit von den Betroffenen selbst ‚normalisiert', neutralisiert bzw. verdrängt wird. Hier erscheint es wichtig, in Situationen des Leidensdrucks bei den Betroffenen sozialpädagogische Wege zu finden, solche Verletzungen, ohne weitere stigmatisierende Folgewirkungen, zu bearbeiten. Dabei bieten sich ausgewählte Gruppenkontexte wie bspw. das Soziale Training (im Rahmen einer JGG-Maßnahme) oder die Soziale Gruppenarbeit (SGB VIII, §§ 27f.) an.

Arbeit mit traumatisierten Menschen

Bei innerfamiliär erfahrenen Traumata wird zwischen emotionalem, körperlichem oder sexuellem Missbrauch, dem Erleben schwerer Gewalttätigkeit zwischen den Eltern, (schweren) Trennungstraumata sowie denen durch (schwere) eigene und elterliche Erkrankungen, bzw. durch den Tod eines Elternteils bedingten differenziert.

Traumata hinterlassen sog. posttraumatische Belastungssyndrome (vgl. ICD 10 und DSM IV). Im Rahmen der traumatisierenden Situation erlebt die betroffene Person ein Ereignis, das außerhalb der Reichweite menschlicher Erfahrungen liegt und schwer belastend wirkt, wie etwa eine ernsthafte Lebensbedrohung, eine Bedrohung der körperlichen Integrität oder eine ernsthafte Bedrohung oder Verletzung von Angehörigen oder nahestehenden Personen.

Posttraumatische Belastungssyndrome artikulieren sich darüber, dass traumatische Ereignisse ständig wieder in mindestens einer der folgenden Formen erlebt werden:

- in wiederkehrenden, sich aufdrängenden und belastenden Erinnerungen an das Ereignis (bei kleinen Kindern repetitives Spiel/„traumatic play");
- in ständig wiederkehrenden Träumen von dem belastenden Ereignis;
- in einem plötzlichen Handeln oder dem Gefühl, als ob das belastende Ereignis wiederkehren würde (inkl. direktes Wiedererleben in Illusionen, Halluzinationen oder dissoziativen Episoden (flash-backs/Rückblenden);
- in intensiv auftretendem psychischem Stress bei der Konfrontation mit Ereignissen, die das traumatische Erlebnis symbolisieren oder daran erinnern, z. B. bei der Jährung des Ereignisses.

Die Symptome artikulieren sich in erhöhter Erregbarkeit und sind an mindestens zwei der nachfolgenden Kriterien erkenntlich: Schlafstörungen, Irritierbarkeit, Konzentrationsschwierigkeiten, Überwachheit („frozen watchfulness"), erhöhter Schreckhaftigkeit, physiologischer Erregung bei Ereignissen, die das Trauma symbolisieren oder an Aspekte des Traumas erinnern. Zudem findet bei den traumatisierten Personen ein ständiges Vermeiden von Reizen, die mit dem Trauma in Verbindung stehen oder ein Abstumpfen der allgemeinen Ansprechbarkeit statt.

Traumata sind Erfahrungen der Überflutung mit unerträglichen Gefühlen wie Schmerz, Todesangst und Panik mit dauerhaften Folgen. Eine Traumatisierung durchbricht seelische Strukturen und führt zu einem Zusammenbrechen des „Urvertrauens" in ein helfendes Objekt und ein aktives Selbst. Daher benötigen traumatisierte Personen jeden Alters sichere, verlässliche Strukturen an einem sicheren Ort (1), Einfühlung in das „Nicht-Vorstellbare", was Menschen, anderen Menschen antun können (2), alternative Beziehungserfahrungen zur Stärkung ihrer Resilienz (3) sowie an Stelle passiver Ohnmacht, sinnvolle Aktivität, um auch dadurch ihre menschliche Würde wiederzugewinnen (4) (vgl. Leuzinger-Bohleber 2016).

Arbeit mit sog. „Systemsprengern" oder „Jugendlichen mit herausforderndem Verhalten"

Der Begriff der ‚Systemsprenger' ist umstritten, da durch ihn suggeriert werden könnte, dass allein die Aktivitäten eines jungen Menschen dafür verantwortlich sind, dass institutionelle Systeme an ihnen scheitern. Baumann führte 2012 im Rahmen eines Forschungsprojektes den Begriff des ‚Systemsprengers' ein, um darauf aufmerksam zu machen, dass es bei den betroffenen Adressaten nicht nur um das „Überschreiten von Grenzen geht, sondern dass die Grenzverletzungen des Kindes oder Jugendlichen das System [...] selbst an seine Grenzen bringen, und zwar in einer Heftigkeit, die nicht toleriert werden kann, ohne die Existenz des Systems zu gefährden" (Baumann 2016, 13).

> „Der Terminus ‚Systemsprenger' soll hier auf Kinder und Jugendliche angewandt werden, bei denen die Erziehungsmaßnahme von Seiten der betreuenden Einrichtungen abgebrochen wurde, da das Kind/der Jugendliche auf Grund schwerwiegender Verhaltensstörungen nicht zu betreuen erschien und somit den Rahmen der Erziehungshilfe gesprengt hat." (Ebd., 13).

Die für die sog. Systemsprenger typischen Verhaltensmerkmale wurden früher über diverse Zuschreibungen wie „Schwererziehbare", „Multiproblemjugendliche", „Erziehungsresistente", „Hochaggressive", „hoch riskant Agierende" oder „schwer Vermittelbare" kategorisiert. Alternativ wird heute auch von „Jugendlichen mit herausforderndem Verhalten" gesprochen, eine Zuschreibungsformel, die sich weitgehend durchgesetzt hat.

Schwabe beschreibt ‚Systemsprenger' als Jugendliche, die es in keiner Gruppe längere Zeit aushalten, und deren „Anwesenheit keine Gruppe lange aushält" (Schwabe 2014, 53). Daraus folgt, dass ‚Systemsprenger' bereits mehrere Hilfesysteme durchlaufen haben. Dabei erwiesen sich vorherige Systeme entweder als nicht ausreichend, nicht passgenau oder als nicht leistungsfähig genug (Knorr 2014, 16). Weiterhin scheinen drei große Problembereiche zu existieren, in denen Kinder und Jugendliche das Erziehungshilfesystem an seine Grenzen zu bringen scheinen: Gewalt, häufige Entweichungen und starker Drogenkonsum (vgl. Baumann 2016, 33).

Macsenaere (2014) fand in seiner Evaluationsstudie Erzieherischer Hilfen (EVAS) u. a. nachfolgende Charakteristika von ‚Systemsprengern':

Ein höheres Alter bei Hilfebeginn (13,3 Jahre), häufige Vormundschaften, hohe Fluktuation im Leben der jungen Menschen durch z. B. Wohnungs- und Schulwechsel, hohe Konzentrationen in den Erzieherischen Hilfen von „Geschlossener Unterbringung", Intensiver Sozialpädagogischer Einzelhilfe (ISE) und Intensivgruppen. Anlässe der Hilfen fanden sich häufig im direkten erzieherischen oder sozialen Umfeld, z. B. durch häusliche Konflikte, Kindesmissbrauch oder psychische Erkrankungen eines Elternteils.

‚Systemsprenger' weisen zudem häufiger dissoziale Störungen, Straffälligkeit, Suchtgefährdungen und Weglaufen von Zuhause oder aus Einrichtungen auf. Sie verfügen über weniger Schutzfaktoren und Ressourcen, konsumieren deutlich häufiger Drogen, verüben mehr Straftaten und verfügen bereits über Diagnosen wie ADHS, Bindungsstörungen, Panikattacken, Auffälligkeiten im Sexualverhalten oder Depressionen (vgl. Macsenaere 2014, 27).

Insgesamt lässt sich feststellen, dass dieser Adressatenkreis tendenziell insbesondere Einschränkungen in der frühen Bindungsqualität und damit bei der Erfahrung sog. Ur-Sicherheit und im Urvertrauen ausgesetzt war, dass es eine ‚Kontinuität' von immer wiederkehrenden Bruchsituationen und entsprechender Verlusterfahrungen gab und dass sich aus diesen biografischen Erfahrungen heraus, ähnlich wie bei zahlreichen ‚Gewaltkarrieren', sog. ‚negative Selbstkonzepte' entwickeln konnten, die letztendlich als ‚subjektlogische Bewältigungsmuster' permanent weiter zu Abbrüchen in Beziehungen führten. Baumann bezeichnet diesen Vorgang als ‚negative Interaktionsspirale' in den Sozialisations-, Bildungs- und Hilfesystemen. Die betroffenen Kinder und Jugendlichen gestalten dabei diese negativen Interaktionsspiralen selbst aktiv mit.

Baumann kommt in seiner Studie zu drei zentralen Befunden, weshalb und auf welche Art solche Kinder und Jugendliche oftmals in Institutionen, denen sie zugewiesen wurden, scheiterten:

1. Sie eskalierten in den Einrichtungen Konflikte, um damit akuten, situativen Unsicherheiten begegnen und diese kontrollieren zu können (Baumann 2016, 165);
2. sie eskalierten Konflikte als Kampf um Autonomie gegen das Erziehungssystem (ebd., 118);

3. und sie eskalierten Konflikte als Frage-Muster an das Helfer-System im Verständnis eines: ‚Ertragt Ihr mich?'

Aus der Perspektive der Adressaten geht es in sämtlichen dieser drei Konflikteskalationsvarianten um Kontrollfunktionen; also darum, selbst ‚Herr des Verfahrens' im (institutionellen) Umgang mit der eigenen Person zu bleiben, so etwa bei einer situationsspezifischen Unsicherheit, in der Gestaltung der eigenen Biografie oder auf der Beziehungsebene.

Den Klienten diese Kontrollbemühungen abzusprechen, ihnen die Kontrolle über ihr Leben abnehmen zu wollen, verstärken diese Konfliktspiralen.

In der konkreten Arbeit mit den Adressaten mit herausforderndem Verhalten geht es zentral um die Frage: Welchen Sinn erfüllt ein solches Verhalten (also auch Gewalttätigkeit und Konfliktaffinität), ausgehend von den bisherigen biografischen Erfahrungen und der dort erlernten Muster zur Lebensbewältigung? Baumann spricht in diesem interpretativen Kontext von einer „verstehenden subjektlogischen Diagnostik", die mit Hilfe von vier Schritten der „feldtheoretischen Lebensraumanalyse" (Lebensbezüge und Beziehungen), der Identifikation von typischen Bewältigungs-, Lebensmustern und Symbolisierungen, einer Hypothesenbildung und der Feststellung von Entwicklungsdiskrepanzen zwischen ‚innerer Theorie' des Adressaten und der erlebten Realität erfolgt (Baumann 2014, 162f.).

Auf der Grundlage dieser Diagnoseform geht es in der alltäglichen sozialpädagogischen Arbeit mit (hoch)aggressiven Kindern und Jugendlichen in familienersetzenden und teilweise auch familienergänzenden Angeboten wie Wohngruppen in Heimen, Geschlossener Unterbringung und ambulanten Erzieherischen Hilfen (wie der ISE, der Tagesgruppe oder der Sozialen Gruppenarbeit) schließlich darum, einerseits mit den biografisch eingeübten und oftmals erprobten Bewältigungsmustern der Adressaten umgehen zu können, um gleichermaßen parallel hierzu Alternativen hierzu zu eröffnen, ohne die Adressaten dabei zu verunsichern. Der Akzeptanz des Bestehenden bei den Adressaten begegnet man hier zunächst über das „Aushalten können" in für diese oftmals paradox anmutender Ambivalenz; sich nämlich einerseits auf Konflikte mit diesen einzulassen, ohne sie dabei aufzugeben oder fallen zu lassen. Baumann spricht hier von „Symptomtoleranz" als pädagogischer Haltung und ausreichend vorhandener „Deeskalationsstrategien" als methodischem Inventar (Baumann 2016, 191). Neben dieser Symptomtoleranz gelte die „radikale Ablehnung von Machtkämpfen" als zweite Grundhaltung (ebd., 179).

Parallel zu diesen beiden Grundhaltungen ist es notwendig, auf die jeweiligen Übertragungs- und Projektionsaspekte der Adressaten reagieren zu können. Je nach spezifischen biografischen Erfahrungen und Bewältigungsanforderungen der Kinder und Jugendlichen müssen sich Fachkräfte ihrer Objektfunktionen und -rollen diesen gegenüber bewusst sein. Wenn gleichzeitig Nähe zu den Fachkräften gesucht wird, diese aber beim Zu-nahe-Kommen von den Klienten selbst wieder abgewiesen wird, oder wenn in jeder neuen Beziehung zu Fachkräften der Konflikt von Seiten der Adressaten derart eskaliert wird, um einen Kontaktabbruch zu evozieren, so steht dies für jeweils eingeübte Muster, die den Adressaten bisher zumindest Vertrautheit gaben, deren Erwartungen entsprachen und damit Überlebenssicherheit versprachen.

Im sozialpädagogischen Begleitprozess geht es dann ggf. darum, auf solche negativ konnotierten Selbstverständnis-Muster oder ‚negativen Selbstkonzepte' der Klienten mit den Haltungen und Angeboten des Sorgens, des sich Kümmerns und Auffangens („Caring" und „Containing"), des Aushaltens, Durchhaltens, des Halt-Gebens („Holding") und der Konfrontation begegnen zu können (vgl. Crain 2005). Diese drei Handlungsprinzipien sollten sich konzeptionell wie atmosphärisch in den entsprechenden Einrichtungen abbilden, um dadurch Chancen zu haben, gegen bisherige und meist einschneidende Erlebenserfahrungen und entsprechende dissoziale Bewältigungsmuster bei deren Adressaten bestehen zu können.

9.5.4 Täter-Opfer-Kommunikation

Die grundlagenbezogene Gewaltforschung wie auch die handlungsorientierte Arbeit im Zusammenhang mit Gewalt sind traditionell durch ihre bipolaren Perspektiven entweder täter- *oder* opferorientiert ausgerichtet. Dies ist im Sinne einer wissenschaftlichen Analyse von Tatbegründungen und Tatursachen auf der einen Seite, sowie der Traumatisierung, der Verletzungsauswirkungen andererseits zunächst nachvollziehbar. Die beiden jeweils atomisierten Handlungsbereiche bleiben aber für die eigentliche Täter- und Opferarbeit deshalb defizitär, da durch die Tat selbst eine – wohlgemerkt meist vom Täter erzwungene oder aufgedrängte – partielle Verbindung beider Akteure entstanden ist.

> „Was für den Täter ein Akt der Entgrenzung, der Freiheit und Macht, ist für das Opfer nur Widerfahrnis. (...) Die Gewalt schlägt Wunden und dringt in den Körper ein. Kein Ereignis, das bezwingender wäre als die Gewalt. Als Mittel der Herrschaft ist sie so verlässlich, weil der Schmerz für das Opfer unabwendbar ist. Denn die Gewalt löst Reaktionen aus, die den Getroffenen von Innen überwältigen: Angst und Schmerz, Verzweiflung und Verlassenheit. Es ist nicht nur die entstellende Verletzung des Körpers, die den Menschen zerbricht, seine Stellung in der Welt wird insgesamt erschüttert. (...) Die Gewalt befreit den Täter, und sie zerreißt das Opfer. Während sich der Täter entfaltet, macht er das Opfer zunichte. Selbst wenn der Mensch überleben sollte, er wird nie mehr der sein, der er gewesen ist" (Sofsky 2005, 70).

Jan Philipp Reemtsma fokussiert sein Verständnis von Gewalt, sicherlich getragen durch seine deutliche opferorientierte Perspektive, zunächst ganz auf die körperliche Dimension, denn auch „wenn wir unsere Seele über ihr Leid sprechen lassen wollen, geben wir ihr einen Körper, über dessen Malträtiert-Sein sie klagen kann. (…) Der Schmerz ‚schneidet', die Last der Seele ‚drückt', es ist ein ‚herzbeklemmender' Eindruck, und oft meldet sich der Körper selbst, um die Metapher als Befund zu verifizieren. (…) Gewalt ist Schmerz, aber Gewalt ist auch drohende oder aktuelle Übermächtigung: Ausgeliefertsein, das Erkennen der Grenzenlosigkeit des Möglichen" (Reemtsma 2009, 104f.). Dieses Ausgeliefertsein, die Erniedrigung, die Reduktion auf das fleischlich Körperliche auf Seiten des Gewalterleidenden steht in Interdependenz und in diametraler Umkehrung zum Allmachtsrausch, zur entgrenzten Freiheit auf der Täterseite. Dessen Entgrenzung lebt vom Eindringen-Können in den eigentlich geschützten Körperbereich eines anderen, der wiederum gegen seinen Willen dazu verdammt ist, seinem Verletzt-Werden, häufig konsterniert und in Schockstarre, zuzuschauen. Auch der psychischen Gewalt liegt nach Reemtsma die Drohungsoption und Phantasie des körperlichen Verletzt-Werdens zugrunde.

Was genau mit dem Opfer-Körper bei den verschiedenen Gewalteinwirkungen geschieht, in welcher Weise dieser funktionalisiert wird, differenziert Reemtsma nach den drei Kategorien von lozierender, raptiver und autotelischer Gewalt.

> „Lozierende Gewalt bedeutet ein brachiales Desinteresse am Körper des Anderen, raptive und autotelische Gewalt zeigen ein brachiales Interesse am Körper des Anderen, wobei die raptive Gewalt nicht auf Verletzung oder Zerstörung zielt (wenn sie auch damit verbunden sein kann) und autotelische Gewalt auf die Zerstörung des Körpers (die, wenn man nach den psychischen Antrieben fragt (…) durchaus sexuell motiviert sein kann)" (Reemtsma 2009, 110).

Die Ausführungen Reemtsmas werden hier noch einmal unter dem besonderen Aspekt des Täter-Opfer-Bezugs fokussiert, weil die genaue Analyse dieses Bezugs die entscheidenden Hinweise für die Inhalte zur Aufarbeitung der Taten bei den Gewalt Ausübenden wie auch bei den Gewalt Erleidenden liefert.

„Lozierende Gewalt" behandelt den Körper eines anderen als einen im Wege stehenden Gegenstand. Der Gewaltimpuls richtet sich nicht direkt auf den Körper des anderen, will diesen weder für sich nutzen noch zerstören, wobei etwa bei Raubdelikten und z. B. einer Gegenwehr auch zerstörende Impulse nachfolgen können. Die instrumentelle Dimension, das Ziel, irgendwie an Geld zu gelangen wiegt für den Täter dabei schwerer als die Unversehrtheit des im Wege stehenden Geldbörsenbesitzers. Dessen Körper ist uninteressant. Er und die hinter ihm stehende Person spielt höchstens insofern eine

Rolle für den Täter, wenn diese sich wehrt oder Widerstand zeigt. Ansonsten bleibt beim Opfer der Eindruck zurück, dass es dem Täter die Botschaft vermittelt habe, es ‚mit ihm ja machen zu können'. Das Opfer lozierender Gewalt kann, außer bei der Geiselnahme, dem Angreifer aus dem Wege gehen, wenn dieser dadurch sein Ziel erreichen kann.

Für den Täter bleibt das Opfer etwas „Fremdes", da seine Abwehrmechanismen kaum Empathie zulassen können (Ahrbeck 2010, 32).

Lozierende Gewalttätigkeit überschneidet sich oft mit raptiver Gewalt, wenn etwa der Körper als Geisel genommen wird oder gefoltert wird. Hierbei existiert zumindest ein temporäres Interesse an Körper und Person. Dieser steht hierbei nicht im Weg, sondern wird faktisch einbehalten oder gequält und malträtiert, um dadurch ein Ziel zu erreichen.

„Raptive Gewalt" bemächtigt sich des Körpers einer anderen Person, benutzt diesen, „um an ihm irgendwelche (meist sexuellen) Handlungen zu vollziehen" (ebd., 106), oder um ihn zu unterwerfen und dadurch Allmacht zu genießen; es kann die entgrenzte Lust auf sexuelle Befriedigung sein, es kann der auf den anderen gleichzeitig ausgeübte Zwang als entscheidende Voraussetzung des Lustempfindens sein oder auch die Unterwerfung oder das Quälen und Verletzen, welche Lust auslösen. Es ist ihr eigener Körper, der einer misshandelten Person temporär weggenommen wird. Für diese ist es folgerichtig der Verlust des eigenen Körpers, was sich i.d.R. auch in traumatischen Folgen abbildet. Die Gewalttat fragmentiert, kann die Ich-Identität angreifen oder gar zerstören.

> „Das Opfer der Gewalt wird zuweilen vollständig, zuweilen tendenziell auf seinen Körper reduziert: auf den Körper, der aus der Welt, aus dem Weg oder wenigstens irgendwo hin geschafft wird – und was immer die Person in Ansehung derjenigen, die ihm (...) Gewalt antun, darüber hinaus ist oder bleibt, ist sekundär; anders gesagt: die Person, die bisher dies oder das war, ist jetzt ein Körper, den jemand an sich reißt, um über ihn zu verfügen; oder, im Extrem, jemand ist nur noch zerstörbares Fleisch. Das ist es, was einer erlebt, dem Gewalt angetan wird, (...). Das Opfer verliert in der Reduktion auf Zerstörbarkeit seine Sozialität" (ebd., 480).

„Autotelische Gewalteinwirkung" zielt, wie bereits ausgeführt, auf die Zerstörung der Integrität eines Körpers. Sie zerstört diesen nicht, weil es dazu kommt, sondern um ihn zu zerstören. Das Motiv und der ‚Ertrag', die Lust liegen in dem zerstörerischen Akt des Körpers. Autotelische Gewalt ist die Form der Gewalt, die häufig rätselhaft bleibt, deren Sinn sich für Dritte kaum erschließt und die deshalb keinen gesellschaftlichen Ort besitzt. Sie wird pathologisiert und ihre Protagonisten dämonisiert. Sie wird aus dem Gesellschaftlichen herausgedrängt, weil sie sonst damit konfrontieren würde, selbst betroffen sein zu können.

Gewaltausübung kann mit reiner Lust einhergehen oder sie kann durch das in der gewalttätigen Aktion erfahrene Gefühl, ‚Herr über Leben und Tod' zu sein, eine Kompensation für meist in der eigenen Biografie erlittene Ohnmacht und Bedeutungslosigkeit darstellen. Gewaltsame Auseinandersetzungen werden dann von bestimmten Tätern gezielt provoziert.

Die autotelische Gewaltform ist besonders in der Adoleszenz im Kontext des Überschreitens auch körperlicher Grenzbereiche relevant. Jugendliche durchstoßen hierbei körperliche Grenzen, um sich entweder in der Selbstverletzung zu erfahren, zu ‚spüren', oder im Vorgang des Verletzens anderer omnipotente Selbstwirksamkeit erfahren zu können. Die im Akt des Verletzens erlebte Lust steigert sich in einer eskalierenden Spirale dann zur Allmachts-Erfahrung. Vielfach erst nach oder im zeitlichen Abstand zu einer begangenen Tat konstruieren dann Adoleszente im Nachhinein Rechtfertigungsstrategien zu ihrem Verhalten. Davor steht der unvermittelte, oder provozierte Verhaltensausbruch ohne Antizipationsfähigkeit möglicher Folgen für Opfer und die eigene Person.

Sequenz I aus einem Interview mit einem gewalttätig gewordenen Jugendlichen während eines Anti-Gewalt-Trainings (vgl. Hansen/Römhild 2010, 148):

> „Was denkst Du über deine Opfer?"
> Pit: „... sind normale Menschen, manche wollen den Ärger; wenn ich die schlage, tun die mir nicht leid. Manche wollen auch nicht den Ärger, aus Spaß wird Ernst, ... kriege die Krise, man schlägt einfach drauf."
> „Wie werden eigentlich Leute, die keinen Ärger wollen, zu Opfern?"
> Pit: „Die ärgert man, wartet bis sie aggressiv werden und schlägt dann auf sie drauf. Wenn er sich wehrt, krieg' ich die Krise, hau' drauf bis er am Boden liegt und blutet. Wenn er mich wütend gemacht hat und ich auch blute, hau' ich drauf, bis die mich wegholen ..."

Sequenz II aus einem Interview mit einem gewalttätig gewordenen Mädchen während eines Anti-Gewalt-Trainings (vgl. Hansen/Römhild 2010, 148):

> „Wenn Du deinen Kopf einsetzt, so aufs Nasenbein zielst, machst du dir da Gedanken über die möglichen Folgen?"
> Doris: „Ich denke nicht ... in diesem Moment denk' ich nur, ich muss ihn schlagen. Ich denk' schon manchmal, ich muss ihn töten."
> „Warum denkst Du, dass du ihn töten musst?"
> Doris: „Ich weiß nicht. Keine Ahnung. Ich denk' eigentlich gar nicht, dass ich das machen muss. Ich schlag' einfach drauf. Ich bin dann nicht die Doris ..."
> „Was empfindest Du als positiv an einer Gewalttat?"
> Doris: „In dem Moment, wo ich Gewalt einsetze und ich merke, denjenigen tut es weh, dann freu' ich mich, wenn ich auf die Nase so mit dem Kopf so zwei-, dreimal ... und

> die Nase ist dann gebrochen, es fängt dann an zu bluten. Ich freu' mich dann und schlag' immer mehr drauf oder wenn ich seh', die weinen, dann freu' ich mich noch mehr."
> „Wie fühlst du dich dabei?"
> Doris: „In diesem Moment fühl' ich mich gut; aber hinterher denk' ich manchmal...so, ich denk' dann: ‚Was hab ich jetzt wieder gemacht?' Anzeige und so...; aber nicht an diese Leute oder was da ist."

Der Lust des ‚Kicks' und der Omnipotenz auf Täterseite entsprechen der Schock und die Angst, vernichtet werden zu können auf der Seite des Opfers. Die biografisch gewachsene Verbindung zwischen Person und Körper wird auch hier durch den Gewaltakt aufgelöst, sowohl bei Täter (*„ich bin dann nicht die Doris"*) wie bei Opfer.

Die nachfolgende Traumatisierung ist beim Erleidenden mit extremen Ich-Zweifeln, Verunsicherungen, Angstattacken und oft auch mit einem völlig neuen Verhältnis zum eigenen Körper verbunden.

Das Post-Tat-Verhältnis des Opfers zum Täter ist in belastend ambivalenter Form gleichermaßen extrem nah wie extrem distanziert und dadurch angstbesetzt und diffus.

Auf Täterseite treten dagegen Mechanismen der Rechtfertigung, des Ungeschehen-Machens oder der Verdrängung in Kraft und drücken sich bspw. dadurch aus, dass es den Tätern kaum gelingt, einen Entschuldigungsbrief an das Opfer auch nur zu formulieren, geschweige denn zu schreiben. Sie sind dabei blockiert und müssen darin angeleitet werden.

Die Täter-Opfer-Arbeit

Die durch eine Tat erzwungene direkte Täter-Opfer-Kommunikation bricht i.d.R. nach Tataufdeckung und durch Einschlagung des Rechtswegs ab und hinterlässt bei Täter wie bei Opfer jeweils meist deutliche Spuren in Form von Schuld- und/oder Allmachtsgefühlen beim Täter, Verletzungen, Hass, Revanchegelüsten, Erniedrigungsempfindungen, Ängsten, Traumata usw. beim Opfer, also beiderseitig ‚vollgepackte Affektzustände', ohne dass eine weitere Kommunikation die Regel ist. Beide Seiten konstruieren deshalb aus ihrer jeweiligen Perspektive heraus eine fiktive Kommunikationsfortsetzung, häufig auch mit Hilfe Dritter aus den jeweils eigenen Bezugsgruppen. Es hat sich aber gezeigt, dass es sowohl für die Täter als auch für die Gewalterleidenden aus mehreren Gründen wichtig sein kann, in einen indirekten oder auch direkten Dialog zu treten (vgl. Ü 37). Für den Täter ist dies wichtig, um ggf. mit seiner Schuld umgehen zu lernen, von einer Feindseligkeitshaltung Abstand zu gewinnen oder auch durch Rollenwechsel dem Opfer emphatisch gegenübertreten zu können.

Täterorientierte Aufbauschritte	Opferorientierte Aufbauschritte
Vertrauensbildung: Tatschilderung,	Kontaktaufnahme: Akzeptanz
Hintergründe, Tatrekonstruktion	
Durchspielen des Tatherganges	
Rollenwechsel: Informationen zum Opfer	täterbezogene Informationen
Hinein-Versetzen in die Opfersituation	für das Opfer
Opferbrief/Entschuldigung (ggf. fiktiv)	
Besprechen des Briefs	
Vorbereitung auf erste Begegnung	
Begegnung: Ausgleich, Wiedergutmachung	

Übersicht 37: Curriculare Schritte zur Herstellung eines Opferbezugs in der Arbeit mit Tätern (vgl. Kilb 2012, 199)

Das Gewaltopfer kann durch ein Treffen Ängste abbauen, Erklärungen erhalten für den Exzess des Täters und diese Aktion schließlich von der eigenen Person losgelöster betrachten oder eine Wiedergutmachung, einen Ausgleich aushandeln. Die Einwilligung zu bzw. die Aufnahme einer Kommunikation im Sinne ‚sozialen Handelns' eröffnet dem Opfer die Möglichkeit einer Mitgestaltung derselben und damit eine zumindest relative Sicherheit, nicht erneut vom Täter viktimisiert zu werden.

Es zeigt sich insgesamt, wie wichtig es bei der Arbeit im Zusammenhang mit Gewalttätigkeit ist, vorausgesetzt der/die Gewalterleidende/n sind dazu in der Lage und bereit, sukzessive die nach der Tat meist abgebrochene Kommunikation in für das Opfer geschütztem Raum wieder aufzunehmen und durch Dritte zu moderieren bzw. zu ergänzen (vgl. Kilb 2012, 194f.).

9.5.5 Aktivierung außenstehender Beobachter, Voyeure und ‚Anheizer'

Insbesondere in Institutionen wie Schulen, Jugendeinrichtungen oder auch Kinderhorten erscheint es sinnvoll und wichtig, die ‚Instanz des Dritten' in die Regulationsprozesse mit einzubinden. Auf lerntheoretisch-verhaltenstherapeutischer Basis gelingt es, diese Funktion dadurch wieder auszufüllen, dass bspw. Kinder oder Jugendliche, die sich bereit erklärten, bei Konflikten nicht nur hinzuschauen, sondern Interventionen anzustoßen, für ihr pro-soziales Verhalten belohnt werden. Dies kann alters- bzw. entwicklungsadäquat über Token-Systeme und andere positive Verstärker geschehen. Umgekehrt können negative Verstärker eingesetzt werden, wenn etwa Schüler Eskalationen befeuern.

Solche Ansätze finden sich in den schulbezogenen Präventionsprogrammen. Methodisch institutionalisiert fungieren an dieser Stelle auch sog. Streitschlichter/innen. Das sind besonders ausgesuchte Schüler/innen, die durch entsprechende Streitschlichterprogramme für solche Interventionsaufgaben qualifiziert werden (vgl. Faller et al. 1996).

9.5.6 Die Re-Implementierung des Dritten in und am Rande der Konflikt- und Gewaltarena

Zahlreiche Präventionsprojekte weisen darauf hin, wie wichtig die Reaktivierung oder, in desintegrierten Stadtteilen und Quartieren, auch die Aktivierung handlungsfähiger Gemeinwesenstrukturen im Zusammenhang mit Konflikt- und Gewaltregulation ist. Communitystrukturen fungieren dann als ‚Soziale Kontrolle', wenn sie auf zwischenmenschlichen Verantwortungsbeziehungen aufbauen und zugleich nahbar, verbindend, verantwortungsbewusst, aber auch heterogen sind. Sie verlieren aber die Funktion der Selbstkontrolle, sobald sie tendenziell marginalisiert, polykulturell-atomisiert und von der sozialen Lage der Bevölkerung ausschließlich benachteiligt sind. Dann fungieren sie eher als Impulse für dissoziale Konflikte und können Gewalt auslösen. Dies trifft auch auf zentrale sozialräumliche Konflikt- und Gewaltarenen zu, ganz gleich ob es im öffentlichen Raum der Kinderspielplatz, die Straße in der Siedlung, der Schulhof, die anonyme City, das Einkaufszentrum, die Verkehrsmittel und deren Haltebahnhöfe oder das halböffentliche Fußballstadion und dessen Umfeld ist.

Die meisten außerfamiliären Gewaltaktivitäten sind einsehbar für Dritte, werden durch ihre Austragung vor anderen überhaupt erst kommuniziert und erfüllen oftmals nur dadurch ihre vom Täter avisierte Funktion. Erst die Zuschauer, Claqueure, Fans oder die ‚Anheizer' sorgen dafür, dass Gewalt als solche, in welcher Art auch immer, im Rahmen einer dann triadischen Struktur (vgl. Abb. 13) entweder verstanden wird, einen ‚Sinn' erhält oder für sinnlos bzw. destruktiv erklärt wird und dadurch geächtet ist. Aus der mit zunehmender sozialräumlicher Anonymität sich steigernden Angewohnheit der Menschen, bei sichtbaren Konflikten wegzuschauen, müsste unter regulationsspezifischen Gesichtspunkten ein Umdenken stattfinden hin zur ‚strategischen Intervention' einzelner und zu Veränderungen soziokulturellen Raumverhaltens.

‚Strategisches Intervenieren' bedeutet, sich in einer Art und Weise einzumischen, die die eigene Gesundheit nicht gefährdet, also ggf. durch lautstarkes Schreien auf die Situation aufmerksam zu machen, externe Hilfe zu holen oder, nach Abwägung der Situation auch selbst tätig zu werden.

Je nach sozialräumlicher Struktur und Kultur, nach habituellen Artikulationsformen der präsenten Personen, nach institutionellem Format ist die jeweilige Konflikt- bzw. Gewaltarena durch spezifische Artikulationsakzente, Stile und kulturelle Rituale gekennzeichnet. Auch können bestimmte Konflikt- und Gewaltmuster erlaubt, verboten oder gar geboten sein; dies differiert in den unterschiedlichen Sozialräumen. So ist im Stadionumfeld Gewalt formal verboten; Verbotsüberschreitungen werden z.B. über berittene Polizeistreifen kontrolliert und sanktioniert. Verbale Gewalt ist dagegen im so genannten ‚Schlachtruf' aber nicht nur erlaubt, sondern sogar geboten, in der choreographierten Inszenierung sind Beleidigungen des Gegners ebenfalls nicht nur möglich, sondern üblich. Solche Provokationen sind fan-kulturelle Rituale bei Fußballmassenveranstaltungen; die Regulation verläuft, wenn nicht selbst organisiert, über deeskalierende Lautsprecheransagen und zuletzt über taktische Polizeieinsätze, über eine zufriedenstellende Spieldramaturgie oder auch schlicht über Verbrauch und Erschöpfung.

Die Konflikt- und Gewaltregulation auf Kinderspielplätzen findet womöglich in einer Siedlung mit gutnachbarschaftlichen Bezügen über die umliegenden Bewohner statt, die durch lautes Rufen der Kinder aufmerksam werden. Ohne nachbarschaftliche Bezüge muss die externe Regulation von beaufsichtigenden Eltern oder älteren Geschwistern übernommen oder organisiert werden. Sämtliche ‚Regulatoren' üben, durch die persönliche Präsenz und ihre, manchmal nur symbolischen Interventionen Einfluss auf die Konflikt- und Gewaltbalance in diesen Räumen aus. Hat sich eine solche Balance über eine normative Alltagsstruktur stabilisiert, funktioniert soziales Verhalten auch ohne ständige Präsenz der ‚Regulatoren'.

Im Sinne einer Prävention ist es wichtig, die typischen Konflikt- und Gewaltarenen in regelmäßigen Abständen hin zu zivilisierter Selbstregulation hin zu begleiten oder zu strukturieren. Dies kann, je nach Arena und Raum ganz massiv oder auch nur begleitend und beobachtend geschehen. Entscheidend für einen solchen Prozess ist die Implementierung einer breit getragenen und sich verselbstständigenden Definitionsmacht darüber, in welchen Bahnen und in welcher Form Konflikte und auch Gewalt als kulturell und sozial verträglich betrachtet werden und damit als legitim oder als nicht legitim gelten. Im öffentlichen Raum kommt diese Aufgabe dem Quartiermanagement oder auch der Straßensozialarbeit zu (vgl. Kilb 2012, 200f.).

9.6 Themenbereiche und Lernbausteine der Anti-Gewalt-Arbeit auf den verschiedenen Präventionsebenen

Da ein Gesamtüberblick zu den praktizierten Anti-Gewalt-Projekten nicht in diesem Rahmen unterzubringen ist, sollen die wichtigsten Themenbereiche und Lernbausteine aus den verschiedenen Programmen und Ansätzen synoptisch erfasst und, nach Lebensphasen und Präventionsaspekten zugeordnet, dargestellt werden. Hierdurch wird es möglich, Konzeptionen der Gewaltprävention und der intervenierenden sowie nachsorgenden Anti-Gewalt-Arbeit auf ihre Vollständigkeit, ihre indikationsbezogenen Annahmen und auf ihre Qualität hin zu reflektieren.

Zunächst sollte bei der Analyse zur Entstehung von Konflikten und Gewalt im Rahmen von Institutionen wie der Familie, Schule oder sozialpädagogischen Hilfesystemen zwischen drei Bezugsdimensionen unterschieden werden, die in den jeweiligen Handlungssystemen entweder getrennt voneinander, aufeinander aufbauend oder miteinander korrespondierend oder auch einander verstärkend auftreten können.

So gibt es *systemimmanente Konflikte* und *Gewalt,* die sich aus grundlegend vorhandenen Widersprüchlichkeiten oder Disparitäten in den Aufträgen, den Settings, zwischen Fachkräften und organisatorischer, kultureller Art in den jeweiligen Institutionen selbst generieren.

Ein zweiter Konflikt- und Gewaltbezug liegt auf den *verschiedenen Interaktionsebenen* der jeweils handelnden Akteure im System; dies sind Konflikte und Gewalt, die durch Auseinandersetzungen der Akteure im Rahmen der Auftragsbearbeitung im jeweiligen System entstehen.

Darüber hinaus kann durch so genannte *‚einwandernde Konflikte‘ oder ‚einwandernde Gewalt‘* ein dritter Typus existieren. Das sind Konflikte oder Gewalt, die aus externen Sozietäten wie etwa den Familien und den Peers von Schülern z. B. in eine Schule oder ein Jugendzentrum hineingetragen werden. Bei der institutionellen Anti-Gewalt-Arbeit ist es notwendig, diese Ebenen differenziert zu bearbeiten und im Sinne einer Querschnittsaufgabe bei sämtlichen Fallsituationen mit zu berücksichtigen.

Die verschiedenen Methoden, Ansätze und Programme zielen nicht nur auf jeweils spezifische Altersgruppen und orientieren sich somit auch an kognitiv unterschiedlichen Entwicklungsniveaus, sondern sind in ihrem Gebrauch auch abhängig von den jeweiligen Aufträgen der Institutionen, in denen sie angewandt werden. Es sollen deshalb Ansätze in den drei Lebensaltersbereichen von Kindheit, Jugend und dem jungen Erwachsenenalter getrennt voneinander betrachtet werden.

9.6.1 Themenbereiche und Lernbausteine im Kindesalter

Die gewaltpräventive Arbeit im Kindesalter zielt auf die Kinder selbst, auf deren Erziehungsberechtigte sowie auf die mit ihnen arbeitenden Institutionen. Die direkt kindesbezogenen Ansätze sind wiederum auf vier Dimensionen hin ausgerichtet: auf Bindungsaspekte, auf die rechtzeitige Sichtung und

Identifikation von Risiken, auf die Stärkung sog. Resilienzfaktoren und Copingstrategien sowie auf den Kindesschutz. Allgemeine Präventionsarbeit ist in den zentralen Sozialisationsfeldern von Familie, Kindertageseinrichtungen sowie Vor- und Grundschule aktiv, kann aber auch – dann in Kooperation mit Jugendämtern – intervenierend ausgerichtet sein. Im Bereich vorsorglich angelegter ‚Früher Hilfen' spielen auch Gesundheitsbehörden eine Rolle.

Teilbereich Allgemeine Prävention

Die meisten der kindheitsbezogenen allgemeinen Präventionsansätze orientieren sich programmatisch an den phasenspezifischen Entwicklungsaufgaben von Kindheit und deren besonderen Entstehungsrisiken für aggressives Verhalten. Fröhlich-Gildhoff (2006) sowie Baacke (2000) führen hierzu nachfolgende altersspezifischen Themenbereiche an:

- *Im 1. und 2. Lebensjahr:* Regulation von Emotionen und Affekten; Aufbau von Selbstwirksamkeitserwartungen und Kontrollüberzeugungen; Aufbau (sicherer) Bindungsrepräsentationen.
- *Im 3. bis 5. Lebensjahr:* Akzeptanz von Grenzen bei eigenem aggressivem Verhalten; Aufbau von Empathiefähigkeit und prosozialem Verhalten; Aufbau erster Konfliktbewältigungskompetenzen; Aufbau moralischer Werte; Aufbau realitätsgerechter Selbst- und Fremdwahrnehmung; diesbzgl. Unterscheidungsfähigkeit.
- *Im 6. und 7. Lebensjahr:* Bewältigung des Schuleintritts mit entsprechenden Normen- und Rollenvorgaben; angemessene Auseinandersetzung mit schulischen Leistungen und Anforderungen; Aufbau von Peerbeziehungen.
- *Im 8. bis 12. Lebensjahr:* Entwicklung genitaler Sexualität/Distanzierung zum jeweils anderen Geschlecht; Beginn der Gruppenfähigkeit; Verfestigung angemessener Konfliktlösungskompetenzen; Abbau verbal-aggressiver Auseinandersetzungsformen; Umgang mit Frustrationserfahrungen.
- *Im 13. bis 15. Lebensjahr:* Elterndistanzierung und stark regressives Verhalten bei Jungen (Konzentrationsschwierigkeiten, grobes Verhalten), ästhetische Fantasiebildung bei Mädchen, Orientierung an älteren Jungs; Annäherung von ICH-Ideal und Real-ICH (Fröhlich-Gildhoff 2006, 32; Kilb 2012, 127).

Die in den vorschulischen Feldern angebotenen Ansätze und Methoden sind i. d. R. prophylaktisch ausgerichtet und zielen auf unterschiedliche Schwerpunkte in o. a. Phasen. So fokussiert etwa ein vom Sigmund-Freud-Institut in großstädtisch geprägten Sozialen-Brennpunkt-Quartieren getestetes psychoanalytisches Frühpräventionsprogramm *‚Frühe Schritte'* im Sinne einer „aufsuchenden Psychoanalyse" eine qualitative Verbesserung der Bindungsdimension zwischen Erziehern und Kindern (Leuzinger-Bohleber et al. 2011), in der

Annahme, dass prekären und unsicheren Bindungen zu den zentralen Bezugspersonen im familialen Kontext grundlegende Bedeutung für späteres dissoziales Verhalten zukommen.

Das vornehmlich in Horten und Grundschulen eingesetzte *‚systemische' Mediationsprogramm* von Faller (2002) umfasst sowohl die frühe Förderung der Konfliktfähigkeit von Kindern als auch deren Einbindung in Selbstlösungen z. B. als Streitschlichter. Letztendlich werden aber auch sämtliche anderen zum System gehörenden Ebenen wie die des Teams, der Leitung und auch die Elternarbeit in Fallers Konfliktmanagement eingebunden.

Das *‚Faustlos-Programm'* (Cierpka 2005) des Heidelberger Präventionszentrums ist ebenfalls auf eine frühzeitige Verbesserung der Konfliktfähigkeiten von Kindern, deren Eltern und den erzieherischen Fachkräften orientiert. Beide Programme sind angelehnt am behavioral-kognitiven Paradigma und beinhalten das Trainieren emotionaler und kommunikativer Basiskompetenzen, später ergänzt durch Handlungskompetenzen, um hierdurch das individuelle Verhaltensrepertoire zu erweitern (Schick/Cierpka 2007, 161). Das ‚Faustlos-Programm' wird mittlerweile in zahlreichen Kindertagesstätten, Grundschulen und in der Sekundarstufe I angewandt, ist modular stark ausdifferenziert und umfasst die Themenfelder ‚Empathie', ‚Impulskontrolle' sowie ‚Umgang mit Ärger und Wut'.

Teilbereich spezifische Prävention und Intervention

Da die gesetzlichen, auf die Familien zielenden Aufgaben hinsichtlich deren Unterstützung, Förderung aber auch deren Kontrolle in jeweils eigenen administrativen und dementsprechend auch praxisbezogenen Zuständigkeiten ausdifferenziert sind, müssen sich die präventiven Angebote und Maßnahmen ebenfalls auf diese verschiedenen Felder beziehen.

Grundsätzlich lassen sich hierbei allgemein-präventive Programme, die im Rahmen etwa von *Familienbildung, Familienförderung* und *Prävention* (nach SGB VIII, §§ 16–20) auf die Erziehungskompetenzen der Eltern zielen, von den Hilfsangeboten bei *besonderem Erziehungs- oder Unterstützungsbedarf*, die als spezialisierte Angebote der ‚Erzieherischen Hilfen' (nach SGB VIII, §§ 27, 28, 30, 31, 32 und 35/35a) über die kommunalen Jugendämter vorgehalten werden, unterscheiden.

Komplikationsverstärkend kann sich zudem bei innerfamilialen Konflikt- und Gewaltsituationen die gesetzliche Antragstellungsmacht von Eltern bzw. Sorgeberechtigten dann auswirken, wenn eine konfligierende Beziehung zwischen diesen und ihren Kindern existiert und die Kinder selbst initiativ werden möchten.

Im Falle einer *kindesschützenden familiären Intervention* kann durch die Jugendämter eine Inobhutnahme mit anschließender Herausnahme (SGB VIII, §§ 42, 43) erfolgen.

Im gesundheitspolitischen Bereich sind vergleichsweise z. T. ähnliche Angebote wie etwa familientherapeutische oder auch psychiatrisch ausgerichtete ambulante und stationäre Maßnahmen verortet, die nicht über die Kinder- und Jugendhilfe (SGB VIII), sondern über die Krankenkassen finanziert werden.

Die konfliktbezogenen Arbeitsansätze in den beiden letzten Aufgabenfeldern umfassen sämtliche Handlungsstrategien von der Mediation über die Deeskalation bis hin zur Konfrontation und des hoheitlichen Eingriffs (vgl. auch Kilb 2012, 321 ff.).

„Frühe Hilfen" und Frühwarnsysteme bei Verdacht auf Kindesmissbrauch

Im Rahmen allgemeiner Prävention wurden auf kommunaler Ebene Maßnahmen der *„Frühen Hilfen"* in Kooperation kommunaler Gesundheits- und Jugendämter, der Frühförderung und der Schwangerenberatung eingeführt. Die ‚Frühen Hilfen' basieren auf drei Schwerpunkten.

- einer Stärkung der Eltern/Erziehenden durch ein frühzeitiges Erkennen von Belastungen und Risiken im Rahmen möglichst verbindlicher Netzwerke;
- einem präventiven Kindesschutz im Sinne einer Gewährleistung gesunden Aufwachsens und zuverlässigem Schutz vor Vernachlässigung und Misshandlung;
- einer verbindlichen Vernetzung zwischen dem Gesundheitswesen, der Kinder- und Jugendhilfe, den Schwangerschaftsberatungsstellen, den Frauenunterstützungseinrichtungen und weiteren Institutionen für Familien und Kinder sowie der Justiz und der Polizei (vgl. BMFSJ 2011).

‚Frühe Hilfen' sind als kommunale Frühwarnsysteme vor dem Hintergrund zahlreicher öffentlich diskutierter Todesfälle von Säuglingen und Kleinkindern durch elterlichen Missbrauch entstanden. Bei zahlreichen betroffenen Kindern führten elterliche Gewalteinwirkungen zum Tode. Die meist kooperativ von Polizei, Gesundheits- und Kinder- und Jugendhilfe getragenen Programme dienen dem psychischen und physischen Schutz von Kleinkindern, der Früherkennung von Risiken und Gefährdungen und sollen effektive Hilfesysteme vor Ort in die bestehenden Strukturen eingliedern.

‚Frühe Hilfen' zielen insbesondere auf eine Verhinderung von Vernachlässigung und Gewalt durch junge Eltern schwerpunktmäßig gegenüber deren 0- bis 3-jährigen Kindern.

Zu den bisher empirisch belegten Risikofaktoren zählen neben Merkmalen des Kindes selbst (z. B. Behinderung) vor allem auf Seiten der Eltern belastete Biografien und psychische Probleme, Partnergewalt, Isolation, Überlastung, Armut, Kinderreichtum, Alleinerziehen und fehlendes Erziehungswissen. Die ‚Frühen Hilfen' müssen vor diesem multiplen Hintergrund als differenziertes Netzwerk organisiert sein, in das Krankenhäuser, Geburtshelferinnen und Hebammen, Kinderkrankenschwestern, Kinderärzte, Kinderkrippen, Kindergärten, Grundschulen, Beratungsstellen, Gesundheitsämter, Allgemeiner Sozialer Dienst, Wohnungs- und Arbeitsämter (ARGE) und die Polizeibehörden eingebunden sind (DJI Online 2008/09).

Die entsprechenden Interventionsmöglichkeiten liegen schließlich bei den Jugendämtern, die verpflichtet sind, Kinderschutz ggf. auch durch Eingreifen bei gewichtigen Hinweisen auf Kindeswohlgefährdung zu garantieren (Risikoabschätzung, Anrufung des Gerichts, Inobhutnahme). Ideal ist hier ein funktionierendes Zusammenspiel von Gesundheitswesen (SGB V § 24, § 26), Kinder und Jugendhilfe (SGB VIII), Schwangerschaftsberatung (Schwangerschaftskonfliktgesetz SchKG) und Früher Förderung (SGB IX § 30, § 56).

9.6.2 Themenbereiche und Lernbausteine im Jugendalter

Im Jugendalter finden sich Angebote auf sämtlichen Präventionsebenen, also auch der intervenierenden und nachsorgend-resozialisierenden. Dabei spielen die Handlungsfelder der Schule, der Freizeit- und Sozialpädagogik, der Hilfen zur Erziehung und der Jugendstraffälligenhilfe eine besondere Rolle. Die bekanntesten Maßnahmen und Ansätze lassen sich wie folgt den drei Präventionsebenen zuordnen.

Allgemeine Prävention:

- Soziale Kompetenztrainings, Schulung sozialer Kompetenzen
- Wahrnehmungsschulungen (z. B. nach Petermann/Petermann)
- Selbststärke-, Selbstwirksamkeits-Trainings
- Teambuilding/Teamworking
- Elternschulungen/Elterntrainings
- Familiengründungstrainings für Schüler/innen (in Kooperation mit Familienbildungseinrichtungen)
- Entwicklung eines Regel-/Orientierungskatalogs für den Umgang miteinander in Schulklassen

Sekundäre Prävention:

- Qualifizierung (freiwilliger, ehrenamtlich tätiger) Streitschlichter in Schulen
- Deeskalationsverfahren, Vermittelnde Verfahren wie Schülermediation/Täter-Opfer-Arrangements in Schulen
- Körperorientierte Verfahren (Erlebnispädagogische Grenzerfahrungen) in freizeitpädagogischen und resozialisierenden Angeboten

- Information über strafrechtliche Konsequenzen (ggf. durch polizeiliche oder juristisch orientierte Fachkräfte (z. B. JGH) bei Gewaltdelikten
- Coolnesstraining (CT) in gewaltaffinen Schulklassen
- Information über gesundheitliche Folgen von Gewaltverletzungen (ggf. durch medizinische Fachkräfte)
- Angebote der Erzieherischen Hilfen (nach SGB VIII §§ 27ff.): Soziale Gruppenarbeit, Intensive Sozialpädagogische Einzelfallhilfe, (ggf. Sozialpädagogische Familienhilfe/SPFH)

Tertiäre Prävention/Intervention/Nachsorge:
- Konfrontative Verfahren mit Auflagen, Anti-Aggressivitäts-(AAT) und Anti-Gewalttrainings
- Trainingsraum-Methode (schulspezifisch)
- Täter-Opfer-Ausgleich/Aussprache/Wiedergutmachung
- Soziales Verhaltenstraining/z. B. DENKZEIT-Programm
- Soziale Trainingskurse (nach JGG § 10)
- Resozialisierende Programme: z. B. Projekt CHANCE, Trainings- und Erziehungscamps im ‚betreuten Wohnen'
- Mentorenprogramme
- Angebote der Erzieherischen Hilfen (nach SGB VIII §§ 27ff.): Soziale Gruppenarbeit, Intensive Sozialpädagogische Einzelfallhilfe, Fremdunterbringung im Internat oder Wohngruppe.

Die generell in jugendbezogenen Anti-Gewalt-Programmen vorzuhaltenden Themen sollten sich als programmatische Bausteine an den um die Sinnfindung erweiterten Bewältigungsaspekten Böhnischs orientieren (vgl. Ü 38).

Hier werden die spezifischen Schwerpunktsetzungen in einer Verhinderung sowohl ideologischer Muster wie auch der Hinwendung zu religiös-fundamentalistischen Gruppen deutlich, deren Prävention dann entsprechend ausgeprägt in Angeboten sozialer Orientierung und sozialen Rückhalts besteht.

Die Angebote arbeiten teilweise in curricularen Strukturen und sind dann entsprechend eng an wissenschaftliche Befunde angelehnt, wie etwa das Anti-Aggressivitätstraining (AAT) oder das „DENKZEIT-Modell".

Der konfrontierende Ansatz des AAT geht u. a. von folgenden Prämissen aus:

Aggressive Mehrfachauffällige lassen sich sozialisationstheoretisch als ‚produktive Realitätsverarbeiter' begreifen. Auffällig sind bei der Zielgruppe besonders auch Interaktionsdefizite. Sie treten zwar körpersprachlich meist imposant bis einschüchternd auf, aber außer einem fulminanten Beleidigungsrepertoire und/oder Gewalttätigkeit verfügen sie über nur begrenzte Konfliktbewältigungsstrategien.

Subjektive Erfahrung	(1) Selbstwertverlust	(2) Soziale Orientierungslosigkeit	(3) Fehlen sozialen Rückhalts	(4) Fehlende Integration/ Normalisierungssehnsucht
Subjektive Bewältigung	Wiedergewinnung	Orientierungssuche	Suche nach Halt	Suche nach Integration und Handlungsfähigkeit
Sozialpädagogische Unterstützung	Soziale Anerkennung von „Hilflosigkeit“, Wahrnehmen, Verstehen, Bestärken, Selbstthematisierung	Situative und personale Strukturierungsangebote	Milieubildende, soziale Räume, öffnende Angebote/Konzepte	Empowerment, Netzwerkschaffung, Netzwerkstärkung
Riskante Bewältigungsformen	Erniedrigung anderer	Ideologische Muster	Extremistische Gruppen	Unterordnung, Überanpassung

Übersicht 38: Aktivierung psychosozial strukturierter Grundsegmente zur Bewältigung (In Anl. an Böhnisch 1998/2001).

Die Ausgangssituation bei den aggressiv Mehrfachauffälligen ergibt folgendes Bild:

- Empathie in Bezug auf Opferfolgen ist nur marginal ausgeprägt.
- Geringe Frustrationstoleranz, verbunden mit leichter narzisstischer Kränkbarkeit;
- Kaum vorhandene Ambiguitätstoleranz;
- Neutralisierung der Verhaltens- bzw. Tathintergründe;
- Auch die Rollendistanz, also die Fähigkeit, mit Ironie und Humor auf Abstand zur eigenen Rolle zu gehen, ist bei ihnen förderungsnotwendig, da sie meist mit großem Ernst ihrer z. T. martialischen Rolle verhaftet sind.

Das Trainings-Curriculum des AAT nimmt genau diese Faktoren ins Visier und besteht aus neun modularen Einheiten, die sich mit den nachfolgenden Themen befassen:

- den sog. „Heldentaten“ incl. ihrer Lust- und Spaßdimensionen,
- den Aggressivitätsauslösern,
- dem Selbstbild (Ideal- und Real-Selbst),
- sog. Neutralisierungstechniken (Schuldzuweisungen an die Gewalterleidenden),
- der Kommunikation mit den Gewaltopfern und deren Tatfolgen,
- der subjektiven Erfahrung von Aggressivität als Vorteil (Kosten-Nutzen-Abgleich),

- diversen Provokationstests (über Desensibilisierung),
- einer Thematisierung des eigenen Lebens in Subkulturen,
- sowie einem Kompetenztraining, einer Nachbetreuung und dem Alltagstransfer (vgl. Kilb/Weidner 2013, 100) (vgl. Ü 39).

Pädagogische Ziele des Curriculums stellen die Übernahme der Tatverantwortung, das Erlernen pro-sozialen Verhaltens (Teamfähigkeit, Hilfsbereitschaft, Höflichkeit usw.), eine Qualifizierung des moralischen Bewusstseins (Scham, Moral), die Stärkung der sozialen Handlungskompetenz, die Steigerung der Empathiefähigkeit, die Förderung von Ambiguitätstoleranz und der Rollenreflexionsfähigkeit dar.

Darüber hinaus wird an einer besseren Impuls- bzw. Affektkontrolle gearbeitet. Das Erreichen einer schulischen Qualifikation, der Aufbau sekundärer Arbeitstugenden sowie eine Förderung von Life Skills werden trainingsbegleitend unterstützt und gefördert.

Die zahlreichen Evaluationen zu Maßnahmen im jugendgerichtlichen Feld weisen darauf hin, dass ohne angemessene Nachbetreuung bei der Entlassung aus einer Maßnahme die Trainingseffekte ihre Wirkung rasch verlieren können.

Die für das Jugendalter besonders relevanten Themen und Lernbausteine im Rahmen der allgemeinen Prävention liegen in folgenden Bereichen (vgl. auch Fröhlich-Gildhoff 2006, 32):

- Verfestigung bzw. Neuerfahrungen sicherer Bindungsbezüge (soziale Sicherheit, soziale Anerkennung),
- Entwicklung eines angemessen positiven Körper- und Selbstbildes (Selbsteinschätzung, Selbstbewusstsein),
- Eltern-Ablösung bei gleichzeitiger Verselbständigung (Selbstsicherheit, Selbstfindung),
- Identitätsfindung in der Geschlechterrolle (Selbstfindung, Selbstwahrnehmung),
- Aufbau stabiler Peer- und Freundschaftsbeziehungen (Soziale Orientierung, soziale Sicherheit, Integration, soziale Anerkennung, Solidaritätserfahrung),
- Fähigkeit, sich in Gruppen zu verständigen und Konflikte fair und demokratisch beizulegen,
- Sinnfindung und Erwerb stabiler ethischer Werte (soziale Orientierung, Sinnfindung),
- Realistische Einschätzung eigener Kompetenzen und Defizite (Selbsteinschätzung, Selbstwirksamkeit),
- Berufs- und Lebensperspektivische Vorstellungen (soziale Perspektive, Selbstwirksamkeit).

Faktoren	Lerninhalte	Lernziele
1. Aggressivitätsauslöser (Erstgespräche, Selbstdefinitionen, Tatrekonstruktionen)	Was sind provozierende Situationen? Wann ist für den Teilnehmer Gewalt ‚zwingend notwendig'? Waren Drogen verstärkend im Spiel?	Infragestellen ‚zwingender Notwendigkeiten'; Frühzeitiges Erkennen gewaltaffiner Entwicklungen und alternative Handlungsoptionen: Rückzug, Schlichtung
2. Aggressivität als Vorteil (Rekonstruktion der Tat, narrative Gespräche, Selbsteinschätzungen)	Steigerung des Selbstwertes (Omnipotenz) durch gewalttätige Unterwerfung anderer; Opfer als ‚Tankstelle' des Machtrausches (Selbstbewusstsein); Anerkennung und Respekt durch (eingeschüchterte) ‚Freunde'	Kosten-Nutzen-Analyse Beispiel: Machtrauscherfahrung vers. Haftzeit nach Körperverletzung
3. Selbstbild zwischen Wunsch- und Realselbst (Verstehendes Gespräch/Gegenüberstellungen/Psychodramatechniken)	Eigenes Charakterideal der Härte, Unbeugsamkeit, Coolness, Gnadenlosigkeit; leicht kränkbares Selbst, mangelndes Selbstwertgefühl, Versager-Image	Widerlegung der Hypothese: ‚Härte macht unangreifbar'; Dissonanzausgleich durch veränderte Rollenerwartungen: statt Unbesiegbarkeit, die kränkbaren eigenen Persönlichkeitsmerkmale respektieren lernen.
4. Neutralisierungstechniken (Konfrontative Techniken)	Auseinandersetzung mit eigener Tat; Analyse vorgeschobener Rechtfertigungen und Legendenbildung; Konfrontation mit Neutralisierungen; ‚Einmassierung' des Realitätsprinzips: Opferfolgen	Wecken von Schuld und Schamgefühlen; Übernahme der Tatverantwortung; Veränderung des Selbstbildes zwischen Held und Versager
5. Konfrontation mit dem Opfer und dessen Perspektive (Konfrontative Techniken, Transfer in Opfersituation)	Vermittlungen der Ängste, Behinderungen, Schmerzen, Trauer bei Gewaltopfern; (fiktiver) Opferbrief, Begegnung mit Opfer, ggf. Wiedergutmachung	Kathartisches Durchleben des Opferleids; Steigerung des Einfühlungsvermögens; Entwicklung von Mitgefühl statt Verharmlosung, Hass, und Härte; Betroffenheit wecken durch Vergegenwärtigung der Opferfolgen
6. Provokationstests (Systematische Desensibilisierung)	Auflisten und Durchspielen einer Hierarchie von leichten Belästigungen bis hin zu Aggressivität auslösenden Provokationen	Gelassenheit in provozierenden Situationen bewahren; Austesten eigener Grenzen im Umfeld; alternatives Verhalten trainieren: Humor, Ironie und Worte statt Fäusten
7. Ressourcenorientiertes Kompetenztraining (Empowerment)	Feststellen und bestärken von Ressourcen und Kompetenzen; Gegenüberstellung zu Defiziten; produktive Kompetenzen nutzbar machen und erweitern	Selbstbewusstsein auf reale Basis stellen; alternative Handlungsperspektiven eröffnen
8. Alltagstransfer	Schlüsselpersonen als Verstärker, zur Reflexion und zur Kontrolle einsetzen; Entstigmatisierende Aktivitäten; Handlungsalternativen bestärken	Nachhaltigkeit der Maßnahmen; Lebenswertes, stressfreieres Leben ermöglichen.

Übersicht 39: Curriculum des Anti-Aggressivitätstrainings (AAT) (In Anl. an Weidner/Kilb/Kreft 1997, 76)

In den diversen Programmen und Angeboten finden sich zahlreiche Methoden, mit denen sich an diesen Themen arbeiten lässt.

Bei der Spezialprävention sowie in der Resozialisierung gelten im Jugendalter folgende Aspekte bzgl. Gewaltvermeidung als besonders relevant:

- Impulskontrolle,
- Antizipationsfähigkeit von Verhaltensfolgen,
- Empathiefähigkeit,
- Wahrnehmungsverzerrungen,
- Umgang mit narzisstischer Kränkbarkeit,
- Moralische Verhaltensorientierungen,
- Verantwortungsübernahme für eigenes Handeln,
- Sensibilisierung für andere Rollen,
- Reflexion des Selbstbildes, der eigenen Rolle, des zum erwünschten Selbstbildes passenden Habitus
- Umgang mit tatspezifischen Hemmungsfaktoren,
- Befähigung zur gewaltlosen Konfliktbeilegung,
- Kompetenzorientierte Verstärker,
- Alternative Selbstwirksamkeitserfahrungen.

Die Schwerpunkte sollten je nach Gewaltformen und biografischen Entwicklungserfahrungen heraus aus diesem Kanon ausgewählt werden.

9.6.3 Themenbereiche und Lernbausteine im frühen Erwachsenenalter

In der gewaltbezogenen Arbeit mit Erwachsenen geht man von verfestigten Gewaltmustern bzw. Gewaltschemata aus, die je nach Handlungsaufträgen und Feldern durch Beratung, Begleitung, mit Hilfe von Schulungen, durch Trainings und Therapien, durch Kontrolle und Überwachung (z. B. durch Fußfessel) oder im Strafvollzug entweder bearbeitet werden oder auf eine Weise kontrolliert werden, dass dadurch Schaden von anderen oder der betroffenen Person selbst abgewendet werden. Im Falle von Häuslicher bzw. familiärer Gewalt kann die Polizei den Täter oder die Täterin der Wohnung verweisen und ein Rückkehrverbot für mehrere Tage aussprechen, wenn die Gefahr weiterer Gewalthandlungen besteht. In einigen Bundesländern können auch vorübergehende Kontakt- und Näherungsverbote ausgesprochen werden.

Im Bereich der Allgemeinen und der Spezialprävention existieren zahlreiche Elterntrainings, die über Familienförderungs- und Familienbildungsmaßnahmen angeboten werden. Diese Trainings und Kurse gehen oftmals auf amerikanische oder skandinavische Forschungs- und Handlungsprogramme zurück, sind teilweise in kindesbezogene (EFFEKT), elternbezogene (STEP, EFFEKT, ‚Triple-P', ‚Starke Eltern – Starke Kinder') und manchmal auch lehrerbezogene Teile (STEP) ausdifferenziert, beinhalten häufiger aber ähnliche curriculare Inhalte und Themen. So werden kognitiv-behaviorale und werteorientierte Akzente miteinander kombiniert oder Gruppenphasen wechseln mit einzelfamiliären Kurzberatungen (‚Triple-P').

Beispielhaft soll hier kurz die Vorgehensweise des Elterntrainings von ‚Triple-P' (positive parenting program) angeschnitten werden, welches in fünf Stufen stattfindet und zunächst für die Eltern Informationen zur Entwicklungsförderung und zum ‚Monitoring' ihrer Kindern anbietet, anschließend individuelle Unterstützung zu spezifischen Erziehungsproblemen (alltägliche Probleme wie Sauberkeitserziehung, Ruhezeiten usw.) leistet, um darauf folgend in ein Kurzprogramm zum Erwerb von Erziehungskompetenz bei leichten Verhaltensproblemen des Kindes überzugehen. Für Eltern mit Kindern mit mehrfachen Verhaltensproblemen (aggressives Verhalten, soziale Auffälligkeit) existiert ein intensives Kompetenztraining. Triple-P ist ein einzelfallorientiertes Verhaltensprogramm für Eltern und Kinder in funktional gestörten Familien und schließt Hausbesuche ggf. mit ein (vgl. Melzer et al. 2011, 285).

Im Handlungsfeld ‚Häusliche Gewalt' werden neben den Wohnungsverweisen Schutzeinrichtungen insbes. für Frauen und ihre Kinder angeboten. Sowohl ambulant als auch im Strafvollzug findet man das Format von „Vätertrainings", die sich inhaltlich oft an den Modellen der Maßnahmen im Jugendalter orientieren.

Im Strafvollzug werden für erwachsene Gewalttäter meist deliktspezifisch ausgerichtete Trainings wie das AAT angeboten, häufig mit dem Anreiz einer vorzeitigen Haftentlassung. Ansonsten ähneln sich auch hier die Angebote denjenigen, die für Jugendliche vorgehalten werden.

9.7 Kontrollierende, repressive und Freiheit einschränkende Reaktionskontexte

Insbesondere im Rahmen des Jugendstrafrechts kommen dem Strafverfahren selbst, den gerichtlich ausgesprochenen Auflagen und Weisungen, der Diversion sowie dem Strafvollzug erzieherische und resozialisierende Aufgaben zu.

Im Vorfeld des Jugendstrafrechts findet seit Jahren eine fachlich-ordnungspolitische Debatte zur *geschlossenen Unterbringung* für ‚kriminelle und hilferesistente' Jugendliche und Heranwachsende statt, die sich, wiederum hierzu im Vorfeld stehend, auf die sozialpädagogische Diskursebene unter dem Titel „*Erziehung unter Zwang*" (vgl. Widersprüche 2007, Heft 106/Dörr/

Herz 2010) überträgt und in deren Rahmen freiheitseinschränkende, segregierende und auch konfrontierende pädagogische Maßnahmen und Methoden kontrovers diskutiert werden.

Relativ unstrittig sind hierbei noch die sich auf Erziehungsprozesse der frühen Kindheit und der Vorschulerziehung beziehenden Positionen. So herrscht weitgehend Übereinstimmung darin, dass eine in der frühen Kindheit gewöhnlich enge Elternbindung körper- und abhängigkeitsgestütztes erzieherisches Einwirken einschließen sollte. Dieses bindungsintensive Festhalten-Können in der Primärsozialisation im familiären Feld sollte auch auf die familienergänzenden Organisationen wie Kinderkrippe und Kindertagesstätte übertragbar sein. Kinder sollen hier auch über körperorientierte Kommunikation Grenzen erfahren können und sich gleichzeitig während der Frustrationserfahrung durch körperliche Nähe sicher fühlen können. Schwabe (2007, 26, 35) differenziert dabei deren Notwendigkeit – eingebunden jeweils in einen konzeptionellen Rahmen – entweder

1. als *„körper- und abhängigkeitsgestützter Zwang"* zur basalen Orientierung in der Frühen Kindheit und verortet dieses pädagogische Verhältnis in die ersten acht Lebensjahre (ebd., 35). Diese Interventionsform ist häufig im Schnittfeld von spielendem und ernstem Verhalten platziert;
2. als *Grenzziehung und Einschränkung omnipotenter Kindesphantasien* in realen Situationen. Schwabe stellt hierbei den fachlichen Bezug zu Winfried Gottschalchs Konstrukten des ‚Größenwahns' und des ‚Wunsch-Selbsts' her, die es einzuschränken gelte, um ein Kind sozial kooperations- und antizipationsfähig zu sozialisieren (Gottschalch 1992).

Da sich in der nachkindlichen Entwicklung kognitiven Lernens und erfahrungsbezogenen Verarbeitens immer auch wieder Stagnationen und Rückschläge einstellen können, kann man nicht ausschließen, dass sich im Zuge regressiven Verhaltens auch in den späteren Altersphasen ähnliche regressive Bedürfnisse äußern können. Dies würde z.T. rechtfertigen, mit gewissen Zwängen zur temporären Stützung und Orientierung auch in den späteren Altersphasen zu arbeiten. Solche ‚sozialpädagogisch' oder ‚therapeutisch' legitimen ‚Zwänge' müssen natürlich in einem bestimmten Setting erfolgen, mit altersadäquater Symbolik korrespondieren können und durch die Adressaten bzw. deren Sorgeberechtigten befürwortet werden;

3. als *Maßnahme der öffentlichen Erziehung:* Schwabe weist darauf hin, dass der öffentlichen Erziehung auch in ihrer familienergänzenden oder familienersetzenden Form im Rahmen der Hilfen zur Erziehung (SGB VIII, §§ 16, 27ff.) eine dezidiert andere Rolle und Atmosphäre zusteht als der eigenen (Herkunfts-)Familie. Heime bzw. Erziehung in einer Wohngrup-

pe entsprechen im Gegensatz zur Familie als unkündbarem, lebenslangem Bezugssystem dem Typus ,Organisation' und setzen in ihrer öffentlichen Aufgabe einen, die familiären Defizite kompensierenden bzw. korrigierenden Impuls. Hierbei können konzeptionell und fallspezifisch begründbaren erzieherischen Zwängen eine temporäre Funktion zukommen.

In der sozialpädagogischen Anwendung solcher Zwänge sei es wichtig, bei der Erarbeitung normativer Maßstäbe und Regelsysteme Kinder und Jugendliche zur Partizipation zu ermuntern, damit bei Regelverletzungen transparent ist, wie und weshalb eine solche Intervention erfolgt (Schwabe 2007, 35).

4. Zuletzt sind Zwänge und auch körperliche Interventionen selbstverständlich als *generelle Maßnahme zum Schutze Dritter* vor aggressivem Verhalten nicht nur legitim, sondern ggf. durch pädagogische Aufträge sogar geboten.

Zwänge werden im Bereich des Jugendstrafrechts und der Erziehung sowohl methodisch, räumlich-institutionell oder durch spezifische Angebotssettings auferlegt. Dies beginnt mit der sozialräumlichen Isolierung durch den Strafvollzug, mit Weisungen oder Auflagen, die nach dem JGG/SGB VIII zu erfüllen sind und reichen über eine geschlossene Unterbringung in Heimen bis hin zum Tat konfrontierenden Tribunal des ,hot-seat' im Anti-Aggressivitätstraining oder dem Coolnesstraining in Schulen als ,Ultima-Ratio', bevor es zum Schulverweis kommt.

Unter sozialpädagogischen Aspekten gilt es, aus den freiheitseinschränkenden Maßnahmen heraus Möglichkeiten zu eröffnen, dass sich Kinder, Jugendliche und Heranwachsende mit Hilfe solcher Eingriffe positiv entwickeln können. Basis hierfür kann auch ein Ortswechsel und die damit verbundene Trennung zu bestimmten lebensweltbezogenen Personen sein, der ggf. weniger Stress oder gar Schutz vor Gewalt bedeutet.

Mit einer temporären sozialräumlichen Trennung kann auch die Gelegenheit einhergehen, über die eigene Person, ohne gewohnte externe Einflüsse zu reflektieren bzw. sich in angebotenen klaren Strukturen selbst neu zu orientieren.

9.8 Haltungen, sozialpädagogisch-therapeutische Wirkungskriterien und rechtlich-ethische Rahmenbedingungen

„Der Zweck bzw. das Ziel heiligt die Mittel!" Dieser Machiavelli zugeschriebene herrschaftskritische Befund zu den damaligen Strategien der nicht selten Mittels Giftmord oder anderer Gewalttaten erreichten Machtsicherung gilt uns auch heute als Wink, dass nicht alles, was wirksam sein könnte, auch erlaubt oder legitim ist. Sozialpädagogische, therapeutische oder kriminalrechtliche Interventionen haben sich an Menschenrechtsaspekten zu orientieren, ganz gleich wie intensiv oder brutal ein Verhalten, ein Vergehen, eine Tat auch ausgefallen ist. Bei sämtlichen Maßnahmen ist auf die Würde der Adressaten zu achten, diese als Persönlichkeiten in ihrer Eigenart zu respektieren und in der Behandlung oder Hilfe Menschenrechtsverletzungen auszuschließen. Bezogen auf die Art und den Einsatz von Interventionen gelten der Gleichheitsgrundsatz in der „Behandlung" von Klienten ebenso wie das Gebot einer Verhältnismäßigkeit des Methodeneinsatzes. Ebenso stellt sich die nicht nur ethisch-moralische, sondern auch rechtliche Frage der Interventionsberechtigung. Leitet sich diese aus dem (gesetzlichen) Auftrag ab, oder ist hierzu eine Zustimmung des Adressaten notwendig? Und: existiert hierfür die Notwendigkeit einer ganz bestimmten Qualifikation, um die vorgesehene Intervention überhaupt durchführen zu dürfen.

Darüber hinaus stellt sich beim methodischen Arbeiten aus ethischen Gründen die Frage, wie intensiv man als Fachkraft in die fremde Lebenswelt anderer eindringen darf. Thiersch (1995) spricht in diesem Zusammenhang vom Verbot einer „Kolonialisierung" der Lebenswelten von Adressaten. Und zuletzt wäre darauf zu achten, dass persönlich-revanchistisch akzentuierte Übertragungen oder Projektionen der Fachkräfte auf Klienten ausgeschlossen sind.

Diese in der sozialpädagogischen Arbeit gebotenen ethischen Prinzipien korrespondieren häufig mit rechtlichen Rahmenbedingungen.

So legitimieren sich bspw. ‚harte Interventionspraxen' wie etwa konfrontierende Arrangements als pädagogische oder sozialpädagogische Interventionstechniken im Kontext der methodischen Umsetzung der im SGB VIII dargelegten Aufgabenvielfalt. Im Gesetz geht es dabei einerseits um sozialpädagogische Förderung (§§ 11 ff. SGB VIII) und Hilfen (§§ 27 ff. SGB VIII), die den Status sozialer (Dienst-)Leistungen besitzen, aber genauso auch um die Wahrnehmungen des staatlichen Wächteramtes bei Kindeswohlverletzungen (§ 1, Abs. 2 SGB VIII/Art. 6, Abs. 2 GG) mit Eingriffsmöglichkeiten insbesondere ins Elternrecht (§§ 42, 43, 50, Abs. 3 SGB VIII) bei Überschreitung der Gefährdungsschwelle (§ 1666 BGB) oder auch um richterliche Anordnungen (§ 71, Abs. 2 SGB VIII/§ 72, Abs. 4 JGG), die sich eher an einem Konzept autoritativer Fürsorglichkeit orientieren: „deutlich wird diese (...) dort, wo Aufgaben wahrgenommen werden – unabhängig davon, ob die Betroffenen dies wollen oder beantragen" (Münder 1996, 14).

Da ein Teil der gesetzlichen Aufgaben, insbesondere in Konfliktfällen und Fällen von Gewalt nicht in beiderseitigem Einvernehmen zu regeln sind, gilt es auch methodisch über eine große Breite unterschiedlichster Handlungsoptionen und -formen zu verfügen und hierzu gehören sowohl die Konfrontation als „Ultima Ratio" bzw. als Vorstufe zur Verhinderung einer institutionellen Exklusion als auch eine Inobhutnahme zur Gefahrenabwehr, in wenigen Fällen auch die sog. ‚Geschlossene Unterbringung' nach § 34 (SGB VIII) unter Einhaltung der vorgeschriebenen Verfahrensregeln (§ 70 a–n FAMG) auf Grundlage des § 1631 b (BGB) für Jugendliche.

Relativ unumstritten sind mittlerweile auch zahlreiche Formen stärker strukturierter Rahmen- und *Strukturinszenierungen* im Umgang mit problembelasteten dissozialen Kindern und Jugendlichen. Umstrittener dagegen diskutiert man über mögliche *Reaktionsformen,* wenn die gesetzten Grenzen in einem solchen Rahmen verletzt worden sind. An dieser Stelle sind dann folgerichtig Interventionen als Reaktions- oder Sanktionsformen platziert, die bisher im sozialpädagogischen Fachdiskurs weitgehend ausgeblendet bleiben. Auf Interventionen gänzlich zu verzichten, würde bedeuten, das gesetzliche Aufgabenspektrum nicht nur ungenügend auszuschöpfen, sondern in einer Leugnung seiner auch interventionistischen Aufgaben methodisch nur eingeschränkt handlungsfähig zu sein.

Interventionen und Konfrontationen im erzieherischen Kontext lassen sich i. d. R. als Handlungsform zwischen mindestens zwei Akteuren in der vornehmlich asymmetrischen Beziehung eines *Machtverhältnisses* verstehen. Der konfrontierende Akteur fühlt sich dabei entweder in einer *moralischen Rechtsposition* demjenigen gegenüber, den er mit einer diesem zugeschriebenen unmoralischen rechts- bzw. regelverletzenden Tat konfrontiert. Er befindet sich dabei entweder in einer Machtposition oder in einer übergeordneten Funktionsrolle, die ihn zu einer Intervention bzw. Konfrontation ermächtigt. Im letzteren Fall kann auch eine Legitimation durch den zu konfrontierenden Akteur in Form eines Kontraktes vorliegen. Dabei stehen Intervention wie Konfrontation als Handlungsaktionen im Sinne ihres verhältnisgemäßen Einsatzes meist in einer Abfolge oder Schrittfolge eines meist größeren Handlungszusammenhangs aus sukzessiv sich steigernden Interventionsimpulsen oder -schritten. In einer Abfolgekette gleich mit einer Intervention bzw. Konfrontation zu beginnen, wäre ggf. unverhältnismäßig und würde zudem kaum noch steigerungsfähige Reaktionen zulassen, kann aber in andauernden hochaggressiven Situationen vorübergehend platziert sein.

Eine gelingende Konfrontation setzt voraus, dass entweder ein normatives Agreement existiert, z. B. in der Form, dass auch der konfrontierte Akteur diesem normativen Konstrukt ursprünglich zustimmte, sich damit auf ein solches einließ (etwa durch Mitgliedschaft, Teilnahmevertrag usw.), später dann aber Regeln verletzte und sich vielleicht auch uneinsichtig zeigte. Er würde mit seinen Regelverletzungen konfrontiert werden, um ihm sein Fehlverhalten deutlich werden zu lassen und ihm gleichermaßen zu signalisieren: ‚Wir nehmen nicht nur die Regeln ernst, sondern reagieren auch bei deren Verletzung. Wir schließen dich nicht aus, sondern im Gegenteil: wir versuchen mit dir zusammen, Möglichkeiten zur Re-Integration zu finden.'

Im anderen Fall kann aufgrund einer bestimmten Position oder Rolle die Definitionsmacht beim konfrontierenden Akteur liegen, der aber zudem in einem formalen Auftragsverhältnis zum Konfrontierten stehen muss, um handlungsberechtigt zu sein. Die Legitimation ergibt sich dann aus diesem Auftragsverhältnis. Das formale Auftragsverhältnis allein, etwa die Zugehörigkeit zu einer Institution wie die der Schule oder ein Auftragsverhältnis wie das der Jugendgerichts- oder der Bewährungshilfe legitimieren allein nicht sämtliche Konfrontationsformen und -intensitäten.

Unter ethischen Gesichtspunkten ist darauf zu achten, dass die Menschenrechtsdimensionen eingehalten bleiben. Gerade bei biografisch gedemütigten, missachteten und psychisch verletzten jungen Menschen gilt es, deren Würde zu bewahren und sie in ihrer Person trotz harter Kritik wertzuschätzen und anzuerkennen. Im Rahmen einer Konfrontation gilt es darauf zu achten, dass sorgsam sowohl mit der Nähe-Distanz-Balance als auch mit der Retraumatisierungsgefahr umgegangen wird. Eine Konfrontation darf keinesfalls folterähnlichen Charakter besitzen.

Hinsichtlich der Wirksamkeitswahrscheinlichkeit von Maßnahmen gegen Gewalt gelten die allgemein in der Sozialen Arbeit und in der therapeutischen Begleitung geltenden fünf Wirksamkeitsprinzipien

1. der Notwendigkeit gelingender Kooperation/Beziehung,
2. der Ressourcenaktivierung,
3. der Problemaktualisierung,
4. der Motivationalen Klärung
5. und der Mithilfe bei der Problembewältigung.

In Anlehnung an Grawe (1998), Rogers (1981) und Crain (2005) gehören zur Ausgestaltung der *„Therapeutischen Beziehung“* zudem die Grundhaltungen der Wertschätzung, der Empathie, der Kongruenz bzw. Echtheit, Authentizität sowie die bedingungslose positive Zuwendung. Letztere schließt nicht aus, negatives Verhalten, dissoziale Taten zu verurteilen. Crain (2005) ergänzt diesen Kanon, ausgehend von seinen Erfahrungen im Umgang mit aggressiven Heimkindern, um die Dimensionen von Fürsorglichkeit, Aushalten/Durchhalten und Konfrontation (Caring, Containment, Holding, Konfrontieren).

Die beiden Aspekte der *Ressourcenaktivierung* und *Problemaktualisierung* stehen in einem wechselseitigen Verhältnis zueinander. Häufig kann es sinnvoll sein, die Ressourcenaktivierung, als Gegenpol zur Problemperspektive, dieser voranzustellen, um das Zutrauen zu den eigenen Selbstwirksamkeitseffekten als Basis nachfolgender Problembewältigungsanforderungen zu platzieren. Die dann nachfolgende Problemaktualisierung fungiert dann als Voraussetzung für emotionales Umlernen, welches wiederum in die vierte Phase der *Motivationalen Klärung* einleiten sollte. Dort geht es dann um eine Förderung der Einsicht in die eigene Problemlage. Im Rahmen der *Problembewältigung* spielen schließlich Entscheidungsfähigkeit, Verantwortungsübernahme sowie der Einsatz eigener Kompetenzen eine Rolle.

Diesen fünf Wirkungskriterien ist noch die (‚subjektlogische') *Diagnose,* die Deutung, die *Fall- bzw. Situationsinterpretation* voranzustellen, denn nur hierüber lassen sich die dann nachfolgenden Einsatzphasen gezielt ausgestalten.

Kapitel 10
Phänomen übergreifende Strategien

Bei den hier im Vergleich zueinander betrachteten drei Phänomenen von Konflikt, Radikalisierung und Gewalt findet in der öffentlichen Debatte ein häufiges ‚Über-einen-Kamm-Scheren' statt. Sowohl Konflikte als auch Radikalisierung werden mit Gewalt synonymisiert und damit pauschal negativ konnotiert. Umgekehrt wird Gewalt ebenfalls fast ausschließlich als destruktive Eigenschaft thematisiert, obwohl das verfassungsgemäße Gewaltmonopol in einer demokratischen Sozietät eher für fortschreitende Zivilisierung steht und dazu beigetragen haben dürfte, dass sich im langfristigen historischen Vergleich gewaltaffine Konfliktaustragung deutlich verringert hat (vgl. Elias 1977; Eisner 2003; Pinker 2011). Trotz alledem weisen die drei Phänomene gleichermaßen auf disparate individuelle, soziale, kulturelle, politische, und damit auch auf gesellschaftliche Entwicklungen hin, die es auf verschiedenen Ebenen nicht nur zu beachten, sondern auch zu bearbeiten gilt. Extreme aktuelle Erscheinungen auf diesen verschiedenen Ebenen, wie einerseits etwa die neo-salafistische Kriegsbereitschaft zahlreicher meist junger europäischer Ex-Migranten oder auch die Morde des rechtsextremistischen NSU sind hierfür Indikatoren, die anzeigen, dass sich o. a. Disparitäten in individuell extremen Aktionismus transformieren können, der kein Halt mehr vor totaler Vernichtung anderer wie von sich selbst kennt. Solche individuellen Eskalations- bzw. Radikalisierungskarrieren lassen sich vermutlich nicht generell verhindern; die Wahrscheinlichkeit ihrer Häufung wird aber in den Phasen radikaler und gravierender gesellschaftlicher, ökonomischer und sozialer Umbrüche und Erneuerungen dann größer, wenn nicht gleichzeitig gesellschaftlich vermittelt werden kann, dass mit solchen Veränderungen einerseits neue Möglichkeiten und auch Sicherheiten einhergehen können und andererseits alles dafür unternommen wird, daran in möglichst großer Breite individuell auch teilhaben zu können. Insbesondere sollte in den Umbruchphasen auf mögliche Verlierer- und absteigende Milieus im sozialen, kulturellen und ökonomischen Bereich geachtet werden. Die möglichen Umbruchfolgen wären hier nicht nur rechtzeitiger als bisher zu antizipieren, sondern sie müssten explizit zu zentralen gesellschaftspolitischen Projekten definiert werden. Aktuell werden deren Auswirkungen dagegen meist individualisiert erfahren und durch subjektive Überforderung begleitet und erst dann gesellschaftlich und politisch aufgegriffen, sobald es zu massiveren, öffentlich sichtbaren Artikulations- bzw. Reaktionsformen kommt.

Phänotyp	Ausgangskonflikte und Bedürfnisse	Verstärker	Auslöser	Handlung
Rechts-extremismus	Abstiegsängste, Unsicherheit, Konkurrenzängste, Idealisierung autoritärer Werte	Konkurrenzen durch interkulturelle Struktur (–)	Migration und Einwanderung	De-Zivilisierung, Rechtspopulismus, Rechts-extremistische Gewalt
Jihadismus	Ausgrenzungserfahrungen trotz Integrationsbemühung, familiärer und väterlicher Statusverlust, kulturell, religiöse Erziehungsdivergenzen	Ungleichbehandlung, Ungerechtigkeitsempfindungen (–), revanchistische Phantasien (–), Bekenntnisgruppe, Kampfgemeinschaft, Religiöse Identitätsmuster (+)	„IS-Staat“, salafistischer Krieg, Attentate, situative Erniedrigung	Kriegshandlungen, Attentate, Morde, De-Zivilisierung
Hooliganismus	Diverse psychosoziale Frustrationen/Grundkonflikte, kollektive Gewaltlust	Fangruppen und Kampfrituale, Feindschaftsrituale zu Gegnern	Traditionsrivalitäten, Spieldynamiken, gegenseitige Provokationsrituale	verbotene Aktionen, kriegsähnliche Schlägereien, Raummacht
Dissoziale Gewalt	Innere Spaltungen, biografische Traumata, Vaterabsenz	Bedrohungsphantasien, feindselige Wahrnehmung, Gruppensettings	Selbst insz. Provokationen, Einmischung in best. Aggressionen	Gewaltrausch

Übersicht 40: Entwicklungsaspekte der vier Phänotypen im Vergleich

Betrachtet man sich zunächst die in den Analysen der einzelnen Phänomene herausgearbeiteten Ausgangskonflikte, deren verstärkende Impulse sowie die auslösenden Faktoren destruktiver Transformationen, die letztendlich dann auch zu riskantem und deviantem Handeln führen können (vgl. Ü 40), so lassen sich erste Schlüsse zu Formen ihrer Bewältigung ziehen. Diese zielen zunächst einmal auf eher allgemeine politische und administrative Handlungsebenen und entsprechende Aufgaben. Den drei Phänomenen gemeinsam sind etwa bei den Ausgangskonflikten bzw. Schlüsselereignissen auf der sozialen Meso- und Makroebene einerseits individuelle wie kollektive Ausgrenzungs- und Stigmatisierungserfahrungen, sowie andererseits Abstiegs- und Konkurrenzängste. Auf der Mikroebene früher familialer Sozialisation stellen individuelle Demütigungs-, Unterwerfungs-, Misshandlungs- und Missachtungserfahrungen, häufig in Verbindung mit gesellschaftlich wenig kompatiblen Erziehungspraktiken, starke Risiken für sich biografisch-lebensaltersgemäß später ausprägende problematische „Selbstkonzepte“ dar, die unter den o.a. beschriebenen Einflüssen auf der Meso- und Makroebene negative Verstärkung erfahren können.

Prioritär sollten deshalb Strategien präventiven Handelns zunächst auf drei zentrale Bereiche zielen,

(1) auf den Bereich gesellschaftlicher Integration und Inklusion,
(2) auf den Bereich intrafamiliärer Zivilisierung,
(3) sowie auf die Stärkung von Resilienz.

Den im Rahmen des individuellen Transformationsprozesses zukommenden Verstärkern und Auslösern lässt sich dagegen eher über (4) bildungs- und mentalitätsbezogene Angebote begegnen.

10.1 Strategien gesellschaftlicher Integration

Die aus den aktuellen gesellschaftspolitischen Expertisen hervorgehenden Befunde sozialer wie politischer Polarisierung weisen darauf hin, dass die derzeitige gesellschaftliche Phase ökonomischer, sozialer und kultureller Ausdifferenzierung sowie deren Aufsplitterung nach Lebenslagen, Lebensgewohnheiten und Milieus zu wenig integrierende und integrative Momente umfasst, die sämtlichen Bürgern und Bürgerinnen das Gefühl vermitteln könnten, einem ineinander vernetzten und einigermaßen kohärenten Gemeinwesen anzugehören, das es eigentlich auf solche Art weiterzuentwickeln gilt, dass sich, trotz solcher Veränderungen, Antworten auf basale zivilisatorische Grundbedürfnisse von Sicherheit, Zugehörigkeit, Stabilität und Kontinuität in den gesellschaftlichen Strukturen wie des eigenen Lebens finden lassen. Ralf Fücks plädiert in diesem Zusammenhang dafür, dass Demokratien angesichts fundamentaler Veränderungen, die das bisherige ökonomische und soziale Gefüge infrage stellen, ihre Fähigkeit beweisen müssen, diese Prozesse zu steuern und nicht ihnen ausgeliefert zu sein. Dies gelte auch für die Bereiche von Flucht und Migration. Demokratische Politik drehe sich hierbei immer auch um Alternativen, um widerstreitende Werte und Ziele. Demokratie sei das Versprechen auf individuelle Selbstbestimmung und gemeinsame Gestaltung dieser öffentlichen Angelegenheiten (Fücks 2019, 2). Insbesondere für Integrationsfragen ist ein allgemeiner Umgang mit dem Verfahren des fairen Widerstreitens notwendig. Denn sowohl eine funktionierende Demokratie wie auch gelingende Integrationsprozesse entstehen nicht aus sich selbst heraus (siehe auch 10.4). In einer Einwanderungsgesellschaft kann nicht vorausgesetzt werden, dass sich demokratisches Verständnis von allein ergibt und Integrationsprozesse sich selbst erfolgreich steuern. Es gilt daher in einer ambivalenten Parallelstruktur zu überlegen, wie dies einerseits etwa für junge

Menschen aus eher patriarchalisch-paternalistischen Wertesystemen erlernbar und praktizierbar wird, ohne dabei die eigene Herkunfts- und Familienkultur so zu brüskieren, dass ein diesbzgl. Konflikt zum eigenen Nachteil ausgeht. Umgekehrt wäre zu fragen, welche Voraussetzungen und Fähigkeiten der autochthonen oder aktuell ansässigen Bevölkerung von Einwanderungsquartieren notwendig sind, um mit zu erwartenden Konflikten im Laufe des migrationsbedingten Zuzugs umgehen zu können (siehe auch 10.2).

Aus sozialpädagogischer und integrationsfachlicher Perspektive wären hier auf Seiten der zuziehenden Migranten neben dem obligatorischen Spracherwerb eine recht deutliche ‚Informationspolitik' zum bestehenden Werteverständnis demokratischer Lebensverhältnisse und demokratischem Politikverständnis angemessen.

Insbesondere bei der von Koppetsch wie von Fücks als rechtspopulistisches Schlüsselargument identifizierten Flüchtlingsfrage gilt es darüber nachzudenken, wie zukünftig bei der Zuteilungspraxis und Neuverteilung asylsuchender Menschen verfahren werden sollte. Hierbei könnten etwa Zuteilungen nicht mehr ausschließlich nach mehr oder weniger regionalökonomischen Aspekten vorgenommen werden. Ein zentrales Kriterium könnte hier die Aufnahmeoffenheit der jeweiligen Gemeinwesenkultur und ihrer Bewohner sein, die letztendlich für einen verträglichen bzw. gelingenden Integrationsprozess verantwortlich zeichnen. Insbesondere politischem Rechtsextremismus dürften damit Zuläufe sowie Anlässe zum Handeln entfallen.

In der aktuellen Zuweisungspraxis bildet sich dagegen, in Umkehrung hierzu, religiöser Fundamentalismus leichter als Reaktion auf, in den Quartieren erfahrene Diskriminierung, Segregation und extremistische Anfeindungen heraus. Einer solch aktuell oft existenten Radikalisierungsdualität wäre mit einer derart veränderten kulturellen Basis der „Arrival City" zumindest ansatzweise das Wasser abgegraben (Saunders 2016, 42 ff.).

Gesellschaftliche Integration versteht sich dabei als permanente Aufgabe moderner interkultureller Gesellschaften. Sie sollte auf lebensweltnahen Ebenen sinnlich in positiver Weise erfahrbar sein und zum allgemeinen Mitwirken Impulse setzen können. Gesellschaftliche Normen und Werte ließen sich hierüber in gemeinsamer Erfahrung neu ausbalancieren und sich darüber als sinnvoll für das Zusammenleben vermitteln. Radikalisierungen einzelner oder von Gruppen und Milieus sind dagegen Indikatoren, die anzeigen, dass Vergemeinschaftung bisher nicht erfolgt bzw. gescheitert ist. Einer solchen De-Integration, häufig mit verbundener De-Zivilisierung müsste frühzeitig begegnet werden. Hierbei spielen die sozialisierenden öffentlichen Institutionen der Kindertagesversorgung und die Schulen die zentrale Rolle.

10.2 Strategien intra-familiärer Zivilisierung

Direkte Gewaltausübung und indirekte Gewalterfahrungen innerhalb der Familie gelten als zentrale „Vererbungsimpulse" auf die den Eltern und Sorgeberechtigten anvertrauten Kinder. Häusliche Gewalt in der elterlichen bzw. erzieherischen Partnerschaft, körperlicher, psychischer und sexueller Missbrauch, Verwahrlosung und Gleichgültigkeit der Eltern gegenüber Kindern sowie desorientierende Bindungserfahrungen stellen dabei die Formen dar, die jene Risiken prägnant erhöhen, dass nachfolgende Generationen selbst wieder eigene gewaltaffine Muster und Schemata ausprägen und dafür sorgen, dass sich individuelle Gewalt familiär reproduziert. Diese zunächst individuellen Ausprägungen können sich biografisch später über Gruppen- und Milieuzugehörigkeit auch kollektiv artikulieren. Deshalb erscheint eine hohe Zuwendung und ggf. auch eine dichtere Begleitung, u.a. auch mit der Möglichkeit kontrollierender Einwirkung, gerade im primär sozialisierenden Rahmen der Familie erforderlich; denn im Kinderschutz geht es um Rechte und Interessen junger Menschen, die sich selbst nicht adäquat vertreten können, und die häufig vornehmlich im Privatbereich der Familie nicht angemessen beachtet werden. Hier sollte die Balance zwischen möglichst frühzeitigem Aufspüren von Gefährdungen und dadurch wahrscheinlicherem rechtzeitigem Intervenieren einerseits, sowie Informations-, Bildungsangeboten und Hilfestellungen andererseits neu austariert werden. Mit den „Frühen Hilfen" wurden hierzu Verbesserungen eingeführt, die im Geburtsumfeld durch intensivere Familienbildungsansätze ergänzt werden könnten. Eine zentrale Aufgabe bei der Früherkennung kommt schließlich aber den Kindertagesstätten und den Grundschulen zu. In diesen beiden Institutionen gilt es, die diagnostischen Kompetenzen weiter zu qualifizieren und ggf. stärker mit Familienzentren und Erziehungsberatungsstellen zu kooperieren.

Maywald weist in diesem Zusammenhang auf das Dilemma konkurrierender, in ihrer Umsetzung auch ambivalenter Grundorientierungen hin, nämlich auf das Verhältnis von Freiheit und Sicherheit. Je mehr Sicherheit – d.h. Kontrolle von Handlungen und Unterlassungen – desto weniger Freiheit gestehe man dem Privatbereich Familie zu. Hierbei müsse Kontrolle an klare Grenzen gebunden bleiben, die sich aus den allgemeinen Menschen- und Kinderrechten ergeben (Maywald 2017, 37).

Das Dilemma konkurrierender Werteorientierungen zwischen Familie und anderen gesellschaftlichen Sozialisationsagenturen kann sich ebenso als problematisch für die Identitätsentwicklung junger Menschen erweisen. Demokratisch-partnerschaftlicher Erziehungsstil ist Familien nicht aufzwingbar; umso deutlicher sollte über familienbildende Maßnahmen aber vermittelt werden, dass sich Kinder genau diese Kommunikations- und Verständigungsformen aneignen müssten, um später selbst gelingende Interaktionskompetenz auszubilden und damit positive gesellschaftliche und berufliche Positionierungsmöglichkeiten zu erlangen.

Familienbildung sollte hier sehr viel deutlicher an die institutionalisierte Kindertagesversorgung, an die Arbeit mit Schulabgängern, an die „Frühen Hilfen" sowie an die Erzieherischen Hilfen nach SGB VIII, §§ 27 ff. angebunden sein. Auch wäre im Falle früher Delinquenz überlegenswert, Eltern ggf. über richterliche Auflagen in familienbildende Maßnahmen zu vermitteln, wie es etwa in einigen nordeuropäischen Ländern üblich ist.

Innerfamiliäre Zivilisierung im Sinne einer Erziehung zur Fähigkeit der Selbstverantwortungsübernahme zum eigenen Handeln, zur demokratischen Kommunikation und Lebensform als Basis gesellschaftlicher Teilhabe wären auch hier die Ziele, die sich innerhalb der Familie nicht immer aus sich selbst heraus entwickeln, sondern mit Hilfe bestehender Institutionen und Maßnahmen gezielter dorthin vermittelt werden sollten.

10.3 Strategien zur Stärkung von Resilienz

Resilienzforschung steht in der Tradition sozialpädagogischer Handlungswissenschaften genau an der Stelle, an der es gilt, nicht allein lebenslagenspezifische Risiken für das Zustandekommen problematischer Phänomene zu fokussieren, sondern sehr viel stärker individuelle Abwehrfaktoren in den Blick zu nehmen, die situationsbezogen von den Betroffenen mobilisiert werden können, um die eigentlich zu erwartenden negativen Folgewirkungen solcher Lebensrisiken verhindern oder zumindest aufhalten zu können.

Ausgangspunkt der Resilienzforschung ist Emmy Werners Langzeitstudie mit ca. 700 Kindern, die 1955 auf der Hawaii-Insel Kauai geboren wurden. Ein Drittel der Kinder wuchs in extrem riskanten Lebensverhältnissen auf, geprägt durch Armut, Krankheit der Eltern, Vernachlässigung, Gewalt in der Familie, Misshandlung, niedriger Bildungsstand der Eltern, etc.

Bei etwa zwei Dritteln dieser „Risiko-Kinder" hinterließen diese Lebenslagen negative Folgewirkungen wie Lern- oder Verhaltensstörungen, Devianz oder psychiatrische Symptome. Das letzte Drittel der Kinder entwickelte sich dagegen erstaunlich positiv. Die Kinder galten als integriert, waren erfolgreich in der Schule und blieben ohne Verhaltensauffälligkeiten. Werner suchte im Rahmen ihrer Forschung nun nach protektiven Faktoren, also sog. Resilienzfaktoren, die trotz gleicher widriger Bedingungen bei diesem einen Drittel der Versuchspersonen dazu führten, dass sie potenzielle Risikofolgen ausschalten konnten. Werner identifizierte hierbei drei Zusammenhänge, nämlich das Vorhandensein einer festen Bezugsperson mit enger emotionaler Bindung, Intelligenz und Temperament der Kinder sowie soziale Unterstützung durch Dritte (vgl. Werner 1977). Die aktuelle Resilienzforschung setzt an diesen drei Grundmustern an und differenziert i. d. R. nach den drei Dimensionen von

1. *emotionaler Stabilität,* die sich in Bindungssicherheiten auch durch außerfamiliäre Bezugspersonen, durch Akzeptanz, positive Emotionen, sowie ein positives Selbstkonzept (wie z. B. positiver Selbstbezug, Selbstwahrnehmung, Selbstwirksamkeitserfahrung usw.),
2. *kognitiven Fähigkeiten* wie realistischer Selbstwirksamkeitserwartung, realistischem Optimismus, Kontrollüberzeugung und einem Kohärenzgefühl sowie von
3. *interaktionalen Faktoren,* wie sozialer Eingebundenheit in Netzwerke, sozialer Unterstützung sowie Empathie.

In der eigentlichen Risikobewältigung spielen sog. Copingstrategien eine Rolle, Strategien, mit denen solche Risikosituationen bzw. -erfahrungen oder auch Entwicklungsanforderungen bewältigt werden können. Fröhlich-Gildhoff und Roennau-Boese identifizieren in ihrer psychotherapeutischen Perspektive hierfür als Grundvoraussetzung bei Kindern stabile und Sicherheit verleihende Beziehungen zu festen Bezugspersonen, die sich über qualitative Aspekte der personalen Verfügbarkeit, der Vermittlung von Sicherheit, des Eingehen-Könnens auf Bedürfnisse, des Bestärkens von Selbstvertrauen, der Wertschätzung, der Vermittlung einer optimistischen Grundhaltung, des unterstützenden Herausforderns und Anforderungen-Stellens sowie des Ermutigens und der Erfolgsrückmeldung ausweise. Neben diesen fundamentalen Beziehungsprotektoren leiten Fröhlich-Gildhoff und Roennau-Boese aus Langzeitstudien sechs zentrale personale Kompetenzen als Resilienzfaktoren ab, nämlich die Fähigkeit angemessener Selbst- und Fremdwahrnehmung, positiver Selbstwirksamkeitserwartungen, sozialer Kompetenz, Selbstregulations- und Selbststeuerungsfähigkeit, Problemlösefähigkeiten sowie genereller aktiver Bewältigungskompetenzen in Anforderungs- und Krisensituationen (Fröhlich-Gildhoff/Roennau-Boese 2017).

Böhnisch listet in seinem Ansatz lebensaltersbezogener Sozialer Arbeit als Bewältigungsstrategien im Jugendalter die erfolgreiche Suche nach sozialer Orientierung, nach sozialer Sicherheit, nach sozialer Einbindung und nach erfolgreicher Selbstwirksamkeitserfahrungen auf (Böhnisch 2001, 139 ff./vgl. auch Ü 38). Ausgehend von den neuen Erkenntnissen zur religiösen Radikalisierung müssten diese Bewältigungsdimensionen um diejenige der Sinnsuche ergänzt werden. Die von Böhnisch und Fröhlich-Gildhoff/Roennau-Boese herausgearbeiteten Coping-Aspekte können individuelle Resilienzfähigkeit erweitern.

Diese eher allgemeinen Ergebnisse aus der Resilienzforschung werden in der Handlungspraxis dann jeweils Phänomen spezifisch transformiert, wie bspw. in der Gewaltprävention in Kap. 9.3. Allerdings finden sich im Rahmen solcher Spezifizierungen dann eher die spezialpräventiven Maßnahmen wieder, sodass die Folgerungen aus diesem Forschungsspektrum darin liegen würden, sich programmatisch-konzeptionell in den diversen Handlungsfeldern von Familienbildung, Kindertagesversorgung, Schule, Gesundheitswesen, Kinder- und Jugendhilfe sowie Jugendstraffälligenhilfe präzise an diesen allgemeinen Resilienzfaktoren auszurichten. Handlungsmethodisch würde dadurch das Empowerment stärker zur Geltung kommen müssen, welches deutlicher Ressourcen aktivierend, klärend im Sinne einer Unterstützung zum Selbstverstehen sowie prozessual aktivierend hinsichtlich festgefahrener kognitiv-emotionaler Muster ausgerichtet ist (vgl. Grawe 1998).

10.4 Bildungs- und mentalitätsbezogene Strategien

Cornelia Koppetschs Analyse des Rechtspopulismus eröffnet neue Blickwinkel auf eine verzweigte gesellschaftliche De-Zivilisierung, die nicht nur kulturelle, sondern auch soziale Verständigung im Rahmen demokratischer Entscheidungsfindungsprozesse erschwert. De-Zivilisierung vollzieht sich dabei, wie beschrieben, in einer durch rasche sozioökonomische Veränderungen ausgelösten Abwärtsspirale verunsicherter Gruppen und Milieus, die sich in einer „Angstkultur" ausdrückt, als Furcht vor dem Neuen, bei gleichzeitiger Verunsicherung im Bisherigen. Aus einer solchen „Angstkultur" generiert sich Sicherheitsverlangen; Sicherheitssuche erfolgt dann häufig durch Ausschlussfantasien anderen und anderem gegenüber, die für die subjektiv empfundenen Veränderungen verantwortlich gemacht werden: Flüchtlinge, Fremde, Eliten, der Islam, die liberale Demokratie usw. Kompensierende Bewältigungsstrategien vollziehen sich schließlich auch in religiös-fundamentalistischen oder rechtsextremistischen Partikulargruppen in jeweils komplexitätsreduzierenden Schemata. Hierbei erfolgen Veränderungen auch mentaler Art, denn solche „angstkulturellen" Schemata können selbst wieder die Persönlichkeit hin zur aggressiven individuellen oder kollektiven Angstabwehrmentalität hin verändern (Koppetsch 2019, 130, 138). Der gesellschaftliche Konflikt entpuppt sich damit als mentaler, kultureller und ökonomischer zugleich. Die hier thematisierten Phänomene der Radikalisierung und politischen, religiösen oder dissozialen Gewalt fungieren dabei als mentale, kulturelle und politische Bewältigungsformen, indem sie „re-klassifizieren", „re-souveränisieren" und durch Abwertung anderer auf symbolische Weise auch „rehabilitieren" (ebd., 145).

Einer solchen Mixtur kann nur dadurch begegnet werden, indem ökonomische und kulturelle Disparität als Konfliktlinien dauerhaft thematisiert und bearbeitet werden, unter Berücksichtigung mentaler Bedürfnisse insbesondere von durch Abstieg betroffener Einzelner, Gruppen oder ganzer Milieus.

Ökonomisch und kulturell betrachtet können Ungleichbehandlung, Ungerechtigkeitsempfindungen, Konkurrenzerfahrungen und Abstiegsängste dann bedrohliche Ausmaße annehmen, wenn es keine Aussichten gibt, diese als subjektive Empfindungen zunächst zu artikulieren, dabei gehört und ernstgenommen zu werden, um hierüber für sich selbst konstruktive Handlungsmöglichkeiten zu erschließen. Ein solcher Darstellungs-, Anerkennungs-, Bildungs- und Aktionsprozess müsste eingebunden sein als frühzeitige Erfahrungsmöglichkeit demokratischer Lebensprinzipien. Einer negativ akzentuierten Mentalisierungstransformation sozialer, kultureller wie ökonomischer Disparitäten könnte in einer pluralen Gesellschaft und liberalen Demokratie zumindest auf den frühen biografischen Lebensaltersphasen dadurch begegnet werden, dass die verbindlichen öffentlichen Sozialisationsagenturen, subjektbezogen, paradigmatische Markierungen von Ambiguitäts- und Ambivalenztoleranz, von Teilhabe- und Mitgestaltungserwartungen, von Verantwortlichkeitsvorstellungen und von fairer Konfliktauseinandersetzung platzieren können. Genau dies sind Aspekte demokratischer Lebensformen, die in Kindertagesstätte, Schule und Angeboten der Kinder- und Jugendförderung nicht nur erfahrbar sein, sondern auch eingeübt werden sollten.

Lebenslange Bildungs- und Weiterbildungsangebote spielen neben den zivilgesellschaftlichen Selbstorganisationspraktiken für die dann folgenden späteren Lebensphasen diese Schlüsselrolle gesellschaftlicher Einbindung. Sie sollten symbolisch starke Akzente setzen können, um sich nicht selbst wieder der Gefahr auszusetzen, stigmatisierende und segregierende Wirkungen zu entfalten.

Darüber hinaus würden neue Formen sozialer Teilhabe, etwa die Beteiligung breiterer Schichten am Produktivvermögen, eine aktive Bürgergesellschaft, flexible Übergänge zwischen kommerzieller und gemeinnütziger Tätigkeit sowie starke öffentliche Institutionen zu Stabilitätsankern in Zeiten drastischer Veränderung (vgl. Fücks 2019).

Literatur

Abay Gaspar, Hande/Daase, Christopher/Deitelhoff, Nicole/Junk, Julian/Sold, Manjana (2018a): Warum wir einen weiten Begriff von Radikalisierung brauchen. In: Drachenfels, Magdalena von/Offermann, Philipp/Wunderlich, Carmen (Hrsg.): Radikalisierung und De-Radikalisierung in Deutschland. Frankfurt: 11–16

Abay Gaspar, Hande/Daase, Christopher/Deitelhoff, Nicole/Junk, Julian/Sold, Manjana (2018b): Was ist Radikalisierung? Präzisierungen eines umstrittenen Begriffs. Frankfurt (PRIF Report Nr. 5/2018)

Adler, Alfred (1933/1973): Heilen und Bilden. Frankfurt am Main

Ahrbeck, Bernd/Winkler, Dana (2009): Die konfrontative Pädagogik und das väterliche Prinzip. In: Herz, B., Dörr, M. (Hrsg.): Unkulturen in Bildung und Erziehung. Wiesbaden

Ahrbeck, Bernd (Hrsg./2010): Von allen guten Geistern verlassen? Gießen

Aichhorn, August (1925/1951): Verwahrloste Jugend. Die Psychoanalyse in der Fürsorgeerziehung. Bern/Stuttgart/Wien

Albrecht, Günter (2002): Soziologische Erklärungsansätze individueller Gewalt und ihre empirische Bewährung. In: Heitmeyer, W./Hagan, J. (Hrsg.): Internationales Handbuch der Gewaltforschung. Wiesbaden: 763–818

Alevitische Gemeinde Deutschland e. V. (2013): Inhalte und Ergebnisse der Fachtagung Salafismus in Deutschland – Erscheinungsformen und Ansätze für die Präventionsarbeit im Jugendbereich. Köln

Alinsky, Saul D. (1973): Die Stunde der Radikalen. Gelnhausen/Freiburg/Nürnberg

Amt für Verfassungsschutz: Salafismus in Deutschland. www.verfassungsschutz.de/de/suche?term=salafismus&searchSubmit.x=11&searchSubmit.y=9 (abger. am 9. 5. 19)

Aronson, Elliot/Wilson, Timothy D./Akert, Robin A. (2004): Sozialpsychologie. München (4. Aufl.)

Ata, Mehmet (2014): Der Teufel reitet uns, Bruder. In: FAS, Nr. 48, 30. 11. 2014, Frankfurt am Main: 3

Ata, Mehmet (2015): Respekt. Wieso werden viele junge Migranten straffällig oder schließen sich radikalen Gruppen an? In: FAS, Nr. 13, 29. 03. 2015, Frankfurt am Main: 12

Atran, Scott (2014): Martyrdom's would-be myth buster – Behavioral and Brain Sciences, cambridge.org

Auchter, Thomas (2017): Hey Alter, was guckst du? In: Traxl, B. (Hrsg.): Aggression, Gewalt, Radikalisierung. Frankfurt/M.: 43–72

Auernheimer, Georg (2001): Migration als Herausforderung für pädagogische Institutionen. Leverkusen

Auernheimer, Georg (2002): Interkulturelle Kompetenz und Professionalität. Leverkusen

Augsburger, David W. (1992): Conflict Mediation Across Cultures. Kentucky

Autrada, Otger/Scheu, Bringfriede (2009/Hrsg.): Jugendgewalt. Wiesbaden

Baacke, Dieter (2000): Die 13–18-Jährigen. Einführung in Probleme des Jugendalters. Weinheim/Basel

Baaken, Till/Ruf, Maximilian (2018): Gemeinsame Elemente in den Ideologien von Rechtsextremistinnen bzw. Rechtsextremisten und Islamistinnen bzw. Islamisten. In: Drachenfels, Magdalena u. a. (2018/Hrsg.). Frankfurt am Main: 35–41

Backes, Uwe/Jesse, Eckhard (1996): Politischer Extremismus in der BRD (4. Aufl.). Bonn

Baier, Dirk/Pfeiffer, Christian (2007): Gewalttätigkeit bei deutschen und nichtdeutschen Jugendlichen – Befunde einer Schülerbefragung 2005 und Folgen für die Prävention. Hannover (KFN-Bericht 100)

Baier, Dirk/Pfeiffer, Christian/Rabold, Susann/Simonson, Julia/Kappes, Cathleen (2010): Kinder und Jugendliche in Deutschland: Gewalterfahrungen, Integration, Medienkonsum; Zweiter Bericht zum gemeinsamen Forschungsprojekt des Bundesministeriums des Innern und des KFN (KFN-Forschungsbericht; Nr. 109)

Balzer, Werner (2001): Das Sensorische und die Gewalt. In: Zeitschrift für psychoanalytische Theorie und Praxis; 16 (3): 365–381

Bandura, Albert (1979): Aggression: eine sozial-lerntheoretische Analyse. Stuttgart

Bandura, Albert (1976): Lernen am Modell. Stuttgart

Baran, Zeyno (2005): Fighting the War of Ideas. In: Foreign Affairs, Heft 84/2005: 68–78

Bauer, Joachim (2011): Schmerzgrenze. Vom Ursprung alltäglicher und globaler Gewalt. München

Baumann, Menno (2009): Verstehende Subjektlogische Diagnostik bei Verhaltensstörungen. Ein Instrumentarium für Verstehensprozesse in pädagogischen Kontexten. Hamburg

Baumann, Menno (2014): Jugendliche Systemsprenger – zwischen Jugendhilfe und Justiz (und Psychiatrie). Zeitschrift für Jugendkriminalrecht und Jugendhilfe. Jg. 25, Heft 2/ 2014: 162–167

Baumann, Menno (2016): Kinder, die Systeme sprengen. Band 1: Wenn Jugendliche und Erziehungshilfe aneinander scheitern. (3. Aufl.). Baltmannsweiler

Baudrillard, Jean (1983/2008): Fatale Strategies

Beck, Ulrich (1986): Risikogesellschaft. Frankfurt am Main

Bennett, Milton J. (1998): Intercultural Communication: A Current Perspective. Maine

Bereswill, Mechthild (2001): Die Schmerzen des Freiheitsentzugs – Gefängniserfahrungen und Überlebensstrategien männlicher Jugendlicher und Heranwachsender. In: Bereswill/Greve (Hrsg.): Forschungsthema Strafvollzug. Interdisziplinäre Beiträge zur kriminologischen Forschung, Band 21. Baden Baden: 253–285

Bereswill, Mechthild (2009): Gefangene Männlichkeit – umkämpfte Heterosexualität. Zum Verhältnis von Gewalt und Geschlecht im Gefängnis. In: Kraß, A. (Hrsg.): Queer Studies in Deutschland. Interdisziplinäre Beiträge zur kritischen Heteronormativitätsforschung. Frankfurt am Main: 107–123

Bereswill, Mechthild (2010): Adoleszenz, Devianz und Geschlecht. Sozialwissenschaftliche Befunde und präventionspolitische Perspektiven. Expertise zu „Jugend: Pro- und Dissozialität. Welche Rolle spielt die Geschlechteridentität für das Gelingen von Präventionspolitik" (Landtag Nordrhein-Westfalen, Enquetekommission III)

Bereswill, Mechthild/Meuser, Michael/Scholz, Sylka (Hrsg.) (2011): Dimensionen der Kategorie Geschlecht. Der Fall Männlichkeit. (3.Aufl.) Münster

Berk, Laura E. (2005): Entwicklungspsychologie (3. Aufl.). München/Boston u. a.

Berkel, Karl (2014): Konflikttraining. Hamburg

Bernfeld, Siegfried (1925/2000): Sisyphos oder die Grenzen der Erziehung. Frankfurt am Main

Bliesener, Thomas/Kindlein, Andrea/Riesner, Lars/Schulz, Jan F./Thomas, Jana (2010): Eine Prozess- und Wirkungsevaluation polizeilicher Konzepte zum Umgang mit jungen Mehrfach-/Intensivtätern in NRW. Kiel

Blos, Peter (2001/1973): Adoleszenz. Stuttgart

Blos, Peter (1990): Sohn und Vater. Diesseits und jenseits des Ödipuskomplexes. Stuttgart

BMFSFJ (2002): Elfter Jugendbericht. Berlin

BMFSFJ (2011): Auf- und Ausbau von Netzwerken Früher Hilfen. Berlin

Bohleber, Wolfgang (2006): Adoleszente Gewaltphänomene. In: Leuzinger-Bohleber, M./ Haubl, R./Brumlik, M. (Hrsg.): Bindung, Trauma und soziale Gewalt. Göttingen: 121–141

Bohnacker, Thorsten (Hrsg./2005): Sozialwissenschaftliche Konflikttheorien. Wiesbaden

Bohnacker, Thorsten/Imbusch, Peter (2005): Konflikt. In: Imbusch, P. et al.: 69–81

Böhnisch, Lothar (1997/2001): Sozialpädagogik der Lebensalter. Weinheim/München (3. Aufl.)

Böhnisch, Lothar (2003): Pädagogische Soziologie. Weinheim/München

Bondü, Rebecca/Meixner, Sabine/Bull, Heike/Robertz, Frank J./Scheithauer, Herbert: Schwere, zielgerichtete Schulgewalt: School Shootings und „Amokläufe". In: Scheithauer, Herbert/Hayer, Tobias/Niebank, Kay (2008) (Hrsg.): Problemverhalten und Gewalt im Jugendalter. Stuttgart: 86–98

Bopp, Lena (2015): Ihr Ziel ist der Bürgerkrieg. In: FAZ, Nr. 147; 29.06.2015. Frankfurt am Main: 9

Bourdieu, Pierre (1985): Sozialer Raum und Klassen. Frankfurt/M.

Bourdieu, Pierre (1987): Sozialer Sinn. Kritik der theoretischen Vernunft. Frankfurt/M.

Bourdieu, Pierre (2005): Das Elend der Welt. Konstanz

Bowlby, John (2006a): Bindung. München/Basel

Bowlby, John (2006b): Trennung. München/Basel

Bowlby, John (2006c): Verlust. München/Basel

Brenner, Charles (1955): Grundzüge der Psychoanalyse. New York

Bruhns, Kirsten/Wittmann, Svendy (2002): „Ich meine, mit Gewalt kannst du dir Respekt verschaffen". Mädchen und junge Frauen in gewaltbereiten Jugendgruppen. Leverkusen

Brumlik, Micha (2009): Pädagogik des Strafens. In: Förster, Y./Weber, J./Winkelmann, A. (Hrsg.): Leben unter Strafe. Aachen: 45–52

Bundesarbeitsgemeinschaft Fanprojekte (BAG)/Koordinationsstelle (2019): Fanarbeit in Deutschland (www.kos-fanprojekte.de)

Bundeskriminalamt/Bundesamt für Verfassungsschutz und Hessisches Informations- und Kompetenzzentrum gegen Extremismus (2016): Analyse der Radikalisierungshintergründe und -verläufe der Personen, die aus islamistischer Motivation aus Deutschland in Richtung Syrien oder Irak ausgereist sind. Fortschreibung 2016

Buschbom, Jan (2015): Pädagogische Arbeit mit islamistisch ideologisierten Jugendlichen. In: DJI TOP THEMA März 2015: #SeitgesternbinichbeiAlKaida! München: 1–6

Cardini, Franco (1989): Der Krieger und der Ritter. In: Le Goff, Jacques (Hrsg./1989), Frankfurt/New York: 87–129

Castells, Manuel (2002): Das Informationszeitalter. Leverkusen

Ceylan, Rauf/Kiefer, Michael (2013): Salafismus – Fundamentalistische Strömungen und Radikalisierungsprävention. Wiesbaden

Chaniotis, Angelos (2005): Von Ehre, Schande und kleinen Verbrechen unter Nachbarn: Konfliktbewältigung und Götterjustiz in Gemeinden des antiken Anatolien. In: Pfetsch, Frank R. (Hrsg.): Konflikt. Berlin/Heidelberg: 233–254

Charlier, Mahrokh (2012): Macht und Ohnmacht – Religiöse Tradition und die Sozialisation des muslimischen Mannes. In: Dammasch, F. (Hrsg.): Jungen in der Krise. Frankfurt/M.: 161–176

Cierpka, Manfred (2005): Faustlos – Wie Kinder Konflikte gewaltfrei lösen lernen. Freiburg/Brsg.

Clausewitz, Carl v. (2008/1832): Vom Kriege. Berlin

Collins, Randall (2016): Einfahrten und Ausfahrten des Tunnels der Gewalt. In: Equit, C. u. a. (Hrsg.): Situationen der Gewalt. Weinheim, Basel:14–39

Coser, Lewis A. (2009/1956/1965): Theorie sozialer Konflikte. Wiesbaden

Coser, Lewis A. (1973): Sozialer Konflikt und die Theorie sozialen Wandels. In: Hartmann, H.: Moderne amerikanische Soziologie, Stuttgart: 412–428

Crain, Fitzgerald (2005): Fürsorglichkeit und Konfrontation. Gießen

Dahrendorf, Ralf (1972 a): Sozialer Konflikt. In: Bernsdorf, Wilhelm: Wörterbuch der Soziologie. Frankfurt am Main: 748–751

Dahrendorf, Ralf (1972 b): Der moderne soziale Konflikt. In: Imbusch, P./Heitmeyer, W. (Hrsg./2008): Integration – Desintegration. Wiesbaden: 353–370

Dammasch, Frank/Metzger, Hans-Geert/Teising, Martin (2009/Hrsg.): Männliche Identität. Frankfurt/M.

Dammasch, Frank (2012/Hrsg.): Jungen in der Krise. Frankfurt/M.

Dammasch, Frank/Teising, Martin (2015/Hrsg.): Das modernisierte Kind. Frankfurt/M.

Deitelhoff, Nicole (2017): Der Streit als Quelle der Erneuerung Demokratischer Gemeinwesen. Vortrag anlässlich der Verleihung des Schader-Preises am 11. Mai 2017 in Darmstadt

Deitelhoff, Nicole (2018): Zur integrativen Kraft gesellschaftlicher Konflikte. Vortrag im Rahmen der Frankfurter Römerberggespräche am 13.11.2018

Denzin, Norman K. (1989): Interpretive Interactionism. Newsbury Park

Destatis (Statistische Bundesamt/2018): Pressemitteilung Nr. 344 vom 13.09.2018: Jugendämter haben 2017 häufiger geprüft, aber weniger Kindeswohlgefährdungen festgestellt. Wiesbaden

Deutsches Jugendinstitut DJI (2006): Bulletin 76. München

Deutsches Jugendinstitut DJI – Arbeitsstelle Kinder- und Jugendkriminalitätsprävention (2019): Zahlen – Daten – Fakten Jugendgewalt. München

Dewey, John (2011): Demokratie und Erziehung. (5. Aufl.). Weinheim/Basel

Dewey, John (1915/2011): Demokratie und Erziehung. In: Oelkers, J. (Hrsg./2011): 11–460. Weinheim/Basel

Drachenfels, Magdalena von/Offermann, Philipp/Wunderlich, Carmen (2018/Hrsg.): Radikalisierung und De-Radikalisierung in Deutschland, eine gesamtgesellschaftliche Herausforderung. Frankfurt am Main

Dreikurs, Robert/Gould, Shirley/Corsini, Raymond J. (2003): Familienrat. Der Weg zu einem glücklichen Zusammenleben zwischen Eltern und Kindern. Stuttgart

Dodge, K. A./Schwartz, D (1997): Social information processing mechanisms in aggressive behavior. In: Stoff, D. M. u. a. (Hrsg.): Handbook of antisocial behavior. New York: 171–180

Dölling, Dieter (2009): Die Straftheorien. In: Förster, Y./Weber, J./Winkelmann, A. (Hrsg.): Leben unter Strafe. Aachen: 37–44

Dörr, Margret/Herz, Birgit (2010/Hrsg.): „Unkulturen“ in Bildung und Erziehung. Wiesbaden

Dollard, John/Doob, Leonard/Miller, Neal/Mowrer, OH/Sears, Robert (1939): Frustration and Aggression. New Haven, CT

Dornes, Martin (2004): Über Mentalisierung, Affektregulierung und die Entwicklung des Selbst. In: Forum der Psychoanalyse 20: 175–199

Dovermann, Ulrich (2013): Narrative und Gegen-Narrative im Prozess von Radikalisierung und Deradikalisierung. In: In: BZfpB/Heft Radikalisierung. Berlin 2013: 41–48

Dubet, Francois/Lapeyronnie, Didier (1994): Im Aus der Vorstädte. Stuttgart

Dubiel, Helmut (1999a): Integration durch Konflikt? In: Friedrichs, J./Jagodzinski, W. (Hrsg.): Soziale Integration. Sonderheft der Kölner Zeitschrift für Soziologie und Sozialpsychologie, Bd. 39: 132–143

Dubiel, Helmut (1999b): Integration durch Konflikt? In: Imbusch, P./Heitmeyer, W. (Hrsg./2008): Integration – Desintegration. Wiesbaden: 659–674

Duden Band 7 (2001): Das Herkunftswörterbuch. Etymologie der deutschen Sprache. Mannheim/Leipzig/Wien/Zürich

Durkheim, Emile (1893): De la Division du Traival social. Paris

Eckert, Roland/Kaase, M./Neidhardt, F./Willems, H. (1990): Ursachen, Prävention und Kontrolle von Gewalt aus soziologischer Sicht. In: Schwindt/Baumann (Hrsg.): Ursachen, Prävention und Kontrolle von Gewalt; Bd. II. Berlin: 293–414

Eckert, Roland/Reis, Christa/Wetzstein, Thomas (2000): „Ich will halt anders sein, wie die anderen!" Abgrenzung, Gewalt und Kreativität bei Gruppen Jugendlicher. Leverkusen

Eckert, Roland (2013): Radikalisierung – Eine soziologische Perspektive. In: BZfpB/Heft Radikalisierung. Berlin 2013: 9–17

Eckert, Roland/Krüger, Coerw/Willems, Helmut (2019): Gesellschaftliche Konflikte und Felder der Prävention (Gutachterliche Stellungnahme für den 24. Deutschen Präventionstag am 20. und 21. Mai 2019 in Berlin)

Edelstein, Wolfgang/Frank, Susanne/Sliwka, Anne (2009): Praxisbuch Demokratiepädagogik. Weinheim/München

Edmüller, Andreas/Jiranek, Heinz (2010): Konfliktmanagement. Freiburg

Eisner, Manuel (1997): Das Ende der zivilisierten Stadt. Frankfurt am Main/New York

Eisner, Manuel (2003): Long-term historical trends in violent crime. In: crime & justice. 30: 83–142

Elias, Norbert (1976/77): Über den Prozess der Zivilisation. Frankfurt am Main, Bde. I, II; (3./4. Aufl.)

El-Mafaalani, Aladin/Fathi, Alma/Mansour, Ahmed/Müller, Jochen/Nordbruch, Götz/Waleciak, Julian (2016): Ansätze und Erfahrungen der Präventions- und Deradikalisierungsarbeit, HSFK-Report Nr. 6/2016

Erben, Sayime (2012): Gewalt und Ehre – Ehrbezogene Gewalt aus Täterperspektive. Freiburg/Brsg.

Erdheim, Mario (1984): Die gesellschaftliche Produktion von Unbewusstheit. Frankfurt am Main

Erdheim, Mario (1988): Psychoanalyse und das Unbewusste in der Kultur. Frankfurt am Main

Erdheim, Mario (1998): Adoleszenz im psychoanalytischen Prozess. In: FR Nr. 52. Frankfurt/M.

Erdsiek-Rave, Ute/John-Ohnesorg, Marei (2015): Demokratie lernen – Eine Aufgabe der Schule?! Berlin

Equit, Claudia/Groenemeyer, Axel/Schmidt, Holger (2016/Hrsg.): Situationen der Gewalt. Weinheim, Basel

Ergil, Doğu (1980): Türkiyede terör ve siddat. Ankara

Fahim, Amir A. (2013): Migrationshintergrund und biographische Belastungen als Analysekriterien von Radikalisierungsprozessen junger Muslime in Deutschland. In: Herding, Maruta (Hrsg.): Radikaler Islam im Jugendalter. Erscheinungsformen, Ursachen und Kontexte, Halle: 40–56

Falk, Gerhard/Heintel, Peter/Krainz, Ewald E. (Hrsg./2005): Handbuch Mediation und Konfliktmanagement. Wiesbaden

Faller, Kurt/Wilfried Kerntke/Maria Wackmann (1996): Konflikte selber lösen. Mediation für Schule und Jugendarbeit. Mühlheim a. d. Ruhr

Faller, Kurt (1998): Mediation in der pädagogischen Arbeit. Mühlheim a. d. Ruhr

Faller, Kurt/Fechler, Bernd/Kerntke, Wilfried (2014): Systemisches Konfliktmanagement. Stuttgart

Faller, Kurt/Kneip, Winfried (2007/Hrsg.): Das Buddy-Prinzip. Soziales Lernen mit System. Düsseldorf

Fechler, Bernd (2008): Interkulturelle Mediationskompetenz. Umrisse einer differenz-, dominanz- und kontextsensiblen Mediation. In: Auernheimer, G. (Hrsg.): Interkulturelle Kompetenz und pädagogische Professionalität, (2. Aufl.) Wiesbaden: 173–200

Fend, Helmut (1997): der Umgang mit Schule in der Adoleszenz. Bern

Fend, Helmut (2000): Entwicklungspsychologie des Jugendalters. Leverkusen

Finger, Evelyn/Guschas, Thilo/Thumann, Michael (2014): Zehn Argumente für das Töten. In: DIE ZEIT Nr. 27, 26. 06. 2014, Hamburg: 56

Franz, Matthias (2012): Ritual, Trauma, Kindeswohl. FAZ Nr. 157: 7

Frauen gegen Gewalt e. V.: Häusliche Gewalt – Merkmale und Tatsachen (www.frauen-gegen-gewalt.de/de/haeusliche-gewalt-was-ist-haeusliche-gewalt.htm)

Freud, Sigmund (1940/1969): Massenpsychologie und Ich-Analyse. (Ges. Werke Bd. XIII) London

Frey, Gerhard (2005): Gewalt oder Gewaltlosigkeit bei Konfliktlösungen: Alternativen bei Friedrich Schiller und Jose Rizal. In: Pfetsch, F. R. (2005): Konflikt. Berlin/Heidelberg: 333–346

Friedmann, Rebecca/Phla, Winnie (2017): Auf der Suche nach Orientierung. In: Traxl, B. (Hrsg.): Aggression, Gewalt und Radikalisierung. Frankfurt am Main: 219–243

Fröhlich-Gildhoff, Klaus (2006): Freiburger Anti-Gewalt-Training (FAGT). Stuttgart

Fröhlich-Gildhoff, Klaus/Roennau-Boese, Maike (2017): Die Verbindung von Resilienzperspektive und (personzentrierter) Kinderpsychotherapie. In: Psychotherapie Forum 22: 63. https://doi.org/10.1007/s00729-017-0090-2

Fücks, Ralf (2019): Thesen zur Krise und Erneuerung der liberalen Demokratie. Tagungsreferat am 9. 4. 2019, Berlin. (https://libmod.de/ralf-fuecks-ueber-krise-und-erneuerung-der-liberalen-demokratie) (abger. am 08. 07. 2019)

Fuchs, Marek/Lamnek, Siegfried/Wiederer, Ralf (2003): Querschläger. Jugendliche zwischen rechter Ideologie und Gewalt. Leverkusen

Gabriel, Thomas (2005): Resilienz – Kritik und Perspektiven. In: Zeitschrift für Pädagogik 2/2005, Weinheim

Gahleitner, Silke Birgitta/Lenz, Hans-Joachim (2007): Gewalt und Geschlechterverhältnis. Weinheim/München

Gaitanides, Stefan (1994): Interkulturelles Lernen in einer multikulturellen Gesellschaft, in: Sozialmagazin 2/94, Weinheim

Gajevic, Mira (2014): Radikalisierung ist ein langwieriger Prozess. In: Frankfurter Rundschau Nr. 194, 22. 08. 2014, Frankfurt am Main

Gall, Reiner (2011): Curriculum und Methodik des Coolnesstrainings. In: Weidner/Kilb (Hrsg.): Handbuch Konfrontative Pädagogik. Weinheim, München: 132–140

Galtung, Johan (1969): „Violence, peace and peace research“. In: Journal of Peace Research, Vol. 6, No. 3: 167–191

Gay, Peter (1996): Kult der Gewalt. München

Geschke, Daniel/Klaßen, Anja/Quent, Matthias/Richter, Christoph (2019): Executive Summary #Hass im Netz: Der schleichende Angriff auf unsere Demokratie – Eine bundesweite repräsentative Untersuchung. Institut für Demokratie und Zivilgesellschaft (IDZ), Jena

Giddens, Anthony (1997): Die Konstitution der Gesellschaft. Frankfurt am Main/New York

Glasl, Fritz (1999): Konfliktmanagement. Stuttgart

Gollwitzer, Mario/Pfetsch, Jan/Schneider, Vera/Schulz, Ande/Steffke, Tabea/Ulrich, Christiane (2007) (Hrsg.): Gewaltprävention bei Kindern und Jugendlichen. Göttingen

Gottfredson, Michael R./Hirschi, Travis (1990): A General Theory of Crime. Stanford/Cal.

Gottschalch, Winfried (1992): Sozialisationsforschung. Materialien, Probleme, Kritik. Frankfurt am Main

Grawe, Klaus (1998): Psychologische Therapie. Göttingen

Graeber, David (2014): Schulden – Die ersten 5000 Jahre. München

Greenson, Ralph R. (2009): Die Beendigung der Identifizierung mit der Mutter und ihre besondere Bedeutung für den Jungen. In: Dammasch, F./Metzger, H.-G./Teising, M. (Hrsg.): Männliche Identität. Frankfurt am Main: 151–160

Grissom, Grant R./Dubnov, W. L. (1989): Without Locks and Bars. Reforming our Reform School. New York

Groenemeyer, Axel (Hrsg./2009): Einführung in die Soziologie. Wiesbaden

Günter, Michael (2017): „Die Tugend muss durch den Schrecken herrschen" – Gewalt, Leidenschaft und Fanatismus in der adoleszenten Entwicklung. In: Traxl, B. (Hrsg.): Aggression, Gewalt und Radikalisierung. Frankfurt/M.: 91–108

Guttandin, Friedhelm (1989): Die Ehre des Ritters, Kaufmanns und Hoffmanns. In: Fernuniversität Hagen: Kurseinheit 2: 41–67

Habermas, Jürgen/Luhmann, Niklas (1971): Theorie der Gesellschaft oder Sozialtechnologie – Was leistet die Systemforschung? Frankfurt/M.: 101–141

Habermas, Jürgen (1973): Kultur und Kritik. Frankfurt/M.

Habermas, Jürgen (1983): Diskursethik – Notizen zu einem Begründungsprogramm. In: Moralbewusstsein und kommunikatives Handeln. Frankfurt a. M.: 53–125

Habermas, Jürgen (1984): Vorstudien und Ergänzungen zur Theorie kommunikativen Handelns. Frankfurt a. M.

Habermas, Jürgen (2009): Philosophische Texte; Bde. I und III. Frankfurt/M.

Hacke, Jens (2018): Existenzkrise der Demokratie. Berlin

Hafeneger, Benno (2015): Islamismus, Salafismus, Dschihadismus – Überlegungen und Hinweise zum religiös motivierten Extremismus. In: SozialExtra, Heft 2/2015, Wiesbaden: 10–15

Hafeneger, Benno (2014): Programme und Ansätze gegen Rechtsextremismus – was lernen wir für die Auseinandersetzung mit „radikalem Salafismus und politisch religiösem Extremismus"? In: AWO Frankfurt (2015): Salafismus und politisch-religiöser Extremismus: Ursachen, Verbreitung, Gegenstrategien. Frankfurt am Main: 12–16

Hamburger Institut für Sozialforschung (2018): Eskalation – Dynamiken der Gewalt im Kontext der G20 – Proteste in Hamburg 2017. Ein Forschungsbericht des Instituts für Protest- und Bewegungsforschung des Zentrums für Technik und Gesellschaft. Vgl. pdf S. 90

Hamburger, Franz (1991): Erziehung in der Multikulturellen Gesellschaft, in: IZA, Heft 4/1991, Frankfurt/M.: 70–74

Hamburger, Franz (2009): Abschied von der interkulturellen Pädagogik. Weinheim/München

Hansen, Dieter/Römhild, Frank (2010): Einschätzungen und Empfindungen Jugendlicher im Verlauf eines Anti-Gewalt-Trainings. In: Weidner, J./Kilb, R./Jehn, O. (Hrsg.): Gewalt im Griff, Bd. 3. Weinheim/Basel: 145–161

Hasche, Thorsten (2018): Islamismus in der BRD. In: Jesse, E./Mannewitz, T. (Hrsg.): Extremismusforschung. Bonn: 389–426

Haubl, Rolf (2004): Gewalt in der Schule. www.sfi-frankfurt.de

Hassemer, Wilfried (2009): Warum Strafe sein muss? Ein Plädoyer. Berlin

Heinz, Wolfgang (2004): Kommunale Kriminalprävention aus wissenschaftlicher Sicht. In: Kerner, H.-J.; Marks, E. (Hrsg.): Internetdokumentation Deutscher Präventionstag. Hannover. www.praeventionstag.de/content/9_praev/doku/heinz/index_9_heinz.html

Heitmeyer, Wilhelm u. a. (1995/1998): Gewalt. Weinheim/München

Heitmeyer, Wilhelm/Soeffner, Hans-Georg (2004/Hrsg.): Gewalt. Frankfurt am Main

Herriger, Norbert (2002): Empowerment in der Sozialen Arbeit. Stuttgart/Berlin/Köln

Herriger, Norbert (2007): Empowerment. In: DV (Hrsg.) Fachlexikon der Sozialen Arbeit. Frankfurt/M.: 250–252

Herrmann, Franz (2006): Konfliktarbeit. Wiesbaden

Hirschi, Travis (1969): Causes of Delinquency. Berkeley

Holtappels, Heinz Günter/Meier, U. (1997): Gewalt an Schulen. In: DDS 89/1. Weinheim: 50–62

Holtappels, Heinz Günter/Tillmann, Klaus-Jürgen (1999): Was tun mit dem harten Kern von Schülern, der zuschlägt? In: Frankfurter Rundschau, Nr. 46

Holtappels, Heinz Günter/Heitmeyer, Wilhelm/Melzer, Wolfgang/Tillmann, Klaus-Jürgen (Hrsg./2009): Forschung über Gewalt an Schulen. Weinheim/München

Honneth, Axel (2003): Kampf um Anerkennung. Zur moralischen Grammatik sozialer Konflikte. Frankfurt am Main

Horeni, Michael (2011): Gewalttäter und Sozialarbeiter. In: FAZ Nr. 223: 23

Horgan, John (2009): Walking Away from Terrorism: Account of disengagement from radical an extremist movement. New York

Horlacher, Rebecca/Oelkers, Jürgen (Hrsg.) (2002–2004): Edition von John Dewey: Schriften. Band 1–4. Zürich

Huntington, Samuel P. (1996/2002): Kampf der Kulturen: Die Neugestaltung der Weltpolitik im 21. Jahrhundert. München

Imbusch, Peter (2002): Der Gewaltbegriff. In: Heitmeyer, W./Hagan, J. (Hrsg.): Internationales Handbuch der Gewaltforschung. Wiesbaden: 26–57

Imbusch, Peter/Heitmeyer, Wilhelm (Hrsg./2008): Integration – Desintegration. Wiesbaden

Imbusch, Peter/Zoll, Ralf (2010): Vorwort der Herausgeber. In: Meyer, B. (2011): Konfliktregelung und Friedensstrategien. Wiesbaden: 18

Institute of Medicine (IOM), National Research Council (NRC), Division of Behavioral and Social Science (2009): Preventing Mental, Emotional, and Behavioral Disorders Among Young People, National Academies Press

Jesse, Eckhard/Mannewitz, Tom (Hrsg./2018): Extremismusforschung – Handbuch für Wissenschaft und Praxis. Bonn

Jessel, Holger (2010): Leiblichkeit – Identität – Gewalt. Wiesbaden

Jugert, Gert/Rehder, Anke/Notz, Peter, Petermann, Franz (2004): Soziale Kompetenz für Jugendliche. Weinheim, München

Kanbıçak, Türkan (2014): Sozialisationsfaktoren im Verlauf islamischer Radikalisierungsprozesse. In: AWO Frankfurt (2015): Salafismus und politisch-religiöser Extremismus: Ursachen, Verbreitung, Gegenstrategien. Frankfurt am Main: 16–20

Kasten, Erich (2007): Einführung Neuropsychologie. München

Kavemann, Barbara/Kreyssig, Ulrike (2006): Handbuch Kinder und häusliche Gewalt. Wiesbaden

Kavemann, Barbara (2010): Gewalt in der Partnerschaft der Eltern – Traumatisierung von Kindern und Jugendlichen und Fragen des Umgangsrechts. In: Fegert, J.M./Ziegenhain, U./Goldbeck, L. (Hrsg.): Traumatisierte Kinder und Jugendliche in Deutschland. Weinheim/München: 140–154

Keim, Dieter (2000): Gewalt, Kriminalität. In: Häußermann, Hartmut (Hrsg.): Großstadt. Leverkusen-Opladen

Kelber, Magda (1965): Was verstehen wir unter Gruppenpädagogik? In: Müller, C.W. (1987): 127–140

Kernberg, Otto F. (2001): Psychotherapie der Borderline-Persönlichkeit. Manual zur psychodynamischen Therapie. Stuttgart

Keupp, Herrmann (1996): Empowerment. In: Kreft, D./Mielenz, I. (Hrsg.): Wörterbuch Soziale Arbeit. Weinheim: 164–166

Kilb, Rainer/Weidner, Jens/Gall, Reiner (2006/Hrsg.): Konfrontative Pädagogik in der Schule. Weinheim, München (3. Aufl.)

Kilb, Rainer (2011): Jugendgewalt im städtischen Raum. (2. Aufl.) Wiesbaden

Kilb, Rainer/Peter, Jochen (2009/2016): Methoden der Sozialen Arbeit in der Schule. München/Basel (2. Aufl.)

Kilb, Rainer (2012): Konfliktmanagement und Gewaltprävention. Wiesbaden

Kilb, Rainer (2012b): Sozialpädagogische Arbeit mit sozial auffälligen und gewaltbereiten jungen Migranten. In: Matzner, M. (Hrsg.): Handbuch Migration und Bildung. Weinheim/Basel: 382–395

Kilb, Rainer/Weidner, Jens (2013): Einführung in die konfrontative Pädagogik. München/Basel

Kilb, Rainer (2014): Konflikte und Konfliktbearbeitung – Ein Überblick. In: ZfE des DIE (Heft 4/2014), Bonn

Kilb, Rainer (2014): Weshalb kann der kriegerische Islam so faszinierend für Heranwachsende sein? In: SozialExtra, Heft 6/2014 Wiesbaden

Kilb, Rainer (2015): Offensives Konfliktmanagement als Gewaltprävention in pädagogischen Situationen und Settings oder: Konflikte thematisieren, um Gewalt zu verhindern. In: Stövesand/Röh (2015) Konflikte. Leverkusen: 222–232

Kilb, Rainer (2015): Radikalisierung als Bewältigungsstrategie adoleszenter Widersprüche und gesellschaftlicher Versagungen. In: Interventionen Nr. 5. Berlin: 16–23

Kilb, Rainer (2017): Demokratiefähigkeit entsteht nicht von allein. Weinheim/München. In: TuP, Heft 4/2017: 254–265

Kindler, Heinz (1998): Jungen und die Entwicklung von Gewalt: Neue Einsichten, neue Ansätze (Vortragsmanuskript), München/Regensburg

King, Vera (2002): Die Entstehung des Neuen in der Adoleszenz. Leverkusen

Klaus, Georg/Buhr, Manfred (1972/Hrsg.): Marxistisch-leninistisches Wörterbuch der Philosophie (Bd. 3). Reinbek

Knorr, Wilfried (2014). Wer sind „die Schwierigsten“? Wo stehen wir in unserer Konzeptdiskussion heute? Welche lösungsorientierten Antworten und Angebote hat die Kinder- und Jugendhilfe? Was sind die geeigneten Mittel der Wahl? In: Deutsches Institut für Urbanistik gGmbH (Hrsg.): Grenzgänger, Systemsprenger, Verweigerer. Wege, schwierig(st)e Kinder und Jugendliche ins Leben zu begleiten. Dokumentation der Fachtagung am 3. Und 4. April 2014 in Potsdam. Berlin: Deutsches Institut für Urbanistik: 13–23

Körner, Jürgen/Friedmann, Rebecca (2005): Denkzeit für delinquente Jugendliche. Freiburg/Brsg.

Kohaupt, Georg (2019): Expertise zum Schutzauftrag bei Kindeswohlgefährdung aus der Sicht eines Mitarbeiters der Kinderschutz-Zentren. Berlin (www.kinderschutz-zentrum-berlin.de/download/ksz_ExpertiseSchutzauftrag_Kohaupt.pdf; abger. am 29.04. 2019)

KOMDAT (2018): Heft 2/2018. Dortmund

Konopka, Gisela (1963): Die Geschichte der Gruppenpädagogik. In: Müller, C.W. (1987): 73–85

Koppetsch, Cornelia (2019): Die Gesellschaft des Zorns. Bielefeld

Korn, Judy/Mücke, Thomas (2000): Gewalt im Griff (Bd. 2): Deeskalations- und Mediationstraining. Weinheim/Basel

Krafeld, Franz Josef (Hrsg.) (1992): Akzeptierende Jugendarbeit mit rechten Jugendcliquen. Bremen

Krafeld, Franz Josef (1996): Die Praxis Akzeptierender Jugendarbeit. Konzepte, Erfahrungen, Analysen aus der Arbeit mit rechten Jugendcliquen. Opladen

Krainz, Ewald (2005): Die Morphologie der sozialen Welt und ihre Bedeutung für die Entstehung von Konflikten. In: Falk, G. et al. (Hrsg.): Handbuch Mediation und Konfliktmanagement. Wiesbaden: 35–56

Kruse, Katja (2017): Religiöser Extremismus als Lösung entwicklungsbedingter Krisen? In: Traxl, B. (Hrsg.): Aggression, Gewalt, Radikalisierung. Frankfurt/M.: 73–90

Kürşat, Elçin (2002): Zur Verpflichtung der Ehre. In: politik unterricht aktuell: „Tod, Haß und Ehre – Zur gesellschaftlichen Funktion mörderischer Selbstkonzepte“. Hannover, 2002. Heft 1, S. 3–11

Kunz, Karl-Ludwig (2001): Kriminologie. Bern, Stuttgart, Wien (3. Aufl.)

Lambers, Helmut (2013): Theorien der Sozialen Arbeit. Leverkusen/Toronto

Lamnek, Siegfried (1997): Neue Theorien abweichenden Verhaltens. München

Lamnek, Siegfried/Fuchs, Marek/Luedtke, Jens/Baur, Nina (2009): Gewalt an Schulen. Wiesbaden

Lankford, Adam (2014): A suicide-based typology of suicide terrorists: Conventional, coerced, escapist and indirect – Security Journal, 2014 – Heidelberg

Lanfranchi, Andrea (1994): Die ethnobiografische Fallrekonstruktion in Diagnostik und Therapie bei „Fremden“. In: BIOS 2: 206–222

Lanfranchi, Andrea (2002): Interkulturelle Kompetenz als Element pädagogischer Professionalität – Schlussfolgerungen für die Lehrerausbildung. In: Auernheimer, Georg (Hrsg.): Interkulturelle Kompetenz und Professionalität. Leverkusen: 206–234

Leenen, Wolf R./Groß, Andreas/Grosch, Harald (2002): Interkulturelle Kompetenz in der Sozialen Arbeit. In: Auernheimer, Georg (Hrsg.): Interkulturelle Kompetenz und Professionalität. Leverkusen: 81–102

Leuzinger-Bohleber, Marianne/Staufenberg, Adelheid/Fischmann, Tamara (2007): ADHS – Indikation für psychoanalytische Behandlungen? Einige klinische, konzeptuelle und empirische Überlegungen ausgehend von der Frankfurter Präventionsstudie. Frankfurt am Main. In: Praxis der Kinderpsychologie und Kinderpsychiatrie 2007/56,4: 356–385

Leuzinger-Bohleber, Marianne/Fischmann, T./Läzer, K.L./Pfenning-Meerkötter, N./Wolff, A./Green, J. (2011): Frühprävention psychosozialer Störungen bei Kindern mit belasteten Kindheiten. In: Psyche Heft 65 (9-10): 989–1022

Leuzinger-Bohleber, Marianne (2016): Flucht und Trauma. Foliensatz des Vortrags im Workshop des Kulturdezernats und des Kulturamts der Stadt Frankfurt/M.

Lewin, Kurt (1935): A dynamic theory of personality. New York

Lohse, Eckhart (2015): Mit einem Bein im Salafismus. In: FAZ, Nr. 102; 04. 05. 2015: 2
Lorenz, Konrad (1966): On Aggression. New York
Lowenstein, Ludwig F. (1994): The Child and the Childs Sex Allegations. Links No. 3
Lyotard, Jean-François (1979): La condition postmoderne
Luhmann, Niklas (1984): Soziale Systeme. Frankfurt am Main
Luhmann, Niklas (1987): Was ist Kommunikation? In: Information Philosophie I: 4–16
Luhmann, Niklas (1989): Gesellschaftsstruktur und Semantik 3. Frankfurt am Main
Luhmann, Niklas (1997): Die Gesellschaft der Gesellschaft. Frankfurt am Main
Macsenaere, Michael (2014): Was wirkt in der Erziehungshilfe? Wirkfaktoren und Effektivität bei der Arbeit mit schwierigen Kindern und Jugendlichen. In: Deutsches Institut für Urbanistik gGmbH (Hrsg.): Grenzgänger, Systemsprenger, Verweigerer. Wege, schwierig(st)e Kinder und Jugendliche ins Leben zu begleiten. Dokumentation der Fachtagung am 3. Und 4. April 2014 in Potsdam. Berlin: Deutsches Institut für Urbanistik: 25–34
Mansel, Jürgen (2001): Angst vor Gewalt an Schulen. Weinheim/München
Mansour, Ahmad (2015): Generation Allah. Frankfurt/M.
Mansour, Ahmad (2019): Wirkungsvolle Ansätze zur Prävention und Deradikalisierung islamistisch gefährdeter bzw. islamistischer Personen. In: Bundeszentrale für Politische Bildung: Newsletter vom 18. 3. 2019
Marchart, Oliver (2018): Thinking Antagonism: Political Ontology After Laclau. Edinbourgh
Marcuse, Herbert (1971): Triebstruktur und Gesellschaft. Frankfurt am Main
Mayer, Claude-Helene (2008): Trainingshandbuch Interkulturelle Mediation und Konfliktlösung. Münster
Maywald, Jörg (2017): Strategien für die Weiterentwicklung der Gewaltprävention in der Bundesrepublik Deutschland aus Sicht der Praxis. In: Voß, S./Marks, E. (Hrsg.): Strategien zur Weiterentwicklung der Gewaltprävention in der Bundesrepublik Deutschland. Berlin: 31–44
McCauley, Clark/Moskalenko, Sophia (2008): Mechanisms of Political Radicalization: Pathways Toward Terrorism. In: Terrorism and Political Violence, Heft 20/2008: 415–433
Meiering, David (2018): Irritierende ideologische Gemeinsamkeiten: Warum wir von Brücken-Dispositiven sprechen sollten. In: Drachenfels, Magdalena u. a. (Hrsg.), Frankfurt am Main: 27–34
Meister, Dorothee M./Sander, Uwe/Treumann, Klaus Peter/Burkatzki, Eckhard/Hagedorn, Jörg/Strotmann, Mareike/Wegener, Claudia (2008): Mediale Gewalt. Wiesbaden
Mekhennet, Souad (2014): Für uns hat der islamische Frühling begonnen; in FAZ, Nr. 193; 21. 08. 2014, Frankfurt am Main: 9
Melzer, Wolfgang/Schubarth, Wilfried/Ehninger, Frank (2011): Gewaltprävention und Schulentwicklung. Bad Heilbrunn
Merton, Robert (1968): Sozialstruktur und Anomie. In: Sack, F./König, R. (Hrsg.): Kriminalsoziologie. Frankfurt am Main: 283–313.
Messmer, Heinz (2005): Sozialer Konflikt. In: Groenemeyer (2009): 1–29
Meyer, Berthold (2011): Konfliktregelung und Friedensstrategien. Wiesbaden
Milbradt, Björn/Schau, Katja/Greuel, Frank (2019): Gutachterliche Stellungnahme des DJI zur (Sozial)-pädagogischen Praxis im Handlungsfeld Radikalisierungsprävention – Handlungslogik, Präventionsstufen und Ansätze. München
Mitscherlich, Alexander (1963): Auf dem Weg zur vaterlosen Gesellschaft. München

Mitscherlich, Alexander (1969): Die Idee des Friedens und die menschliche Aggressivität. Frankfurt am Main

Mitscherlich, Alexander (1970): Aggression und Anpassung. In: Marcuse, H./Rapoport, A./ Mitscherlich, A./Senghaas, D./Markovic, M.: Aggression und Anpassung in der Industriegesellschaft. Frankfurt am Main: 80–127

Möller, Kurt/Grote, Janne/Nolde, Kai/Schuhmacher, Nils (2016): „Die kann ich nicht ab!" – Ablehnung, Diskriminierung und Gewalt bei Jugendlichen in der (Post-)Migrationsgesellschaft. Wiesbaden

Moffitt, Terrie (1993): Adolescence-Limited and Life-Course-Persistent Antisocial Behavior. In: Psychological review 100: 674–701

Moghadam, Fathali M. (2005): The Staircase to Terrorism: A Psychological Exploration. In: American Psychologist, Heft 60/2005: 161–169

Montada, Leo/Kals, Elisabeth (2001): Mediation. Weinheim

Mücke, Thomas (2017): Entschärfte Zeitbomben. In: MUT Magazin für Lösungen Heft 2/ 2017, Weinstadt: 54–57

Müller, Christian W. (1987): Gruppenpädagogik. Weinheim/Basel

Müller, Christian W. (1971): Wie Helfen zum Beruf wurde. Weinheim

Münch, Vera (2018): Militanter Salafismus. BA-Thesis HS Mannheim

Münder, Johannes (1996): Einführung in das Kinder- und Jugendhilferecht. Münster

Münkler, Herfried (2014): Der große Krieg. Berlin

Münkler, Herfried (2017): Der dreissigjährige Krieg. Berlin

Nachtwey, Oliver (2016): Die Abstiegsgesellschaft: Über das Aufbegehren in der regressiven Moderne. Berlin

Naplava, Thomas (2010): Jugenddelinquenz im interethnischen Vergleich. In: Dollinger/ Schmidt-Semisch (Hrsg.): Handbuch Jugendkriminalität. Kriminologie und Sozialpädagogik im Dialog. Wiesbaden: 229–242

Neumann, Peter (2013): Radikalisierung, Deradikalisierung und Extremismus. In: BZfpB/ Heft Radikalisierung. Berlin 2013: 29–31

Newstedder W. I./Feldstein, M. J./Newcomb, T. (1935): Gruppenarbeit als Prozess. In: Müller, C. W. (1987): 86–93

Nischler, Christiane (2009): 2009 „Home-grown". In: Die Kriminalpolizei, Heft Juni 2009. Berlin (www.kriminalpolizei.de/ ausgaben/2009/juni/detailansicht-juni/artikel/home-grown.html)

Nolting, Hans-Peter (2005): Lernfall Aggression. Wie sie entsteht – wie sie zu vermeiden ist. Reinbek

Nunner-Winkler, Gertrud (2004): Überlegungen zum Gewaltbegriff. In: Heitmeyer, W./ Soeffner, H.-G. (Hrsg.): Gewalt. Frankfurt am Main

Oelkers, Jürgen (2003): Krise der Moderne und Reformer der Erziehung. In: Tenorth, H.-E.: Klassiker der Pädagogik (Bd. 2). München: 7–31

Oerter, Rolf/Montada, Leo u. a. (1987): Entwicklungspsychologie. Weinheim

Olweus, Dan (1995/1996/2008): Gewalt in der Schule. Bern

Osgood, Charles E. (1968): Wechselseitige Initiative. In: Krippendorf, E. (Hrsg.): Friedensforschung. Köln: 357–392

Oster, Manfred (2013): Neurowissenschaftliche Befunde zu Gewaltdispositionen. In: Kilb, R. u. a. (2013), München/Basel: 31–37

Perrot, Michelle (1999): Konflikte und Tragödien. In: Aries, P./Duby, G. (Hrsg.): Geschichte des privaten Lebens. Bd. V. Augsburg. S. 267–291

Petermann, Franz/Petermann, Ulrike (2000): Training mit Jugendlichen, Göttingen

Petermann, Franz/Petermann, Ulrike (1992): Training mit aggressiven Jugendlichen. Weinheim

Petermann, Franz/Petermann, Ulrike (1997): Training mit aggressiven Kindern. Weinheim (8. Aufl.)

Petermann, Ulrike (1992): Sozialverhalten bei Grundschülern und Jugendlichen. Frankfurt/M.

Pfeifer, Wolfgang (2018/Hrsg.): Etymologisches Wörterbuch des Deutschen. Berlin

Pfeiffer, Christian (1998): Jugendkriminalität und Jugendgewalt in europäischen Ländern (KFN-Forschungsberichte Nr. 70). Hannover

Pfeiffer, Christian/Baier, Dirk/Kliem, Sören (2018): Zur Entwicklung der Gewalt in Deutschland. Schwerpunkte: Jugendliche und Flüchtlinge als Täter und Opfer, Zürcher Hochschule für angewandte Wissenschaft: Zürich.

Pfetsch, Frank R. (2005/Hrsg.): Konflikt. Berlin/Heidelberg

Pfetsch, Frank R. (2006): Verhandeln in Konflikten. Wiesbaden

Pfluger-Schindlbeck, Ingrid (1989): „Achte die Älteren, liebe die Jüngeren". Sozialisation türkischer Kinder. Frankfurt am Main

Piaget, Jean (1983): Das moralische Urteil beim Kinde. Stuttgart

Pilz, Gunther (1992): Fußballfans und Hooligans in Hannover – Struktur, Wandlungen, Ursachen, Bedingungen und sozialpädagogische Erreichbarkeit der Fußballfan- und Hooliganszene. Hannover

Pilz, Gunther (2010): Übersicht über das Phänomen der Ultrakultur in den Mitgliedsstaaten des Europarates im Jahre 2009 Expertise für den Europarat. Hannover

Pinker, Steven (2011): Gewalt. Eine neue Geschichte der Menschheit. Frankfurt am Main

Plumpe, Werner (2010): Wirtschaftskrisen – Geschichte und Gegenwart. München

Popitz, Heinrich (1986): Phänomene der Macht. Tübingen

Polizeiliche Kriminalstatistik Bundesrepublik Deutschland Jahrbuch 2018 (2018): Band 3 Tatverdächtige, Berichtsjahr 2009 (www.pks)

Preiser, Siegfried/Sann, Uli (2008): Gewalt und Konfliktprävention: Evaluationsstudien uns Qualitätssicherung. In: Schröder, A./Rademacher, H./Merkle, A. (Hrsg./2008): Handbuch Konflikt- und Gewaltpädagogik. Schwalbach/Ts.: 329–342

Rabold, Susann/Baier, Dirk (2007): Ethnische Unterschiede im Gewaltverhalten von Jugendlichen – Die Struktur von Freundschaftsnetzwerken als Erklärungsfaktor. In: Tagungsdokumentation MIGREMUS Tagung: Migration und residentielle Mobilität, Bremen

Rabold, Susann/Baier, Dirk (2007): Delinquentes Verhalten von Jugendlichen. In: soFid Kriminalsoziologie + Rechtssoziologie, Nr. 2

Reckwitz, Andreas (2019): Die Gesellschaft der Singularitäten: Zum Strukturwandel der Moderne. Berlin

Redl, Fritz (1974): Erziehung schwieriger Kinder. München

Redl, Fritz (1979): Kinder, die hassen. München

Reemtsma, Jan Philipp (2009): Vertrauen und Gewalt. Versuch über eine besondere Konstellation der Moderne. München

Retzer, Arnold (2003): Grunderfahrung Konflikt. In: Weber, M. u. a. (Hrsg.): Beratung bei Konflikten. Weinheim/München: 13–24

Rössner, Dieter/Bannenberg, Britta/Sommerfeld, Michael/Fasholz, Susanne (2001): Empirisch gesicherte Erkenntnisse über kriminalpräventive Wirkungen. Düsseldorf

Rössner, Dieter (2004): Wirkungsforschung: Konsequenzen für die kommunale Kriminalprävention. In: Kerner, H.-J.; Marks, E. (Hrsg.): Internetdokumentation Deutscher

Präventionstag. Hannover. (www.praeventionstag.de/content/9_praev/doku/roessner/index_9_roessner.html)

Rössner, Dieter (2011): Leitlinien wirkungsorientierter Kriminalprävention. PPP-Vortragsmanuskript. Marburg/L.

Rogers, Carl R. (1981): Der neue Mensch. Stuttgart

Rosenberg, Marschall B. (2012): Gewaltfreie Kommunikation. Paderborn

Rosenfelder, Lydia (2012): Ein Messerstecher vor Gericht. In: FAS Nr. 41; 14.10.2012, Frankfurt am Main: 4

Rühle, Michael (2015): Das Prinzip der Abschreckung. In: FAZ Nr. 75. Frankfurt am Main: 6

Sander, Uwe/Heitmeyer, Wilhelm (2008): Was leisten Integrationsmodi? In: Imbusch, P./Heitmeyer, W. (Hrsg.): Integration – Desintegration. Wiesbaden: 721–740

Saunders, Daugh (2017): Arriving on the Edge: Migrant Districts and the Architecture of Inclusion. In: Schmal, P./Elser, O./Scheuermann, A. (Hrsg.): Making Heimat. Frankfurt am Main: 22–42

Scheerer, Ann Kathrin (2017): Die Tabuisierung leidenschaftlicher Aggression in der frühen Kindheit. In: Traxl, B. (2017/Hrsg.): Aggression, Gewalt und Radikalisierung. Frankfurt am Main: 25–42

Scheithauer, Herbert/Hayer, Tobias/Niebank, Kay (2008) (Hrsg.): Problemverhalten und Gewalt im Jugendalter. Stuttgart

Scheithauer, Herbert/Seefeldt, Ingo (2012): Gelingensbedingungen von Präventionsmaßnahmen. In: Report Psychologie, 37(6), 257–258

Schick, Andreas/Cierpka, Manfred (2007): Gewaltprävention in Kindergarten und Grundschule mit Faustlos. In: Gollwitzer, M. u. a. (Hrsg.): Gewaltprävention bei Kindern und Jugendlichen. Göttingen: 158–169

Schiffauer, Werner (1983): Die Gewalt der Ehre. Frankfurt/M.

Schreyögg, Astrid (2004): Supervision (4. Aufl.). Wiesbaden

Schröder, Achim/Leonhardt, Ulrike (1998): Jugendkulturen und Adoleszenz. Neuwied

Schröder, Achim/Merkle, Angela (2007): Leitfaden Konfliktbearbeitung und Gewaltprävention. Schwalbach/Ts.

Schröder, Achim/Rademacher, Helmholt/Merkle, Angela (Hrsg./2008): Handbuch Konflikt- und Gewaltpädagogik. Schwalbach/Ts.

Schubarth, Wilfried (2008): Jugend und Gewalt heute – Forschungsergebnisse und Folgerungen für die Prävention. In: Schröder, A./Rademacher, H./Merkle, A. (Hrsg.): Handbuch Konflikt- und Gewaltpädagogik. Schwalbach/Ts.: 45–58

Schwabe, Mathias (1996): Eskalation und De-Eskalation in Einrichtungen der Jugendhilfe. Frankfurt am Main

Schwabe, Mathias (2007): Zwang in der Erziehung und in den Hilfen zur Erziehung. In: Widersprüche, Heft 106. Bielefeld

Schwabe, Mathias (2014): „Systemsprenger/innen" sind unterschiedlich und brauchen unterschiedliche sozialpädagogische Settings und Haltungen. In: Sozialmagazin Nr. 9-10/2014: 52–59

Schwarz, Gerhard (2010): Konfliktmanagement. Wiesbaden (8. Aufl.)

Seewald, Katharina (2018): Alle krank? Die Psycho(patho)logie individueller Radikalisierung. In: von Drachenfels u. a. (Hrsg.): Radikalisierung und De-Radikalisierung in Deutschland. Frankfurt: 59–64

Selg, Herbert (1974): Menschliche Aggressivität. Göttingen, Toronto

Selg, Herbert u. a. (1988): Psychologie der Aggressivität. Göttingen

Sielaff, Wolfgang (2011): Kriminalitätsopfer – Fakten, Situation, Problematik, Hilfe. In: Weidner, J./Kilb, R. (Hrsg.): Handbuch Konfrontative Pädagogik. Weinheim/München: 402–411

Simmel, Georg (1908/1992): Der Streit. In: ders.: Soziologie. Untersuchungen über die Formen der Vergesellschaftung. Berlin: 186–255 (www/httw: socio.ch/sim/unt4a.htm)

Simmel, Georg (1908/1992): Der Streit, in: ders.: Soziologie, Berlin: 186–255

Simon, Fritz B. (2015): Einführung in die Systemtheorie des Konflikts. (3. Aufl.) Heidelberg

Sitzer, Peter (2009): Jugendliche Gewalttäter. Weinheim/München

Smith, Paul A. (1999/2000): PART – ‚Professional Assault Response Training'. o. O.

Sofsky, Wolfgang (1999/2005): Traktat über die Gewalt. Frankfurt am Main

Srowig, Fabian/Zick, Andreas (2018): Persönlichkeit oder Gruppe: Wo liegen die Wurzeln extremistischer Radikalisierung? In: von Drachenfels et al.: 51–58

Stark, Carsten (2005): Die Konflikttheorie von Georg Simmel. In: Bohnacker, T. (Hrsg.) Wiesbaden: 83–98

Staub-Bernasconi, Sylvia (1995): Systemtheorie, soziale Probleme und Soziale Arbeit: lokal, national, international. Bern/Stuttgart/Wien

Statistisches Bundesamt: Statistiken der Kinder- und Jugendhilfe (www.destatis.de/jährlich neu erscheinend)

Steingen, Anja/Gehring-Decker, Melanie/Knors, Katharina (2016): Mädchengewalt: Verstehen und Handeln – Das Kölner Anti-Gewalt-Programm für Mädchen.

Stövesand, Sabine/Röh, Dieter (2015/Hrsg.): Konflikte – theoretische und praktische Herausforderungen für die Soziale Arbeit. Leverkusen

Strauß, Sarah (2012): Peereducation und Gewaltprävention. Freiburg/Brsg.

Süddeutsche Zeitung; SZ-Grafik 2. 1. 2018; Quelle: Institut für Delinquenz und Kriminalprävention, Zürcher Hochschule für Angewandte Wissenschaften

Sutterlüty, Ferdinand (2003): Gewaltkarrieren. Frankfurt am Main

Sutterlüty, Ferdinand (2008): Entstehung und Verlauf von Gewaltkarrieren im Jugendalter. In: Schröder, A. u. a., Schwalbach/Ts.: 59–71

Sykes, Gresham M./Matza, David (1979): Techniken der Neutralisierung, in: Sack, F./König, R. (Hg.): Kriminalsoziologie. Wiesbaden: 360–371.

Thiersch, Hans (1992/1995): Lebensweltorientierte Soziale Arbeit. Weinheim/München

Thome, Helmut (2009): Gewaltkriminalität und sozialer Wandel. Tutzing

Tillmann, Klaus-Jürgen (2001): Sozialisationstheorien. Reinbek

Tillmann, Klaus-Jürgen (2009): Gewalt an Schulen. In: Holtappels, H. G. u. a. (Hrsg.): Forschung über Gewalt an Schulen. Weinheim/München

Tischner, Wolfgang (2005): Konfrontative Pädagogik. Die vergessene ‚väterliche' Seite der Erziehung. In: Weidner, J./Kilb, R. (Hrsg.): Konfrontative Pädagogik. Wiesbaden

Toprak, Ahmet (2000): Ehre, Männlichkeit und Freundschaft, in: DVJJ 2/2000, Hannover

Toprak, Ahmet (2005): Das schwache Geschlecht – die türkischen Männer. Freiburg

Toprak, Ahmet/Nowacki, K. (2010): Gewaltphänomene bei männlichen, muslimischen Jugendlichen mit Migrationshintergrund und Präventionsstrategien. Dortmund: BmfFSFJ. www.bundesregierung.de/Content/DE/Anlagen/2010/2010-11-26-gewaltphaenomene-muslimischer-jugendlicher, property=publicationFile.pdf

Traxl, Bernd (2017/Hrsg.): Aggression, Gewalt und Radikalisierung. Frankfurt am Main

Ury, William/Fisher, Roger/Patton, Bruce (1981/2009): Das Harvard-Konzept. Der Klassiker der Verhandlungstechnik (23. Aufl.). Frankfurt am Main/New York

Uslucan, Haci-Halil (2008): Gewaltbelastungen von Jugendlichen mit Migrationshintergrund. In: Scheithauer, H./Hayer, T./Niebank, K. (Hrsg.): Problemverhalten und Gewalt im Jugendalter. Stuttgart: 289–301

Utz, Richard (2015): Der islamische Staat – Fusion von Politik und Religion und Freund-Feind-Unterscheidung (unveröffentl. Vortragsmanuskript) Mannheim

Utz, Richard (2019): Stolz trifft Groll – Zur Politisierung des Ressentiments. (unveröffentl. Vortragsmanuskript) Mannheim

Vester, Michael u. a. (2001): Das Sozialmodell der Bundesrepublik und seine Krise. In: Imbusch, P/Heitmeyer, W. (Hrsg./2008): Integration – Desintegration. Wiesbaden: 193–220

Vidino, Lorenzo (2013): Deradikalisierung durch gezielte Interventionen. In: BZfpB/Heft Radikalisierung. Berlin 2013: 25–33

Violence Prevention Network (VPN) (2019): Deradikalisierung – Intervention – Prävention. Berlin (https://violence-prevention-network.de/wp-content/uploads/2019/07/Violence-Prevention-Network-Deradikalisierung_Intervention_Prvention.pdf)

Voß, Stephan/Marks, Erich (2017/Hrsg.): Strategien zur Weiterentwicklung der Gewaltprävention in der Bundesrepublik Deutschland. Dokumentation der ersten Folgeveranstaltung zum Symposion „25 Jahre Gewaltprävention im vereinten Deutschland – Bestandsaufnahme und Perspektiven". Berlin

Wagner, Norbert (2003): Verhaltenstherapeutische Erklärungsansätze beim Umgang mit Konflikten. In: Weber, M. et al.: Beratung in Konflikten. Weinheim/München: 45–68

Wagner-Engelhaaf, Martina (2019): Eine formgebende Kraft, die den Menschen lenkt. Hass als Stilphänomen. In: FAZ Nr. 226, Frankfurt/M.: 12

Wahl, Klaus/Hees, Katja (2009): Täter oder Opfer? Jugendgewalt – Ursachen und Prävention. München, Basel

Wahl, Klaus (2018): Strategien für die Weiterentwicklung der Gewaltprävention in der Bundesrepublik Deutschland aus der Sicht der Wissenschaft. In: Voß, S./Marks, E. (Hrsg.): Strategien zur Weiterentwicklung der Gewaltprävention in der Bundesrepublik Deutschland. Berlin: 45–64

Walper, Sabine/Thönnissen, Carolin/Wendt, Eva/Bergau, Bettina (2009): Geschwisterbeziehungen in riskanten Familienkonstellationen: Ergebnisse aus entwicklungs- und familienpsychologischen Studien (SPI-Materialien) SPI im SOS-Kinderdorf e. V., München

Walther, Andreas/Stauber, Barbara (2002): Yo-yo's at work – ein europäisch-vergleichender Blick auf Handlungsspielräume junger Frauen und Männer; in: Neue Praxis 3/2002, Neuwied

Weber, Joachim (2016): Freiheit als soziales Ereignis. In: Widersprüche, Heft 142. Münster: 13–33

Weber, Matthias/Eggemann-Dann, Hans-Werner/Schilling, Herbert (2003/Hrsg.): Beratung bei Konflikten. Weinheim/München

Weber, Max (2010): Wirtschaft und Gesellschaft. Frankfurt am Main

Weidner, Jens/Kilb, Rainer/Kreft, Dieter (2009): Gewalt im Griff (Bd. 1): Neue Formen des Anti-Aggressivitäts-Trainings. Weinheim/Basel (5. Aufl.)

Weidner, Jens/Kilb, Rainer/Jehn, Otto (2010): Gewalt im Griff (Bd. 3): Weiterentwicklung des Anti-Aggressivitäts- und Coolness-Trainings. Weinheim/Basel (2. Aufl.)

Weidner, Jens/Kilb, Rainer (2010): Konfrontative Pädagogik. Wiesbaden (4. Aufl.)

Weidner, Jens (1995/1997/2004): Anti-Aggressivitäts-Training für Gewalttäter: ein deliktspezifisches Behandlungsangebot im Jugendvollzug. (5. erw. Aufl.) Bonn

Weidner, Jens/Kilb, Rainer (Hrsg./2011): Handbuch Konfrontative Pädagogik. Weinheim/München

Wetzstein, Thomas/Eckert, Reiner (2000): Zwischen Kreativität und Gewalt. In: FR, Nr. 75/8. Frankfurt/M.

Werner, Emmy (1977): The Children of Kauai. A longitudinal study from the prenatal period to age ten. University of Hawai'i Press

Widersprüche (2007): Wer nicht hören will, muss fühlen? – Zwang in öffentlicher Erziehung. Heft 106. Bielefeld

Wilhelm, Thomas (1951): Möglichkeiten der Erziehung zur Kooperation. In: Müller, C. W. (1987): 120–126

Wilkening, Friedrich/Freund, Alexandra M./Martin, Mike (2009): Entwicklungspsychologie. Weinheim/Basel

Winnicott, Donald W. (1965/1978): Familie und individuelle Entwicklung. München

Winnicott, Donald W. (1974): Reifungsprozesse und fördernde Umwelt. München

de Winter, Leon (2014): Die Barbarei der Dschihadisten – Im Namen des Schwertes; in: FAZ, Nr. 192; 20. 08. 2014, Frankfurt am Main

Winterhager-Schmid, Luise (1992): Gewaltphantasien. Bewältigungs- und Verarbeitungsprozesse bei männlichen Jugendlichen.

Winterhager-Schmid, Luise (1993): Jugendzeit in der Schule. Eine angemessene Entwicklungsförderung. In: Pädagogik Nr. 45: 35–40

Wustmann, Corina (2005): Die Blickrichtung der neueren Resilienzforschung. In: Zeitschrift für Pädagogik 2/2005, Weinheim

Yablonsky, Lewis (1962): The violent Gang. New York

Zimbardo, Philip G./Gerrig, Richard J. (2003): Psychologie (7. Aufl.). Berlin

Zinnecker, Jürgen (1991): Jugend als Bildungsmoratorium. Zur Theorie des Wandels der Jugendphase in west- und osteuropäischen Gesellschaften. In: Melzer, W./Heitmeyer, W./Liegle, L./Zinnecker, J. (Hrsg.): Osteuropäische Jugend im Wandel. Weinheim/München: 9–25

Züge, Carolin/Möller, Ingrid/Meixner, Sabine/Scheithauer, Herbert (2008): Exzessive Mediennutzung und gewalthaltige Medien. In: Scheithauer, H. u. a. (Hrsg.): Problemverhalten und Gewalt im Jugendalter. Stuttgart: 180–193

Abbildungen und Übersichten

Übersichten

Abbildungen